Werner Schlierf **Nachwehen**

Werner Schlierf

Nachwehen

Theaterstücke

Lorgnon Verlag

ISBN 3-922045-13-8

Printed in Germany 2003
Satz: Franziska Steinkamm
Herstellung: Books on Demand GmbH
Bühnenrechte: Thomas Sessler Verlag, Wien
MundArt-Verlag Aßling
Umschlag nach einem Aquarell von Werner Schlierf

INHALT:

Vorwort

Theater ist für mich nichts anderes als Literatur sichtbar machen – mit unterhaltendem Charakter. Egal ob es sich um eine Tragödie oder eine Komödie handelt. Aristoteles, einer der wichtigsten „Gründer" des Dramas und der dazugehörigen Dramaturgie, spricht von der „Katharsis" einer Reinigung des Innenlebens. Psychotherapeuten, eine sich nach dem zweiten Weltkrieg in Deutschland immer mehr verbreitende Berufssparte, bemühen sich, depressiven und gestressten Zeitgenossen, auf einer Ledercouch behilflich zu sein.

Ich bin der Ansicht, dass dazu auch ein gut gebautes Theaterstück verhelfen kann. Schließllich ist Theater ein „Spiel der Menschen", das die Schwächen und Stärken des Menschen auf die Bühne bringt. Eine satirische Komödie zum Beispiel ist meines Erachtens eine gute Therapie gegen Depressionen. Bei einer Tragödie fühlt der Zuschauer, dass er mit seinen Depressionen nicht allein ist. Davon abgesehen sind zwei Stunden Theater eine gute Ablenkung vom Alltagskram. Was das Theater weiterhin am Leben erhalten wird, ist der unmittelbare Kontakt von Mensch zu Mensch. Und darauf vertraue ich.

Werner Schlierf

Die Verblendeten

Schauspiel in drei Akten
und einem Vorspiel
von Werner Schlierf

Personen:

Kapmeier — Etwa fünfundvierzig Jahre. Zäher Managertyp, dem keinerlei Bedenken über seine Taten erwachsen, dazu auserkoren, immer wieder seine Sisyphusarbeit zu verrichten

Karl — Kapmeiers Vertrauter, etwa fünfzig Jahre, stupid, breitschultrig, der in blinder und treuer Ergebenheit für seinen Herrn und Meister, Kapmeier, wirklich „alles" erledigt.

Ratzo Grisp — Ein Mann ohne Initiative, Mitte Fünfzig, der als Trabant Kapmeiers Aufstieg miterlebt. Vom Typ her dem berühmten „Fähnchen im Wind"gleichend. Seine Stimme besitzt der jeweils Stärkere.

Heta Grisp — Seine Frau, Ende Vierzig, ohne ersichtliches emanzipationelles Bewusstsein. „Du sollst dem Manne untertan sein und ihm das Denken und die Arbeit überlassen", ist ihre Devise.

Lorna Grisp — Beider Tochter. Mitte Zwanzig, hübsch, die von beiden Elternteilen ihre Charaktereigenschaften mitbekommen zu haben scheint und dennoch versucht, sich gegen sie aufzulehnen.

Stani: — Anfang oder Mitte Fünfzig, der seine Philosophie der Brandyflasche entnimmt und nicht aus Schwäche, sondern aus Überzeugung an der Gestaltung dieser „seltsamen Welt", wie er es nennt, nicht beteiligt sein will. Ein Hofnarr des 20. Jahrhunderts,. der zugleich Kapmeiers Gewissen verkörpert.

Zucki: — Ein primitives Flittchen, das zeitweise Kapmeiers Freundin ist.

Nirwitt: — Ein überzeugter Sozialist, der erkannt zu haben glaubt, wodurch die Welt sich dreht.

Der Graue
DerSchwarze — Beide nur ausführende Organe, die als Befehlsempfänger fast maschinelle Wesen verkörpern

Nirwitt, Zucki, der Graue und der Schwarze werden „nach Gebrauch" liquidiert und tauchen in den Unterbewusstseins- oder Traumszenen als Lemuren wieder auf, um auf ihre Art Rache zu nehmen.
Beim Vorspiel ist Stani „Inats der Narr" und Zucki, Nirwitt, der Graue und der Schwarze verkörpern mit Stabmasken die Lemuren.

Ort: — Eine zerstörte Landschaft.

Zeit: — Gegenwart

Vorspiel

Die Vorbühne ist mit einem Prospekt ausgestattet, auf dem Spiegelscherben angebracht sind, die jedoch umgedreht werden können, wenn Inats, der Narr, mit seinem Spiel beginnt.
Die Rückseiten der Spiegelfragmente sind mit den Konterfeis von Jesus, Galileo Galilei, Leonardo da Vinci, Kant, Napoleon, Beethoven, Einstein und Kapmeier bestückt.
Inats, der Narr, hockt mit gekreuzten Beinen unbeweglich am Boden und starrt in eine Ecke. Sein Zepter ist gesenkt. Fünf Lemuren schleichen im grotesken Tanz in die Szenerie, umringen den Narren, blicken in die Spiegel, die ihre Körper verzerren, und beginnen das Spiel.

1. LEMUR: Und wieder liegt die Welt in ihren Trümmern.
So wie es seit Beginn der Menschheit ist.
Auf lautes Lachen folgt stets leises Wimmern –
wie hieß der Mann? Hieß er nicht Jesu Christ?
Wie oft soll diese Welt noch auferstehen?
Wie lange braucht sie wohl zum Untergehen?

ALLE: Die Welt liegt in Scherben,
jucheissa, kaputt!
Bald räumen die
Milchstraßenkehrer den Schutt!

2. LEMUR: Die Pyramide ist nun fast erklommen.
Den Sauriern folgten Lebewesen nach.
Doch denen ist die Welt noch nie bekommen,
da sie, durch ihren Geist, zu oft zerbrach.
Nicht immer lassen Fugen sich auch kitten;
nur der, der leidet, hat umsonst gelitten.

ALLE: Die Welt liegt in Scherben,
pro Fratze ein Stück!
Wir kennen die Regeln
des Glücks-Mosaik!

3. LEMUR: Ein kleines Spiel, das wollen wir nun zeigen.
Von Aufstieg und erneutem Niedergang.
Es ist der Menschheit ewiglicher Reigen,
seitdem der erste Mensch vom Baume sprang!
Durch diesen Sprung hat sich der Geist verdichtet;
seht es euch an, bevor ihr drüber richtet!

ALLE: Die Welt liegt in Scherben,
wir kehren sie aus -
und bauen der Menschheit
ein Glashaus daraus!

INATS: *(erhebt sich)*
Ich bin erstaunt, dass ihr von „bauen“ sprecht,
wenn alles rings vor Untergang erblindet.
Nur der den Kreislauf kennt, lebt auch gerecht,
wenn er die Position des Eintritts findet.
Die Zeiten gehn und kommen doch zurück.
Was heute Glück, ist morgen Trauerkunde.
Die Galaxien verschwinden Stück für Stück
äonenweit im Universummunde.

Atomstaubnichts verschleudert seine Pracht.
Atomstaubnichts wird alles wieder werden.
Seit altersher folgt auf den Tag die Nacht;
hebt sie euch auf, die kleinlichen Beschwerden.
Es ist Gesetz, dass Menschen, Menschen sind!
Es fragt sich nur, werden sie Menschen bleiben?
Durch alle Knochen fegt einmal der Wind
und Wurzeln werden durch die Zellen treiben.

4. LEMUR: Alles hält der Tod in Händen,
alles hält er fest im Griff.
Alles endet an den Wänden,
die verborgen wie ein Riff,
wie ein Riff im dunklen Wasser
lauert auf die Beute fein.
Jeder Heuchler, jeder Hasser
geht in diese Stunde ein.
Jeder Gaukler ahnt die Falle,
lächelt, und besteigt das Schiff.
Und versinkt wie eine Qualle,
der die Meerfrau lockend pfiff.
Wer will warnen? Wer will weisen
einen Weg durch dieses Riff?
Den die lauten und die leisten
Wellen in die Zeiten schliff'.

Deshalb schaffen wir die Asche
jeder Pyramide fort.
Fülle, Narr, die eigne Tasche
pflege deinen eignen Hort!
Morgen ist die Zeit verflogen,
morgen glänzt das Gold nicht mehr!
Wer nicht nimmt, ist nur verlogen
und sein Beutel der bleibt leer!
Geben tun nur echte Narren
und das fällt nicht ins Gewicht.
Wird man sie zum Friedhof karren,
kennt man kaum mehr ihr Gesicht.

INATS: Ihr plädiert für das Böse!

LEMUREN: Nein, das tun wir nicht!

INATS: Dann ist's das Monströse?

LEMUREN: Nein, weil das auch bricht!

INATS: Dann ist's wohl das Bleibende,
ewig erkämpfbare?

LEMUREN: Nein, denn auch das Bleibende,
bleibt nicht das Wahre!

INATS: Zum Teufel mit euch,
ihr gefährlichen Schatten,
ihr legt euch als Geister
der Welt auf die Matten!

1. LEMUR: Leg du dich, als Narr,
der Welt auf ihr Kissen,
und spiele zumindest
für sie das Gewissen!
Nur momentan ist
alles erträglich.
Es scheitert das Gute
am Bösen tagtäglich.
Stich an die Quellen,
rubineverhangen.
Die glänzenden Wellen
und goldenen Spangen
erwärmen das Diesseits,
verkörpern die Macht -
alles andere ist nur
von Narren erdacht!
(grotesker Tanz)

INATS: Was heute noch verborgen, zart,
hat morgen Zukunft, Gegenwart!
Was heute glänzt im eitlen Schein,
verleibt sich die Vergängnis ein.
Ein Spiegel, der beizeiten bricht,
verändert alles, doch sich nicht!
Erhellt die Welt! Bringt neuen Schein!
Erhellt sie, oder lasst es sein!

2. LEMUR: Wie sollten wir die Welt erhellen,
wenn sie sich selber nicht erhellt?
Wenn Lachse auf die Lachsbank schnellen,
hat mancher sich schon selbst geprellt!
Wir sind nur für gerechte Teilung;
und wünschen dieser Welt Beeilung!

INATS: *(verbeugt sich)*
Dafür seid herzlichst ihr bedankt.
Doch sprecht nicht von gerechter Teilung,
wenn sich der Goldhaut dünnste Feilung
schon um die Gräberurne rankt.
Erst wenn die Leben sich verdichten,
könnt ihr von mir aus drüber richten!
Erst dann könnt ihr die Sonne säubern
und ihr das letzte Licht noch räubern.
Nur wenn man selbst ein Teufel ist
verzeiht man jedem dummen Christ!

3. LEMUR: Wo liegt die Grenze – Teufel, Narr?
Wodurch wird diese offenbar?

INATS: Ich werd' es euch vortrefflich zeigen,
in einem bunten Scherbenreigen.
Wenn sich das Licht im Spiegel bricht,
erkennt man jedes Weltgesicht,
und nimmt die Wahrheit, die's nicht gibt,
als das, wenn man sich selber liebt!

- Es wurde einmal ausgelost,
dass Macht, die Wissenschaft und Trost,
das Weltgefüge aufrecht hält,
solange, bis es einst zerfällt!
Dann nehmen sich die Kosmoserben,
von dieser Welt die größten Scherben.
Nichts bleibt – und nirgends ist ein Ziel -
(verbeugt sich)
Ein Narr beginnt mit seinem Spiel!

Inats dreht jeden Spiegelscherben um und auf der Rückseite sehen wir die Porträts von Jesus, Galileo Galilei, Leonardo da Vinci, Kant, Napoleon, Beethoven, Einstein und Kapmeier. Die Lemuren tanzen, kichern und deuten auf die Konterfeis. Inats, der Narr, steht unbeweglich und starrt ins Leere. Der Prospekt mit den Spiegelscherben verschwindet und das Licht wechselt auf die Hauptbühne.
Inats schlendert in die Szene, entledigt sich vor den Augen des Publikums seines Narrengewandes, schleudert es in die Kulissen und setzt sich als „Stani" zu den anderen Schauspielern auf den Boden.

1. Akt

Auf dem Bühnenboden liegen regungslos Kapmeier, Lorna, Ratzo Grisp und Heta Grisp. Sie sind mit Ziegelsteinen, Holzlatten, Staub und Schmutz bedeckt. Das Geschehen spielt nach einer Katastrophe. Stromleitungen hängen herab und im Hintergrund sieht man eine verwüstete Landschaft mit Ruinen.

Stani sitzt im Schneidersitz am Boden und wirft mit Steinen auf eine zerbeulte Blechdose. Schweigen. Plötzlich der laute Schrei einer Frau, der in Wimmern übergeht. Dann wieder Stille.

STANI: *(nimmt einen Schluck aus seiner Brandyflasche)* Na also, wieder einmal geschafft. Die Untergänge werden stets grandioser. Der wievielte ist das nun schon? *(winkt ab)* Nicht mehr zählbar. *(trinkt)* In jedem Menschen schlummert so eine Art Vernichtungstrieb. Das Traurige ist nur, dass sie in ihrer Unzulänglichkeit immer gigantischer werden. Von mal zu mal leisten sie Erbärmlicheres! Pfui Teufel! *(trinkt und blickt in die Runde)* Da liegen sie wieder auf ihren zynischen Schnauzen und die Stunde Null kriecht über sie hinweg und wartet auf einen Neubeginn dieser Verblendeten. Alles Schnickschnack; in ihrer Art bleiben sie doch immer gleich!
Ob sie nun liegen oder stehen, irgendeiner ist immer dabei, der die Fäuste ballt. Und die anderen kuschen vor diesen Fäusten oder heißen sie sogar willkommen. *(grinst)* Und die Stunde Null lauert auf ihren Einsatz in immerwährender Wiederkehr. Ich warte mit ihr zusammen ... *(trinkt)*

HETA GRISP: *(leise)* Aus. Vorbei. Alles vernichtet. Wieder einmal alles kaputt. Jede Hoffnung in Scherben. Aus. Basta. Amen.

LORNA GRISP: *(leise)* Mutter, du lebst? Sieh nur, die schönen Pflanzen. Die lieben Tiere. Ehrwürdige Bauten, Schlösser, Baracken, alles zermalmt. Nie dagewesen. Oh Gott, wie soll es weitergehn? Mutter, wie geht es weiter?

RATZO GRISP: Lorna! Heta! Ihr lebt? Und die Banken? Was ist mit denen? Erledigt? Ermordet? Inflationenen werden die Erde heimsuchen. Jeder Halm gedroschen! Gebrandmarkt für immer. Chaotisch, kein Widerstand mehr vorhanden. Nun werden sie leichtes Spiel haben. Oder es wird das Ende sein. Ich weiß es nicht ...

LORNA: *(flüstert)* Vater, die schönen Bäume; die Blätter aschfahl. *(schreit auf)* Und die Tiere! Die Menschentiere! Die Tiermenschen! Oh Gott. Vater, ich habe Angst!
HETA: Es ist alles zu Ende, mein Kind. Ausgelöscht für immer. Wir hatten keine Chance ...
RATZO: Zweite Dimension. Flach, unendlich flach. Ohne Erhebungen. Weine nicht, mein Kind. Ich ahnte es ...
LORNA: Weshalb unternahmst du nichts, Vater?
RATZO: Ich bin zu alt. Ich war zu schwach. Zum Teufel, es ging nicht!
STANI: Natürlich. Und die Bars? Hehe. Der schöne Schnaps? Futsch, weg, verflossen. Weggefegt von der Bildfläche. *(kichert)* Und wir bräuchten ihn doch so dringend. Der Mensch braucht ein Betäubungsmittel. Damit er sein Gewissen ersäufen kann ...
RATZO: *(zu seiner Frau)* Steh auf!
HETA: Ich kann nicht. Meine Beine sind wie gelähmt.
RATZO: *(eindringlich)* Versuch es!
HETA: Versuch es du!
RATZO: Bei mir ist das nicht so leicht. Ich bin eingeklemmt. Die Welt lastet auf mir ...
HETA: Auch ich bin eingeklemmt. Ich kann nicht. Ich bin zu alt, um erneut zu beginnen. Du bist ein Mann ...
RATZO: Das ändert nichts daran. Auch du bist ein Mensch. Versuche es zumindest, verdammt nochmal ...
HETA: Ich warte auf dich ...
STANI: *(kichert)* Und der schöne Schnaps? Hick. Die Tugend der Menschheit in einer Flasche Brandy. Hehe. Wo ist die? Wo, frage ich? Hick. Verflüchtigt, wie ein frommes Gebet. Und alles wartet auf einen neuen Beginn. Denn von alleine dreht sich diese seltsame Welt nicht. Sie wartet auf die Unverbesserlichen, die immer wieder von vorne beginnen werden. *(kichert)* Die bleiben nicht aus. Oh nein, die sind allgegenwärtig!
RATZO: *(zu seiner Frau)* Nun steh schon endlich auf!
HETA: Nach dir, mein Lieber ...
LORNA: Die schönen Pflanzen. Die armen Tiere. Diese Teufel ...
RATZO: *(zu Lorna)* Los, steh du auf. Du bist jung. – Was scherst du dich um Pflanzen! Ihr Chlorophyll ist nichts mehr wert. – Also steh gefälligst auf!
LORNA: Ich? Wozu?
RATZO: Wozu wohl? Verdammt noch mal. Irgendwie muss es doch weiter gehen ...
HETA: Ja, wozu? Alles ist vernichtet, alles erledigt. Es hat keinen Sinn mehr. Die Anziehungskraft der Erde ist einmalig. Ich bleibe liegen ...
RATZO: Halt die Klappe und steh auf!
HETA: *(versucht es)* Es gelingt mir nicht. Ich habe nicht mehr die Kraft dazu. Versuch es du!
RATZO: *(ächzt)* Auch mir ist es unmöglich. Meine Beine sind wie Blei. Mein Körper hat das Bedürfnis liegen zu bleiben. *(Schweigen. Weit entfernt eine Detonation.)*
STANI: Saubande! Wartets nur ab. Irgendeiner wird schon wieder erscheinen, der die Karre aus dem Dreck ziehen wird. Irgendwo gibt es immer wieder einen Dummen ...
RATZO: Steh doch du auf, du Säufer! Du schwafelst nur und bleibst auch liegen. Spar dir deine Worte und steh auf!
STANI: Ich will nicht. Ich habe keinen Ehrgeiz. Irgendwann kommt einmal der Punkt, wo man erkennt, dass alles sinnlos ist ...
HETA: *(geifernd)* Gesindel! Oh Gott, was seid ihr nur für ein dreckiges Gesindel!
LORNA: Ihr Pflanzenschänder! Es kommt der Tag, an dem ich euch meinen Hass ins Gesicht schreien werde!
STANI: So schrei doch: Liegenbleiber! Abwarter! Heuchler! Faulenzer! *(verschluckt sich und muss husten)* Ach was, es hat doch keinen Sinn. Es versuche einer, die Quadratwurzel aus der Dummheit zu ziehen. Er wird kläglich daran scheitern ...

RATZO: Wenn du schon so klug bist, dann sag mir auch, wodurch dieses einmalige Dilemma zustande kam? Nun, jetzt kannst du reden …

STANI: *(trinkt)* Gott bewahre den Narren ihre Einfalt. Oder wie dieser Geist heißen mag, dem man die Entstehung dieser Welt in die Schuhe schiebt. Bist du so blöd, Ratzo Grisp, und weißt du wahrhaftig nicht, woran das lag? Oder tust du nur so, um deine Schwäche zu verbergen? In beiden Fällen bist du schuldig. An dir lag es. An dir, deiner Frau, deiner Tochter und deiner millionenhaften, armseligen Verwandtschaft!

HETA: Hör nicht hin. Dieser Trunkenbold weiß nicht, was er sagt ...

RATZO: Schnauze! Deinen Kommentar kannst du dir sparen. *(zu Stani)* Dennoch verstehe ich dich nicht ganz?

STANI: Das ist jetzt auch von sekundärer Bedeutung. *(trinkt)* Die Wahrheit ist, mein Bester – wenn es eine Wahrheit wirklich geben sollte, was ich bezweifle – dass du und deinesgleichen die Funktion von der Gattung der Schmarotzer übernommen habt. Mehr gibt es darüber nicht zu sagen. Prost!

RATZO: Du nimmst dein Maul aber reichlich voll, Stani. Du, der du doch selbst dieser Gattung anzugehören scheinst ...

STANI: Das glaubst nur du, da du das Denken im nostalgischen Zustand handhabst. Der Unterschied zwischen dir und mir ist gewaltig, mein Bester. Ich habe keinen Ehrgeiz und bin mit einem Bruchteil dessen zufrieden, was für dich nur eine Kleinigkeit bedeutet, da du als Schmarotzer nur an großen Dingen zu nagen beginnst. – Doch still, ich glaube meinen Augen nicht trauen zu dürfen!

(Kapmeier erhebt sich langsam auf die Knie. Er beschattet die Augen mit der rechten Hand und sieht sich im Kreise um. Er seufzt. Nun erhebt er sich und bleibt gebückt stehen. Abermals schaut er sich um. Er seufzt erneut. Dann erhebt er sich zur vollen Größe, greift sich mit der Hand an den Rücken und streckt sich. Dann klopft er seine zerschlissenen Kleider ab. Eine Staubwolke wirbelt auf. Er verhält so eine Weile, schaut auf die Ruinen und zündet sich eine Zigarette an. Er macht ein paar tiefe Züge.)

KAPMEIER: Na schön. Will also keiner. – Immer das gleiche Lied. *(zu den am Boden Liegenden)* Ihr lebt und bleibt dennoch liegen. Wartet erneut ab. Na schön. *(zieht von der Zigarette und spuckt auf den Boden)* Gewiss, hinfallen ist leichter als aufstehen. Doch selbst wenn Millionen auf die Schnauze fallen, wird immer wieder einer aufstehen. Das ist der Lauf der Welt. Und das macht das Leben auf ihr immerwährend. – Na schön, ich versuch es. *(Kapmeier macht ein paar Schritte und steht vor Ratzo Grisp)* Was ist mit dir? Willst du es nicht versuchen?

RATZO: Ich?

KAPMEIER: Ja, du. Willst du nicht von vorne beginnen?

RATZO: Von „Wollen" kann keine Rede sein. Ich bin eingeklemmt. Das siehst du ja wohl, nicht?

KAPMEIER: Eingeklemmt? Und das hindert dich, aufzustehen? Ich war auch eingeklemmt. Auf mir lagen die Trümmer einer Welt. Ich habe sie beiseite gestoßen. Mach es genauso. Es wird dir gelingen, wenn du den Mut dazu hast.

RATZO: Du bist jünger. Ich habe nicht mehr die Kraft dazu. – Die Jugend hat den Ehrgeiz; das Alter die Ruhe. Ich kann nicht, Kapmeier, meine Kraft ist zu Ende ...

KAPMEIER: Das gilt nicht. Das ist nur eine Ausrede. Solange du lebst, hast du die Kraft dazu, dich zu erheben. Erst wenn du nicht mehr diese Welt befurzt, hast du das Recht, liegenzubleiben! – *(Er zieht von der Zigarette und zertritt den Stummel am Boden.)*
Also, was ist nun? Ich werde dir behilflich sein?

RATZO: *(resigniert)* Ich schaff es nicht. was sollte ich auch auf den Beinen?

KAPMEIER: Von vorne beginnen. Es ist nie zu spät dazu ...

RATZO: Nein. Ich überlasse das dir. – Ich warte ab, vielleicht wird die Zeit günstiger. Lass mich zufrieden, Kapmeier …

KAPMEIER: Du wartest also erneut ab. Na schön. Leute deines Schlages warten stets ab, bis ihnen das Messer des Schlächters an der Kehle sitzt. Dann grunzen sie etwas, winseln vielleicht noch dazu und ihr schäbiges Gehirngut verflüchtigt sich in die geometrielose Region, wo es kein Ergreifen mehr gibt. *(wendet sich ab)* Es hat keinen Sinn. Du warst und bist der Welt verloren ... *(macht ein paar Schritte und steht vor Heta Grisp)* Und was ist mit dir?

HETA: *(fest)* Ich bleibe liegen. Spar dir deine Worte ...

KAPMEIER: Vergiss nicht, die Frau ist das Leben. *(eindringlich)* Du musst!

HETA: Alles recht und schön; doch ich bleibe bei meinem Mann! – Er wird mich nötig haben ...

KAPMEIER: Tote haben niemand nötig. *(drängend)* Du musst dich erheben. Bitte. – Die Welt hält den Atem an, wenn du liegen bleibst!

HETA: Nein! Zum Teufel, ich will nicht!

KAPMEIER: Gut. Dann eben nicht. Mein Weg wird ohne dich sehr schwer werden ... *(geht zu Lorna)* Lorna, was ist mit dir?

LORNA: *(unschlüssig)* Ich weiß nicht. Ich bin mir nicht schlüssig, Kapmeier. Der Boden unter mir zittert und bebt. Ich werde die aufrechte Haltung nicht lange durchstehen ...

KAPMEIER: Ich werde dich stützen. Glaub mir, wir beide schaffen es. Ich brauche dich, Lorna! Vertrau mir. Bitte ...

LORNA: *(lauernd)* Kannst du mir Schutz bieten?

KAPMEIER: Ich werde es versuchen. Augenblicklich freilich habe ich noch alle Hände voll zu tun, selbst besseren Stand zu erreichen. Doch glaub mir, das ist nur vorübergehend. Ich werde es schaffen und dann, dann Lorna werde ich dir Schutz geben. Und noch mehr! Du musst es versuchen. Also komm! *(streckt ihr die Hand hin)*

LORNA: *(erhebt sich auf die Knie)* Ich vertrau dir. Ich werde mich erheben und mit dir gemeinsam versuchen, etwas Neues zu errichten. Wenngleich es auch widersinnig ist, erneut zu beginnen und den Boden für kommende Infernos vorzubereiten ...

RATZO: *(scharf)* Lorna!

LORNA: Was ist, Vater?

RATZO: Du wirst bleiben! Es ist zu riskant für dich, mein Kind. Es wird zu nichts führen ...

LORNA: Ich bin jung, Vater. Kapmeier und ich werden es schaffen ...

RATZO: Trotzdem, du darfst kein Risiko eingehen. Wenn er dich liebt, muss er das verstehen. – Glaub deinem Vater ...

HETA: ... und deiner Mutter, mein Kind!

LORNA: *(sieht zögernd auf Kapmeier, dann wieder zu ihren Eltern)* So hilf mir doch, Kapmeier. Sag etwas. Sag, dass du mir Schutz geben wirst. Sprich doch du mit Vater und Mutter. – Ich flehe dich an!

KAPMEIER: *(ernst)* Ich tat es, Lorna. Es hat keinen Sinn. Du musst allein entscheiden. – Hier, bei diesen, das Warten, das Vertröpfeln der Zeit; der Minuten, Stunden, Tage, Jahre; allerdings in Sicherheit geborgen. – Obgleich auch diese Geborgenheit nur das Nichts umfasst – oder das Risiko an meiner Seite, dem Puls des Lebens ganz nahe, mittendrin im Geschehen, Großes zu schaffen, Lorna, wirklich Großes – oder zu verglühen wie eine Sternschnuppe. – Entscheide dich, Lorna, du selbst musst dich entscheiden ...

RATZO: Hör nicht auf ihn. Glaub deinem Vater. Er weiß ja selbst noch nicht, wie sein ferneres Leben verlaufen wird. Er wird dich ins Unglück stürzen. Es wird keinen Aufstieg mehr geben. Sein Dasein wird verglühen wie eine Sternschnuppe. – Er sagte es selbst ...

HETA: *(streng)* Lorna, du tust gut daran, auf deinen Vater zu hören. Bleib hier bei uns, Kind. – Kapmeiers Bahn ist gefährlich und unsicher. Die Vergangenheit müsste es dich gelehrt haben. Denk an die Pflanzen und die armen Tiere ...

LORNA: *(unschlüssig)* Ich weiß nicht recht. *(zu Kapmeier)* Wenn du es erst alleine versuchtest? *(bemüht sich, ihn zu begeistern)* Ja, versteh mich richtig, erst allein. Dann kannst du ihnen allen beweisen, dass du ...

KAPMEIER: Schon gut, Lorna. Ich habe verstanden. Schade ... *(Er wendet sich ab und geht zu Stani. Als er sich von Lorna abwendet, fällt diese haltlos zurück auf den Boden.)* Hast du einen Schluck für mich übrig, Bruder?

STANI: *(erhebt sich)* Hier, der Rest, Bruder. – Die Zeiten sind schlecht, Kapmeier. Es genügen zwei Beine nicht, um aufrecht zu stehen ...

KAPMEIER: *(erstaunt)* Du erhebst dich ohne Mühe? Es überrascht mich ...

STANI: Was sollte ich am Boden? Es gibt eben manche, die bei „Neun" wieder aufstehen. Ich kann in diesem Dreck nicht leben. Bei dieser Meute ... Trink! – Das Gehirn kommt ins richtige Lot, wenn man genießt, was einem verboten ist!

KAPMEIER: *(trinkt und wischt sich mit dem Handrücken über den Mund)* Machst du mit mir Halbpart, Stani? Du wirst es nicht bereuen?

STANI: *(schaut in die Flasche, schüttelt sie und schleudert sie fort)* Nein!

KAPMEIER: Weshalb nicht?

STANI: Ach weißt du, ich habe keinen Partner nötig. Ich stehe auf meinen Füßen gut genug. Mach du allein weiter. Ich bin nicht geschaffen für diese Art von Arbeit ...

KAPMEIER: Wir beide könnten alles zustande bringen! Du und ich. Wir hätten das Zeug dazu, der Welt endlich Manieren beizubringen und durch alle Widernisse nach oben vorzustoßen.

STANI: Ich sagte dir schon: Nein! Versuch es allein. Du wirst es schaffen. Deine Fähigkeiten gehen über jede Hürde hinaus. *(deutet auf die am Boden)* Und vergiss dieses Gesockse. Die sind es nicht wert, dass man sich mit ihnen beschäftigt. – Aber, und das merk dir gut mein Freund, hüte dich vor ihnen! Sie werden stets gegenwärtig sein, wenn es etwas zu holen gibt. *(kichert)* Natürlich risikolos. *(wendet sich ab, spuckt auf den Boden und verschwindet hinter einer Ruine)* Ich wünsch dir Glück, Kapmeier. Eine neue Zeit beginnt immer erst, wenn sich einer erhebt ... *(ab)*

KAPMEIER: *(reckt sich zur vollen Größe auf und spuckt in die Hände)* Na schön, ich versuch es. – Wäre ja gelacht. – Man muss die Zeit knebeln und dieser Welt beweisen, dass sie sich für den Menschen dreht ... Und keine Macht kann mich daran hindern, diesen Beweis zu erbringen ...

(Die Bühne wird augenblicklich dunkel. Man hört Hämmern, den Lärm eines Baggers, Befehle aus Kapmeiers Mund, Fabriklärm, Polizeisirenen. Dann Stille. Lichtwechsel auf die Vorbühne, die einen Büro-Prospekt darstellt.

Die Mitte nimmt ein großer Schreibtisch ein, mit vielen Telefon-Apparaten. Links vom Schreibtisch, etwas entfernt, steht ein runder Couchtisch mit Zeitschriften darauf. Daneben einige Ledersessel. Auf einem der Sessel sitzt Zucki, ein junges, attraktives Mädchen mit Pelzcape und langen Haaren. Sie hat die Beine übereinandergeschlagen und schwingt eine Krokohandtasche von links nach rechts. Kapmeier sitzt am Schreibtisch, dem Publikum zugewandt. Er hat die Krawatte gelockert, das Sakko geöffnet und spricht soeben ins Telefon.)

KAPMEIER: Hier Kapmeier. *(Pause)* Selbstverständlich kaufen! *(Pause)* Mann, aber dort gibt es doch Öl! Verstehen sie denn nicht, Öl! *(Pause)* Käse, dann eine andere Bank! Wäre ja gelacht! Das Milliönchen ist doch wohl noch aufzutreiben. *(Pause)* Alles versuchen! Klar! Ich brauch das Marschland, basta! *(hängt ein)* So ein Idiot. Denen kommt das selbständige Denken noch völlig abhanden. *(zu Zucki)* Komm her!

ZUCKI: Komm und hol mich, Liebster.

KAPMEIER: Halt die Klappe und komm schon endlich. Wenn du noch lange überlegst, kannst du dich trollen. – Time is money. Kapiert?

ZUCKI: *(erhebt sich langsam und schlendert zu Kapmeier)* Du könntest es auch netter sagen ...
KAPMEIER: Red keinen Quatsch und nimm dir einen Stuhl mit. Oder lass es bleiben. Komm!
ZUCKI: Ein feiner Mann wirst du nie werden ...
KAPMEIER: Hab keine Zeit für diesen Schnickschnack. Ich muss arbeiten. Bei mir muss man parieren! Meine Zeit ist kostbar ...
ZUCKI: Also keinen Stuhl?
KAPMEIER: Nein, verflucht noch mal. Komm endlich her! *(weicher)* Komm, Kleines, setz dich auf meinen Schoß ...
ZUCKI: *(tut das)* Ich mag aber heute nicht, Kapmeier ...
KAPMEIER: Was soll das heißen: „Ich mag heute nicht"?
ZUCKI: Du weißt schon, wie ich das meine. – Du hast mir schon lange versprochen, dass du mich heiraten wirst ...
KAPMEIER: Werde ich auch ...
ZUCKI: *(erfreut)* Du wirst mich heiraten? *(küsst ihn)* Ich liebe dich!
KAPMEIER: Gewiss, gewiss. – Was ist nun?
ZUCKI: Dann will ich auch. – Weißt du, ich bin keine Dirne ...
KAPMEIER: Wer behauptet das schon, Kleines? Nun komm aber ... *(öffnet ihre Bluse)* Ich hab noch einen Termin ...
ZUCKI: Wo willst du mich haben? *(beißt ihn ins Ohr)*
KAPMEIER: Au! – Du kleines Luder! – Es tut mir leid, ich habe heute keine Zeit für lange Fisimatenden.
(Er zieht ihr die Bluse aus und hebt sie auf den Schreibtisch. Dort biegt er sie zurück und öffnet ihren BH. Dann zieht er sein Sakko aus und beugt sich über sie. In diesem Augenblick schrillt das Telefon.)
KAPMEIER: Verfluchte Scheiße! Hat man denn nicht eine Minute Ruhe! *(hebt ab)* Kapmeier. Ja ich höre.
(Zucki setzt sich an den Couchtisch und richtet sich Haare und Kleidung.)
ZUCKI: Und du wirst mich heiraten? Wann?
KAPMEIER: Bald. Bitte sei still jetzt. *(ins Telefon)* Was heißt da „will nicht"? Für wen hält der sich? Womöglich will der blöde Kerl nur noch mehr herausschlagen. *(schreit)* NEIN! Liquidieren. *(Pause)* Das geht nicht? *(schreit)* Alles geht! Basta! Es sei denn, er überlegt es sich und akzeptiert mein Angebot. Wenn nicht, liquidieren! Kein Kommentar! *(wirft den Hörer auf die Gabel)*
ZUCKI: Was ist nun? Willst du noch?
KAPMEIER: Nein, dazu ist mir die Lust vergangen. Komm heute abend ins Büro. Ich hab noch einiges zu erledigen.
ZUCKI: Wann werden wir heiraten? Ich werde Honey dazu einladen. Es macht dir doch nichts aus?
KAPMEIER: *(greift sich an den Kopf)* Menschenskind, nun hör doch auf mit dem Quatsch. Siehst du denn nicht, dass ich beschäftigt bin? Ich muss denken. Denken, mein liebes Kind! Doch das ist eine Disziplin, die dir fremd ist. Also, lass mich jetzt zufrieden. Zur gegebenen Zeit werde ich dich schon heiraten. Jetzt ist aber Schluss mit dem Gequatsche ... *(an der Tür wird geklopft)* Rein damit!
(Zwei Herren in Cut und Zylinder treten steif näher. Sie sind etwa 60 Jahre alt. Unpersönliche Gesichter. Der eine ist mit einem grauen, der andere mit einem schwarzen Zylinder ausgestattet.)
KAPMEIER: *(ungehalten)* Was gibt es denn schon wieder?
DER GRAUE: Herr Direktor, verzeihen sie, aber unser Gespräch duldet keinen Aufschub ...
KAPMEIER: Nun denn, raus mit der Sprache!

DER GRAUE: *(schaut auf Zucki)* Es handelt sich ...

KAPMEIER: *(hat den Wink verstanden; zu Zucki)* Du hast gehört, eine wichtige Sache. Also, verschwinde ... *(Zucki geht zögernd und unwillig ab)* Nun, was ist?

DER GRAUE: *(lebhaft)* Sie muss weg. Sie ist untragbar für unser Geschäft geworden. Befehl von „oben“.

KAPMEIER: *(schreit)* Was heißt hier „Befehl von oben“?

DER GRAUE: Das Mädchen ist doof. Sie wissen das auch. Und sie verscherzen sich alles. Der Umgang ist entscheidend, Herr Direktor. Gewisse Leute sehen das nicht gerne ...

KAPMEIER: Die sollen sich gefälligst um ihren eigenen Schamott kümmern!

DER GRAUE: Wir verzögern dadurch den Aufstieg ...

KAPMEIER: *(lauernd)* Haben wir die Möglichkeit, bald oben zu sein? Ihr versteht mich, ganz oben?

DER GRAUE: Ohne Mädchen, ja. Doch mit, ich weiß nicht recht, ich fürchte, nein.

KAPMEIER: *(hart)* Was heißt hier, „ich weiß nicht recht“. Euer „Wissen“ interessiert mich einen Pfifferling! Ich will konkrete Antworten! Also, was ist jetzt: Ja oder Nein?

DER GRAUE: *(zögernd)* Nein.

KAPMEIER: *(zuckt die Achseln)* Nun gut, dann weg mit ihr ...

DER GRAUE: *(verbeugt sich leicht)* Sehr wohl, Herr Direktor. *(Er wendet sich ab, zur Türe. Der „Schwarze“ folgt ihm auf den Fuß. Auf der Schwelle dreht er sich nochmals zu Kapmeier um.)* Deportieren?

KAPMEIER: *(schreit)* Nein, zum Teufel! Ich will ganze Arbeit!

(Der „Graue“ zuckt zusammen und neigt den Kopf. Der „Schwarze“ richtet sich voll auf und spricht nun zum ersten Mal.)

DER SCHWARZE: *(gefühllose Stimme)* Das werde ich erledigen, Herr Direktor. *(lächelt kalt)* Zu ihrer Zufriedenheit ...

KAPMEIER: Schon gut. Nun aber raus hier und an die Arbeit.

(Die beiden gehen ab und Kapmeier drückt auf einen Knopf. Gleich darauf erscheint „Karl“. Als er das Zimmer betritt, hört man Zucki schreien.)

KARL: Was ist? Sie haben geklingelt, Chef?

KAPMEIER: *(spricht zu ihm, wie man zu einem dressierten Hund spricht)* Pass mal auf, Karl. Du musst mir einen Gefallen tun.

KARL: Klar, Chef. – Was soll ich machen?

KAPMEIER: Geh rasch zur Türe, schau dir die beiden Männer mit den Zylindern an und präg sie dir gut ein.

KARL: Ist recht, Chef. *(eilt zur Türe, schaut hinaus und kommt zurück)* Hab sie gesehen.

KAPMEIER: Gut, Karl. Merk sie dir gut.

KARL: Gemacht, Chef. Was nun?

KAPMEIER: Diese beiden wollen mir ans Leder ...

KARL: *(ballt bei diesen Worten die Fäuste. Es arbeitet in seinem Gesicht)* Diese Drecksäcke!

KAPMEIER: Ja, das sind sie, bei Gott. Du musst sie erledigen! *(eindringlich)* Hörst du, Karl? Erledigen! Die sind imstand und reißen mich von deiner Seite.

KARL: *(will zur Türe; knirscht mit den Zähnen)* Ich werde sie zerreissen!

KAPMEIER: Halt, Karl! *(Er kramt in der Schreibtischlade und bringt eine Briefmarke zum Vorschein. Als Lohn für „Extradienst“.)* Hier, Karl, die Marke gehört dir für deine Sammlung. Ist ein besonders schönes Exemplar ...

KARL: *(sein Gesicht spiegelt die Freude wider)* Danke, Chef, danke ...

KAPMEIER: *(winkt ab)* Schon gut, Karl. Also, mach deine Sache richtig. Du weißt schon ... ausradieren, wie du wertlose Marken vernichtest. Ich darf kein Risiko eingehen!

KAPMEIER: *(an der Türe)* Verlassen sie sich auf mich, Chef. Die sind schon so gut wie erledigt ...

KAPMEIER: *(hält ihn nochmals zurück; beiläufig)* Noch was, Karl. Wenn zufällig ein Mädchen bei ihnen ist, dann räum auch die weg, ja? Sie ist die Komplizin der beiden und genau so verworfen. Wir müssen auf Nummer sicher gehen. Verstehst du, Karl?

KARL: Klar, Chef, wird auch erledigt. *(ab)*

KAPMEIER: *(atmet auf und zündet sich eine Zigarette an)* Nun ist auch diese Affäre aus der Welt geschafft. Jetzt werde ich mir die anderen Burschen vorknöpfen. *(Telefon läutet)* Kapmeier. *(Pause)* Ein Kinderheim wird gebaut? Na, und? *(Pause)* Ach so, eine Stiftung. Warum sagen sie das nicht gleich? Selbstverständlich können sie mit meiner Hilfe rechnen. Werde ihnen eine Überweisung zukommen lassen. *(Pause)* Nichts zu danken; ist ja klar. Wiedersehen ... *(hängt ein und wählt eine andere Nummer)* Überweisen sie auf das Konto Null-elf-achtzehn hunderttausend Mark. *(Pause)* Wie? Stiftung für ein Kinderheim. Also gleich überweisen. *(hängt ein)*

(An der Türe wird geklopft und ein Arbeiter erscheint. Er trägt eine rote Krawatte.)

KAPMEIER: Was gibts?

NIRWITT: Sie haben mir den freien Samstag gestrichen.

KAPMEIER: Wer „sie"?

NIRWITT: Die Gewerkschaft.

KAPMEIER: *(zynisch)* Sagte ich dirs nicht? Habe ich es nicht andauernd gepredigt, ihr sollt die Finger von der Gewerkschaft lassen? Tagein, tagaus?

NIRWITT: *(verlegen)* Schon, aber ...

KAPMEIER: Und jetzt hast du das Schlamassel. Die wollen doch nur euer Geld. Sie treiben die Löhne in die Höhe, damit sie mehr Beitrag bekommen. Ist doch einfach, nicht? 2% vom Einkommen. Aber man kann ja sagen, was man will: es nutzt nichts!

NIRWITT: Ich bin ausgetreten ...

KAPMEIER: So. Na also. Dann ist es ja gut ...

NIRWITT: Deshalb haben sie mir auch den freien Samstag gestrichen ...

KAPMEIER: Ach, so ist das. Nun siehst du, was das für Brüder sind. Und für euch ist das das Evangelium. Weil ihr nicht denkt. Sonst müsstet ihr von selbst draufkommen. *(väterlich)* Paß mal auf. Sie drohen mit Streik, wenn die Löhne nicht angehoben werden. Gut, wir zahlen mehr. Doch hast du dir schon einmal Gedanken darüber gemacht, dass dann auch alles teurer wird? Hast du da schon mal nachgedacht? die Wohnungen, die Lebensmittel, die Kleidung; alles! Sag das mal deinen Kollegen. Die Gewerkschaft ist der Imperialismus schlechthin. Sag ihnen das mal. Ich kann dir nicht helfen. Ihr seid selbst schuld daran. Sag das deinen Kollegen. Und nun geh wieder an deine Arbeit. *(wendet sich ab)*

NIRWITT: *(geht zur Türe und knurrt leise)* Alles Halsabschneider. Alles Verbrecher ... *(ab)*

(Nun läutet ein Telefon nach dem anderen; Kapmeier hebt überall ab. Immer derselbe Wortlaut. Kapmeier ist gestresst. Sowie ein Telefon verstummt ist, läutet wieder ein anderes.)

KAPMEIER: Kapmeier! *(Pause)* Saudi-Arabien? *(Pause)* Kaufen! Kapmeier! *(Pause)* Streik? *(Pause)* Niederschlagen mit allen Mitteln! Kapmeier! *(Pause)* Die Aktienmehrheit erwerben!

(Das Bühnenlicht wird langsam dunkler und Kapmeier schreit in alle Apparate: „Kaufen, kaufen, kaufen, kaufen".

Lichtwechsel auf die Hauptbühne.

Stilisierte Arbeitersiedlung. Einheitliche, graue Wohnsilos auf dem Prospekt. Links der Bühne befindet sich der Wohnraum von Familie Grisp, zum Publikum hin offen. Rechts davon eine schmutzige Straße, die sich am Horizont verliert. Überquellende Aschentonnen am Straßenrand mit Unrat daneben. Grisps Wohnraum ist äußerst primitiv eingerichtet. Alte Couch, auf der Lorna liegt und in Illustrierten blättert Sie macht einen verwahrlosten Eindruck, wie alle anderen Grisps auch. Neben der Couch ein wackliger Tisch mit 2 Stühlen. Auf einem davon sitzt Grisp und döst vor sich hin. Heta Grisp sitzt an einer alten Nähmaschine und näht. Ein alter Schrank und ein Bündel Lumpen auf dem Boden vervollständigen die Einrichtung. Rechts, auf der Straße, sitzt Stani am Boden. Eine Flasche Brandy neben sich und wirft mit Steinen an die Wand des Hauses.

Zu Beginn der Szene Stille. Man hört nur das Surren der Nähmaschine. Plötzlich räuspert sich Ratzo Grisp. Seine Stimme ist tonlos und unendlich gelangweilt.)

RATZO: Scheiße alles. *(blickt sich um)* Nur Dreck und wieder Dreck. Man möchte aufstehen, auf alles speien und davonlaufen ...

HETA: Warum tust du es nicht?

RATZO: *(resigniert)* Ich kann nicht. *(böse)* Du weißt selbst, dass ich nicht kann, verdammt noch mal!

LORNA: *(spöttisch)* Viele können es aber ...

HETA: Sei still! Vater kann nicht. Du kennst die Gründe ...

LORNA: Schon gut, Mutter ... *(Schweigen)*

RATZO: Man hätte sich erheben müssen. Damals ...

HETA: Damals? Dafür gibt dir heute keiner was. Für ein „hätte" kriegt man nichts, mein Lieber ...

LORNA: Ich wollte ja. Doch ihr habt mich davor zurückgehalten. *(böse)* Ihr habt mir mein Leben versaut!

HETA: Du brauchst nur zu arbeiten. Doch du willst ja nicht. Auf den Strich gehen ist einfacher. Und was bringst du nicht alles für Zeug angeschleppt. Ach du lieber Himmel! Arbeitspack! Unrasiert, mit dreckigen Pfoten und einem gierigen Leuchten in den Augen. Das sind deine Kunden. Brr, mich ekelt, wenn ich daran denke ...

LORNA: *(springt auf und faucht ihre Mutter an)* Sieh mal einer an! Meiner lieben Mutter ekelt davor! Das muss ich mir sagen lassen. Doch von meinem Geld leben, das könnt ihr beide! Mein Geld verfressen und versaufen! Dazu bin ich gut genug! Davor ekelt ihr euch nicht, wie? *(deutet auf ihren Vater)* Schau ihn dir doch an? Wie er dasitzt und wartet? Das Maul aufreißen und warten, das kann er. Ja, das beherrscht er vorzüglich. Im selbstverschuldeten Dreck sitzen, all diejenigen verdammen, die es zu etwas gebracht haben und warten. Wie eine Spinne im Netz. – Nur, auf was wartet er denn? Auf was, will ich wissen? Das könnt ihr mir natürlich nicht sagen. Das nicht! Keinen Finger krumm machen und genau so leben wollen wie die anderen. Ach was, ist ja zu schade um jedes Wort. Doch haltet eure Schnauzen, von wegen Ekel. Sonst könnt ihr allein weitermachen ... *(liest weiter)*

HETA: Das ist ja empörend. Hast du gehört, wie das Kind mit seinen Eltern spricht?

LORNA: Ha, Kind! Dass ich nicht lache! – Du hast wohl keine Augen im Kopf ...

RATZO: Es muss etwas geschehen. So geht es nicht mehr weiter.

HETA: Natürlich muss etwas geschehen. Nur was frage ich mich?

(Ratzo Grisp zuckt mit den Achseln und sinkt wieder in sich zusammen. Stani kommt ins Zimmer. Mit einer Flasche in der Hand. Er ist betrunken.)

STANI: *(zynisch)* Kleine Meinungsverschiedenheit, wie? Ja ja, ist ja auch zu verstehen. Kapmeier hat es schließlich zu was gebracht und die Grisps, die lieben Grisps, sind noch immer da, wo sie waren: im Dreck! Und dort werden sie voraussichtlich auch bleiben ...

RATZO: Hör mal zu, du Säufer, diesen Namen will ich in meinem Haus nicht hören. Verstanden!

STANI: In deinem Haus! Dass ich nicht lache. Wenn dir Kapmeier nicht großzügig diese Hütte zur Verfügung gestellt hätte, lägest du noch immer auf der Straße, du Affe! *(dicht vor Grisps Gesicht)* Und weißt du, weshalb er das getan hat? Nicht dir zuliebe, oder aus Mitleid mit deiner Alten, nein, deiner Tochter Lorna hast du das zu verdanken. Ich glaube, der ist so blöd und liebt sie noch immer ...

RATZO: Geh weg, Mensch, du stinkst nach Schnaps ...

STANI: Gewiss, ich stinke nach Schnaps. Ein Duft, den man ertragen kann. Doch du stinkst nach faulemDreck! Wenn ich dich und deinesgleichen so anschaue, kann ich Marx's Worte nicht mehr verstehen. Denn dieser Gestank, den du verbreitest, ist unerträglich!

LORNA: Lass nur, Stani. Die sind es nicht wert, dass du dich ereiferst. Jedes Wort ist überflüssig. Du verschwendest nur deine Zeit damit ...

RATZO: Sieh mal an, meine saubere Tochter. Ein verkommener Säufer ist ihr wertvoller wie Vater und Mutter. *(böse)* Doch was ist mit ihm? Was, frage ich dich? Ist er besser als wir? Keinen Schuss, sage ich! Er sitzt genauso im Dreck wie wir. Er hat es auch nicht geschafft. – Große Töne spucken, das kann er. Jawohl, dazu ist er fähig. Doch sonst?

STANI: Schweig, Alter. Ich wollte nichts anderes. Ich habe mir mein Leben so ausgesucht. Aber du? Du möchtest in einem Palast leben, mit Lakaien und dergleichem. Aber nichts dafür einsetzen. Du wartest darauf, dass dir die gebratenen Hühner von allein ins Maul fliegen. Dein Neid wächst mit jedem Tag gegen alle, die es geschafft haben. Doch glaub mir, und das merk dir gut, du wirst ewig warten. Ewig! Und noch etwas: Kapmeier hat alles gewagt; er hat alles eingesetzt. Kapmeier riskierte Kopf und Kragen, währenddessen du deinen faulen Arsch gesuhlt hast ...

HETA: Er hatte keine Skrupel ...

STANI: Das mag sein, aber er hat es geschafft. Trotz der gaffenden Menge ringsumher, die nur darauf gewartet hat, dass er auf die Nase fallen würde. Er ist aber nicht gefallen. Und heute umgeben sie ihn wie Parasiten. Dazu zähle ich euch auch. Ihr habt auch nur gewartet. Und jetzt, da er allein die Kastanien aus dem Feuer geholt hat, wollt ihr mitessen. Doch er pfeift auf euch. Ja, er pfeift euch alle an. Und er wird noch größer werden. Noch viel größer! Und ich neide es ihm nicht. Ich nicht, da ich weiß, dass nur der bessere Mann gewinnen kann!

(Er dreht sich angewidert um und geht. Stani setzt sich wieder auf die Straße und wirft mit Steinen wie zuvor.)

RATZO: Dieser verdammte Säufer! Keinen Blick für die Realität ...

HETA: *(zu Lorna)* Wann bringst du einen Herrn?

LORNA: Ich weiß nicht ...

RATZO: Ich dreh ihm schon mal einen Strick, diesem Kapmeier. Er wird wieder kleiner werden. Das schwör ich euch. Kleiner, als er zuvor gewesen ist ...

LORNA: Hast du einen Grund dazu?

RATZO: Grund, Grund! Ich hasse ihn!

LORNA: *(zynisch)* Weil er es geschafft hat? Deshalb hasst du ihn doch? Du armer Irrer ...

RATZO: Ich hasse ihn! Ich hasse alle von seiner Sorte! Aber ich muss an seine Seite kommen! Ich werde mich demütigen lassen, ich werde ihn hofieren, ich werde ihm schmeicheln und ich werde ihm behilflich sein. Ich werde ihm ein Freund sein und ich werde ihn vernichten! Und ich werde ihn immer hassen! Immerzu hassen, bis an mein Ende. Ich muss an seine Seite kommen! *(zu Lorna)* Und du wirst mir dazu verhelfen ...

LORNA: Ich? Darf ich fragen, wie du dir das vorstellst?

RATZO: Der alte Säufer sagte doch, dass er dich liebt. Und das wird genügen ...

LORNA: So denkst du dir das. Da muss ich dich aber enttäuschen, Väterchen. Mit mir sollst du kein Geschäft machen. Du hast mich einmal dazu überredet, etwas zu tun, was ich heute zutiefst bereue. Kein zweites Mal mehr, verstehst du? Im übrigen muss ich mich zurechtmachen. Die Schicht ist gleich zu Ende und da muss ich pünktlich zur Stelle sein, sonst schnappt mir die Konkurrenz die dicksten Brocken weg.

(Sie zieht sich im Beisein ihrer Eltern ungeniert aus. Dann streift sie eine tiefdekolletierte Bluse über, zieht einen kurzen Rock an, nimmt ihre Tasche und geht zum Spiegel. Sie zieht die Lippen nach und richtet die Haare. Dann geht sie zur Türe.)

So, nun werde ich für meine saubere Familie wieder Geld verdienen. *(zur Mutter)* Du weißt ja, wenn ich dreimal pfeife, verschwindet ihr beide. Klar? *(ab)*

(Auf der Straße bleibt Lorna vor Stani stehen und wirft sich in die Brust.) Na, Stani, wie seh ich aus?

STANI: Gut, Mädchen. Sehr gut sogar. Wenn ich dich länger betrachte, dann läuft mir das Wasser im Mund zusammen. So hübsch bist du.

LORNA: *(lacht)* Na, na, du alte Saufkugel. *(Sie greift in die Tasche und wirft ihm eine Münze zu.)* Da, für Nachschub. Damit deine scharfe Zunge nicht leiden muss ...

STANI: Dank dir, Kind, und gute Kundschaft. Und sei nicht so blöd, halt den Kerlen einfach die Schenkel hin. Hast du gehört? Verausgab dich nicht, Mädchen? Kein Kerl ist das wert ...

(Lorna geht mit wackelnden Hüften die Straße entlang. Das Bühnenlicht wird langsam dunkel.)

STANI: *(schreit ihr nach)* Hast du gehört, Mädchen? Verausgab dich nicht! Du bist zu schade dazu ...

(Lichtwechsel auf die Vorbühne.
Kapmeiers Büro, wie gehabt. Es ist Abend. Kapmeier sitzt am Schreibtisch und tätigt Schreibarbeiten. Karl sitzt in einem Sessel und spielt stumpfsinnig mit einem Geldstück am Tisch. Er lässt die Münze wiederholt auf der Tischplatte rotieren.)

KAPMEIER: *(unterm Schreiben)* Hat alles geklappt mit den beiden?

KARL: Bestens, Chef.

KAPMEIER: Gut, gut. *(Schweigen)* Nun haben wir es bald erreicht, Karl. Dann sind wir ganz oben.

KARL: *(erfreut)* Das ist schön, Chef. Ziehen wir dann in ein anderes Haus?

KAPMEIER: Klar, Karl. Und du kriegst feine Kleider.

KARL: Prima, Chef. *(Schweigen)*

KAPMEIER: Was ich noch fragen wollte? Wohnen die Grisps noch in der Siedlung?

KARL: Ja, Chef. *(lacht)* Und die Kleine treibt es mit allen Kerlen von der Fabrik. Den Maschinisten „Klumpe" hat sie sogar umsonst gelassen. Er hat es mir später erzählt.

KAPMEIER: Die Lorna?

KARL: Klar, die. Das ist ein Weibsstück, Chef. Tolle Klasse!

KAPMEIER: *(leise)* So treibt sie es also ...

KARL: Ist was, Chef?

KAPMEIER: Nein, nichts. Was sollte sein?

KARL: Dann ist es gut.

KAPMEIER: Du bist ein prima Kerl, Karl ...

KARL: *(verlegen)* Och ... Na ja ...

KAPMEIER: Schon gut, Karl. Ich weiß, auf dich kann ich zählen.

KARL: Immer, Chef!

KAPMEIER: So, und nun Karl, geht es weiter. Noch viel zu erledigen. *(Da wird an die Türe geklopft.)* Wer mag das sein? Schon ziemlich spät? Herein. *(Stani erscheint)*

STANI: Hallo, Kapmeier. Wie geht es dir?

KAPMEIER: *(erfreut)* Stani, du? Schön, dich mal zu sehen. Wie geht es selbst?

STANI: Na ja, ganz gut. Du weißt ja, *(deutet auf seine Brandy-Flasche in der Sakkotasche)* darin schlummern die Weisheiten aller Weltepochen. Der Brandy hat die ungemeine Kraft, allen Dingen auf den Grund zu gehen. Weißt du, man trinkt, um der Wahrheit auf den Kern vorzustoßen. Glaubt man endlich, sie erkannt zu haben, trinkt man erneut, um sie schleunigst wieder zu vergessen. Das ist alles ...

KAPMEIER: *(lacht)* Immer noch derselbe. Ich vermisse deine geistreichen Reden. Was führt dich zu mir?

STANI: *(deutet auf Karl)* Muss der Gorilla dabei sein? *(Karl erhebt sich drohend)*

KAPMEIER: Bleib ruhig, Karl. Das ist ein Freund von mir. *(zu Stani)* Karl ist mein Vertrauter. Ich kann mich blind auf ihn verlassen.

STANI: Schick ihn dennoch weg ...

KAPMEIER: Karl, geh in die Fabrik und schau nach dem Rechten. Sieh zu, ob die Aufsicht schon eingetroffen ist, ja?

KARL: Wird gemacht, Chef. *(ab)*

STANI: Vielen Dank, mein Bester. Ich hab immer so ein seltsames Gefühl im Rücken, wenn der Bluthund dabei ist. Er gleicht nicht deinem Wesen und das macht ihn gefährlich ...

KAPMEIER: *(lacht)* Karl ist ungefährlich, wenn man mich in Ruhe lässt. Er tut keiner Fliege etwas zuleide. Es sei denn, ich habe was gegen den Besucher. Du verstehst mich?

STANI: Gewiss. Gewiss. Was mich herführt, Kapmeier ...

KAPMEIER: ... trink zuerst einen Schluck. *(Er holt eine Flasche und zwei Gläser.)* Bester schottischer Whisky. *(schenkt ein)*

STANI: Na, da kann ich ja nicht nein sagen ...

KAPMEIER: Cherio, Stani.

STANI: Prost, mein Bester. *(trinkt)* Gut, der Stoff ...

KAPMEIER: Nun, Stani, was führt dich zu mir?

STANI: Eigentlich nichts Besonderes. Ich wollte mal sehen, wies dir geht.

KAPMEIER: Nichts Besonderes? Dann wärst du nicht gekommen.

STANI: Entsinnst du dich noch an Lorna?

KAPMEIER: Und ob. Ich kann sie nicht vergessen. So töricht es auch sein mag.

STANI: Du liebst sie noch?

KAPMEIER: Wohl der einzige Mensch, der mir etwas bedeutete.

STANI: Und die Grisps?

KAPMEIER: Er ist ein alter Trottel und sie nicht viel besser. Weshalb fragst du mich? Ist etwas mit ihnen?

STANI: Nichts weiter. Ratzo Grisp hasst dich nur ...

KAPMEIER: Das ist mir nicht neu. Wer tut das nicht? Das schert mich keinen Deut. Doch was ist mit Lorna?

STANI: Sie liebt dich.

KAPMEIER: So so. Sie gibt also vor, mich zu lieben und steigt mit jedem xbeliebigen Kerl ins Bett. Gut. Sehr gut kann ich da nur sagen. Das muss die wahre Liebe sein ...

STANI: Kapmeier, sei nicht blöd. Du weißt so gut wie ich, dass das mit Liebe nichts zu tun hat. Sie muss leben.

KAPMEIER: Dann soll sie arbeiten.

STANI: Wo? Sie ist zu stolz, um zu dir zu kommen. Und dir gehört ja schließlich alles.

KAPMEIER: Eine gute Ausrede fürs Nichtstun. Die einen sind zu stolz dazu, die anderen zu faul und die dritten zu bequem. Sie wollen alle eine Menge Geld kübeln und nichts dafür einsetzen. Eine feine Gesellschaft, zum Kotzen ...

STANI: Du hast ja Recht. Aber mit Realitäten kannst du der Liebe nicht beikommen. Das ist das einzige Gefühl, das uns den Tieren überlegen macht ...

KAPMEIER: Na, na, nicht so philosophisch, Stani. Du kennst meinen Sinn fürs Reale.

STANI: *(ärgerlich)* Kapmeier, mach dich nicht lustig über mich. Entgegnen kannst du mir jedenfalls nichts.

KAPMEIER: Hör mir mal zu, Stani. Ich bot dir schon wiederholt an, bei mir einzusteigen. Und heute wiederhole ich mein Angebot. Mach mit bei mir, es wird dein Schaden nicht sein. *(rüttelt ihn an den Schultern)* Stani, Mensch, wir beide drehen die Welt auf den Rücken!

STANI: Und was glaubst du wohl, was ich dabei gewänne? Ansehen? Erfolg? Reichtum? Ist das des Pudels Kern? Ist das das Ziel, das sich ein Mensch in diesem Leben setzt? Nein, Kapmeier mein Freund, das mag für dich von Wichtigkeit sein. Ich verlöre nur meine Selbständigkeit dadurch. Ich muss frei bleiben, um frei denken zu können. Nur so kann ich für dich von Nutzen sein. Als Partner würden wir zu einer Einheit verschmelzen. Und das ist nicht gut für diese Welt.

KAPMEIER: *(verärgert)* Du sprichst in Rätseln. Das mag ich nicht.

STANI: *(lacht)* Es gibt keine Rätsel; nur unterschiedliche Begriffsmomente ... Was du nicht begreifen kannst, ist noch lange kein Rätsel, mein Lieber.

KAPMEIER: Ich bin so groß, Stani, um mit einem Handschlag auch dich groß machen zu können. Das ist mir ein leichtes …

STANI: Ich weiß. Aber du gehst nur von deiner Größe aus. Versuch wenigstens zu verstehen, dass du für mich noch lange nicht der größte bist. Natürlich ziehe ich dich allen anderen vor, da du deine Fäuste und dein Gehirn zu gebrauchen weißt. Und diese „Partnerschaft" aus Kraft und Geist ist selten …

KAPMEIER: Dann mach doch mit!

STANI: Niemals. Du müsstest allmählich meine Gründe kennen … Ich helfe dir im kleinen und ich versuche, dir eine Welt nahezubringen, die du nicht kennst. *(lächelt)* Das Privileg aller Narren!

KAPMEIER: Mach dich nicht zum Narren!

STANI: Aber wieso denn nicht? Es gibt zu wenige davon. Sieh dich doch um! Die eingebildete Ernsthaftigkeit von Idioten ist's, die Untergänge herbeiführen und ihr blödes Gelächter nachher lässt sogar Dome einstürzen. Du hast noch nicht viel gelernt, mein Lieber …

KAPMEIER: Bleib wenigstens in meiner Nähe …

STANI: Sei dessen gewiss. Ich werde immer in deiner Nähe sein. Das bin ich mir selbst schuldig. Aus gewissen Gründen …

KAPMEIER: Wieso? Von welchen Gründen sprichst du?

STANI: Aus Gründen, die dir noch unbegreiflich sind.

KAPMEIER: Nenn mir einen davon?

STANI: Du hättest sie selbst längst erkennen müssen.

KAPMEIER: *(hart)* Ich schaffte alle Gründe aus der Welt!

STANI: Siehst du, das ist einer davon …

KAPMEIER: Mein Gott, Stani, was ist nur in dich gefahren?

STANI: Such dir den Sinn des momentanen Lebens und du wirst jedes Leben ertragen können. Schau, vor Tausenden von Jahren atmeten die Menschen mit ihren Lungen, kauten die Speisen mit ihren Zähnen und versuchten mit drei Pfund Gewebe zu denken. Begreifst du mich nun?

KAPMEIER: Nein.

STANI: Dann lass es. Ich sehe den Sinn eines Lebens eben anders als du ihn siehst …

KAPMEIER: Und wie siehst du ihn?

STANI: *(lacht)* Ganz einfach: zu leben wie ich leben will. Das ist die einzige Freiheit und die will ich behalten. Mit leichtem Gepäck durch dieses Leben. Nur ein dummer Narr bürdet sich auf, was er nie brauchen kann.

KAPMEIER: Ich kann das nicht als Leben bezeichnen.

STANI: Und ich kann dir nichts anderes entgegnen. Mir liegt nichts an Macht oder dergleichen. Auf diese Dinge pfeife ich. Die Welt ist wie ein kleines Kind, das noch in den Windeln liegt. Ich bin nicht bereit, sie erziehen zu helfen.

KAPMEIER: Na schön, ich kann dich nicht dazu zwingen. Du willst es nicht anders haben. Du sollst nur wissen, dass ich nur dir ein Angebot machte. Sonst keinem. Dich wollte ich neben mir haben …

STANI: Das ehrt mich, Kapmeier. Doch ich lege keinen Wert darauf.

KAPMEIER: Und ich hoffte schon, du wärst deshalb zu mir gekommen. Na ja ..

.STANI: Ich kam wegen Lorna. Wenn du dich ihrer nicht annimmst, geht sie zugrunde. Sie ist ein lieber, wertvoller Mensch.

KAPMEIER: Weißt du genau, dass sie mich noch liebt? Ich will nicht noch einmal umsonst bitten?
STANI: Sie liebt dich. Mehr denn je.
KAPMEIER: Damals hat sie mich feige im Stich gelassen.
STANI: Schuld daran waren ihre Alten gewesen.
KAPMEIER: Wer gibt mir die Gewissheit, dass sie es in Zukunft nicht sein werden?
STANI: Du selbst. Heute bist du der mächtigste Mann. Wer kann dir noch etwas anhaben? In deinem gewohnten Bereich zumindest?
KAPMEIER: Da hast du allerdings recht. Nur, diesmal muss ich absolut sicher sein. Ein zweites Mal könnte ich es nicht ertragen. Versteh mich richtig, Stani, Macht ist nur ein äußeres Stärkungsmittel ...
STANI: Der Mensch kann viel ertragen, mein Bester. Davon abgesehen, wird dich Lorna nicht mehr enttäuschen. Du hast jetzt die Macht, deinen Willen durchzusetzen.
(Karl kommt zurück)
KAPMEIER: Alles in Ordnung, Karl?
KARL: Läuft alles glatt, Chef. Hab auch eine Runde in der Arbeitersiedlung gedreht. Alles ruhig. Nur bei den Grisps gab es wieder Streit. Der Alte, dieser Grisp, ist eine Arschgeige. Kaltschnäuzig und blöde. Ich wär fürs Liquidieren, Chef.
STANI: Bei denen gibt es tagtäglich Schlamassel. Der Alte ist ein Schwein ...
KARL: Grisp hat das Mädchen zusammengeputzt, wie ein Stück Dreck.
KAPMEIER: Lorna?
KARL: Ja, Lorna.
KAPMEIER: Was hast du gehört, Karl, sprich?
KARL: Och, nichts besonderes, Chef.
KAPMEIER: Es interessiert mich aber. Erzähle!
KARL: Der Alte sagte, dass sie dich rumkriegen müsste, sonst würde er sie umbringen. Oder so ähnlich. Ich hab nicht so genau darauf geachtet ...
KAPMEIER: Da hörst du es! Und du sagtest mir, dass sie mich lieben würde! *(schreit)* Diese Dirne! Eine Schlampe ist sie. Mein Geld will sie! Alle wollen mein Geld! Diese Hunde. Nichts riskieren, aber kassieren! *(tobt; Karl und Stani ab)* Dieses Gesindel! Aber ich werde es ihnen zeigen, diesem nichtsnutzigen Gewürm! Allen werde ich es zeigen. Ich drehe diese Welt auf den Rücken und spucke ihr in ihr eiskaltes, spöttisches Gesicht. Diesem Planeten ist nur mit Härte beizukommen. Und all diesem Ungeziefer auch, das sich Menschen nennt. Sie werden sich an mich erinnern müssen! *(Das Licht wird langsam dunkel.)* Ich zeige es allen. Ich, Kapmeier!
(Lichtwechsel auf die Vorbühne. Kapmeier tritt in den grünen Lichtkegel.)
KAPMEIER: Ich zeige es allen! Ich werfe sie nieder! Ich steige empor und ich spucke herab! ich kämpfe, ich peitsche und schlag immer wieder – nur der sich erhebt, macht die anderen schlapp! Nur der, der durchs Feuer ging, kennt auch das Licht! Ich kämpfe und schlage und beuge mich nicht!
(Zucki, der Graue und der Schwarze erscheinen als Lemuren verkleidet und halten sich Stabmasken vor das Gesicht. Sie umtanzen Kapmeier in grotesker Weise.)
LEMUREN: Wir werden dich rösten, wir werden dich fressen!
Dein Geist wird gebrochen, das schwören wir dir!
Bist du denn so töricht und hast schon vergessen -
du bist ein gefährliches, menschliches Tier!
KAPMEIER: *(schlägt mit dem Fuß nach ihnen und die Lemuren weichen aus)*
Verschwindet doch ihr idiotischen Affen!
Mich beugt von euch keiner, noch fühle ich Kraft!
Ein jeder Mensch kämpft mit den eigenen Waffen -
nur der lebt doch, der das Unmögliche schafft!

Ich fühle den Drang, bis zur Spitze zu gehn.
(schlägt mit dem Fuß nach ihnen)
Schlagt euch in die Binsen, ihr werdets schon sehn!
LEMUREN: *(ängstlich darauf bedacht, Abstand zu halten)*
Noch wähnst du dich stark, doch es lacht schon das Ende!
Das Unausgesprochene keltert sich schon!
Wir pressen dich keuchend an aschfahle Wände -
es bleibt von dir nichts, nicht der leiseste Ton!
KAPMEIER: Kusch! Schert euch zum Teufel, ihr mickrigen Wesen!
Durch eure Kadaver fährt lang schon der Wind!
Ich werd allen lehren aus Büchern zu lesen,
die keimfrei nur menschlicher Eigennutz sind!
Die Tat ist's allein, die auf Erden hier zählt,
wenn Geist und Macht sich zur Einheit vermählt!
(scheucht sie mit Händen und Füßen hinweg)
Nun aber ab, ihr miesen Figuren -
vom Menschen erdachte, absurde Lemuren!
(Licht aus)

2. Akt

(Herrschaftlicher Wohnraum. Offener Kamin. Stilmöbel. Kultivierte Eleganz, die Geschmack verrät. Bücher an den Wänden. Eine Bar mit Tresen. Sitzgarnituren in Leder. Karl steht hinter der Theke und trocknet Gläser. Er trägt schwarze Hosen, gestreifte, ärmellose Weste, weißes Hemd mit Binder. Seine Haare sind gescheitelt und mit Pomade gebändigt. Er bewegt sich steif. Wenn er spricht, erkennt man, dass ihm gute Umgangsformen andressiert wurden. An der Bar sitzt Stani. Er starrt auf die Theke, schweigt und trinkt. Ratzo Grisp geht auf und ab, rückt bald da etwas zurecht, bald dort. Ein Tisch ist gedeckt, mit Kerzenleuchtern. Man erwartet Gäste. Hin und wieder wirft Grisp einen ängstlichen Seitenblick auf Karl. Doch wenn dieser zu ihm hinsieht, schaut er rasch wieder weg. Karl geht steif und gemächlich ab. Sobald er verschwunden ist, eilt Grisp zu Stani an die Bar.)

RATZO: *(erregt)* Ich sag dir, dieser ungeschlachte Kerl flößt mir stets aufs Neue Angst ein. Der Rhetoriklehrer, unter dessen Fittiche ihn Kapmeier stellte, hat keinerlei Früchte hinterlassen. Sieht man von Äußerlichkeiten ab. Ich sage dir, dieser Kerl ist eine Gefahr ...

STANI: Karl? Aber was denn? Der tut keiner Fliege was zuleide. Er will auch dir nichts anhaben. Karl ist nur auf das Wohl seines Chefs bedacht.

RATZO: Trotzdem werde ich das Gefühl nicht los, dass dieser Kerl Unglück bedeutet.

STANI: Für Kapmeier jedenfalls nicht. Das musst du dir merken, Grisp.

RATZO: *(aufgebracht)* Kapmeier, Kapmeier! Man könnte bald glauben, dass er ein Gott sei!

STANI: Für Karls Begriff ist er das auch. Karl fällt und steht mit Kapmeier. Und das fühlt er. Kapmeier war der erste Mensch, der gut zu ihm gewesen ist.

RATZO: Gut gewesen! Ha, da kann ich nur lachen. Wenn er ihm eine lumpige Briefmarke gibt, glaubt dieser Affe, dass es eine Auszeichnung ist.

STANI: Das verstehst du nicht. Kapmeier gibt sie ihm zur richtigen Zeit. Jeder Mensch braucht zur rechten Zeit eine Anerkennung. Auch Karl.

RATZO: *(spöttisch)* Und dafür murkst er jeden ab, der zu seinem großen Meister nicht so ist, wie er sich das vorstellt. Schön, kann ich da nur sagen.

STANI: An deiner Stelle würde ich den Mund nicht so voll nehmen. Ich wünsche dir nicht, dass Kapmeier davon erfährt. Er ist ein großer Mann, den Kleinigkeiten maßlos aufregen.

RATZO: *(schenkt sich ein Glas ein)* Ach was ...

(Er will gerade trinken, da steht Karl vor ihm, wie aus dem Boden gewachsen. Er nimmt Grisp wortlos das Glas aus der Hand und schüttet den Inhalt weg.)

KARL: Der Chef will nicht, dass sie trinken. Er hat es ihnen wiederholt gesagt. Halten sie sich an seine Anweisungen, mein Herr.

(Grisp zieht die Schultern ein und schleicht wortlos davon. Stani kichert leise und Karl stellt ihm eine volle Flasche hin.)

KARL: Eine Flasche für sie; vom Chef. Ich soll sie gut versorgen. Wenn sie einen Wunsch haben ...?

STANI: *(freundlich)* Nein, Karl, besten Dank. Du versorgst mich glänzend.

KARL: Der Chef kommt etwas später. Er führt noch Verhandlungsgespräche mit einem Stahlwerk. Sie sollen sich nicht langweilen, lässt er ihnen bestellen.

STANI: Danke, Karl. Ist Lorna noch oben?

KARL: Ja. Ihre Mutter ist der gnädigen Frau beim Ankleiden behilflich. Sie wird bald erscheinen.

STANI: Stimmt das nun, Karl, hat Kapmeier die Reederei erworben oder nicht? Man spricht überall davon. Und nicht gerade sehr lobend. Er sägt noch alle ab ...

KARL: *(stolz)* Der Chef ist oben. Er hat es geschafft.

STANI: Ganz oben, Karl?

KARL: Sie sind sein Freund, Sie dürfen es wissen: er ist ganz oben.

STANI: Das freut mich für ihn. Und wie geht es dir sonst?

KARL: Oh danke der Nachfrage. Mir geht es gut. Ich kann nicht klagen.

STANI: Wie geht es deiner Briefmarkensammlung?

KARL: Sie wächst. Der Chef hält immer etwas für mich bereit. *(ereifert sich)* Neulich schenkte er mir sogar eine ganz seltene Marke. Dreieckig; und geschnitten.

STANI: Was du nicht sagst. Was hast du dafür tun müssen?

KARL: *(abweisend)* Das geht sie nichts an. Eine kleine Gefälligkeit nur.

STANI: Schon gut, Karl. Ich will es nicht wissen. Du darfst nicht glauben, dass ich etwa neugierig sei.

(Da erscheint Lorna am Arm ihrer Mutter. Beide tragen eine Abendrobe.)

LORNA: Hallo, Stani! So eine Freude, dich zu sehen!

STANI: *(umarmt sie)* Lorna! Na, wie gehts dir, Kleines? Erzähle mir, was in der großen Welt so vor sich geht. Wie gehts deinem Mann?

LORNA: Viele Fragen auf einmal. Doch ihm geht es gut, wenn man von der Unmenge Arbeit absieht, die er tagein, tagaus zu bewältigen hat.

HETA: Er ist Geschäftsmann, Kind. Was ihn offenbar nicht davon abhält, seine alten Freunde einzuladen, die ihm nichts nützen können.

STANI: *(zynisch zu Heta Grisp)* Na ja, wenn ich mir dich und deinen Mann so ansehe, dann muss ich wohl sagen, dass euch das Klima hier sehr gut zu bekommen scheint. Ihr seht prächtig aus, tragt die feinsten Kleider und sitzt stets am gedeckten Tisch. Da sage mir einer, dass das Geschlecht der Parasiten zum Untergang verurteilt sei. Ich müsste ihn Lügen strafen!

HETA: *(kühl)* Das mag dir so erscheinen. Doch es ist nicht alles Gold, was glänzt.

STANI: So sagt man ...

LORNA: *(vorwurfsvoll)* Aber Mama, hast du nicht alles, was dein Herz begehrt?

HETA: Schon gut, mein Kind. Ich beklage mich nicht.

STANI: Alles kann nicht gut sein. Ein Minus gehört zum Plus, sonst würde die Welt im Einerlei ersticken.

LORNA: *(lacht)* Noch immer der alte Philosoph. Du wirst dich wohl nie ändern, Stani.

STANI: Um Himmelswillen! Nur das nicht. Ich bin glücklich und zufrieden dabei. Auf meine Art natürlich. Ich möchte nichts anderes sein.

HETA: Nichtstun. Das ist deine starke Seite.

STANI: *(zynisch)* Wie deine eben auch.

HETA: Ich verbitte mir das! Schließlich bist du in unserem Hause zu Gast. Ich kann nicht begreifen, dass mein Schwiegersohn dich überhaupt eingeladen hat. Einen Säufer und Taugenichts ...

LORNA: Nun ist es aber genug, Mama. Erstens ist es nicht dein Haus, sondern das Haus meines Mannes. Und zweitens ist Stani sein Freund. Merk dir das gefälligst.

KARL: *(der sich während des Gesprächs an der Bar zu schaffen machte)* Jawohl, der Herr ist der Freund meines Chefs. Und ich mag das nicht, wenn man seine Freunde beleidigt. Von niemandem!

STANI: *(beruhigend)* Schon gut, Karl. Die Alte weiß nicht, was sie redet. Ihr ist das gute Leben zu Kopf gestiegen.

HETA: Da seid ihr euch natürlich einig. Pack bleibt eben Pack. So wird es immer sein.

KARL: *(kühl)* Sie können jederzeit verschwinden. Man wird nicht traurig darüber sein ...

LORNA: *(wütend)* Jetzt reicht es aber. *(zu ihrer Mutter)* Du benimmst dich gefälligst. Oder du gehst zurück in deine Hütte! Vergiss nicht, dass ich dich hierher gebracht habe. Nur mir zuliebe hat mein Mann dich und Vater aufgenommen. Also benehmt euch dementsprechend in seinem Haus. Und nun geh und sieh zu, dass alles seine Richtigkeit hat. Wir erwarten Gäste!

(Heta Grisp dreht sich mit hocherhobenem Kopf um und geht ab.)

STANI: *(kichert)* Ach du meine Güte. Der Alten hast du es aber gegeben. Du bist immer noch dieselbe Wildkatze, die du warst.

LORNA: Glaubst du, Stani? *(zu Karl)* Bitte Karl, geben sie mir einen Cognac.

KARL: Sehr wohl, gnädige Frau. *(schenkt ein und stellt ihr das Glas hin)*

LORNA: *(zu Stani)* Trinken wir und vergessen wir diese Affäre. Prosit, Stani!

STANI: Auf dein Wohl, Lorna. *(beide trinken)* Weißt du, der Neid ist stärker als die Liebe. Solange sich die Menschen im Dreck wälzen, vertragen sie sich ganz leidlich. Doch kaum hat sich einer erhoben, so neiden sie ihm sofort seine aufrechte Haltung. Kurios ist nur das eine, dass ja jeder gleich nackt zur Welt kommt. Und das andere bleibt dem Fleiß, der Fähigkeit und der Tatkraft des Einzelnen überlassen. Das vergessen die Leute nur immerzu.

LORNA: Du hast natürlich recht, Stani. Doch vergessen wir das heute. *(fröhlich)* Du glaubst nicht, wie ich mich freue, endlich etwas Leben ins Haus zu bringen. Er kennt ja nur seine Arbeit ...

STANI: Das darfst du ihm nicht verübeln. Schließlich hat er es zu etwas gebracht. Er ist der Größte, Lorna. Und alle profitieren von seinem Glanz. Weißt du, wirklich sozial kann nur ein wahrhaft reicher Mann sein.

LORNA: Ich weiß, Stani. Doch das erfordert Opfer.

STANI: Es gibt nichts Großes, das keine Opfer fordert. Man kann keine Unternehmungen starten und zugleich sorglos geborgen bleiben. Das Risiko geht allen großen Taten voraus. Man vergisst das nur immer wieder ...

LORNA: Wie recht du hast. *(fröhlich)* Jedenfalls freue ich mich, dich zu sehen ...

(Kapmeier erscheint. Er ist nervös und macht einen müden Eindruck. In seiner Begleitung ist Nirwitt. Dieser ist besser gekleidet als bei seinem ersten Auftritt in Kapmeiers Büro und man merkt ihm eine Veränderung an. Doch seine rote Krawatte trägt er noch immer.)

KAPMEIER: Hallo, ihr beiden. Habt ihr euch wenigstens gut unterhalten? Karl, gib mir einen Whisky. Ich kann ihn weiß Gott gebrauchen ... *(Karl schenkt ein.)*

LORNA: Hast du Ärger, Liebling?

KAPMEIER: Ärger ist zu viel gesagt. Aufstand in den Erzgruben. Er wurde aber, dank ihm *(deutet auf Nirwitt)* eine Stunde später niedergeschlagen.

STANI: *(mit leichtem Spott in der Stimme)* Aha, die Stimme der Gewerkschaft.

KAPMEIER: Nicht mehr. Er arbeitet für mich. Er sah ein, dass er dabei weit besser fährt. Nicht wahr? *(Nirwitt nickt)* Komm, setz dich zu uns. Karl, gib ihm zu trinken. *(zu Nirwitt)* Was möchtest du?

NIRWITT: Ich trinke einen Whisky mit ...

KAPMEIER: Karl, du hast es gehört. Einen Whisky für unseren Freund ...

STANI: *(zu Kapmeier)* Ich bin überrascht, das muss ich gestehen. Ich hätte nie gedacht, dass so was möglich wäre. Ein radikaler Gesinnungsumschwung, sozusagen. Allerhand. Die Welt hält immer wieder neue Überraschungen für mich bereit ...

LORNA: Und stell dir vor, Stani, fast alle Arbeiter stehen hinter ihm. Sie haben erkannt, dass die Gewerkschaften gar keine so redlichen Absichten haben, wie sie sich immer den Anschein geben. In der heutigen Zeit ...

NIRWITT: *(wie auswendig gelernt)* Streik und Lohnaufbesserungen fallen immer wie ein Bummerang auf die Arbeitnehmer zurück. Denn die Teuerungen bleiben ja nicht aus.

KAPMEIER: Sehr richtig. Doch jetzt wollen wir das ganze Theater vergessen. Ich wollte endlich wieder unter Menschen sein. Ich muss einmal für ein paar Stunden ausspannen, sonst kipp ich aus den Schuhen.

LORNA: Das solltest du öfter tun.

KAPMEIER: Aus den Schuhen kippen?

LORNA: Nein, ausspannen, du Spinner!

STANI: Lorna hat recht. Früher oder später fordert jede Leistung ihren Tribut. Und du hast es ja nun geschafft. Du musst dir mehr Zeit nehmen, für dich und Lorna ...

KAPMEIER: Ich werds versuchen. *(schaut auf seine Uhr)* Oh weh, schon so spät. Ich muss mich etwas frisch machen. Geht doch einstweilen in den Salon und macht es euch bequem, ja?

LORNA: Soll ich dir behilflich sein?

KAPMEIER: *(im Gehen)* Nein, danke. Ich schaff es allein. Bleib du bei Stani. *(Stani und Lorna erheben sich; zu Karl:)* Mach es den beiden im Salon gemütlich, Karl.

KARL: Sehr wohl, Chef. *(zu Lorna, Stani und Nitwitt:)* Wenn sie mir bitte folgen wollen ...

LORNA: Komm, Stani, gehen wir ...

STANI: Ja ja, ich komme schon, Kleines.

NIRWITT: Wenn sie erlauben, dann bleibe ich hier sitzen.

LORNA: Gewiss. Die Bar steht zu ihrer Verfügung.

(Karl, Lorna und Stani durch die Türe ab. Nirwitt sitzt allein an der Theke. Nach einer Weile erscheint Grisp. Er sieht sich nach allen Seiten um und steuert auf Nirwitt zu.)

RATZO: *(hart)* Nun?

NIRWITT: *(erschrocken)* Bist zu verrückt? Wenn uns hier jemand zusammen sieht, sind wir erledigt!

RATZO: Sei nicht blöd. Alle sind im Salon. Doch du hast es wieder nicht geschafft, wie? Ich hörte eben, dass der Aufstand niedergeschlagen wurde. Du bist eine Niete. Menschenskind, bist du eine Niete!

NIRWITT: Was kann ich allein schon ausrichten! Du sitzt gemütlich im warmen Nest und ich soll die ganze Arbeit erledigen. Im übrigen war der Zeitpunkt nicht günstig.

RATZO: Das sagst du immer. Du bist eben unfähig. Du wirst ewig die Krumen von Kapmeiers Tisch fressen. Als sein Hund, verstehst du?

NIRWITT: Red keinen Quatsch. Ich weiß, was ich zu tun habe.

RATZO: Dann ist es gut. Hoffentlich vergisst du das nicht, Nirwitt? Es würde dir nicht bekommen

NIRWITT: Sei still! Ich glaub, da kommt jemand!

RATZO: *(höhnisch)* Du siehst Gespenster, mein Lieber.

NIRWITT: Geh. Ich will nicht, dass man uns zusammen sieht. Sie könnten Verdacht schöpfen ...

RATZO: Also, wann willst du es tun?

NIRWITT: Wenn der Zeitpunkt dafür günstig ist. Ich kann nicht begreifen, warum es dir so eilig damit ist. Du hast es doch gut hier ...

RATZO: Habe ich dich nicht gut bezahlt?

NIRWITT: Ich trage schließlich das Risiko. Du bleibst im Hintergrund. Wenn es schief geht, bin ich der Dumme. Du weißt genau, dass Kapmeier mich über die Klinge springen lässt. Also red keinen Quark von wegen guter Bezahlung.

RATZO: Du hast es noch immer nicht begriffen. Kapmeier wird zur Gefahr für alle! Bald hält er alle Fäden in der Hand und dann ist es zu spät.

NIRWITT: Wenn Kapmeier erledigt ist, wird ihm ein anderer nachfolgen. Es gibt immer wieder neue Kapmeiers. Außerdem bin ich davon überzeugt, dass Kapmeier nur nicht in deine persönlichen Pläne passt.

RATZO: Du bist ein Ochse, Nirwitt.

NIRWITT: Wenn ich ein Ochse bin, dann bist du ein Schwein, Ratzo Grisp! Schließlich hat Kapmeier einen neuen Aufschwung inszeniert, der auch für dich von beträchtlichem Vorteil ist. Ich glaube nicht, dass du ein würdiger Nachfolger für ihn sein wirst.

RATZO: Sagte ich das?

NIRWITT: Ich wüsste keinen anderen, der an Kapmeiers Untergang interessiert wäre. Du allein bist es, der durch Kapmeiers Sturz seine kleinlichen Interessen befriedigen will. Ich kenne dich, Ratzo Grisp ...

RATZO: Wie sprichst du denn auf einmal? Ich dachte, auch in deinem Sinne zu handeln. Hast du schon vergessen, wie dir Kapmeier mitspielte?

NIRWITT: Wie könnte ich, wo du es mir immer wieder aufs neue sagst.

RATZO: *(eindringlich)* Nirwitt, Kapmeiers Macht wächst ins unermessliche an! Begreif doch endlich!

NIRWITT: Ich habe darüber nachgedacht und bin zu dem Schluss gekommen, dass die Welt nur von neuen Ideen leben kann. Sie braucht diese „geistige Fütterung", die gleichzeitig eine individuelle diktatorische Macht darstellt. Und diese Macht verkörpern eben nur Einzelne.

RATZO: Dein innerlicher Umschwung ist äußerst aufschlussreich. Ich habe den falschen Mann gewählt.

NIRWITT: Du hattest keine andere Wahl.

RATZO: Ich sah in dir einen Mann der Tat, der zu seinem Wort steht und sein Versprechen einlösen wird.

NIRWITT: Ich stehe zu meinem Wort.

RATZO: *(erfreut)* Du wirst es also tun?

NIRWITT: Ich werde Kapmeier stürzen. Aber nicht um deiner kleinlichen Pläne wegen und schon gar nicht des lächerlichen Betrages wegen, den du mir zugestanden hast, sondern einzig und allein aus meiner innerlichen Überzeugung heraus, dass man eine fertiggestellte Pyramide einreissen muss, um die Basis eines neuen Pyramidenbaus zu schaffen. Das wirst du schwerlich begreifen können, Ratzo Grisp.

RATZO: Deine Beweggründe sind mir schnurzegal. Die Hauptsache ist, dass du es tust. Und ich rate dir, es bald zu tun.

NIRWITT: Das wirst du gefälligst mir überlassen.

RATZO: Ich denke nicht daran! *(es klingelt)*

NIRWITT: Nun hau aber gefälligst ab! Ich will nicht, dass man uns sieht!

(Ratzo Grisp rasch ab und Karl erscheint. Nirwitt trinkt vom Glas.)

KARL: *(misstrauisch)* War jemand hier?

NIRWITT: *(räuspert sich und lacht verlegen)* Niemand war hier. Kein Mensch ...
Karl schaut misstrauisch auf Nirwitt, da klingelt es erneut. Karl öffnet und nimmt ein Blumenarrangement in Empfang. Er stellt es im Zimmer ab und schleppt nochmals zwei Buketet herein. Anschließend geht er hochaufgerichtet wieder in den Nebenraum.
Grisp kommt zurück.)
RATZO: Was wollte der Quasimodo?
NIRWITT: *(deutet auf die Blumen)* Karl nahm die Blumen in Empfang.
RATZO: Dieses Pack! Alle ehren ihn und bringen ihm Ovationen dar. Du siehst, mein lieber Nirwitt, wie mächtig Kapmeier ist. Er wird allmählich eine Weltgefahr!
NIRWITT: Nur große Männer werden geehrt. Oder kleine, aufgeblasene Schwächlinge. Ich zähle Kapmeier zu den ersteren ...
RATZO: Ich weiß, worauf du hinauswillst. Aber bei mir verfängt deine Spritze nicht. Ich weiß was ich mir wert bin.
NIRWITT: Ich weiß es auch ...
RATZO: *(zieht eine Karte aus dem Arrangement)* Dann halte dich auch an unsere Abmachung. *(liest)* „Meinem lieben Schwiegersohn". Ist das alles? Diese Trottel. Ich sagte ihnen ausdrücklich, sie sollten einen netten Glückwunsch anbringen! Schließlich ist der Korb von mir! *(zieht eine andere Karte hervor)* Und was ist das? *(liest)* Aha, der Stadtrat. *(böse)* Jetzt hat er wohl bald alle auf seiner Seite. *(nimmt eine andere Karte)* Und von der Caritas. Na ja, die darf natürlich nicht fehlen. *(nimmt die letzte Karte; liest überrascht)* „Für besondere Verdienste im Sozialwesen wird dem vielgeachteten Konsul Kapmeier das Ehrenkreuz verliehen." Und so weiter, und so weiter. Nein, diese Halunken! Jetzt fehlt nur noch, dass ihm die Kirche eine Auszeichnung zukommen lässt. Das würde dem Fass den Boden ausschlagen.
NIRWITT: Er ist eben sehr beliebt ...
RATZO: *(gehässig)* Beliebt! Ja, sehr beliebt. Dieser Halsabschneider ...
(Kapmeier erscheint im Abendanzug. Er stutzt, als er die Blumen sieht. Grisp lächelt und geht ihm mit ausgebreiteten Armen entgegen.)
RATZO: Was sagst du nun, mein Lieber? Das Ehrenkreuz soll dir verliehen werden. Du bist beliebt bei allen Leuten ...
KAPMEIER: *(ignoriert Ratzo Grisps Freundlichkeit)* Lorna, komm mal her und schau dir das an!
(Lorna, Stani, Heta Grisp und Karl erscheinen.)
LORNA: *(erfreut)* Oh, die schönen Blumen. Diese wundervollen Blumen. Alle für dich?
RATZO: Natürlich alle für ihn, Kind. Dein Mann ist am Gipfel angelangt. Es muss ein schönes Gefühl sein ...
LORNA: *(umarmt Kapmeier)* Oh, wie ich mich freue! *(zu allen, mit Stolz in der Stimme)* Er ist ein großer Mann.
HETA: Das ist er. Bei Gott.
STANI: *(zu Kapmeier)* Na fein, nun hast du es endlich geschafft. Jetzt kannst du einmal richtig ausspannen. Kein Mensch kann dir mehr was am Zeug flicken. Lebe endlich, mein Bester. Zeit kannst auch du nicht kaufen.
KAPMEIER: *(ernst)* Ich weiß, Stani ... *(zu Karl)* Karl, Tisch auf, ich habe grenzenlosen Appetit! Setzt euch, meine Lieben. Die Gäste werden gleich erscheinen.
(Alle setzen sich und Karl tischt auf. Er schenkt ein und Ratzo Grisp erhebt sich mit seinem Glas.)
RATZO: Ich möchte nicht versäumen, dir, mein lieber Schwiegersohn, bevor die Gäste erscheinen, Gesundheit, ein langes Leben und vor allen Dingen, Erfolg zu wünschen.
LORNA: Das wünsche ich dir auch, Schatz.
STANI: Du weißt, was ich dir wünsche, mein Bester. Es ist überflüssig, das zu erwähnen.

KAPMEIER: Ich weiß, Stani. Und nun Prosit euch allen! *(Sie trinken ihm zu.)* Karl, sieh nach, die Gäste kommen.

KARL: Gewiss, Chef. *(ab; Stimmengewirr; Lichtwechsel auf die Vorbühne)*

(Kapmeier tritt in den Lichtkegel. Die Krawatte geöffnet, mit einem Whiskyglas in der Hand. Er raucht eine Zigarette und fixiert einen fernen Punkt an.)

KAPMEIER: Die Einsamkeit frisst mich auf. Stück für Stück. Und das Gewissen meldet sich. Lorna, ich liebe dich und bin dennoch einsamer als je zuvor. Aus jeder Ecke lauert mir der Neid entgegen. Wollte ich dieses Leben? Nein, ich wollte es nicht. Weshalb tat ich dies alles? Ich weiß es nicht mehr. Zuweilen denke ich, dass ich es einfach so leben musste. Ein innerer Zwang drängte mich weiter, immer weiter, ohne Unterlass. Ich konnte mich nicht dagegen wehren. Es wurde zu einem Teufelskreis, dem ich nicht mehr entrinnen kann. Ich wollte leben! Ja, leben! Und bin doch unfähig dazu. Der Drang ist stärker. Dieser Drang, die Welt auf meine Art zu verändern. Dieser Drang, den ich hasse! Mein Leben wird zur Plage. Wer versteht mich? Es gibt in meinem Leben keine Liebe. Nur Neid, Hass und Furcht.

Diese drei Faktoren prägen das Leben der Erfolgreichen. Ich hasse dieses Leben. Ich hasse mich. Weshalb blieb ich nicht liegen? Weshalb musste ich mich erheben? Ist das ein Gesetz dieser Welt? Der Teufel soll diese Gesetze holen! Ich fühle keine Kraft mehr in mir. Was ich bis heute leistete, dazu sind zwei Leben vonnöten. Mein Inneres ist leer, verbraucht, zu nichts mehr nütze! Vakuuminös ...

Der Himmel gebe, dass meine Schwäche noch nicht erkannt wird. Die Intrige lauert darauf, mich zu verschlingen. Ich muss noch einmal Stärke zeigen! Meine Gegner, die die Gegner aller Mächtigen sind, warten auf ihre Stunde. Sie sind hartnäckig und das Warten lohnt sich für sie immer. Ich muss! Ich muss es ihnen immer wieder beweisen, dass ich der Stärkere bin! Wie lange wird mir das noch gelingen! Wie lange noch?

(Kapmeier setzt sich auf den Boden und legt seinen Kopf in die auf seinen Knien verschränkten Arme. Zucki, der Graue und der Schwarze, als Lemuren verkleidet, erscheinen und umtanzen ihn.)

ZUCKI: Bald schlägt die Stunde Null, die immer schlägt,
wenn Großes sich zum Niedergange neigt.
Die Basis zittert, die das Bauwerk trägt,
das sich vergänglich wie das Leben zeigt.

DER GRAUE: Alles vergeht und ist im Abbau tätig,
was sich bewahrt, bleibt immer nur die Art.
Das Schicksal ist für keinen von euch gnädig;
es rüstet täglich zu der letzten Fahrt.

DER SCHWARZE: Bald ist der Punkt erreicht, den jeder kennt.
Den jeder hasst – und dennoch ist er da!
Wenn sich die letzte Sternenglut verbrennt
ist das geschehn, was immer schon geschah.

ZUCKI: Dann sind die Wege alle aufgehoben.
und brütend flüchtet euer kleiner Geist.
Die großen Netze werden nun gewoben,
bis dass ein neues Leben sie zerreißt!

(Die Lemuren ab; Kapmeier erhebt sich und geht zur Hauptbühne zurück. Das Fest ist vorüber. Geschirr, Gläser, Flaschen und dergleichen zeugen von einer turbulenten Party. Hinter den Fensterscheiben dämmert bereits der Morgen heran. Kapmeier setzt sich zu Stani an die Theke. Karl hockt dahinter und schnarcht. Stani und Kapmeier sind betrunken. Beide sind ohne Jackett und haben ihre Schlipse geöffnet.)

KAPMEIER: Na, was sagst du? War das nicht ein Fest gewesen? Sogar einige Minister waren anwesend. Um ganz ehrlich zu sein: ich hatte nicht damit gerechnet, dass sie erscheinen würden ...

STANI: Warum sollten sie nicht? Sie können sich nicht mehr erlauben, dir eine Einladung abzuschlagen. Dazu bist du zu mächtig. Du könntest sie glatt aufs Kreuz legen …

KAPMEIER: *(lacht)* Mensch Stani! Diese Zeit ist längst vorüber. Du weißt so gut wie ich, dass ich keinem was anhaben will. Es sei denn, man lässt mich nicht zufrieden. Dann kann ich ungemütlich werden, wie du weißt. *(beide trinken)* Du ahnst nicht, wie froh ich darüber bin, mit dir noch zusammensitzen zu können. Weißt du, gelegentlich erscheinen mir die Gespenster von früher. Mein Leben, Stani, war eine ununterbrochene Kette von Gewalttätigkeiten gewesen. Es ist mir zuwider geworden. Verstehst du mich, Stani?

STANI: Natürlich verstehe ich dich, Kapmeier. Siehst du, und dieses Leben wollte ich nicht mitleben. Früher oder später kommt immer der Punkt, an dem man umkehren möchte.

KAPMEIER: Das ist es nicht, Stani. Es steigen mir in letzter Zeit so wirre Dinge in den Kopf. Wie Kohlensäure sind die. Und dann kommt die Angst. Verstehst du? Die Angst, nicht mehr genügend Zeit zu haben. Was war denn schon mein Leben gewesen? Ich hatte mir alles teuer erkaufen müssen, mein lieber Freund, zu teuer. Du ahnst nicht, wie einsam man sein kann, inmitten vieler Menschen. Die Intrige, der Verrat, all diese scheußlichen Dinge stehen stets neben dir. Vom frühen Morgen bis zum späten Abend. Und wenn du nicht clever genug bist, bist du eins-zwei-drei weggefegt von der Bildfläche. Viele lauern darauf, deinen Platz einzunehmen. Dagegen hast du es gut, mein lieber Stani ...

STANI: (bitter) Das sagt man so. Doch glaub mir, auch mich befallen allmählich Zweifel am Sinn meiner Existenz. Weswegen bin ich auf dieser Welt? Sicher, ich steh zu meinen Prinzipien. Ich weiß, dass ein Leben nach dem Tod absurd ist. Und dennoch befallen mich Zweifel. Zweifel daran, dass es die Welt nicht wert sein könnte, sich mit ihr zu befassen. Das Leben ist es ohnehin nicht und der Mensch gibt mir stets neue Rätsel auf. Versteh mich richtig, Kapmeier, ich meine nicht diese „Beschäftigung mit der Welt", wie du sie machst. Ich meine im geistigen Bereich ...

KAPMEIER: Du hast gelebt, vergiss das nicht. Du konntest dir Schwächen erlauben. Und das ist viel. Ich existierte nur und die kleinste Schwäche wäre mir zum Verhängnis geworden.

STANI: Existenz ist Leben. Es gibt nichts anderes. Diese seltsame Welt formt Leben und diese Leben existieren. Leben ist mannigfaltig, Kapmeier, und dieser individuelle Preis ist Existenz! Alles andere ist absurd. Es gibt kein Leben nach dem Tod. Ganz gewiss nicht in dieser Form, wie wir es kennen. Mag sein, dass sich eine andere Dimension nach dem Eintritt unseres Todes öffnet, doch das ist sehr ungewiss. Nur Schwächlinge können sich damit nicht abfinden, im Tod einen Abschluss zu sehen.

KAPMEIER: Hältst du mich für einen Schwächling, Stani?

STANI: *(zögert)* Weißt du, ein Schwächling muss nicht immer als Schwächling erkennbar sein. Das heißt aber auch, dass ein äußerer Schwächling innerlich von eminenter Stärke sein kann. (schüttelt den Kopf) Nein, ich halte dich nicht für einen Schwächling, Kapmeier.

KAPMEIER: Ich habe oft Angst vor dem Tod, Stani.

STANI: Mein Gott, wer hat die nicht! Auch mich befallen oftmals Ängste. Weißt du, die Angst vor dem Ungewissen, vor diesem Unausweichlichen, vor diesem endgültigen Abschluss. Aber ich habe mir eine Theorie zurechtgelegt, die mir diese Angst überwinden hilft.

KAPMEIER: Eine Theorie?

STANI: Genau, eine Theorie. Ohne Theorien gäbe es keine Wissenschaft!

KAPMEIER: Und wie sieht die aus?

STANI: Ganz einfach. Ich denke mir, wenn mich die Angst wieder zu überfallen droht, dass es nach unserem Tode eigentlich nur zwei Möglichkeiten gibt. Die erste Möglichkeit ist, dass wir in irgendeiner Form mit den vor uns Gegangenen wieder in Kontakt treten. So wie es in den verschiedensten Religionen zum Ausdruck kommt. Das wäre vielleicht die erfreulichere Möglichkeit. Obgleich wir uns dann erneut mit den Geistern der Vergangenheit herumschlagen müssten. Und die zweite Möglichkeit, von der ich allerdings mehr überzeugt bin, ist die, dass nach unserem Tode nichts mehr nachfolgt. Das wäre eigentlich die gerechteste Form. Weißt du, eine Form der absoluten Gleichheit. Das schließt natürlich nicht aus, dass man in diesem Leben sein Bestes leisten muss. Vielleicht hilft dir das ...

KAPMEIER: Ich weiß nicht, ob du recht hast mit deiner Theorie. Niemand wird es wissen ...

STANI: Ganz recht. Aber du hast etwas geleistet in deinem Leben. Dein Leben war nicht sinnlos gewesen. Meines vielleicht schon eher. Doch ich bin nicht traurig darüber. Jeder Mensch hat die gleichen Chancen. Sein Kapitaleinsatz ist sein Gehirn. Die Wenigsten nutzen das allerdings. Ich tat es auf meine Weise. Und du auf die deine. Die Zeit wird zeigen, wer von uns richtig handelte ...

KAPMEIER: Bisweilen stell ich mir die Frage, wer einen Nutzen durch unsere Existenz hatte? Außer einem unwesentlichen Teil der Meute, die du Menschen nennst ...

STANI: Diese Frage darfst du dir nie stellen! Wenn du mit dem Leben zu spekulieren beginnst, bist du verloren.

KAPMEIER: Ich spekuliere nicht mit dem Leben. Mein Einsatz war nur zu hoch gewesen. Ich bezahlte mit Zeit. Mit derselben Zeit, in der du lebtest ...

STANI: ... und die mich nicht weiterbrachte.

KAPMEIER: Dafür hast du sie ausgekostet. Allmählich begreife ich dich, weshalb du damals nicht bei mir eingestiegen bist. Du hast recht getan, Stani. (trinkt) Hörst du eigentlich noch die Stimmen der Jugend? Hörst du sie, Stani? In letzter Zeit meldet sich bei mir immer öfter die Stimme der Vergangenheit. Die Stimmen des Lebens. Und wie sie jauchzen! Damals war ein Tag noch Leben. Die Tage der Kindheit hatten vierzig Stunden! (ernüchtert) Und heute! Ein asthmatischer Hauch, und ein Tag ist vergangen. Man hört förmlich, wie die Zeit die Tage verspeist. Schmatzend, und ohne dabei zu rülpsen ...

STANI: Denk nicht daran. Die Erinnerung ist gleich einem Tier; sie fällt dich an, schlägt dich mit starken Pranken zu Boden und vergiftet dir die Gegenwart. Denk nicht daran, Kapmeier ...

KAPMEIER: Wie sollte ich nicht? Da ich sie so sehr vermisse? Mit jedem Jahr meines Daseins wird die Erinnerung stärker. Nenn es melancholisch, wenn du willst – oder schreib es meinem Alter zu.

STANI: *(eindringlich)* Du darfst nicht daran denken, Kapmeier. Du musst für die Zukunft leben, damit du die Gegenwart ertragen kannst. Ich sagte es dir bereits. Richte deinen Blick in deine individuelle Zukunft und vergiss die Vergangenheit. Die ist bereits gelebt und kann nicht mehr verändert werden.

KAPMEIER: *(leise)* Und dann kommt die Angst hinzu. Die Angst, die dich anspringt und sich in dir verbeißt ...

STANI: *(spöttisch)* Wirst du weich, Kapmeier?

KAPMEIER: *(winkt mit der Hand ab)* Ach was, das hat nicht das Geringste mit Weichwerden zu tun. Ich beginne nur, mir Gedanken darüber zu machen, wie lange wohl noch alles anhalten wird? Wofür ich kämpfte? Alles ist der Zeit unterworfen, die unberechenbar ist.

STANI: Ich denke, dass ich dich darin beruhigen kann. Du hast alles gut untermauert, mein Bester....

KAPMEIER: *(lacht)* Gut untermauert? Vergiss nicht, dass selbst fünfhundertjährige Dome den Zahn der Zeit fühlen und zu bröckeln beginnen. Bei mir spielt noch ein zusätzlicher Faktor eine Rolle: meine Feinde. Sie lauern, abwartend, und wenn ich ihnen eine weiche Stelle biete, schlagen sie zu.

Erbarmungslos. Ich weiß das aus Erfahrung. Ich machte es schließlich ebenso ... *(beide trinken)* Schau dir Karl an. Betrachte ihn dir gut. Er schläft. Sicher träumt er von Briefmarken. Er hats leicht. Sieh ihn dir an, wie er ruhig schläft. Ihn drückt kein Gewissen, er hat keine Angst und wenn es einmal vorbei ist, dann klappt er nur die Lider zu. Wenn Karl tötet, dann ist das nur ein Naturereignis. So ähnlich, wenn ein Tiger seine Beute anspringt. Auch der macht sich kein Gewissen daraus, wenn er tötet.

STANI: Um Himmelswillen, den darfst du nicht mit dir vergleichen! Karl ist ein primitiver Klotz. Er lebt nur im Triebhaften.

KAPMEIER: Bei Gott, das stimmt. Aber ist deshalb sein Leben wertlos? Ich frage mich bisweilen, wenn ich mir die Gesichter so betrachte, welches Leben wohl wertlos ist und welches nicht. Wer hat die Berechtigung zu leben und wer hat sie nicht? Und ich finde keine Antwort, Stani.

STANI: Das Erträgliche am Leben ist, dass es uns nie Antwort geben wird. Die meisten bleiben instinktiv im Kleinen stecken. Der Trieb zu Größerem steckt wohl in jedem, jedoch Trägheit und Primitivität sind meist stärker. Du kannst mir glauben, das wird immer so sein. Die wenigen Ausnahmen bestätigen die Regel.

KAPMEIER: Stimmt die „erste Möglichkeit nach unserem Tode", von der du vorhin sprachst, dann wäre ein Universalgenie, wie Leonardo da Vinci, schon wieder überlegen. Und der „ewig Ausgebeutete" hätte erneut keine Chance.

STANI: *(lacht)* Deshalb finde ich auch die „zweite Möglichkeit nach unserem Tode" die weitaus gerechtere Lösung. Nur das absolute Nichts kommt der Fairness am nächsten!

KAPMEIER: Dann frage ich mich, worin liegt der Sinn des Lebens? Dieses Lebens hier, das wir leben?

STANI: Das wurde schon oft gefragt. Es gibt darauf keine Antwort. Jeder muss sie sich selbst geben, so gut er kann.

(Lorna erscheint im Schlafmantel. Sie gähnt.)

LORNA: *(zu Kapmeier)* Gehst du nicht schlafen, Lieber?

STANI: (lacht) Du siehst, das ist die Realität. Das ist das Leben! (deutet auf Lorna) Schau sie dir an. Sie ist das Leben. Die Frauen sind das Leben und machen die Existenz auf diesem Planeten erträglich. Das ist die Antwort auf jede Frage. Alles andere kannst du dir schenken ...

LORNA: *(schaut von einem zum anderen)* Was ist denn los mit euch? Ihr seht so bedrückt aus. Ist euch die Party nicht bekommen?

KAPMEIER: Doch doch, Kleines. Wir sprachen nur von der Vergangenheit und von verschiedenen Dingen ...

LORNA: *(schmollend)* Ist dir die Gegenwart nicht gut genug?

STANI: *(lacht)* Da hörst du es. Nun schweigen die Philosophen und ergeben sich ihrem Geschick.

KAPMEIER: Genau, Stani. Auch ich werde mich meinem Geschick ergeben und die Arme einer schönen Frau der Philosophie vorziehen.

LORNA: *(ernst)* Ich würde meinen Blick mehr in die Zukunft richten, Liebling. Dem Arbeiterführer Nirwitt trau ich nicht über den Weg. Dieser Mensch plant etwas Schreckliches. Das fühle ich.

KAPMEIER: Unsinn, Liebes. Dein Gefühl in Ehren, aber von Nirwitts Seite droht keine Gefahr. Das ist nicht der Mann, der mir etwas anhaben könnte. Beunruhige dich nicht, Lorna.

LORNA: Ich trau ihm nicht. Er war so nervös und machte einen verschlagenen Eindruck. Ich würde mich vor ihm hüten.

KAPMEIER: *(winkt ab)* Ach was, du siehst Gespenster.

STANI: Ich würde auf sie hören. Frauen sehen tiefer. Sie empfinden instinktiver als wir ...

LORNA: ... vergiss nicht, dass er einst gegen dich war.

KAPMEIER: Das waren viele, die mir heute treu ergeben sind.

LORNA: Ergeben? Ich würde vorsichtiger sein. Du bist zu vertrauensvoll geworden.
STANI: Lorna hat recht. Du wirst leichtsinnig, Kapmeier. Sieh dich vor. Du hast noch genug Feinde. Viele gönnen dir deinen Erfolg nicht. Sie streichen dir Honig ums Maul und rücklings fallen sie dich an, wenn sie eine Gelegenheit wittern.
KAPMEIER: *(überlegt)* Aber er hat die Revolte niedergeschlagen. Nitwitt zeigte mir dadurch seine Verbundenheit ...
STANI: Das besagt nichts. Du kannst nicht in ihn hineinschauen. Die Seele hat Abgründe ...
LORNA: Vielleicht war die Gelegenheit noch nicht günstig für ihn, um dich aufs Kreuz zu legen?
KAPMEIER: Mich legt keiner aufs Kreuz! Dazu fehlt den Kerlen der Mut! Bitte geht jetzt und lasst mich allein. Ich muss darüber nachdenken ...
STANI: Kann ich dir dabei helfen?
KAPMEIER: Nein, Stani. Dabei kann mir niemand helfen.
LORNA: Wann gehst du zu Bett? Ich warte auf dich!
KAPMEIER: Ich komme bald. Doch jetzt, bitte, geht ...
STANI: Gut. Du wirst wissen, was für dich richtig ist. Komm, Lorna ... *(beide ab)*
(Kapmeier geht an die Bar. Karl schnarcht. Er schenkt sich Whisky ein und zündet sich eine Zigarette an. Dann setzt er sich, schaut starr auf die Theke und spielt mit einem Kugelschreiber. Er dreht ihn zwischen den Fingern und man hört ein „tack", wenn er ihn auf die Theke setzt. Nach einer Weile knallt er den Kugelschreiber auf die Theke. Karl bewegt sich. Kapmeier zieht seine Brieftasche hervor und entnimmt ihr eine Briefmarke. Dann weckt er Karl.)
KAPMEIER: Hallo Karl!
KARL: *(schlaftrunken)* Was, was ist los, Chef?
KAPMEIER: Ich brauche deine Hilfe.
KARL: (*bei dem Wort „Hilfe" ist Karl völlig munter*) Immer, Chef. Was soll ich tun?
KAPMEIER: (*gibt ihm die Briefmarke*) Für dich.
KARL: *(erfreut)* Oh, schönes Exemplar. Besten Dank, Chef.
KAPMEIER: *(winkt ab)* Schon gut. *(trinkt)* Hast du den Kerl mit der roten Krawatte gesehen, der heute anwesend war?
KARL: Diesen Arbeiterführer? Nirwitt?
KAPMEIER: Ja, den meine ich.
KARL: Was ist mit ihm?
KAPMEIER: Er spielt den wilden Mann.
KARL: *(faucht)* Dieser Drecksack!
KAPMEIER: Er muss weg. Verstehst du, Karl?
KARL: *(reckt sich)* Verstehe, Chef. Wann?
KAPMEIER: Heute noch. Weißt du, wo er wohnt?
KARL: Weiß ich, Chef.
KAPMEIER: Dann machs gut. Lass dich aber nicht erwischen dabei. Du weißt ja, wie immer.
KARL: Weiß Bescheid, Chef, wie immer. *(geht)*
KAPMEIER: *(ruft ihm nach)* Nimm dir für alle Fälle eine Waffe mit.
KARL: Mach ich, Chef. Doch ich werd sie nicht nötig haben. (*zeigt Kapmeier seine Fäuste*) Ich hab mein Handwerkszeug dabei. *(grinst)*
KAPMEIER: Gut, Karl. Und sei vorsichtig. Es darf dich niemand sehen. Hast du gehört, Karl? Niemand!
KARL: Klar, Chef. Keine Sorge. Karl macht das schon.
KAPMEIER: Komm anschließend wieder hierher. Ich warte auf dich.
KARL: Gemacht, Chef. *(ab)*
(Kapmeier geht nervös auf und ab. Zündet sich eine Zigarette an. Setzt sich, steht wieder auf. Er ist sehr rnervös. Ab und zu schaut er auf seine Armbanduhr.- Er schenkt sich Whisky ein. Er trinkt, raucht,

geht auf und ab. Er hört ein Geräusch, springt auf, rennt hin, doch es war nichts. Er geht zurück, setzt sich wieder und döst ein. Die Lemuren erscheinen und umtanzen ihn.)

LEMUREN: *(kichern und flüstern fast)*

Seht ihn euch an den übergroßen Mann,
wie ihn die kleinen Dinge reichlich drücken.
Was ist an diesem Zellenzwerg schon dran?
Uns könnt er wahrlich doch mit nichts entzücken.
Er ist wie jedes Ding auf dieser Welt,
das von der Spitze wieder runter fällt.

Grisp gab er Nahrung, Wein und auch sein Haus.
Und seine Tochter will er nur begatten.
Doch geistig ist er klein wie eine Laus
und körperlich der Welt ein böser Schatten.
Kann er sich läutern? Hat er diese Kraft,
dass er ein zweites Leben sich verschafft?

Ein jeder will ihm nun bald an das Fell.
Wenn Höllen, Paradiese, sich vereinen,
dann folgen Höhenflügen Stürze schnell -
und alles will als Ganzes nur erscheinen.
Doch alles ist nur Stückwerk, was ihr seht;
so lange, bis es auch zum Teufel geht!

(Karl erscheint. Kapmeier schrickt auf. Die Lemuren ab. Karl kommt gebückt und presst die Hand auf die Brust. Blut zeichnet sich auf seinem Hemd ab.)

KAPMEIER: Um Himmelswillen, Karl, wie siehst du aus!

KARL: *(keuchend)* Dieser Hund. Er hat mich gesehn. Er hat mir aufgelauert und sofort geschossen.

KAPMEIER: Und du? Karl. so sprich doch! Hast du ihn erledigt? *(Schüttelt ihn an den Schultern; Karl stöhnt)* Verzeih, Karl. Ist er tot?

KARL: *(gepresst)* Sie sind davon ...

KAPMEIER: Was heißt „sie“? War er nicht allein gewesen?

KARL: Es war noch so ein Kerl dabei ...

KAPMEIER: Der Teufel soll sie holen. Haben sie dich erkannt?

KARL: Ich bin mir nicht sicher. Es war ziemlich dunkel im Schatten bei der Hütte. *(durch die Zähne)* ... und meine Marke ist auch weg!

KAPMEIER: *(geht nicht darauf ein)* Verflucht! Du hättest besser Acht geben sollen!

KARL: Ich krieg sie alle noch. Ich schwör es, Chef. *(Er sinkt an der Theke langsam zusammen.)* Dann schlag ich ihnen die Zähne in den Rachen ...

KAPMEIER: *(schreit ihn an)* Karl! Komm mit auf dein Zimmer. Dort verbinde ich dich. Hier darf dich niemand sehen. Komm, Karl, schnell!

KARL: *(erhebt sich mühsam)* Es ist nur ein Kratzer, Chef. Morgen bin ich wieder o.k. *(Kapmeier will ihn stützen)* Lassen sie, Chef. Ich komme allein zurecht. Bleiben sie hier, sonst fällt es auf ...

KAPMEIER: Du hast Recht. Leg dich nieder, Karl. Ich schau dann später nach dir ...

KARL: O.k., Chef. *(geht gebückt ab)*

(Kapmeier setzt sich an die Theke und brütet vor sich hin. Nach einer Weile ruft er nach seiner Frau. Zuerst leise, dann immer lauter. Gleichzeitig wird das Bühnenlicht dunkler und wechselt auf die Vorbühne.)

Kapmeiers Büro. Kapmeier setzt sich hinter seinen Schreibtisch. Er wirkt übernächtigt und raucht eine Zigarette nach der anderen. Sein Hemd ist offen. Auf dem Schreibtisch steht eine Whiskyflasche, daneben ein Glas. Kapmeier trinkt. Er telefoniert wie besessen. Telefone läuten unablässig.)

KAPMEIER: *(am Telefon)* Kapmeier! *(Pause)* Streik? *(erregt und nervös)* Niederschlagen! Mit allen Mitteln! *(anderes Telefon)* Kein Erz mehr? Aber das gibts doch nicht. Das sind Gerüchte! Weiter nichts. Bringt die Arbeiter dazu, dass sie weitermachen. *(hängt ein) (anderes Telefon)* Explosion? Wo? In der Kunststoff-Fabik? Wieviel Tote? *(Pause)* Vierzig? Oh Gott! Arbeiteraufstand? Ich komme sobald es mir möglich ist. *(legt auf) (anderes Telefon)* Sabotage? Wie ist das möglich? *(schreit hinein)* Ich kann mich nicht um alles kümmern! Verdammt noch mal! *(hängt ein)*

(Telefone läuten unaufhörlich. Kapmeier lässt erschöpft den Kopf auf die Schreibtischplatte sinken. Nach einer Weile läutet er Karl. Dieser trägt den Arm in der Schlinge.)

KAPMEIER: Hallo Karl. Ich kann nicht mehr. Hast du Stani gefunden?

KARL: *(zögernd)* Nein, Chef. Er ist fort. Und mit ihm der Alte und seine Frau auch.

KAPMEIER: Grisp? Ist auch fort?

KARL: Ja, Chef.

KAPMEIER: Und meine Frau? *(ängstlich)* Wo ist meine Frau? Ist sie ...?

KARL: Nein, Chef. Sie ist nicht fort. Sie sitzt zu Hause.

KAPMEIER: Was tut sie dort?

KARL: Nichts besonderes, Chef. Sie wartet.

KAPMEIER: Sie wartet? Worauf wartet sie denn?

KARL: *(zögert)* Auf nichts spezielles, Chef.

KAPMEIER: Hast du ihr nicht bestellt, dass ich sie brauche?

KARL: Gewiss, Chef. Sicher hab ich's ihr gesagt ...

KAPMEIER: *(ungeduldig)* Und? Und was hat sie geantwortet?

KARL: Nichts, Chef.

KAPMEIER: Was heißt „nichts"? Karl, so sprich doch!

KARL: Nun, sie sagte mir nur, sie werde warten.

KAPMEIER: Das war alles?

KARL: Ja, das war alles.

KAPMEIER: Und sonst sagte sie nichts?

KARL: Nein, sonst nichts.

(Kapmeier lässt resigniert die Schultern sinken. Karl steht da, als ob er noch etwas sagen wollte.)

KAPMEIER: *(schaut auf)* Sonst noch was, Karl?

KARL: *(mit unendlicher Traurigkeit)* Meine Briefmarken sind hin, Chef. Alle. Irgend so ein Schuft hat sie ins Wasser geworfen. *(schluchzend)* Alle hin ...

KAPMEIER: Du wirst neue bekommen. Ich versprech es dir, Karl.

KARL: Ich weiß nicht, Chef. Es waren zu viele gewesen. Man wird sie nicht mehr beschaffen können. Es waren ganz seltene Exemplare darunter.

KAPMEIER: Du wirst sie wieder bekommen, das schwöre ich dir, Karl!

KARL: *(niedergeschlagen)* Ich weiß nicht, Chef. Es waren zu viele ... *(taumelt und geht ab)*

KAPMEIER: *(wählt hastig eine Nummer)* Verbinden sie mich mit meiner Frau! Rasch. *(nach einer Weile)* Es nimmt niemand ab? *(brüllt)* Aber das gibts doch nicht, sie muss zu Hause sein. Versuchen sie es noch mal! *(wieder nach einer Weile)* Es geht niemand an den Apparat? *(legt langsam auf)* Das gibts doch nicht. Lorna!

(Sein Kopf fällt auf die Schreibtischplatte und seine Schultern zucken. Das Licht wird düster und die Lemuren schleichen herbei. Zögernd umringen sie Kapmeier. Dann befühlen sie ihn. Zuletzt zerren sie an seinen Kleidern, bis sie ihm endlich alles in Fetzen vom Leibe reißen. Kapmeier wehrt sich und

schlägt um sich. Die Lemuren kichern und weichen ihm geschickt aus. Sein Widerstand wird schwächer und die Lemuren zwingen ihn zu Boden.)

KAPMEIER: *(schwach)* Lorna! So hilf mir doch! Stani! Karl! Wo seid ihr denn alle? So helft mir doch. Laßt mich nicht allein! *(schreit)* So helft mir doch!

(Die Lemuren kichern und halten ihm den Mund zu. Kapmeier liegt still. Sie lassen von ihm ab und der Spuk verschwindet. Kapmeier liegt mit ausgestreckten Händen am Boden. Sein Oberkörper ist entblößt und seine Kleider liegen zerfetzt daneben. Karl kriecht auf Kapmeier zu und bricht zusammen.)

KARL: *(gepresst)* Ich konnte nicht helfen, Chef. Es tut mir Leid, Chef, ich konnte nicht ... *(Karl liegt neben Kapmeier am Boden; Licht aus.)*

3. Akt.

(Die Dekoration ist wie zu Beginn des ersten Aktes. Alle liegen am Boden. Karl steht als einziger bis zu den Hüften im Schutt. Er sieht blutig und furchterregend aus. Seine Kleider sind zerrissen. Auf der Bühne ist es still. Karl bemüht sich stumm und vergeblich, den Schutt beiseite zu räumen. Je mehr er jedoch wegschafft, desto mehr fällt auf ihn herab. Sein Bemühen ist sinnlos, doch er gibt nicht auf. Sein Körper wird mehr und mehr verschüttet.

Stani hockt am Boden. Er hat eine volle Brandy-Flasche neben sich, von der er hin und wieder einen Schluck nimmt. Er wirft mit Steinen, so als ginge ihn das Geschehen nichts an.

Karl wird immer mehr verschüttet. Als ihm der Dreck bis zum Kinn reicht, fängt er an zu schreien:)

KARL: *(in Todesangst)* Chef! Chef, so helfen sie mir doch! Kapmeier! Kapmeier! Ich ersticke! Chef! Hilfe, Chef!

(Schutt und Steine bedecken ihn gänzlich. Man sieht nichts mehr von ihm. Er ist verstummt. Schweigen.)

RATZO: *(nach einer Weile)* Verdammter Mist. Wieder einmal am Boden. Und warum? Nur weil man einem verdammten Versager vertraute. Das wird mir eine Lehre sein ...

HETA: Ich hatte meine Zweifel. Im übrigen bist du mitschuldig. Du wolltest es ja nicht anders haben. Du bist zu vertrauensselig. Und stets auf der falschen Seite.

RATZO: *(böse)* Das sagst du immer. Nachher, wenn es zu spät ist ...

HETA: Was soll nun werden?

RATZO: Was soll nun werden? Was zum Teufel soll schon werden! Weiß ich es?

LORNA: *(abwesend)* Die schönen Blumen. Die armen Tiere. Oh Gott, diese armen Kreaturen, die wehrlos der Willkür ausgeliefert sind ...

RATZO: Lass mich gefälligst mit diesem Zeug in Ruhe! Was interessieren mich deine verdammten Blumen! Du dummes Luder hast ihn auch nicht zurückhalten können!

HETA: Sprich nicht so zu dem Kind.

RATZO: Schon gut. Schon gut.

HETA: Versuch lieber hochzukommen.

RATZO: Immer ich. Versuch es doch selbst!

HETA: Ich kann nicht. Ich bin eingeklemmt.

RATZO: Und ich? Was glaubst du wohl, was ich bin? Ich spüre meine Beine nicht mehr bis zum Kinn. Du hast gut reden. Eingeklemmt! Versuch dich zu befreien. Ich kann nicht. Mir reicht der Dreck bis zum Hals.

LORNA: Wo ist Kapmeier?

RATZO: *(böse)* Kapmeier? Du, das sag ich dir, nimm diesen Namen in meiner Gegenwart nicht mehr in den Mund! Sonst ...! Dieser Schurke! Dem haben wir doch all das zu verdanken.

LORNA: Du allein bist schuld an allem. Ich weiß alles. Du und Nirwitt!
RATZO: Gewiss, schiebt nur mir die Schuld in die Schuhe. Und was ist mit diesem rigorosen Scharlatan? Schließlich zog uns der mit hinunter, obgleich ich mich rechtzeitig von ihm zurückgezogen hatte.
LORNA: Ich liebe ihn.
RATZO: *(zynisch)* So so, du liebst ihn also. Fein, kann ich da nur sagen. Und so was will meine Tochter sein. Oh Himmel!
LORNA: Ich will zu ihm gehen. Er wird mich brauchen ...
RATZO: Bei allen Teufeln, du bleibst hier!
HETA: *(sanft)* Schau Kind, er ist doch schon wieder am Boden. Was kann er dir schon bieten? Du würdest nur erneut ein Risiko eingehen. Vergiss ihn. Es wird das Beste für dich sein.
LORNA: Ich kann nicht, Mutter ...
HETA: Sei klug, Kind, und wart es ab. Womöglich schafft er's erneut. Dann kann man immer noch darüber reden ...
STANI: *(kichert)* Wie eh und je. Die Menschen werden wohl nie aus ihren Fehlern lernen.
RATZO: Halt du gefälligst deine Schnauze. Du bist und bleibst ein Säufer! Auf welcher Seite stehst du denn eigentlich?
STANI: *(kichert und wendet sich wieder seinem Spiel zu)* Auf keiner, Ratzo Grisp. Auf keiner ...
(Da bewegt sich Kapmeier. Er wirft mit kräftigen Händen die Steine von seinem Körper und erhebt sich. Er steht noch leicht schwankend. Dann ist sein erstes Wort:)
KAPMEIER: Lorna!
LORNA: *(leise)* Ja, Liebster?
RATZO: *(zischt)* Ob du wohl den Mund hältst!
KAPMEIER: Karl! *(Schweigen; lauter)* Lorna! Karl! *(wiederum keine Antwort; da fällt sein Blick auf Stani)* Stani, du bist wie Treibholz. Du gehst wohl nie unter? Ständig schwimmst du oben. Das ist mir unbegreiflich ...
STANI: Ich bin immer oben, Kapmeier. Sofern du das „oben" nennen willst ...
KAPMEIER: Was ist mit Karl?
STANI: Ich weiß es nicht.
KAPMEIER: ... mit Lorna?
STANI: Keine Ahnung.
KAPMEIER: Oh Himmel, diese Ungewissheit!
STANI: Willst du es abermals versuchen?
KAPMEIER: *(zögernd)* Ich weiß es nicht. *(schaut in die Runde)* Alles hin, wie?
STANI: Du sagst es. Dein Aufstieg war kometenhaft. Doch Sternschnuppen verglühen rasch ...
KAPMEIER: Dieser Dreck. Man müsste ihn wegräumen ...
STANI: Du fängst schon wieder damit an?
KAPMEIER: Wirst du mir diesmal dabei helfen, Stani?
STANI: Ich? Keinesfalls! Du kennst meine Gründe. Es führt zu nichts. Die Welt braucht Menschen wie mich, die dereinst ihre Chronik schreiben, weil sie überleben werden!
KAPMEIER: Schon gut. *(geht zu Grisp)* Was ist mit dir?
RATZO: Ich?
KAPMEIER: Ja du. Wir fangen von vorne an. Diesmal schaffen wirs. Was ist also?
RATZO: Ich weiß nicht. Meine Beine sind gelähmt. Ich kann nicht hoch ...
KAPMEIER: Versuchs. Du wirst sehen, es geht. Du musst nur den festen Willen dazu haben.
RATZO: Ich bin zu alt, Kapmeier. Endgültig zu alt.
KAPMEIER: Niemand ist zu alt dazu. Los! Jahre zählen nicht. Es wird immer wieder Anfänge geben. Du musst der Zeit ein Schnippchen schlagen ...

RATZO: Glaub mir, ich kann nicht ...
KAPMEIER: Was seid ihr nur für Menschen. *(geht zu Heta Grisp)* Und du?
HETA: Was ist mit mir?
KAPMEIER: Du musst ihn aufrichten.
HETA: Ich?
KAPMEIER: Wer sonst? Versuch ihm klar zu machen, dass er hier nicht bleiben kann. *(eindringlich)* Er muss es versuchen!
HETA: Ich vermag es nicht, ihn dazu zu überreden. Du kennst ihn ...
KAPMEIER: Wenn du dich erhebst, bleibt er nicht liegen. Versuch es zumindest!
HETA: *(resigniert)* Es ist sinnlos. Glaub mir. Ich weiß es besser. Man kann sich nicht erheben, wenn man zu lange gelegen hat. Es hat keinen Sinn mehr, glaub es mir ...
KAPMEIER: Ja, du hast recht. Ich seh es ein. Bleibt endgültig, wo ihr seid. Ihr seid nicht geschaffen dazu, um aufrecht zu stehen. *(geht zu Lorna)* Lorna, komm! *(reicht ihr die Hand)*
LORNA: *(ergreift seine Hand)* Lieber, hilf mir auf.
RATZO: *(spöttisch)* Er wird dir nicht helfen.
LORNA: *(zu Ratzo Grisp)* Er liebt mich.
RATZO: Das besagt gar nichts. Die Liebe existiert in einem anderen Gefilde als die Realität. Er wird dir nicht helfen können. Niemals ...
KAPMEIER: *(eindringlich)* Lorna, komm, steh auf. Ich führe dich.
LORNA: *(kniet vor ihm)* Komm mir entgegen. *(flehend)* Bitte ...
KAPMEIER: Wenn ich mich jetzt bücke, komme ich nicht mehr hoch. Dann bin ich verloren. Du musst allein hochkommen.
LORNA: Versuchs doch, bitte! Gemeinsam werden wir es schaffen ...
KAPMEIER: Dann steh auf!
LORNA: Ich kann nicht. Komm mir entgegen, Lieber ...
KAPMEIER: *(bückt sich)* Komm, Lorna, rasch!
LORNA: Du bist zu weit oben. *(sie zieht ihn auf die Knie)*
KAPMEIER: *(erschrocken)* Lorna! Was tust du! Ich kann nicht mehr hoch! Lass mich!
LORNA: Aber das macht doch nichts, Liebster. Wenn du nur bei mir bist ...
KAPMEIER: *(in Todesangst)* Lorna, mich friert! Du schnürst mir die Kehle zu! Lass mich!
LORNA: *(versucht ihn gänzlich auf den Boden zu zerren)* Komm, Liebster. Komm zu mir. Da bist du geborgen. Lass die Welt, sie dreht sich auch ohne dich. Komm!
RATZO: *(kichert)* Schau, schau, sie wirds schaffen! Ich wusste ja, nur sie bringt ihn vollends zu Fall. Versuchs weiter, Lorna. Los! Zieh ihn zu Boden!
KAPMEIER: *(versucht sich zu befreien)* Lorna, hör auf damit! Die Welt vernichtet sich selbst. Du musst ihr dabei nicht auch noch behilflich sein! Lass mich los! *(schreit)* Das Nichts verschlingt mich sonst! *(schlägt um sich)* Geh weg von mir! Scher dich zum Teufel! Du liebst mich nicht!
LORNA: *(sanft)* Bleib hier. Nur noch ein Schritt und du bist bei mir angelangt ... Komm Liebling ... Nur noch ein kleiner Schritt ... Lass die Welt, sie liebt dich nicht ... Ich liebe dich ... Komm ...
KAPMEIER: Nein! Hier kann ich nicht existieren. Ich muss fort. Ich muss von neuem beginnen! Ich kann nicht untätig zusehen, wie alles zerrinnt. Ich brauche ein Betätigungsfeld, um meine Existenz zu beweisen! Lass mich!
LORNA: Du kannst nicht mehr. *(triumphierend)* Du bist zu weit unten. Du bist bei mir! *(Sie versucht ihn zu umarmen. Kapmeier gelingt es, sich frei zu machen; er kriecht auf allen Vieren davon. Lorna streckt verzweifelt die Arme nach ihm aus.)* Komm, Liebster! Verlass mich nicht!
KAPMEIER: *(unter größter Anstrengung)* Nein! Nie mehr! Du bist das Ende ...

(Er kriecht von ihr weg und bricht dabei wiederholt zusammen. Er versucht, sich zu erheben. Es gelingt ihm nicht. Er gibt nicht auf. Doch er geht stets erneut zu Boden. Da bleibt er liegen. Er atmet schwer und liegt mit dem Gesicht dem Boden zugekehrt.
Das Licht wird düster und nur Kapmeier und dessen unmittelbare Nähe sind erleuchtet. Zucki kommt aus dem Hintergrund und bleibt vor Kapmeier stehen. Sie ist in ein langes Gewand gehüllt.)

ZUCKI: *(leise)* Kapmeier! *(er rührt sich nicht)* He, Kapmeier! *(er hebt leicht den Kopf)* Siehst du mich?

KAPMEIER: *(leise)* Wer bist du? Ich seh dich undeutlich?

ZUCKI: Entsinne dich. In deinem Büro. Du liebtest mich. Wenigstens sagtest du mir das ...

KAPMEIER: *(benommen)* Woher kommst du?

ZUCKI: *(lächelt)* Aus einem anderen Bezirk. Dort, wo diese Welt nicht greifbar ist ...

KAPMEIER: Was willst du von mir?

ZUCKI: Ich will dich endlich für mich behalten. *(sie kommt langsam auf ihn zu und hält ihre Hände auf dem Rücken verborgen.)* Ich liebe dich und will dir helfen ...

KAPMEIER: *(kommt nicht von der Stelle; Entsetzen in der Stimme)* Geh fort! Ich will dich nicht! *(schreit)* Lass mich in Frieden! Ich will dich nicht erkennen!

ZUCKI: *(lacht und geht einen Schritt zurück)* Hast du Angst?

KAPMEIER: *(schreit)* Ja, ja, ja! Ich habe Angst!

ZUCKI: *(mitleidig)* Du armer Kleiner. Du tust mir leid.

(Da erscheinen zwei Herren. Der eine trägt einen schwarzen, der andere einen grauen Zylinder. Beide sind in lange Gewänder gehüllt, wie Zucki. Und beide halten ihre Hände auf dem Rücken verborgen.)

DER GRAUE: Hallo, Kapmeier.

KAPMEIER: *(schaut sich um)* Wo bin ich? Himmel, wo bin ich nur? *(schreit)* Karl! Karl, so hilf mir doch!

DER GRAUE: *(kichert)* Er kann dich noch nicht hören, Kapmeier. Er ist noch nicht lange hier.

KAPMEIER: *(in Panik)* Was wollt ihr von mir?

DER GRAUE: Nichts. Du sollst nur hierbleiben. Wir wollen dich behalten. Für immer. Wir brauchen Genies ...

KAPMEIER: Ich will nicht! Ich will weg! Fort will ich! Haut ab!

DER GRAUE: *(beruhigend)* Das wollten wir anfangs alle. Doch es ist nicht so übel hier. Man gewöhnt sich daran ...

ZUCKI: Bleib bei mir ...

KAPMEIER: Nie!

DER GRAUE: Du wirst nicht darum herumkommen. Wir warten schon lange auf dich, Kapmeier. Schon sehr, sehr lange ...

(Da erscheint Nirwitt. Ebenfalls mit den Händen auf dem Rücken und in einem weißen Gewand.)

NIRWITT: Hallo Kapmeier.

KAPMEIER: *(schwach)* Hallo ...

NIRWITT: Nun bist du also doch da. Ich glaubte schon nicht mehr daran. Deine Anstrengungen waren nicht nötig gewesen, Kapmeier.

KAPMEIER: Nirwitt! Mein Gott, so hilf mir du!

NIRWITT: Ich kann dir nicht helfen. Unsere Anschauungen sind zu verschieden. Du wirst bei uns bleiben und dann können wir lange, lange Gespräche führen ...

ZUCKI: Er will noch nicht ...

DER GRAUE: *(ruhig)* Er wird bleiben ...

(Der Schwarze erscheint wie die anderen gekleidet mit den Händen auf dem Rücken.)

DER SCHWARZE: Er hat nicht mehr die Kraft zu gehen ...

KAPMEIER: *(richtet sich auf, bricht jedoch wieder zusammen)* Weg! Weg! Nur fort! *(schreit)* Karl! Hilf mir, Karl! Mein Freund! Nur fort von hier!

(Alle Vier lachen. Doch da erscheint Karl. Er trägt kein Gewand. Er ist blutig, zerschunden und mit Dreck überhäuft. Kapmeier ist der erste, der ihn sieht.)

KAPMEIER: *(erfreut)* Karl! Lieber Karl! Hilf mir!

DER GRAUE: *(zu Karl; böse)* Was tust du hier? Du hast hier nichts verloren. Scher dich weg!

DER SCHWARZE: Du bist noch nicht lange hier. Also verschwinde gefälligst wieder!

KARL: *(hört nicht auf sie)* Chef! Stehen sie auf, Chef! Schnell. Sie werden sie sonst nie mehr gehen lassen! Beeilen sie sich, Chef. Ich konnte ihnen damals nicht helfen ...

KAPMEIER: Karl, was wollen die von mir?

ALLE VIER: Dich, Kapmeier!

DER GRAUE: Wir werden immer um dich sein ...

KARL: *(eindringlich)* Rasch, Chef, stehen sie auf! Sonst sind sie verloren!

DER GRAUE: *(spöttisch)* Es wird ihm nichts nützen! Wir sind immer um ihn. Wohin er auch gehen mag ...

KARL: Hören sie nicht auf sie, Chef. Stehen sie auf!

(Karl bückt sich und hilft Kapmeier auf die Beine. Dieser fällt jedoch auf die Knie zurück. Karl tritt langsam ins Dunkel der Bühne.)

KARL: Jetzt schnell weg, Chef! Los, bevor sie nicht mehr können! Leben sie wohl, Chef ...

(Karl verschwindet gänzlich. Kapmeier kriecht davon und da setzen die Schauspieler ihre Lemurenmasken auf, die sie bisher hinter ihrem Rücken verborgen hielten.)

KAPMEIER: *(schreit)* Karl, komm mit mir! Ich brauche dich!

(Die Lemuren kichern und tanzen um ihn herum.)

LEMUREN: Jetzt hast du verspielt, deine Uhr steht nun still.
Erneut liegt die Welt tief zerschlagen.
Der Abbau getätigt, es bleibt nur der Müll -
und abermals wirst du's nicht wagen!
Wir nehmen dich auf in den Reigen des Nichts;
vertreiben die Angst deines Weltengesichts!

Nun folgt deinen Plänen ein anderer nach.
Der Kreislauf der Welt, der wird bleiben.
Das Buch deines Lebens, das heute zerbrach,
das wird die Geschichte nie schreiben.
Du stiegst viel zu hoch, deine Bahn ist nun leer;
komm treibe mit uns, ins unendliche Meer!

So nimm es denn hin, das Gesetz der Natur!
Es gilt seit unendlichen Zeiten!
Vernimm sie, die Schläge, die letzten, der Uhr -
und lass dich ins Niemandsland breiten.
Die Zeit ist beendet, erkenne den Sinn;
nur so hast vom Ende du einen Gewinn!

KAPMEIER: *(schreit)* Nein! Noch nicht! Ich fühle noch Kraft in mir! Ich werde mich ändern! Ich habe gelernt ...

(Die Lemuren kichern und tanzen um Kapmeier herum. Er versucht zuerst vergeblich eine Lücke zu finden. Endlich gelingt ihm der Durchbruch. Die Lemuren verschwinden und die Bühne wird wieder hell wie zuvor. Kapmeier liegt am Boden, mit dem Gesicht nach unten. Nach einer Weile):

STANI: *(unterbricht sein Spiel mit den Steinen und nimmt einen stärkenden Schluck)* Kapmeier! *(dieser rührt sich nicht. Stani geht zu ihm hin und stößt ihn mit dem Fuß an)* Hallo, Kapmeier! Wach endlich auf!

KAPMEIER: *(bewegt sich; hebt den Kopf; erkennt Stani; schwach:)* Stani. Hallo, Stani. Oh Gott, was ist geschehen?

STANI: *(spöttisch)* Kapmeier, was ist mit dir? Kannst du nicht mehr? Hat dich die Welt geschafft?

KAPMEIER: Ach Stani! Du weißt nichts und das macht dich überlegen.

STANI: Das bildest du dir ein, mein Bester. Ich kenne das Leben. Es wird immer gleich sein. Nur den Veränderungen der jeweiligen Jahrhunderte unterworfen.

KAPMEIER: Das reicht nicht, das Leben zu kennen. *(Er setzt sich auf den Boden und sucht in seinen Taschen nach einer Zigarette.)* Das Leben allein zu kennen reicht bei weitem nicht aus, da es weiter nichts ist, als eine eingebildete Existenz. Wissen wir mit Sicherheit, dass wir leben und es uns nicht nur einbilden? Dass uns nicht nur unsere Fantasie einen Streich spielt?

STANI: Wie meinst du das?

KAPMEIER: Ich kann es dir nicht erklären. Hast du eine Zigarette für mich?

STANI: *(holt eine zerknüllte Zigarette hervor, drückt sie gerade, zündet sie an und reicht sie Kapmeier.)* Da. Nimm. Meine letzte ...

KAPMEIER: *(nimmt sie und zieht einige Male kräftig daran)* Das tut gut, Stani.
Nach all dem ...

STANI: *(deutet auf Ratzo und Heta Grisp und auf Lorna)* Was wird aus ihnen?

KAPMEIER: Nichts. Sie werden dort bleiben, wo sie sind. Und wo sie eigentlich schon immer waren. Die Welt braucht sie so, wie sie sind. Man darf sie nicht verändern.

STANI: Und Karl? Was ist mit Karl?

KAPMEIER: Was wird mit Karl schon sein? Auch er wird dort bleiben ...

STANI: Wo?

KAPMEIER: In seiner Region.

STANI: Und wo ist die?

KAPMEIER: Irgendwo ...

STANI: Gibst du nun auf und bleibst bei mir? Du sahst ja selbst, dass dein Bemühen zu nichts führte. Alles war sinnlos gewesen, was du auch getan hast. Alles endet immer wieder unten. Ich biete dir nun meine Partnerschaft an. Was ist, schlägst du ein?

KAPMEIER: Nein, Stani. Ich kann auch nicht bei dir bleiben. Es war nicht sinnlos gewesen. Es ist nur der ewige Kreislauf. Und selbst wenn es sinnlos wäre, ich könnte nicht anders. Es muss auch ohne Karl gehen. Es wird gehen. Selbst ohne dich ...

STANI: Du wirst immer einsam sein ...

KAPMEIER: Ich weiß, Stani ...

STANI: *(trinkt und reicht Kapmeier die Flasche)* Da, trink. Es wird dir gut tun.

KAPMEIER: *(wehrt ab)* Nein danke, Stani. Ich hab nicht das Bedürfnis danach. *(deutet zu Boden)* Gibs denen, die werden es nötig haben. Sie werden lange warten müssen. Sehr, sehr lange. Und dieses Warten wird die Hölle sein ...

STANI: Du willst es also erneut versuchen?

KAPMEIER: Ich muss. Ich werde es immer wieder versuchen. Ein Kreis ist unendlich. Man tritt in ihn ein bei der Geburt. Tod und Geburt, ein einziger Kreislauf. Der Mensch weiß, dass er sterblich ist und dennoch zeugt er neues Leben. Ich muss es erneut versuchen. Immer wieder ...

STANI: Nach alledem, was du durchgemacht hast?

KAPMEIER: Der Schmerz lässt den Geist wachsen, Stani. Vielleicht geschieht mein Eintritt in den Kreis diesmal in einer günstigeren Position. Wer weiß?

STANI: Wirst du mich vermissen?

KAPMEIER: Ein wenig, Stani. Ein wenig werde ich dich vermissen ...
STANI: Wirst du Lorna vermissen?
KAPMEIER: *(fest)* Nein. Nicht mehr. Sie gehört einer vergangenen Zeit an und ist kein Gesprächsstoff mehr. Man lässt sich zehnmal ins Gesicht spucken; beim elften Mal wischt man den Speichel ab.
STANI: *(steckt die Flasche ein)* Na gut, vielleicht schaffst du es diesmal. Womöglich ist dein Eintritt in den Kreis, wie du sagst, diesmal wirklich günstiger. Wer weiß, vielleicht wählst du die richtige Position. Ich vermag es nicht abzusehen.
KAPMEIER: Ich werde mein Bestes tun. *(eindringlich)* Einer, Stani, einer muss es doch versuchen. Sonst wird die Erde stillstehen. Man kann nicht nur abwarten. Man hat die Verpflichtung dazu, immer wieder von vorne zu beginnen. Selbst wenn diese Anfänge schon zu Beginn dem Untergang geweiht sind. Das ist ein Gesetz, Stani. Man darf sich ihm nicht entziehen ...
STANI: Ich wünsch dir, dass du Recht behältst. Obgleich die Geschichte das Gegenteil lehrt. Nach jedem Aufstieg folgt ein Niedergang ...
KAPMEIER: Das ist der Kreislauf. Unser Kreislauf auf diesem winzigen Planeten. Ohne Vernichtung und ohne Untergang wird Neues nicht entstehen können. Der Mensch braucht Lebensraum, um sich entfalten zu können. Und eine Aufgabe. Mag die für viele auch verrückt erscheinen. Wenn der Geist beginnt, sich auszuruhen, ist die Welt erledigt. Es wird immer verschiedene Arten von Menschen geben. Vergiss das nicht ...
STANI: Du magst Recht haben. Auf deine Art. Doch zu welcher Sorte zählst du mich?
KAPMEIER: Zu keiner. Du schwebst, Stani. Dich kann man nicht einordnen. Du bist schwer zu fassen, da du die Fähigkeit, zu denken, nicht verlernt hast ...
STANI: *(reicht Kapmeier die Hand)* Ich danke dir, dafür. Und ich wünsche dir Glück. Leb wohl, du wirst mich nicht mehr nötig haben. Ich kann beruhigt gehen. Dein Weg wird immer gleich verlaufen. Bis zum Ende deiner Tage. Leb wohl, Kapmeier ...
KAPMEIER: Leb wohl, Stani. Du hast mir viel bedeutet. Du warst das Leben. Und schau zum Himmel, Stani. Schau zum Himmel und such meinen Stern. Wenn du ihn siehst und er hellglühend seine kurze Bahn zieht, dann weißt du, dass ich es erneut geschafft habe. Auch dann, wenn ihn die Dunkelheit gleich darauf wieder verschlingen wird. Leb wohl, mein Freund ...
(Beide gehen in entgegengesetzter Richtung ab. Licht aus.)

Ende

Reigen der Gewalt

Ein Kaleidoskop
von Werner Schlierf

Personen:	zwei Frauen zwei Männer
Zeit:	Ende des 21. Jahrhunderts
Ort:	Erde

1. Bild

(Ein runder Tisch in einer Befehlszentrale. An der Wand ein Schaltplan mit einem großen, roten Hebel. Zwei Frauen und zwei Männer sitzen am Tisch. Schweigen)

1. MANN: Nun sind wir also am Ende angelangt. Eine Kette von Gewaltakten findet hiermit ihren Abschluss. Basta.

1. FRAU: Wir sollten es uns nochmals überlegen.

2. MANN: Sie hat Recht. Wir sollten nichts überstürzen. Du kannst den Hebel immer noch betätigen.

1 .MANN: Wozu? Es gibt nichts mehr zu überlegen. Es wurde zu oft überlegt. Das Ende hat keine Überlegung nötig. Das Ende ist endgültig.

2. FRAU: Ganz recht. Wir haben uns zu Tode diskutiert. Das Leben ist sinnlos geworden, da es nicht lebenswert gelebt wurde. Auch wir sind daran beteiligt. Es muss ein Ende gemacht werden.

1. FRAU: Vergiss bitte nicht, dass somit alle großen Geister für die Katz gelebt haben. Das darfst du niemals vergessen.

1 .MANN: Es wird kein „niemals" mehr geben. Wen meinst du übrigens mit „großen Geistern"? Etwa die Wörterakrobaten oder Dichter, wie du sie wohl bezeichnen würdest, die für fortgeschrittene Analphabeten Buchstaben und Silben zu Sätzen formten? Glaubst du, dass diese Gattung vonnöten war? Gewiss nicht. Du lebst hinterm Mond, meine Liebe. Auch die hatten nichts daran ändern können. Sie hätten sich damit begnügen sollen, die Trivialität dieser Welt zu schildern, anstatt mit geistigen Salbadereien um sich zu werfen. Sie waren nicht vonnöten gewesen. Von „großen Geistern" kann also keine Rede sein. Sie lebten zu sehr in ihrer Eitelkeit. Von verschwindend kleinen Ausnahmen abgesehen.

2 .MANN: Nein mein Bester. So einfach kannst du das nicht abtun. Sie meint auch die Philosophen, Wissenschaftler, Erfinder, Politologen und so fort. Ist es nicht so?

1. FRAU: So ist es. Du weißt was ich meine. Er wirft alle Menschen in einen Topf.

1. MANN: Das ist doch lächerlich. Selbst ein Universalgenie, wie es Leonardo da Vinci zweifelsohne war, konnte an der grausamen und unwürdigen Entwicklung dieser Welt nichts ändern. Der Mensch im großen gesehen, ist das primäre Element. Und dieses Element war von seiner Geburtsstunde an bestrebt, sich selbst zu vernichten. Mehr gibt es darüber nicht zu sagen.

2. MANN: Du machst es dir zu leicht. So einfach kann man das nicht abtun.

2. FRAU: Und du mißverstehst ihn gänzlich. Ich weiß, was er meint. Und ich gebe ihm recht.

2. MANN: Du ergreifst seine Partei, obgleich du weißt, dass er diesen Planeten zum Untergang vorbereitet? Du bist zu so etwas fähig? Obgleich wir an der Schwelle der Lichtgeschwindigkeit stehen?

1. MANN: Dieser Planet hat seinen Untergang selbst vorangetrieben, indem er dem Menschen erlaubte, auf seinem Rücken Fuß zu fassen. Das Chaos legte den Grundstein bei der Entstehung des Menschen. *(legt die Hand auf den Hebel)* Alles weitere ist Wortspielerei. Wir sind am Ende. Bereitet euch darauf vor. Ob wir nun an der Schwelle der Lichtgeschwindigkeit stehen, oder nicht. Macht euch also bereit.

1. FRAU: Warte noch. Ich bitte dich darum.

1. MANN: Du ängstigst dich? Wovor?

1. FRAU: Vor dem Nichts. Ich habe ungeheure Angst vor dem Nichts.

1. MANN: Deine Angst ist unbegründet. Wo nichts ist, kann auch nichts sein. Das ist eine Binsenwahrheit. Und wo absolut nichts sein kann, davor brauchst du dich auch nicht zu ängstigen. Gesetzt den Fall, dass der christliche Glaube seine Richtigkeit hat, dann werden wir uns dereinst wiedersehen. Alle! Auch unsere Feinde! Ist dem allerdings nicht so, nun,

dann endet eben alles bei der Betätigung dieses Hebels hier. Was ist daran so schlimm, frage ich? Die Dimensionen nehmen ihren Fortgang. Das ist alles.

2. MANN: Der Gedanke ist unerträglich, dass alles umsonst gewesen sein soll. Alles was der Mensch ertragen hat, um diese Welt bewohnbar zu machen, soll nun ausgelöscht werden.

1. MANN: Die Auslöschung, wie du es nennst, hat schon lange zuvor begonnen. Wir säubern nur das Sonnensystem von dem Unrat. Also, macht euch bereit.

2. MANN: Könnten wir nicht einen neuerlichen Versuch unternehmen? Um das absolute galaktische Ende wenigstens etwas hinauszuschieben? Das müsste doch möglich sein? Mit einigem guten Willen.

1. FRAU: Wir könnten zusammen versuchen, einen neuen Weg zu finden. Einen Weg, der wenigstens unsere Art weiter bewahren soll. Das Individuum ist ja nicht das ausschlaggebende Moment. Aber der Mensch wäre doch wert, weiter existieren zu dürfen. Schließlich hat ihn die Evolution gezeugt.

1. MANN: Ganz im Gegenteil. Der Mensch ist es, der einer Schöpfung, oder Evolution ganz gleich wie man darüber denken mag, Hohn spottet. Die Natur ist in Ordnung. Nur der Mensch ließ sie in Unordnung geraten. Ich bitte dich, sieh dich doch um. Von Jahrhundert zu Jahrhundert wurde die soziale Struktur schlechter. Wenn du verstehst, was ich meine? Bei zehn Milliarden Menschen hört der Spaß auf. Die Welt ist zu schwer geworden, vor lauter Menschen. Sie ächzt nur noch in ihrer Achse. Was glaubst du wohl, wie lange sie das noch aushält? Sie wird allmählich eine Gefahr für den Kosmos. Also richtet euch danach und schließt die Augen.

2. MANN: Dennoch könnten wir es noch einmal versuchen.

2. FRAU: *(lacht)* Wißt ihr, woran mich das gelebte Leben erinnert? An ein Kaleidoskop der Gewalt. Immer wenn es geschüttelt wurde, formierte sich ein neues Bild, das ausschließlich von Gewalt bestimmt war. Die Geschichte hat es trefflich bewiesen. Es gab keine Epoche ohne Kriege und Gewalttätigkeiten, für die einzig und allein der Mensch verantwortlich zeichnete. Das müßte eigentlich genügen. Selbst der größte Bottich wird überlaufen, wenn er ständig mit Tropfen versorgt wird. Betrachtet die Erde als Bottich und die Gewaltakte, im großen und im kleinen, als Tropfen und jede weitere Frage erübrigt sich damit endgültig. Wir sind am Ende, da der Mensch nicht in der Lage war, sein Geschick selbst zu bestimmen, um ein Ende abzuwenden. Wir sind alle selbst schuld daran. Betätige nun den Hebel, ich bin es müde geworden, noch weiter darüber zu diskutieren.

1. FRAU: Versuchen wir es noch einmal. Schütteln wir das Kaleidoskop für eine kurze Weile erneut, vielleicht hat sich etwas geändert. Wenn nicht, bin auch ich für eine Liquidierung dieses Planeten.

1. MANN: Du wirst enttäuscht sein. Auch ein neuerlicher Versuch wird nichts daran ändern, dieser Welt den Gnadenstoß zu versetzen.

2. MANN: Auch ich bitte dich darum.

2. FRAU: Es ist nicht zu glauben. Immer wieder gibt es Narren, die den Tatsachen nicht ins Auge sehen wollen. Und dies ist die eigentliche Gefahr. Meinetwegen verzögerst du das Ende noch um geraume Zeit. Aufzuhalten ist es ohnehin nicht mehr. Vollziehen wir also noch einmal die Rollen, die uns die Menschheit vorgeschrieben hat, im Drehbuch der Gewalt. Beginnen wir im kleinen mit dem Ende.

2. MANN: Ich danke dir dafür. Du gibst mir wieder Hoffnung.

2. FRAU: Ich gebe dir keine Hoffnung. Ich finde nur deine Angst widerwärtig. Du sollst selbst zu der Erkenntnis gelangen, dass sich der Mensch überlebt hat. *(zum 1.Mann)* Gib ihm noch ein wenig Zeit, um sich mit dem Ende anzufreunden.

1. MANN: Das ist doch alles sinnlos und absurd. Allmählich beginne ich sogar an euch zu zweifeln. Aber bitte, wenn ihr es partout so haben wollt. An mir soll es nicht liegen. Wie hast du eben so schön gesagt? Beginnen wir im Kleinen mit dem Ende. Mir soll es recht sein.

Aber bitte, meine Herrschaften, betrachtet euch die Welt und ihre Bewohner genau, damit ihr mit mir zu der gleichen Ansicht kommt, dass eine Weiterexistenz unmöglich geworden ist. Schüttelt das Kaleidoskop des Lebens, damit ihr Erleuchtung gewinnen mögt. Ich richte mich dann gerne nach eurem Willen. Der Mensch hat keinen Glauben nötig. Er braucht Tatsachen, nach denen er sich zu richten vermag. Selbst wenn diese Tatsachen noch so banal und nichtig sind. *(tritt vom Hebel zurück.)* Bitte, versucht es erneut. *(Licht allmählich dunkel.)*

2. Bild

(Ein Mann und eine Frau sitzen vor dem Fernsehgerät und verfolgen aufgeregt ein Fußballmatch. Neben ihnen in einem Kinderwagen schreit ein Baby.)

MANN: *(nach einer Weile)* Verdammt nochmal, kannst du den Balg nicht endlich zur Ruhe bringen. Den ganzen Tag über den Maschinenlärm in den Ohren und abends dieses Geplärre. Das ist ja zum Auswachsen.

FRAU: Es ist auch dein Kind. Vergiß das bitte nicht.

MANN: Weshalb schoss nur der Kerl zu kurz? Um Haaresbreite hätte es ein Tor gegeben! Blöder Affe. Was sagtest du eben?

FRAU: Er ist Abseits gestanden.

MANN: Was verstehst du denn davon.

FRAU: Es ist auch dein Kind.

MANN: Das weiß ich wohl.

FRAU: *(rüttelt den Kinderwagen; das Baby brüllt auf)* Ich kann das Spiel nicht verfolgen. Kümmere du dich um den Kleinen.

MANN: Lass mir meine Ruhe. *(brüllt)* Tor!! Für die Gegner! Das hast du nun davon. Himmelherrgott hört denn die Brüllerei nicht auf! *(gibt dem Kinderwagen einen Fußtritt und das Baby brüllt umso heftiger.)*

FRAU: *(zynisch)* Schau nur wie die spielen. Ich glaube, dein Verein hat heute seinen schwarzen Tag.

MANN: Ich kann mich nicht konzentrieren. Das ist ja unerträglich. *(stößt den Wagen mit dem Fuß an, dass er an die Wand prallt. Das Baby brüllt.)*

FRAU: Dein Verein ist miserabel heute. Keine Kondition vom Linksaußen. *(Baby brüllt.)*

MANN: Halt die Klappe. *(Baby brüllt.)*

FRAU: Es ist aber so. Absolut Null, was dein Verein heute bietet. *(Baby brüllt.)*

MANN: *(greift sich an die Stirne)* Nein, noch ein Tor! Es ist unglaublich! Und dieser verdammte Terror, ich versteh kein einziges Wort.

FRAU: Die Wohnung ist zu klein. Ein Raum ist für eine Familie zu wenig. *(Baby brüllt.)*

MANN: Hör auf damit. Die Wohnung ist nicht zu klein. *(geht zum Kinderwagen und presst solange ein Polster auf das Baby, bis es ruhig ist. Dann schiebt er den Wagen mit dem toten Kind zu seiner Frau zurück. Diese schiebt ihn, ohne hinzusehen, mechanisch hin und her. Licht langsam dunkel.)*

3. Bild

(Eine Haustüre. Zwei Jugendliche in Blue Jeans klingeln. Jeder hat eine Pistole in der Hand. Eine Frau öffnet.)

1. JUGENDLICHER: Geld her, oder es knallt!

FRAU: Ich hab kein Geld zuhause. *(versucht die Türe zu schließen)*

2. JUGENDLICHER: *(stemmt den Fuß dagegen)* Hörst du schlecht, Alte! Rück die Penunze raus, aber flott!

FRAU: *(wimmert)* Glauben sie mir doch, ich hab kein Geld hier.

1. JUGENDLICHER: Miststück! *(schlägt ihr die Pistole ins Gesicht)*

FRAU: Hilfe! Hilfe! Ein Überfall!

2. JUGENDLICHER: Hör das Geplärre auf, verdammt nochmal! *(Die Frau schreit umso lauter. 2 .Jungendlicher schießt sie nieder und stürmt ins Haus. Die Frau wimmert. Der 1.Jugendliche ballert auf die liegende Frau sein Magazin leer.)*

2. JUGENDLICHER: *(kommt zurück)* So eine blöde Kuh. Komm hauen wir ab. Es hat sich nicht gelohnt. Sie hatte tatsächlich kein Geld im Haus. *(reicht ihm einen Geldschein)* Das ist alles. Ein lumpiger Zehnmarkschein. Es ist zum Auswachsen mit diesem alten Gesindel. *(Beide ab. Die Frau liegt blutüberströmt am Boden. Licht langsam dunkel.)*

4. Bild

(Hinter einem Eisenbahnwaggon im Bahnhof ein „Dealer" und ein „Fixer".)

DEALER: Du hast keinen Stecken Geld, wie?

FIXER: *(bettelt)* Komm schon, gib mir den ‚Stoff. Ich brauch ihn dringend. Du siehst ja, wie ich aussehe.

DEALER: Das glaub ich dir gern. Aber ohne „Marie" keinen Stoff. Du kennst unsere Abmachung.

FIXER: *(in Panik)* Mensch, bitte, nur das eine Mal noch. Ich beschaff den Zaster. Das weißt du ganz genau.

DEALER: Das sagst du immer. Und wenn du gespritzt hast, denkst du nicht mehr daran.

FIXER: Vergiss nicht, dass du mich soweit gebracht hast. Du bist eine mickrige Sau! Das Genick sollte man dir brechen. Die armen Schweine, die du alle ins Unglück gestürzt hast.

DEALER: So bekommst du schon gleich gar nichts, Bubi. So nicht! *(wendet sich ab)*

FIXER: *(bückt sich und hebt einen Stein auf)* Halt, du verdammter Hund!

(Der Dealer dreht sich um und der Fixer schlägt ihm den Stein mitten ins Gesicht. Er stürzt zu Boden. Der Fixer kniet auf ihm und schlägt wie besessen immer wieder auf ihn ein. Dann durchwühlt er seine Taschen und fördert eine Spritze und Stoff zutage. Er spritzt sich nervös und wird ruhig. Mit glücklichem Lächeln setzt er sich neben den toten Dealer und zündet sich eine Zigarette an. Er lächelt und das Licht wird langsam dunkel.)

5. Bild

(Bank in einem Park. Ein ausländischer Arbeiter sitzt neben einem Mädchen und hat den Arm um sie gelegt.)

FREMDARBEITER: Du schön. Ich dich lieben. Sehr viel.

MÄDCHEN: Ich mag dich auch. Ehrlich.

FREMDARBEITER: Ich dich heiraten. Verstehn? Mann und Frau. Viele Babys. *(küsst sie heiß)*

MÄDCHEN: Du bist mir so einer. Stürmisch bist du ganz schön.

FREMDARBEITER: Ich viel lieben dich. Sehr viel. Du Mama und Papa sagen, dass ich heiraten dich.

MÄDCHEN: Das geht bei dir aber schnell. Sind deine Landsleute alle so hitzig?
FREMDARBEITER: Was ist „hitzig“?
MÄDCHEN: *(lacht)* Leidenschaft ist hitzig, du Spinner.
FREMDARBEITER: Deutsche Sprache, schwere Sprache.
MÄDCHEN: Geh, das bildest du dir bloß ein. Komm küss mich nochmal, das kannst du so schön.
FREMDARBEITER: Du so viel schön. Wie Madonna. *(küsst sie leidenschaftlich und öffnet ihre Bluse. Beide sinken seitwärts auf die Bank. Ein junger Kerl mit Lederjacke erscheint. Schaut dem Treiben eine Weile zu. Die beiden bemerken ihn nicht. Da packt er den Fremdarbeiter brutal am Genick und schleudert ihn zu Boden.)*
FREMDARBEITER: *(flucht in seiner Sprache)*
ROCKER: Was treibst du mit meinem Mädel, du Schwein?
MÄDCHEN: Wer bist du denn? Ich kenn dich nicht.
ROCKER: *(reißt sie hoch und küsst sie)* Du Hure kennst mich nicht, wie? *(lacht dreckig)* Ich bin dein Verlobter.
FREMDARBEITER: Ist Verlobter von dir?
MÄDCHEN: Käse, Ich kenn den Kerl gar nicht.
FREMDARBEITER: Ehrlich? Du nicht kennen diesen Mann?
MÄDCHEN: Ich schwörs dir, dass ich ihn nicht kenne.
ROCKER: Die spinnt doch und du haust jetzt ab. Hast du gehört? Eine schöne Fliege sollst du machen und abschwirren!
FREMDARBEITER: Du nicht gut. Du schlechter Mann, weil lügen. *(schlägt den Rocker zu Boden)* Komm wir gehen. *(legt den Arm um das Mädchen und beide wollen gehen. Da rappelt sich der Rocker hoch und lässt die Klinge eines Springmessers ausschnellen.)*
MÄDCHEN: *(schreit)* Pass auf, der hat ein Messer! (*Der Fremdarbeiter dreht sich um und der Rocker sticht ihn in die Herzgegend. Er bricht gurgelnd zusammen und bleibt still liegen.)*
ROCKER: So ein blöder Katzelmacher!
MÄDCHEN: Jetzt hast du ihn erstochen.
ROCKER: Und wenn schon.
MÄDCHEN: Warum hast du das getan?
ROCKER: Weil er unsere Mädchen in Ruhe lassen soll.
MÄDCHEN: Du bist ein blöder Ochse.
ROCKER: *(steckt das Messer weg)* Was ist nun, kommst du mit?
MÄDCHEN: Wohin?
ROCKER: *(lacht dreckig)* Wohin wohl?
MÄDCHEN: Ich muss heim. Es ist schon spät.
ROCKER: Nur eine Viertelstunde.
MÄDCHEN: Versprichst du mir das?
ROCKER: Klar. Jetzt komm aber, bevor ein Polyp kommt.
MÄDCHEN: Und der da?
ROCKER: Den finden sie morgen schon. Komm endlich, ich hab nicht so viel Zeit. Gehen wir gleich hinter die Büsche.
MÄDCHEN: *(lacht)* Du bist mir so einer. Ein ganz ein Wilder bist du. *(Hängt sich ein und beide gehen. Licht aus.)*

6. Bild

(Kneipe. An einem Tisch sitzen ein Soldat und ein Mädchen. Er zeigt ihr Bilder.)

SOLDAT: Schau dir dieses Bild an. Das ist ein ausgebrannter Panzer.
MÄDCHEN: Und den hast du geschafft?
SOLDAT: Klar. Und die Besatzung war komplett hin. Die Panzerabwehrraketen sind Klasse. Da bleibt kein Auge trocken.
MÄDCHEN: Wie lange hast du Zeit?
SOLDAT: Bis morgen früh.
MÄDCHEN: Bis morgen nur? Und ich kenne dich noch gar nicht richtig.
SOLDAT: Das ist doch egal. Ich hab ganz schön verdient.
MÄDCHEN: Verdient? Wofür hast du Geld bekommen?
SOLDAT: Du bist gut. Klar hab ich verdient dabei. Für jeden Kopf fünf amerikanische Dollar.
MÄDCHEN: Für jeden Kopf fünf Dollar? Das kapier ich nicht. Das paßt in meinen Kopf nicht rein.
SOLDAT: *(kramt in den Bildern)* Schau, da hab ich wieder einen.
MÄDCHEN: Brr, das ist ja grauenhaft. Hast du ihm den Kopf abgeschnitten?
SOLDAT: Freilich. Ich sagte dir doch, dass wir für jeden Kopf fünf amerikanische Dollar bekommen.
MÄDCHEN: Dass du sowas fertigbringst. Das hätte ich mir nicht gedacht.
SOLDAT: Krieg ist Krieg. Die anderen haben meinem Kameraden das Herz herausgeschnitten und auf Stangen gesteckt,
MÄDCHEN: So grausam geht es im Krieg zu?
SOLDAT: Aber man verdient ganz gut dabei.
MÄDCHEN: Und wenn sie dich erwischt hätten?
SOLDAT: Dann hätten sie mir das Herz herausgeschnitten und es auf Holzstangen gespießt. Oder auf Bambusstangen. Willst du noch einen Whisky?
MÄDCHEN: Ja, gern.
SOLDAT: Dann müssen wir aber gehen, sonst hab ich keine Zeit mehr. Willst du eigentlich noch?
MÄDCHEN: Freilich.
SOLDAT: Wieviel kostet es denn bei dir?
MÄDCHEN: Gibst du mir halt so viel, wie du für vier Köpfe bekommen hast. Ist dir das recht?
SOLDAT: Klar. Aber jetzt komm, weil ich sonst keine Zeit mehr habe. *(Beide gehen. Licht aus.)*

7. Bild

(Stehausschank mit Tischen. Die Kneipe ist leer. Zwei Männer und eine Frau sitzen an einem Tisch. Die Männer, verkommene Säufer, die Frau, eine ausgeflippte „Fünfmarkdirne", die ständig an ihrem tränenden rechten Auge herumwischt. Sie raucht einen Zigarillo.)

1. MANN: *(nach einer Weile zum 2.Mann)* Haste noch ne Mark für´n Bier? *(2.Mann kramt wortlos in seiner Tasche und schiebt ihm schweigend eine Mark hin. 1.Mann erhebt sich und verschwindet im Hintergrund.)*
2. MANN: *(zur Dirne)* Was ist nu, wolln wa nu, oder wolln wa nich?
DIRNE: Das geht nur bei dir, Süßer. Ich kann keine Herrn mitbringen.
2. MANN: Scheiße. Bei mir gehts auch nich. Ich penn zur Zeit im Asyl.

DIRNE: Und im Park?
2. MANN: Bei der Kälte friert dir der Arsch ein. *(lacht meckernd)*
DIRNE: Du bist kein feiner Mann. Nee, das biste nicht.
2. MANN: Alles Scheiße, hab kein Geld nich. Da hört sich das „Feinsein“ schnell auf.
DIRNE: Aber ihm haste doch eine Mark gegeben, nich?
2. MANN: Ich trink auch mit.
DIRNE: Und ich?
2. MANN: Du? Kannste auch n Schluck mitlöffeln. Von mir aus. Haste auch kein Geld nich?
DIRNE: Nee, nicht eine müde Mark.
2. MANN: Bist ne Flasche? Oder geht nichts mehr am Strich, wa?
DIRNE: Ich bin eine anständige Frau, die kein Glück hat bei Männern.
2. MANN: Freilich, ne anständige Frau mit nem lustigen Straps. (lacht)
1 .MANN: *(kommt mit einer Flasche billigstem Wein zurück)* Der Wirt hatn Herz im Leib. Eine Flasche Wermuth kostet aber auch nich mehr wie´n paar Bierchen. Ist aber ein besseres Gesöff. Süß und schwer wie die Liebe. *(grinst, schenkt ein und alle drei trinken ex)*
DIRNE: Stark ist der Wein. Mensch, der rinnt aber runter.
2. MANN: Und bekömmlich. Beschissen ist die Welt, wa?
1. MANN: Na na na, immerhin haben wir was für die Gurgel.
2. MANN: *(zum 1.Mann)* Können wir bei dir pennen?
1. MANN: Bei mir? Freilich. Immer. Unter der Brücke. (grinst)
2. MANN: Prost auf die Brücke!
1. MANN: Sauf nich soviel!
2. MANN: Meine Mark ist dabei. Also riskier keine Schnauze!
1. MANN: Deine Scheißmark!
2. MANN: *(böse)* Gib nich so an, du!
1. MANN: Deine Scheißmark! Erbettelt!
2. MANN: Und du? Was isn mit dir? Ein trauriger Wixer bist du!
1. MANN: Halt die Schnauze, nich! Halt bloß deine verdammte Schnauze! Ich hab bessere Zeiten gesehen. Aber du bist ne Null. Ne absolute Null!
DIRNE: Streitet euch nicht. Bitte nur nicht streiten. Das Leben ist ohnehin so verflucht kurz. Und obendrein noch so beschissen.
2. MANN: Ein billiger Hund ist er.
1.MANN: *(rempelt ihn an)* Deine Scheißmark. Ich huste auf deine blöde Mark, hörst du? Husten tu ich drauf!
2. MANN: *(nimmt die Flasche)* Dann sauf ich auch allein weiter. Ich hab dich nich gerufen, du Komiker.
1. MANN: Von mir ist auch ne Mark dabei. Her mit der Flasche!
2. MANN: *(holt aus und schlägt ihm die Flasche auf den Kopf)* Da haste deine blöde Mark. *(1.Mann liegt auf der Tischplatte)*
DIRNE: *(betroffen)* Nu haste ihn totgeschlagen, wegen einer Mark. Ist er tot?
2. MANN: Mir doch wurscht. Komm.
DIRNE: Du bist gewalttätig. Richtig gewalttätig bist du.
2. MANN: Seine Scheißmark. Jetzt hat er sie. Komm, wir schlafen unter der Brücke. *(geht ab. Dirne zögert, schaut sich verstohlen um und räumt dann die Taschen des Erschlagenen aus. Sie steckt alles in ihre Handtasche und folgt dem 2.Mann. Licht aus.)*

8. Bild

(Gerümpelhalde mit Kisten und Fässern. Zwei junge Männer sitzen auf Kisten und rauchen Zigaretten. Vor ihren Füßen liegt eine blutbesudelte, weibliche Leiche.)

1. MANN: Weshalb hast du sie getötet?
2. MANN: Ich will nicht ins Kittchen, du Esel.
1. MANN: Und wenn sie nun nicht zahlen?
2. MANN: Ich hab ihr das Ohr abgeschnitten und in das Päckchen gelegt. Die zahlen. Sie war die einzige Tochter.
1. MANN: Umbringen hättest du sie nicht brauchen.
2. MANN: Tote reden nicht mehr.
1. MANN: Trotzdem. Mir ist das gar nicht recht.
2. MANN: Wenn der Alte das Ohr sieht, spuckt er Geld aus, darauf kannst du dich verlassen. Und dann nichts wie weg, bevor die Polente Wind bekommt.
1. MANN: Wenn sie uns erwischen? Mord nennt man sowas.
2. MANN: Du bist ein blöder Hammel. Ich brauch das Geld und dann wird ein neues Leben begonnen. Weshalb glaubst du wohl, dass ich sie umgelegt habe? Damit uns niemand schnappen kann. Deshalb.
1. MANN: Ich hab Angst. Das Mädchen bettelte um ihr nacktes Leben. Ich hätte sie nicht erstechen können. Du bist ein Tier. Ein rohes, gemeines Tier bist du!
2. MANN: Nun reichts mir aber. Wenn du Angst hast, dann kannst du ja abhauen. Ich brauch dich nicht. Los, verschwinde. Ich kann deinen Anteil auch allein verputzen.
1. MANN: Ist schon gut. Wann wird der Alte das Päckchen mit dem Ohr bekommen?
2. MANN: Heute? Morgen? Was spielen ein paar Tage schon für eine Rolle in Anbetracht des schönen Lebens nachher. Ich werde mir einen schicken Wagen kaufen.
1. MANN: Und Weiber! Mensch, Freund, und Weiber in allen Schattierungen! Anzüge und Weiber. Und Whisky, alles können wir uns dann leisten. *(er springt auf und tritt dem toten Mädchen versehentlich ins Gesicht.)* Wir sind reich. Stinkreich!
2. MANN: Sei vorsichtig, du trittst auf die Kleine.
1. MANN: Ist doch scheißegal. Die spürt doch nichts mehr. *(lacht)* Mein Gott, hoffentlich zahlt der Alte! Und bald. Ich kanns nicht mehr erwarten, bis der Kies da ist. *(gebärdet sich wie toll)*
2. MANN: *(leise)* Du bist ein Schwein. Eine richtige Sau bist du. *(Licht langsam aus.)*

9. Bild

(Dirnenzimmer. Ein nackter Mann liegt auf dem Boden, und wird von einer Dirne, die in schwarzes Leder gekleidet ist, ausgepeitscht.)

MANN: *(in Ekstase)* Schlag zu, du Miststück! Verdammt nochmal, schlag schon zu! *(stöhnt)*
DIRNE: Ich erschlag dich ja, du Ochse.
MANN: *(stöhnt)* Fester! – Los, fester! Schlag schon zu! – Gleich hast du es geschafft!
DIRNE: *(verhält und wirft die Peitsche in die Ecke)* Jetzt reicht es mir. Ich lass mir Perversität schon gefallen, aber so wie du bist, nein. Such dir ein anderes Mädchen.
MANN: *(erhebt sich langsam)* Ich habe bezahlt dafür. Gut bezahlt sogar.
DIRNE: Dann nimm deine dreckigen Kröten wieder. Schau dich doch an, wie du aussiehst. Ich will kein Blut sehen, verstehst du?
MANN: *(geht langsam auf sie zu)* Du willst also kein Blut sehen, mein Schatz? Kein Blut, sagst du?

DIRNE: *(ängstlich)* Was willst du? Scher dich zum Teufel mitsamt deinem Geld. Los, hau schon ab!
MANN: *(umspannt ihren Hals)* Du solltest aber Blut sehen können, mein Schatz. Viel Blut! *(drückt zu)* Die ganze Welt soll ertrinken in Blut. Waten müsste man in dieser Flüssigkeit. *(lässt die tote Dirne zu Boden gleiten und nimmt die Peitsche auf.)* Blut sollst du sehen! *(Wie ein Besessener schlägt er auf die Liegende ein und schreit bei jedem Schlag:)* Blut! Blut! Blut! *(Das Licht wird allmählich dunkel und seine Schreie gehen in Stöhnen über.)*

10. Bild

(Bankschalter. Eine Frau hinter dem Schalter mit erhobenen Händen. Davor ein vermummter Gangster mit einer Pistole im Anschlag.)

GANGSTER: Geld her, los, ein bißchen dalli!
FRAU: Aber mein Herr, so überlegen sie doch was sie tun.
GANGSTER: *(brüllt in Panik)* Halt die Klappe, Alte und rück den Zaster raus! Aber ein bisschen plötzlich, bevor mein Finger nervös wird!
FRAU: *(bückt sich blitzschnell und betätigt die Alarmsirene. Der Gangster gibt auf sie einige Schüsse ab, die alle treffen. Die Frau sinkt stöhnend zu Boden und zwei Polizisten erscheinen. Der Gangster schießt auf die Polizisten und einer davon sinkt zu Boden. Der andere Polizist streckt den Gangster nieder. Er beugt sich über den Toten und nimmt ihm die Maske ab. Langes, blondes Haar kommt zum Vorschein, das einer jungen Frau gehört. Licht aus.)*

11. Bild

(Schreibtisch. Dahinter sitzt der Polizeipräsident. Davor steht ein Terrorist.)

TERRORIST: Sie sind also der Polizeipräsident. Na schön. War gar nicht so leicht, bis zu ihnen vorzudringen. Sie wissen, wer ich bin?
PRÄSIDENT: Ja. Nein. Eigentlich nicht.
TERRORIST: Nun, ich gehöre der „Armee zur Humanisierung dieser Welt“ an. Unsere Ziele sind, die Gesellschaft zu verändern. Sie verstehen, was ich meine?
PRÄSIDENT: Nur teilweise.
TERRORIST: In einem ihrer Gefängnisse sitzt ein Mitglied unserer Vereinigung und büßt eine lebenslange Strafe ab für ein banales Vergehen.
PRÄSIDENT: Was ließ er sich denn zuschulden kommen?
TERRORIST: Er überfiel einige Banken, um das nötige Startkapital für unser Unternehmen zu beschaffen. Dabei hinderten ihn ihre Beamten, von denen er im offenen Kampfe fünf niederstreckte. Ich möchte nochmals betonen, dass es sich bei unserer Vereinigung um eine gute Sache handelt.
PRÄSIDENT: Und was wollen sie nun von mir?
TERRORIST: Sie wissen, dass vor vier Tagen in einer Schule eine Bombe explodierte und dabei zehn unschuldige Kinderlein ums Leben kamen. Die haben sie auf dem Gewissen, mein Bester.
PRÄSIDENT: Ich? Sind sie wahnsinnig Mann!

TERRORIST: Jawohl, sie ganz allein. Sie gingen schließlich auf mein Schreiben nicht ein und ließen unser Mitglied nicht frei. Die Bombe, müssen sie wissen, legte nämlich ich. Kapiert?

PRÄSIDENT: Sie sind ein eiskalter Mörder.

TERRORIST: Dasselbe könnte ich von ihnen sagen, da ihnen Menschenleben anscheinend nicht sonderlich viel zu bedeuten scheinen.

PRÄSIDENT: Sie, sie arbeitsscheuer, verkommener Massenmörder. Ich werde sie aus dem Verkehr ziehen. Das schwör ich ihnen.

TERRORIST: Ach lassen sie doch diesen albernen, sentimentalen Quatsch. Sie haben mich anscheinend immer noch nicht verstanden. Ich kämpfe für eine große Sache und da kann es nicht ausbleiben, dass Opfer gebracht werden müssen. Meine Zeit ist zu kostbar, um mich einer profanen Tätigkeit hinzugeben. Das überlasse ich anderen. Wie steht es nun mit der Herausgabe ihres Gefangenen? Da sie ja nun wissen, dass ich die Bombe gelegt habe?

PRÄSIDENT: Sie sind verrückt! Ist ihnen eigentlich klar, was sie da angerichtet haben? Ich kann sie jederzeit verhaften lassen. Dann werden sie lebenslang eingebuchtet, mein Lieber.

TERRORIST: Aber Herr Präsident. Für wie doof halten sie mich denn? Ich legte natürlich wohlweislich in drei weiteren Schulhäusern Bomben, die zu verschiedenen Zeiten hochgehen, wenn meine Bedingungen nicht erfüllt werden. Und nun raten sie mal, welche Schulhäuser ich meine?

PRÄSIDENT: Genügen ihnen die zehn unschuldigen Kinder immer noch nicht? Zehn unschuldige Menschenleben! Die sie mit einem Schlag auslöschten.

TERRORIST: Unterlassen sie ihre dämliche Gefühlsduselei gefälligst. Auf mich macht das keinen Eindruck. Also was ist nun, es liegt bei ihnen, ob weitere Kinder sterben sollen oder nicht.

PRÄSIDENT: Oh Gott, wie soll das nur weitergehen.

TERRORIST: Das ist ihre Sache. Geben sie nun den Gefangenen heraus, oder nicht? Ich bettle nicht darum. Doch sie tragen die Verantwortung.

PRÄSIDENT: *(seufzt)* Ich gebe ihn frei. *(Licht aus.)*

12. Bild

(Hinter einem Moskitonetz ein Schreibtisch und ein großer Ventilator. Ein Mann in brauner Fantasieuniform sitzt hinter dem Schreibtisch und schreibt in ein großes Buch. Davor steht ein Mann, ebenfalls in Uniform, der aus einem Manuskript diktiert.)

1. MANN: *(verhält und wischt sich den Schweiß ab. Er trinkt eisgekühlten Whisky.)* Das waren also die Choleratoten. Ganz schöne Summe, wenn ich bedenke, dass diese Krankheit schon längst von der Wissenschaft besiegt wurde. Waren alle schon krepiert?

2. MANN: Die meisten davon. Einige gaben noch schwache Lebenszeichen von sich. Aber darauf konnten wir keine Rücksicht nehmen.

1. MANN: Und sie wurden verbrannt, wie?

2. MANN: Selbstverständlich.

1 MANN: Alle?

2. MANN: Jawohl.

1. MANN: Gut. *(nimmt den Federhalter)* Weiter!

2. MANN: Fünfzigtausend mongoloide Kinder eleminiert. Die Mütter wurden aus Gründen der Überbevölkerung und der Vermassung erschossen; die Väter zum Kanalbau abtransportiert.

1. MANN: Weiter, weiter. Nicht mit Nebensächlichkeiten aufhalten.
2. MANN: Eine Million Hungertote, ebenfalls verbrannt.
1. MANN: Waren von unseren Leuten irrtümlich welche dabei?
2. MANN: Nein, nicht ein einziger.
1. MANN: So genau wollte ich es gar nicht wissen. Weiter!
2. MANN: Eine halbe Million Unterernährte zur Exekution freigegeben. Der Vollstreckungsbericht muss jeden Augenblick eintreffen.
1. MANN: Werden wohl auch verbrannt, wie? Deshalb diese verdammte Hitze! Hä hä hä. Weiter!
2. MANN: Bei rassistischer Aussortierung eine Million Männer, Frauen und Kinder vernichtet. Es wurde das neue, von der Wissenschaft entwickelte Streupulver verwendet. Alles verlief reibungslos. Nach zwanzig Stunden waren alle hinüber. *(Eine Frau in Khakiuniform bringt den Vollstreckungsbefehl.)*

FRAU: *(forsch)* Hier der Exekutionsbericht der Unterernährten. Und hier gleich die Aufstellung der neuen Vollstreckungen zur Unterzeichnung. Es macht sich, meine Herren. Die Erde wird von unnötigem Ballast gesäubert. Ich bitte um ihre Unterschrift.

1. MANN: Wie viele?

FRAU: Ungefähr eine Million. So genau lässt sich das nicht sagen.

1. MANN: *(reicht das unterzeichnete Papier zurück)* Keine Schlamperei bitte. Ich will eine saubere Arbeit haben. Abtreten. *(Frau ab)* Weiter!
2. MANN: *(greift sich an den Kopf)* Mir wird übel.
1. MANN: Machen sie mir ja nicht schlapp, Mann! – Wir haben noch eine Menge Arbeit vor uns. Hier, trinken sie einen Whisky, der wird ihnen gut tun.
2. MANN: *(trinkt)* Danke.
1. MANN: Geht's wieder?
2. MANN: Ich denke schon.
1. MANN: Dann weiter. Ich möchte die Eintragungen bis zum Abend schaffen. Morgen wartet eine Unmenge Arbeit auf mich.
2. MANN: Gewiss. *(laut)* Vierhunderttausend Männer sterilisiert. Dreihunderttausend Kinder beiderlei Geschlechts zu wissenschaftlichen Versuchen deportiert. *(Das Licht erlischt langsam, während die Aufzählungen weitergehen.)* Zweihunderttausend Gehirnzellen von Affen auf Menschen übertragen. Hunderttausend Kriegskrüppel....

13. Bild

(Düsterer Raum. Auf einer Pritsche liegt eine fiebernde Frau. Am Kopfende ein Kruzifix und links und rechts davon Kerzen. Neben der Pritsche ein Mann und eine Frau, die murmelnd beten.)

FIEBERNDE: *(schreit)* Ihr verfluchten Schweine! – Lasst ihr mich verrecken? – Verdammt sollt ihr alle sein! *(Der Mann und die Frau beten lauter.)*

FIEBERNDE: *(wimmert)* Einen Arzt brauch ich. Einen Arzt verflucht nochmal. Bringt mir einen Arzt, sonst muss ich sterben. *(Mann und Frau beten lauter. Ein Priester erscheint. Er macht das Kreuzzeichen.)*

FIEBERNDE: Ein Pfarrer! Ich brauche einen Arzt und keinen Pfaffen! Verflucht sollt ihr alle sein!

PRIESTER: *(leise)* Wie lange geht das schon mit ihr?

MANN: Seit gestern ist es ganz schlimm. Sie fiebert und schreit unentwegt nach einem Arzt.

PRIESTER: Und ihr seid euch dessen sicher, dass sie vom Satan befallen ist?

FRAU: Ganz sicher, Hochwürden.

FIEBERNDE: Ihr spinnt ja alle! Der Blinddarm ist es. Einen Arzt brauche ich und zwar dringend!

PRIESTER: Nur ruhig, meine Tochter. *(zur Frau)* Heißes Wasser und Salbei.

FRAU: Kochendes Wasser, Hochwürden?

PRIESTER: Jawohl, kochendes Wasser. *(Frau ab)*

FIEBERNDE: *(richtet sich auf, ängstlich)* Was habt ihr mit mir vor?

PRIESTER: *(drückt sie zurück)* Wir wollen beten. *(Mann und Priester murmeln Gebete.)*

FRAU: *(kommt mit einer Schüssel dampfenden Wassers)* Ist es so recht, Hochwürden?

PRIESTER: Gewiss meine Liebe. *(Nimmt die Schüssel und macht mit einem Rosenkranz Hokuspokus darüber. Zur Fiebernden:)* So meine Tochter. Du hast nichts zu befürchten. Du wirst doch nicht wollen, dass der Satan in dir verbleibt, nicht? Ich will dir helfen, dass deine Seele rein wird von ihm.

FIEBERNDE: *(flüstert in Todesangst)* Um Himmelswillen, was habt ihr mit mir vor?

PRIESTER: *(zum Mann)* Halt sie fest. *(Er schüttet ihr das kochende Wasser auf den Leib. Die Fiebernde schreit vor Schmerz laut auf und wird ohnmächtig. Sie liegt still.)*

FRAU: *(glücklich)* Ihr habt den Satan getroffen, Hochwürden. *(betet hysterisch)* Lob und Preis sei dir, o Herr. *(Priester, Mann und Frau beten murmelnd. Da erwacht die Fiebernde.)*

FIEBERNDE: *(schreit)* Ihr Schweine! Ihr Idioten! Oh weh, verflucht sollt ihr alle sein.

PRIESTER: Nägel! Schnell, und einen Hammer!

FRAU: Wozu?

PRIESTER: Frag nicht und tu, was ich dir aufgetragen habe. Oder wollt ihr alle vom Satan befallen werden?

MANN: Oh Gott, nur das nicht. Beeil dich und hol die Nägel. Los! *(Frau ab und Mann und Priester beten murmelnd. Die Fiebernde wimmert und presst sich beide Hände auf ihren Leib.)*

PRIESTER: Binde ihr die Hände, los! *(Der Mann tut es und die Frau erscheint mit den Nägeln.)* Jetzt ist der entscheidende Moment. Wenn der Böse nicht weicht, sind wir alle in Gefahr. *(Er nimmt einen Nagel und stößt ihn in den Arm der Unglücklichen.)*

FIEBERNDE: Hilf mir Herr! So hilf mir doch! Oh Gott!

PRIESTER: Es hilft nichts. Schnell, schließ ihr den Mund. Wenn der Satan durch den Mund entweicht, dann fährt er in einen von uns. Beeil dich. *(Der Mann stopft einen Lappen in den Mund der sich schwach Wehrenden.)*

FRAU: Wird es gelingen, Hochwürden?

PRIESTER: Ich fürchte, nein.

MANN: Was sollen wir tun?

PRIESTER: Kochendes Wasser, schnell! *(Frau ab, Priester und Mann beten.)*

FRAU: *(nach einer Weile)* Hier, Hochwürden. Wird der Teufel weichen?

PRIESTER: Wir werden sehen. Es ist das letzte Mittel. *(Er schüttet so lange kochendes Wasser auf die Fiebernde, bis diese still liegt. Dann legt er ihr den Rosenkranz auf die Stirne und murmelt dazu lateinische Phantasieworte, die wie eine Beschwörung klingen. Der Mann und die Frau sind nieder gekniet und beten nun mit erhobenen Händen.)*

PRIESTER: *(zum Mann)* Nimm ihr die Fesseln ab. *(Fiebernde liegt still)* Und nun den Knebel. *(Beugt sein Ohr zum Mund der Fiebernden. Triumphierend.)* Es ist gelungen. Dem Herrn sei Dank. Der Böse ist gewichen. *(Singen zusammen ein kirchliches Lied.)*

MANN: *(beugt sich über die Fiebernde)* Wie ruhig sie mit einem Mal ist. *(erschrocken)* Sie ist tot, Hochwürden!

PRIESTER: Wir wollen beten. Der Tod kommt zu uns allen. Ihre Seele ist gerettet. *(Alle drei knien nieder und murmeln Gebete. Licht allmählich dunkel.)*

14. Bild

(Hohe Kistenstapel in einem Hafenviertel. Dahinter Polizisten und Gangster mit Maschinenpistolen. Es wird so lange geballert, bis alle Beteiligten tot am Boden liegen. Dann schlendert eine alte, verhärmte Frau über die Bühne. Sie bückt sich bei jedem Toten und drückt ihm die Augen zu.)

ALTE FRAU: *(richtet sich auf)* Oh Gott, was ist das nur für eine Welt. Wie weit läßt du es noch kommen, Herr. Bis sich die Menschheit selbst ausgerottet hat? Verfolgst du einen bestimmten Zweck dabei? *(zögernd)* Oder sollten die Atheisten doch Recht behalten, dass es dich nicht gibt? Die Menschlichkeit wird immer kleiner und die Liebe verkümmert im Rinnstein. Was hast du vor, oh Herr, mit deiner Welt? Die Toten werden täglich mehr und die Lebenden erinnern nur noch im Aussehen an Menschen. Wo ist die Welt, die du erschaffen hast? Ich flehe dich an, Herr, gib mir eine Antwort! *(Frau gebückt ab; Licht aus.)*

15. Bild

(Ein Neger, ein Weißer und eine Frau. – Die Bühne ist dunkel. Es ist still. Plötzlich ein gellender Schrei. Ein paar Sekunden Ruhe, dann erneut ein gellender Schrei. Die Bühne wird hell. Ein nackter Neger, nur mit einem Lendenschurz bekleidet, liegt bäuchlings am Boden. Seine Arme und Beine sind angepflockt. Sein Rücken ist mit blutigen Striemen übersät. Neben dem Angepflockten glüht ein Holzkohlengrill, auf dem ein Brandeisen liegt. Ein Henker, im Talar, hält eine Peitsche in der Hand. Er blickt auf den Gequälten nieder und streut Salz auf seinen Rücken. Der Neger erwacht aus seiner Bewusstlosigkeit und brüllt laut auf. Eine weiße Frau erscheint, im modischen Kostüm mit großem Hut und schaut dem Treiben des Henkers interessiert zu. Sie trägt einen Sonnenschirm in der Hand. Der Henker traktiert den Neger nun mit spanischen Banderillas. Der Neger krümmt sich vor Schmerzen. Als dem Henker eines davon aus den Händen fällt, hebt es ihm die Frau dienstbeflissen auf.)

FRAU: Hat wohl was ausgefressen, der schwarze Lümmel, wie?

HENKER: Er ist ein Verbrecher.

FRAU: Na dann nichts wie weg mit diesem schwarzen Halunken.

HENKER: Er ist Professor.

FRAU: Umso schlimmer! Ob Professor oder nicht, das schwarze Gesindel nimmt ohnehin überhand.

HENKER: Ganz richtig, meine Liebe. *(Drückt dem Unglücklichen ein Brandeisen auf den Rücken.)* Man muss sie zeichnen wie Rinder.

FRAU: Was hat der Schurke denn ausgefressen?

HENKER: Diese akademische Kanaille erfand ein Serum, um aus Schwarzen, Weiße zu machen. Er hat es erfolgreich ein dutzendmal angewendet.

FRAU: Dieser Bastard! Damit wäre er ja im Stande, die Menschheit gleich zu formen.
Nichts wie weg, würde ich sagen.Nichts wie weg! Oh Gott, wenn ich an meine armen Kinder denke.

HENKER: Allerdings. Das ist nicht auszudenken. Auch ich bin Vater von zwei strammen Söhnen.

FRAU: Dann machen die doch kurzen Prozess mit diesem Kerl.

HENKER: Gottlob gibt es immer wieder Menschen, die einen solchen Frevel verderblich finden.

FRAU: Worauf warten sie noch? Befördern sie dieses schwarze Schwein endlich ins Jenseits, auf dass unsere armen Kinder von dieser verabscheuungswürdigen Erfindung nicht betroffen werden.

HENKER: *(bückt sich und horcht auf Atemzüge)* Na also, endlich ist er hinüber. Diese Gefahr wäre somit beseitigt.

(Die Frau schlendert davon und das Licht wird dunkel.)

16. Bild

(Zwei Männer, eine Frau. Streßszene, ohne Dialog. Auf der Bühnenmitte steht ein Mann mit verschränkten Armen auf einem Podest. Hinter ihm, zunächst fürs Publikum verborgen, ein Galgen. Sein Gesicht ist mit einer Taucherbrille unkenntlich gemacht. Zu Füßen des Mannes liegen einige Holzklötze, wie sie von Kindern zum Spielen benutzt werden. Nach einer Weile erscheint ein abgehetzter Mann mit einer Aktentasche. Er trägt einen Straßenanzug mit Weste und Hut. Während seiner folgenden, hektischen Tätigkeit schaut er wiederholt auf seine Uhr.)

GESTRESSTER MANN: *(Hastet zu den Holzklötzen, öffnet seine Aktentasche und entnimmt dieser einige Pläne. Seine Tätigkeit wirkt gehetzt und wird noch dadurch verstärkt, dass er unentwegt auf seine Uhr schaut. Er beginnt aus den Klötzen eine Pyramide zu bauen, was ihm nicht recht gelingen will. Er schaut auf die Uhr und wischt sich den Schweiß von der Stirne. Endlich hat er eine Idee. Er nimmt seinen Hut ab und beginnt darum eine Pyramide aufzuschichten. Nach einiger Mühe gelingt ihm dies auch. Er lehnt sich aufatmend zurück und wischt sich den Schweiß ab, wobei er auf die Uhr schaut.)*

STEHENDER MANN: *(Hebt den Fuß und zerstört ihm die Pyramide. Dann nimmt er seine Haltung von vorhin wieder ein.)*

GESTRESSTER MANN: *(Zuckt zusammen und sucht mit zitternden Händen nach neuen Plänen. Endlich hat er passende Pläne gefunden. Er wischt sich den Schweiß ab und schaut auf die Uhr. Hektisch und mit zitternden Händen, beginnt er von vorne. Es gelingt ihm jedoch nicht, da sein Hut deformiert ist. Er reißt sich sein Sakko von den Schultern und errichtet darüber erneut eine Pyramide, was ihm nach einiger Mühe auch gelingt. Er lehnt sich zurück, wischt sich den Schweiß ab und schaut auf die Uhr.)*

STEHENDER MANN: *(Grinst, hebt den Fuß und zerstört ihm erneut seine Pyramide. Dann wieder Haltung wie zuvor.)*

GESTRESSTER MANN: *(Zuckt zusammen, ist eine Weile ratlos. Schaut unentwegt auf seine Uhr. Plötzlich reißt er sich die Weste herunter und beginnt hastig darüber eine Pyramide zu formen. Es gelingt ihm endlich.)*

STEHENDER MANN: *(Hebt erneut den Fuß und zertritt ihm auch diese Pyramide wieder.)*

GESTRESSTER MANN: *Schaut auf die Uhr. Seine Bewegungen sind fahrig. Er greift sich wiederholt an die Herzgegend. In Panik zerrt er sich das Hemd herunter und beginnt hastig darüber eine Pyramide zu errichten. Es gelingt ihm endlich und er beugt sich erschöpft darüber.)*

STEHENDER MANN: *(Hebt den Fuß und setzt ihn auf den Nacken des am Boden Kauernden. Dann drückt er ihn über die Pyramide, bis diese zusammenkracht.)*

GESTRESSTER MANN: *(Kämpft unter Mühe seinen Arm frei und schielt auf die Uhr. Stöhnt.)*

STEHENDER MANN: *(Nimmt seinen Fuß vom Nacken und tritt einen Schritt beiseite. Der Galgen wird sichtbar.)*

GESTRESSTER MANN: *(Schaut nach oben zum Galgen, quält sich hoch, schleudert seine Uhr und die Pläne zur Seite, lächelt, steckt den Kopf in die Schlinge und erhängt sich.)*

STEHENDER MANN: *(Steckt zwei Finger in den Mund und pfeift. Eine Putzfrau erscheint.)*

PUTZFRAU: *(Wirft die Kleidungsstücke achtlos in einen Eimer, richtet die Holzklötze wie zu Beginn der Szene, nimmt den Erhängten ab und zerrt ihn außer Sichtweite.)*

STEHENDER MANN: *(Stellt sich wieder auf das Podest und verschränkt seine Arme. Er erwartet den Nächsten, der auch sofort auf die Bühne taumelt. Das Spiel beginnt von vorne, während das Licht langsam dunkel wird.)*

17. Bild

(Ein Untersuchungsrichter auf einem erhöhten Podest, davor ein Angeklagter.)

ANGEKLAGTER: Mir können sie nichts nachweisen, Herr Rat. Ich hab den Paragraphen und man hat mich ordnungsgemäß entlassen. Wegen guter Führung. Eine Irrenanstalt ist kein Sanatorium, Herr Rat. Das dürfen sie mir glauben.

UNTERSUCHUNGSRICHTER: Und dann bist du wieder rückfällig geworden, du Halunke.

ANGEKLAGTER: Dafür kann ich nichts. Das ist bei mir der Trieb, Herr Rat. Das steht in meinen Akten.

UNTERSUCHUNGSRICHTER: Das ist bereits der vierte Mord, den du begangen hast. Damit ist nun Schluss, verstehst du mich?

ANGEKLAGTER: Ich kann nichts dafür. Ehrlich, Herr Rat. Rein gar nichts.

UNTERSUCHUNGSRICHTER: Du hast die Kleine vergewaltigt und anschließend erwürgt. War es nicht so? Erzähl das mal ausführlich, wenn ich bitten darf.

ANGEKLAGTER: Wenn sie Wert darauf legen, Herr Rat. Also das war so. Ich nahm sie auf dem Fahrrad mit.

UNTERSUCHUNGSRICHTER: Wie alt war das Mädchen?

ANGEKLAGTER: Neun Jahre, Herr Rat. Aber sie sah bedeutend älter aus.

UNTERSUCHUNGSRICHTER: Schon gut. Also sprich weiter, du Bestie.

ANGEKLAGTER: *(entrüstet)* Wenn sie so mit mir umspringen, sag ich kein Wort mehr. Ich hab den Paragraphen.

UNTERSUCHUNGSRICHTER: Entschuldige. Nun wie war das? Erzähle!

ANGEKLAGTER: Sie fuhr sofort mit. Ich schenkte ihr eine Tafel Kinderschokolade. Die „Weiße“, die nicht stopft. Na und dann kam der Trieb wieder.

UNTERSUCHUNGSRICHTER: Das war doch ein Kind. Mensch, ein Kind, verstehst du denn das nicht? Weshalb suchst du dir immer Kinder aus, du Schwein? Vermutlich kannst du mit erwachsenen Frauen nichts anfangen, wie?

ANGEKLAGTER: Mir ist das egal. Ich seh nur überall kurze Röckchen. Wohin ich auch schauen mag: kurze Röckchen und enge Höschen. Und da kommt bei mir der Trieb. Das steht auch in meinen Akten. Dafür kann ich nichts.

UNTERSUCHUNGSRICHTER: Und dann hast du sie vergewaltigt, war es nicht so?

ANGEKLAGTER: Zuvor spielten wir noch ein wenig. Ich war der Onkel Doktor. Und dann, dann...

UNTERSUCHUNGSRICHTER: ...dann kann bei dir der Trieb wieder. Ich weiß.

ANGEKLAGTER: Genauso ist es gewesen, Herr Rat. Nun verstehen sie mich endlich.

UNTERSUCHUNGSRICHTER: Weshalb hast du sie getötet? Ich kann dich nicht begreifen, du Ochse.

ANGEKLAGTER: Was glauben sie, Herr Rat, wie das Luder geschrien hat? Ich konnte das nicht mehr ertragen und da hab ich zugedrückt. Dann war sie ganz still gewesen. Könnte ich jetzt vielleicht ein Bier haben?

UNTERSUCHUNGSRICHTER: Nein, zum Teufel!

ANGEKLAGTER: Nur nicht schreien, Herr Rat. Ich kann laute Stimmen nicht ertragen. Im übrigen bin ich jetzt müde. Ich sag kein Wort mehr.
UNTERSUCHUNGSRICHTER: Ich werde dir das Handwerk legen, darauf kannst du dich verlassen. Du verschwindest für immer von der Bildfläche.
ANGEKLAGTER: Das sagte der erste Richter auch. Doch bei guter Führung werde ich wieder vorzeitig entlassen.
UNTERSUCHUNGSRICHTER: Du tötest keine kleinen Mädchen mehr. Dafür werde ich Sorge tragen
ANGEKLAGTER: Ich töte nicht! *(beginnt zu schreien)* Dagegen verwahre ich mich entschieden, Herr Rat. Das ist bei mir der Trieb! Der Trieb ist das bei mir! Dagegen bin ich machtlos!
UNTERSUCHUNGSRICHTER: Wir werden sehen, du Bestie! Du siehst den Himmel nicht mehr als freier Mann.
ANGEKLAGTER: Na na na, nur nicht so große Töne spucken, Herr Rat. Sie kennen wohl das Gesetzbuch noch nicht richtig? Wollen wir wetten, dass ich in spätestens drei Jahren wieder frei bin? Und dann, Herr Rat, hat sich der Trieb bei mir nur noch verstärkt. Wenn sie bedenken, was drei Jahre für einen wie mich bedeuten.
UNTERSUCHUNGSRICHTER: Geh mir aus den Augen, du Schwein!
ANGEKLAGTER: Ich werde mich über sie beschweren. So eine Behandlung lasse ich mir nicht gefallen. Das ist ja die Höhe! Wo kämen wir armen Gestrauchelten denn da hin! Diese Gesellschaft muss verschwinden!
UNTERSUCHUNGSRICHTER: *(brüllt)* Abführen!
ANGEKLAGTER: Richter ihres Schlages gehören ausradiert!
UNTERSUCHUNGSRICHTER: *(hält sich die Ohren zu und brüllt)* Abführen! Abführen! Abführen! *(Licht allmählich dunkel.)*

18. Bild

(Operationstisch. Eine Frau liegt darauf. Ein Professor mit seinem Assistenten und seiner Narkoseärztin davor.)

NARKOSEÄRZTIN: So können sie nicht operieren, Herr Professor. In ihrem Zustand ist das Mord. Sie sind ja noch betrunken. Ich lehne jede Verantwortung ab.
PROFESSOR: Halten sie die Klappe und geben sie mehr Dampf. Die Patientin bewegt sich ja noch. Im Übrigen geht sie das einen feuchten Kehricht an, wann, wo und wie ich meine Nächte verbringe. Auch ihre einsamen Nächte sind mir schnurz. *(zum Assistenten)* Wie ist der Puls?
ASSISTENT: Schwach, Herr Professor. *(zögert)* Vielleicht hat die Kollegin Recht.
PROFESSOR: Reden sie keinen Quatsch. Wenn ich die linke Brust nicht entferne, fressen sie die Metastasen auf.
NARKOSEÄRZTIN: Und wenn sie operieren, stirbt die Patientin ohnehin. Ihre Hände zittern ja.
PROFESSOR: Es haben beim Operieren schon mehr Hände gezittert. Denken sie nur an unseren verehrten Professor Sauerbruch. Zum Schluss trat der Exitus fast bei jedem seiner Patienten ein. Eigentlich müssten sie wissen, Verehrteste, dass ein Exitus unterm Operieren als ein Kunstfehler bei der gesamten Ärzteschaft gilt.
ASSISTENT: Der Puls wird schwächer, Herr Professor!
PROFESSOR: Sehen sie, also ran meine Herrschaften. Bevor die Patientin noch vor der Operation schlapp macht und hinübersegelt. Wenn sie das Zeitliche nach der Operation segnet, ist das einzig und allein ihre Sache. Wie steht es eigentlich mit ihren Nieren?
ASSISTENT: Mit ihren Nieren? Ich verstehe nicht, Herr Professor?

PROFESSOR: Himmelherrgott noch einmal, sind sie begriffsstutzig! Wenn die Nieren brauchbar sind, liegt mir an einem Überleben dieser Person ohnehin nichts. Ich brauche zwei tadellose Nieren für einen einflussreichen Privatpatienten.
NARKOSEÄRZTIN: Da mache ich unter keinen Umständen mit, Herr Professor! Das ist ja ein Verbrechen, was sie da vorhaben.
PROFESSOR: Mein Gott, seid ihr alle zimperlich. Diese Frau dort legt sicherlich keinen großen Wert mehr aufs Leben, wenn wir ihr die Brust wegfurzen. Versetzen sie sich doch mal in ihre Lage. Eine junge Frau, ohne Brust. Das stößt doch jeden Mann ab.
ASSISTENT: Der Puls ist erloschen, Herr Professor.
NARKOSEÄRZTIN: Mein Gott, wir haben sie getötet.
PROFESSOR: Käse. Die Natur war eben stärker gewesen als wir. Alles fertigmachen zur Nierentransplantation. Aber jetzt ein bißchen dalli, wenn ich bitten darf.
NARKOSEÄRZTIN: Das haben sie mit Absicht getan, Herr Professor.
PROFESSOR: Sie waren doch gegen eine Operation, in meinem Zustand. Von Absicht meinerseits kann also keine Rede sein. *(zum Assistenten)* Sie waren doch Zeuge unseres Gesprächs, nicht?
ASSISTENT: *(leise)* Jawohl, Herr Professor.
PROFESSOR: Im Übrigen habe ich demnächst eine Stelle als Oberarzt für sie frei. Nun aber ran, meine Herrschaften. Ich will funktionsfähige Nieren für meinen Patienten. *(Der Professor beginnt zu arbeiten und das Licht erlischt.)*

19. Bild

(Ein Ehepaar beim Essen.)

FRAU: Wie schmecken dir die Ravioli?
MANN: Scheißravioli! Wo warst du gestern so lange?
FRAU: Du weißt genau, dass ich bei Uschi war.
MANN: Das kannst du mir vorbeten, dann glaub ichs dir nicht mehr. Du hast mit ihm geschlafen, nicht?
FRAU: Deine dämliche Eifersucht ertrag ich nicht mehr lange. Das sag ich dir. Allmählich reichts mir nun.
MANN: Wo habt ihr denn gebumst? In seiner Wohnung? *(lauernd)* Oder habt ihr euch in ein Stundenhotel einquartiert?
FRAU: Du spinnst ja.
MANN: *(schleudert den Teller mit dem Essen zu Boden)* Wo, frag ich dich?
FRAU: *(bückt sich, um die Essenreste aufzufegen)* Ich sagte dir schon, dass du blöde bist.
MANN: Freilich, da hast du recht. Ich bin wirklich blöde. Und du bist eine Dirne. Jawohl, eine gewöhnliche Dirne bist du.
FRAU: Ich lasse mich von dir nicht mehr länger beschimpfen. Ich verlasse dich.
MANN: Und gehst zu ihm, wie? Daraus wird aber nichts werden, du Hure! *(Er greift sich ein Küchenmesser und sticht blindlings auf sie ein, während das Licht erlischt.)*

20. Bild

(Ein kleines Mädchen ist an das Bett gefesselt. Der Vater sitzt am Tisch und liest die Zeitung. Die Mutter ist mit Kinderquälen beschäftigt.)

MUTTER: Du hast gestohlen. Du hast mich bestohlen. Sag es nach: „Ich habe dich bestohlen, liebe Mutter." Los! *(Das Kind schweigt und die Mutter drückt ein Bügeleisen auf seine Hand. Das Kind schreit auf.)* Los, sag es nach!

KIND: Ich, ich habe dich bestohlen, liebe Mutter.

MUTTER: Hör zu weinen auf. *(Kind wimmert weiter)* Hörst du nicht, was ich sagte? Du sollst gefälligst deine Heulerei unterlassen. *(Das Kind wimmert weiter und die Mutter sticht ihm eine Stricknadel in den Arm. Das Kind brüllt wahnsinnig auf und sein Mütterlein drückt ihm das Bügeleisen auf den Mund. Das Kind fällt zu Boden und hängt in den Ketten.)*

VATER: Was ist los? Du bist etwas zu grob mit der Kleinen verfahren, fürchte ich.

MUTTER: Deine Erziehungsmethoden sind zu human, mein Schatz. Du siehst ja, wohin sie führen. Bestehlen muss ich mich lassen, von dieser kleinen Bestie. *(Bückt sich und hört auf Atemzüge.)* Du, die atmet nicht mehr.

VATER: *(bückt sich ebenfalls)* Sie ist tot. Mensch, du hast sie umgebracht. Ich sagte dir, dass du nicht so grob sein solltest.

MUTTER: Das wollte ich nicht.

VATER: Der Skandal. Die Nachbarn. Wir müssen sie verschwinden lassen. Und nach zwei Tagen melden wir sie bei der Polizei als vermisst.

MUTTER: Aber wohin mit ihr?

VATER: Mein Gott, wenn das mein Chef erfährt. Nicht auszudenken, wäre das. Du bist ein dummes Luder.

MUTTER: Vielleicht auf die Müllhalde? Was hältst du davon?

VATER: Nein. Am besten in den See. Ich werde ihr die Beine beschweren, damit sie nicht mehr hochkommt. Los, pack mit an.

MUTTER: Ja, das ist gut. In den See mit ihr. Rasch, bevor es klingelt. Ihr Schreien muss man doch gehört haben.

VATER: Quatsch. Wer von den Nachbarn kümmert sich schon darum? *(Lösen das Mädchen vom Bett und wickeln es in eine Decke. Licht langsam dunkel.)*

21.Bild

(Gefängnis. Wärter und Sträfling.)

WÄRTER: *(streichelt dem Sträfling übers Haar)* Na, mein Kleiner, hast du´s dir überlegt?

STRÄFLING: Ich kann das nicht. Ich bin nicht schwul.

WÄRTER: Was heißt da schwul. Du sollst das nicht so vulgär aussprechen. Ein bisschen nett sollst du zu mir sein, nichts weiter. Vergiss nicht, dass ich dir einige Vergünstigungen verschaffen kann.

STRÄFLING: Weshalb gerade ich? Sie haben doch noch andre Gefangene zur Hand? Vielleicht kanns ein anderer?

WÄRTER: Komm, mein Kleiner, sag doch du zu mir.

STRÄFLING: *(stößt ihn weg)* Ich will das nicht!

WÄRTER: Ich kann dir natürlich auch dein Dasein zur Hölle machen. Weißt du, dass du dir wünschst, nie geboren zu sein. Auch das darfst du nicht vergessen, mein Kleiner. Du gefällst mir nun einmal. Also was ist?

STRÄFLING: Ich verzichte auf ihre Vergünstigungen. Lassen sie mich endlich in Ruhe.

WÄRTER: Aber aber, sei doch nicht so grob zu mir. Ich will doch nur dein Bestes. Komm, setz dich, ich habe gerade Zeit.

STRÄFLING: Nun reichts mir aber! Bitte gehen sie.

WÄRTER: *(versucht ihn zu küssen)* Komm, Kleiner, es tut doch nicht weh. Sei nett zu mir.

STRÄFLING: *(gibt ihm eine Ohrfeige)* Hau ab, du Ferkel!
WÄRTER: *(zynisch; hält sich die Wange)* Du hast mich angegriffen. Weißt du, was das heißt? Du wagtest es, mich anzugreifen. *(Nimmt seinen Knüppel und geht langsam auf ihn zu.)* Du Hund du! Du bist ja ein gefährlicher Verbrecher! *(Sträfling weicht in eine Ecke aus. Dort knüppelt ihn der Wärter brutal zusammen. Als der Sträfling am Boden, tritt er ihn so lange mit den Füßen, bis er sich nicht mehr bewegt. Anschließend zerknüllt er sich die Uniformjacke, zerrauft sich sein Haar und hämmert an die Zellentüre.)* Hilfe! Hilfe! Man hat mich angegriffen! Hilfe! Hilfe! *(Während er brüllt, erlischt das Licht.)*

22. Bild

(Ein Galgen, darunter steht ein gefesselter, misshandelter Neger. Zwei Kapuzenmänner des Ku-Klux-Klans lümmeln mit einer jungen Frau daneben.)

1. KAPUZENMANN: Du Schwein hast das Mädchen vergewaltigt.
NEGER: *(schwach)* Sei ist eine Dirne und ich habe bezahlt dafür.
2. KAPUZENMANN: Stimmt das, was dieser stinkende Bastard behauptet?
MÄDCHEN: Ich bin ein anständiges Mädchen. Dieser schwarze Halunke lügt.
NEGER: Ich lüge nicht. Es ist die Wahrheit. Sie ist eine stadtbekannte Hure.
1. KAPUZENMANN: Dafür wirst du hängen.
NEGER: Ich weiß, ihr wollt mich lynchen. Aber man wird euch zur Rechenschaft ziehen. Ich kann nichts dafür, dass ich eine schwarze Haut habe. Ich habe Philosophie studiert.
2. KAPUZENMANN: Schweig, du Hund! Wem glaubst du wohl, dass du fehlen wirst? Ein Nigger weniger, das ist alles.
MÄDCHEN: *(hysterisch)* Er hat mich vergewaltigt. Ich schwöre es bei Gott, dass er mich vergewaltigt hat.
1. KAPUZENMANN: Also los, hängen wir den Bastard endlich auf!
MÄDCHEN: *(kreischt)* Ja, hängt ihn auf! So hängt ihn doch schon endlich auf!
2. KAPUZENMANN: Los, knüpf ihn auf!
NEGER: Es wird eine gerechte Strafe über euch kommen. Ihr verdammten Mörder ihr. *(Er baumelt.)*
1. KAPUZENMANN: Das wärs also. *(zum Mädchen)* Wie hoch ist dein Preis?
MÄDCHEN: Zehn Dollar. Wenn ihr beide bumsen wollt, mach ichs für fünfzehn. Wer will zuerst?
2. KAPUZENMANN: Meinetwegen kannst du zuerst. Ich knüpf den Nigger einstweilen ab. *(1. Kapuzenmann mit dem Mädchen hinter die Büsche. Licht langsam dunkel.)*

23. Bild

(Zwei Männer in jüdischer Tracht.)

1. JUDE: Wie viele unserer Brüder haben diesmal dran glauben müssen?
2. JUDE: Es hat fast alle erwischt, Abraham.
1. JUDE: Ich kann die Christen nicht begreifen.
2. JUDE: Hätten unsere Ahnen doch nur diesen verdammten Jesus nicht ans Kreuz geschlagen. Dann wär es erst gar nicht so weit gekommen.
1. JUDE: Das waren die Römer und dieser Jesus war ein Anarchist gewesen, der unser damaliges Staatsgefüge stürzen wollte. Und dieses Verbrechen, mein lieber Freund, wurde damals mit dem

Tod geahndet. Vergiss das nicht. Auch heute werden terroristische Elemente zur Rechenschaft gezogen.

2. JUDE: So viele Christen kann es ja gar nicht geben. Es muss etwas anderes sein. Ihr Hass ist nicht zu stillen. Sie werden uns immer verfolgen, um uns zu töten.

1. JUDE: Es wird ihnen nicht gelingen. Sie versuchen es nun schon über 2000 Jahre hinaus.

2. JUDE: Du siehst aber, dass sie immer wieder Tausende von unseren Brüdern zu Tode schinden. Es werden Nobelpreise vergeben für Humanität und Frieden auf dieser Welt. Davon merkt unser Volk allerdings wenig. Die Nobelpreise werden immer höher und die Humanität immer kleiner. Die Menschen sind Bestien. Und wir lassen es uns gefallen.

1. JUDE: Die Rache ist für die Primitiven.

2. JUDE: Nicht ganz. Ich erinnere dich an das Wort: Auge um Auge, Zahn um Zahn. So steht es im alten Testament.

1. JUDE: Die Menschheit wird einmal vernünftig werden. Du wirst es erleben.

2. JUDE: Dein Glaube in allen Ehren. Doch wir haben keine Chance. Die Erde ist zu klein für Christen und Juden.

1. JUDE: Der christliche Glaube hat sich überlebt. Er wird verschwinden.

2. JUDE: Wenn du recht behieltest, Abraham, begänne mit dem Verschwinden der christlichen Religion unsere Rache.

1. JUDE: So ist es. Im Zeitalter der Raumfahrt rückt Gott immer weiter ab von uns. Das heißt, die Entfernung zwischen ihm und der Menschheit wird größer. Dennoch wird er immer der Mittelpunkt der Universa bleiben. Die vielen Religionen allerdings, die sich die Menschheit errichtet hatte, um ihren Tod zu erleichtern, werden verschwinden.

2. JUDE: Das Rassenproblem wird bleiben.

1. JUDE: Nein. Entsinne dich an das vergangene Jahrhundert. Die Rassen werden sich weiter vermischen, bis es nur noch eine Rasse geben wird. Und das wird der Beginn einer neuen Menschheit sein. Oder sie wird, degeneriert bis in die kleinste Zelle, untergehn.

2. JUDE: Ich will hoffen, dass du damit recht behältst. *(Durch einen Lautsprecher steigert sich „Juden raus! Juden raus!" bis zum Paroxysmus und das Licht erlischt allmählich.)*

24. Bild

(Ein Mörder in Handschellen hinter einem Gitter. Davor zwei weibliche Pressefotografen und ein Reporter.)

REPORTER: Das Interview ist exklusiv für unser Blatt. *(zu den beiden Mädchen)* Knipsen sie den Mann von allen Seiten. Die Leser wollen Profil und jede Einzelheit. *(Blitzlichtgefunkel)* Nun erzählen sie. Hatten sie eine schwere Jugend, die auf ihre Taten schließen lässt?

MÖRDER: Der Krieg war schuld gewesen. Immer bumm, bumm, bumm. Verstehste was ich mein?

REPORTER: Klar versteh ich das. Und der Vater wohl ein Säufer, wie?

MÖRDER: Und ob! Trank gehörig der Alte. Lauter harte Sachen, verstehste?

REPORTER: Und die Mutter?

MÖRDER: *(schluchzt)* Meine gute, alte Mutter. *(gehässig)* Geschlagen hat er sie. Verstehste, knallhart verprügelt, wenn er besoffen war. Er war ein Schwein gewesen, mein Alter.

REPORTER: Hatten sie oft Hunger gelitten, in ihrer Jugend?

MÖRDER: Hunger? Mensch, mir knurrte täglich der Magen wie ein böser Hund, verstehste? Der Alte versoff ja das ganze Geld. Meine Jugend war Scheiße gewesen. Glatte Scheiße, verstehste.

REPORTER: *(zu den Mädchen)* Ein klarer Fall. Müssen die Story für unsere Leser etwas zurechtdressieren. Vielleicht so ähnlich wie: "Armer Junge muss ohne Essen täglich schuften und wird vom betrunkenen Vater misshandelt." So wird's ein Knüller, denk ich.

MÖRDER: So wars, Mensch. Nicht anders. Weißte, da kann der Mensch ja nichts werden. Immer nur Schamott, wohin du auch schaust. Verstehste mich?

REPORTER: Klar versteh ich sie. Eine passende Überleitung find ich schon noch. Nun erzählen sie, was sie sich bei ihren Taten so gedacht haben.

MÖRDER: *(überlegt)* Gedacht? Wie meinste denn das?

REPORTER: Mein Gott, irgendwas muss man sich doch dabei denken, wenn man sechs Frauen umgebracht und ihre Leichen zerstückelt hat. Denken sie doch ein bisschen nach.

MÖRDER: Na, ich weiß nicht recht, was du dir da vorstellst.

REPORTER: Beim ersten Mord, woran haben sie da gedacht? Etwa an ihren betrunkenen Vater? Oder an die arme, alte Mutter? Ein wenig Psychologie muss schon hinein in die Story, sonst liest sie kein Mensch.

MÖRDER: Mensch, klar hab ich an den Alten gedacht! Ganz klar. Weißte, wenn er die Mutter immer verprügelt hat. Das hat mich eigentlich zu dem gemacht, was ich heute bin.

REPORTER: Und beim Zerstückeln? Woran dachten sie da?

MÖRDER: Ich musste die toten Luder doch wegschaffen, verstehste? Wohin also, hab ich mir gedacht und da ist mir die Säge von meinem Alten eingefallen.

REPORTER: Nur zu, schildern sie uns, wie sie das gemacht haben. *(zu den Mädchen)* Nun noch ein Bild von vorne. *(zum Mörder)* Zeigen sie uns, wie sie die Leichen zerteilt haben. Mit den Händen etwas höher, damit ziemlich viel auf den Film kommt. Los, nur keine Scheu bitte.

MÖRDER: Und ich komm ganz sicher aufs Titelblatt?

REPORTER: Klar, mein Freund. Ganz vorne auf die erste Seite.

MÖRDER: Prima. Ein bisschen Reklame kann nicht schaden, dann verkauft sich mein Buch besser.

REPORTER: Welches Buch?

MÖRDER: Man hat mir ein Angebot vom Fernsehen gemacht, das mein Leben verfilmen will. Gleichzeitig erscheint mein Roman „Die sechs Frauen des Blaubarts Honka".

REPORTER: Das haut mich um. Da werden sie ja eine Berühmtheit. Übrigens: Haben sie alle sechs Frauen zerstückelt?

MÖRDER: Klar. Aber die Einzelheiten verrat ich nicht. Die kannste in meinem Buch nachlesen. Verstehste?

REPORTER: Hab sie verstanden. *(zu den Mädchen)* Los, macht noch ein paar Bilder, dann schwirren wir ab. Das andere stell ich mir in der Redaktion zusammen. *(Licht allmählich dunkel, während die Blitzlichter funkeln.)*

25.Bild

(Ein Kardinal, ein Bischof und ein Mädchen.)

BISCHOF: Wir müssen es dem Heiligen Vater unterbreiten, dass das Christentum in...

KARDINAL: *(unterbricht)* Keinen Namen bitte. Die Wände haben sogar bei mir Ohren.

BISCHOF: Verzeihen sie, Exzellenz. Nun, im besagten Land ist das Christentum in höchster Gefahr. Die Leute rebellieren, zahlen ihre Abgaben nicht mehr und verweigern die Andacht. Wir müssen...

KARDINAL: ...den Heiligen Vater unterrichten. Sehr richtig. Nur dürfen wir nicht vergessen, dass der Heilige Vater zu sehr beschäftigt ist, um sich mit einem kleinen, unbedeutenden Land, wie dem ihren, über Gebühr zu befassen.

BISCHOF: Ich versteh nicht recht, Exzellenz, jedes Land, das vom Atheismus bedroht wird, ist von Wichtigkeit. Zumal das Christentum seit der Zeit der Inquisition ohnehin immer laxer wurde.
KARDINAL: Ich habe nicht gesagt, dass ich ihnen nicht helfen will. Ich sagte lediglich, dass der Heilige Vater damit nicht behelligt werden darf.
BISCHOF: Sie versagen mir also ihre Hilfe nicht?
KARDINAL: Keineswegs. Ich habe sogar schon einen Plan.
BISCHOF: Einen Plan? Spannen sie mich nicht auf die Folter, Exzellenz.
KARDINAL: Ich werde diesen Aufstand der Atheisten in ihrem Land mit Waffengewalt niederschlagen lassen.
BISCHOF: Ein vortrefflicher Plan. Diese Bastarde müssen die gerechte Hand Gottes spüren um wieder in den Schoß von Mutter Kirche zurückzufinden. Ich bin ihnen sehr dankbar, Exzellenz.
KARDINAL: Papperlapapp. Das liegt auch in meinem Interesse. Doch nun darf ich ihnen einen guten Tropfen offerieren. *(klingelt und ein Mädchen erscheint)* Ich musste auf weibliches Personal umsteigen, sie verstehen? *(lächelt)*
BISCHOF: Gewiss, Exzellenz. Charmant kann ich da nur sagen. Sehr charmant. Wie unsere verehrten Vorgänger vor einigen hundert Jahren. Es wiederholt sich im gewissen Sinne immer alles. Die Erde besteht aus Kreisläufen, Exzellenz. Zum Wohlsein! *(Beide trinken und das Licht erlischt.)*

26. Bild

(Ein Mann und eine Frau im Bett)

MANN: Ich muss es dir sagen: Ich bin positiv.
FRAU: Positiv?
MANN: Ich hab Aids.
FRAU: Nein.
MANN: Leider.
FRAU: Und mit dem Kondom?
MANN: Da geht's.
FRAU: Dann komm. Bist du etwa schwul?
MANN: Nein. Wieso?
FRAU: Ich dachte nur...
MANN: ...ich bevorzuge auch keinen häufigen Partnerwechsel.
FRAU: Woher hast du dann...?
MANN: Ich war vor zwei Jahren im Australischen Busch.
FRAU: Und da...?
MANN: Mit einem Freund.
FRAU: Und der war schwul?
MANN: Nein. Er hatte Aids.
FRAU: Woher?
MANN: Was weiß ich. Ich wusste es damals nicht, dass er Aids hatte.
FRAU: Und du hast, du hast mit ihm geschlafen?
MANN: Ich sagte dir schon, dass ich nicht schwul bin.
FRAU: Bisexuell?
MANN: Nein, zum Teufel!
FRAU: Aber wieso dann...

MANN: Er wurde von einer Schlange gebissen.
FRAU: Und?
MANN: Sie war giftig.
FRAU: Ist er tot?
MANN: Ja.
FRAU: Von der Schlange?
MANN: Ich saugte die Bisswunde aus, trotz eines schlechten Zahnes.
FRAU: Und er starb dennoch?
MANN: Nicht am Schlangenbiss. Ich saugte ja das Gift aus.
FRAU: Obwohl du einen defekten Zahn hattest...?
MANN: Mein Körper war immun gegen das Gift...
FRAU: Woran starb dein Freund?
MANN: An Aids.
FRAU: Und nun hast du´s auch?
MANN: Genau.
FRAU: Du wirst auch daran sterben.
MANN: Wie alle.
FRAU: *(zärtlich)* Komm, nimm ein Kondom. Noch ist es nicht so weit... *(Licht aus)*

27. Bild

(Schreibtisch und Stühle. Auf einem davon sitzt ein älterer, unscheinbarer Herr, der immer wieder nervös auf seine Armbanduhr schaut. Er wartet auf seinen Hausherrn, der gleichzeitig Theaterbesitzer ist. Endlicht tritt ein progressiv gekleideter Mann in mittlerem Alter durch die Türe. Er tut sehr gestresst. Seine Haare sind mit einem Gummiband im Nacken befestigt. Seine entblößte Brust zeigt ein großes goldenes Kreuz an einer schweren, goldenen Kette. Er lässt sich in seinen Schreibtischstuhl fallen, zündet sich eine Zigarette an und liest in einem Programmheft. Er beachtet den Alten nicht.)

MIETER: *(räuspert sich; schüchtern)* Es war eine gute Aufführung. *(keine Reaktion)* Sie treten für die armen Leute ein. *(wischt sich mit seinem Taschentuch den Schweiß von der Stirne.)* Die tun ja mit den Mietern gerade was sie wollen. Ein Mieter hat keine Rechte. Er muss nur pünktlich seine Miete zahlen. *(keine Reaktion)* Aber Sie zeigen diese Schweinereien alle auf. Ihr Theater deckt diese Hinterhältigkeiten auf und bringt sie ans Tageslicht.

THEATERBESITZER: *(unpersönlich, ohne von seiner Lektüre aufzuschauen)* Dann hat es Ihnen also gefallen...

MIETER: Was heißt gefallen? Eine Offenbarung war es für mich. *(Theaterbesitzer schaut ihn kurz an über den Rand seines Programmes)* Das nenn ich soziales Theater. Mit Engagement! *(leise)* Was wollen Sie von mir? Warum wollten Sie mich nach der Vorstellung sprechen?

THEATERBESITZER: Haben Sie eigentlich „Die Katze lässt das Mausen nicht“ gesehen? In diesem Stück tritt mein sozialer - und Gott allein weiß - mein radikaler Einsatz für Minderheiten dieser Welt zutage. In diesem Stück räumte ich auf mit Parteibonzen und anderem kapitalistischen Ungeziefer! *(in Rage)* Ich, ich allein habe den Mut, für die Ärmsten und Schwächsten in unserem Land einzutreten. *(stolz)* Sogar die Presse würdigt das, mein Lieber...

MIETER: Wenn wir nur mehr so mutige Leute wie Sie hätten. Dann sähe es anders aus bei uns. Vor allen Dingen, das heutige Stück, über die Verteidigung der Mieter, die ja hilflos den Hausbesitzern ausgeliefert sind, ja – gegen diesen sozialen Missstand hat Ihr Stück angekämpft. Mit allen Mitteln! *(fast jubelnd)* Ich, ich danke Ihnen dafür von ganzem Herzen.

THEATERBESITZER: *(während er im Programm liest, fast gönnerhaft)* Na na, sowas inszeniere ich doch gerne. Ich stehe auf der Seite des sozial Schwächeren. Aber das wissen Sie ja...

MIETER: *(atmet tief durch)* Und ob ich das weiß. *(räuspert sich)* Aber, was kann ich für Sie tun?

THEATERBESITZER: Mögen Sie Komödien?

MIETER: Natürlich. Sehr gerne sogar. Wenn man im Leben schon nichts zu lachen hat, dann doch wenigstens auf der Bühne.

THEATERBESITZER: Die kann ich ja leider nicht spielen...

MIETER: Aber wieso denn nicht? Ihr Publikum sieht Komödien gewiss gerne, zwischendurch.

THEATERBESITZER: Nicht wegen des Publikums. Sondern wegen des Platzes. *(schaut streng auf den Mieter, der sich erregt räuspert)* Dabei hätte ich einen Komödienerfolg bitter nötig. Die Ausgaben werden immer höher und höher... Ich benötige dringend Geld, mein Lieber. Damit ich Raum schaffen kann für neue Stücke, die den oberen Zehntausend das Gruseln beibringen. Das heißt also im Klartext: Sie müssen raus!

MIETER: Sie meinen...? *(leise Stimme)* Sie glauben also...?

THEATERBESITZER: *(erhebt sich; eiskalte Stimme)* Ihr Mietverhältnis ist mit dem heutigen Tag abgelaufen.

MIETER: *(fast flüsternd, während der Theaterdirektor schon in der Türe steht)* Aber Sie können mich doch nicht nach zwanzig Jahren einfach rauswerfen...? So ganz einfach? Denken Sie doch an Ihr Stück...!

THEATERBESITZER: Also, wie gesagt, morgen heißt es packen. Ihr Vertrag ist längst abgelaufen. Aber Ihre neue Adresse bitte an der Kasse abgeben, damit ich Sie zur Premiere meines nächsten Stückes einladen kann. Und nehmen Sie alles mit! Von mir aus auch den Ölofen. Ich reiße die Wand sowieso ab, damit ich neuen Raum fürs Theater bekomme. Machen Sie´s gut...*(ab)*

MIETER: *(sinkt in sich zusammen)* Aber, aber das geht doch nicht. Wo soll ich denn hin? Sie spielten doch immer so schöne Stücke. *(das Licht wird dunkel)* Heute zum Beispiel... Was soll ich denn nur machen...?

28. Bild

(Vor dem Straßburger Münster. Viele schwarze „Gürtelverkäufer" aus Algerien bieten ihre Waren an. Mit wenig Erfolg, wie man sieht. Da nähert sich von links ein junger Mann mit einer Sammelbüchse. Er bettelt einen Touristen an.)

SAMMLER: Bitte eine Kleinigkeit.

TOURIST: Wofür sammeln Sie denn?

SAMMLER: Für die armen Negerkinder.

TOURIST: *(entrichtet seinen Obolus)* Aha. Na ja, das ist eine gute Sache.

SAMMLER: Man glaubt ja gar nicht, wie viele schwarze Kinder verhungern müssen...

TOURIST: Wie recht Sie haben. Und wir werfen die besten Lebensmittel fort.

SAMMLER: Genau so ist es. *(wendet sich einem anderen Touristen zu)* Vielen Dank für Ihre Spende. *(Da nähert sich schüchtern ein schwarzer Verkäufer und bietet Ledergürtel an.)*

SAMMLER: *(fährt wie eine Furie auf ihn los)* Hau ab, Nigger, und belästige die Touristen nicht! *(Der Tourist starrt verständnislos ins Leere. Licht aus.)*

29. Bild

(Zwei Männer sitzen an einem Tisch beim Kaffee)

1. MANN: ...ich könnte keinen Menschen töten. Mein christlicher Glaube verbietet mir das. Ich bin Pazifist, wissen Sie...
2. MANN: Wenn jemand meine Familie angreift, töte ich ihn.
1. MANN: Und Ihr Gewissen? Was glauben sie, was Gott dazu sagen wird?
2. MANN: Nichts.
1. MANN: *(irritiert)* Wieso nichts?
2. MANN: Es gibt keinen Gott.
1. MANN: Sind Sie wahnsinnig?
2. MANN: Wieso? Gott ist nur ein abstrakter Begriff. Von Menschen erfunden.
1. MANN: Woher nehmen Sie die Frechheit so etwas zu behaupten?
2. MANN: Ganz einfach, weil ich weiß, dass es ein paar Milliarden Galaxien gibt mit Milliarden Sonnen, um die wiederum Milliarden von Planeten kreisen. Darum.
1. MANN: Das hat doch mit einem Schöpfer nichts zu tun. Deshalb kann es auch Gott geben.
2. MANN: Dann müssen auch alle Lebewesen – selbst in der entferntesten Galaxis – uns Menschen gleichen. *(spöttisch)* Schließlich schuf Gott den Menschen nach seinem Ebenbild. So heißt es doch in der Bibel?
1. MANN: So wörtlich darf man die Heilige Schrift nicht nehmen.
2. MANN: Seit wann denn? Seitdem unsere Teleskope stärker werden und damit die Vergangenheit immer näher holen?
1. MANN: Ich begreife nicht, wie ein denkender Mensch Gott leugnen kann.
2. MANN: Und ich begreife nicht, wie ein denkender Mensch an Gott glauben kann. Der ja erst vom Menschen erfunden wurde, als der zu denken begann. Denn da erwachte gleichzeitig auch die Angst vor dem Sterben in ihm.
1. MANN: Dann gibt es für Sie auch keine Schöpfung, wie?
2. MANN: Ganz richtig. Keine!
1. MANN: Wie man nur so grenzenlos ignorant sein kann!
2. MANN: *(spöttisch)* Ich denke.
1. MANN: Und eine heilige Mutter Gottes?
2. MANN: Jetzt verwechseln Sie die Begriffe. Das ist Religion. Das hat mit dem Glauben an Gott nichts zu tun. Ich bitte Sie...
1. MANN: Jesus lebte wohl auch nicht, wie?
2. MANN: Natürlich lebte Jesus. Aber er war nicht Gottes Sohn, wie er behauptete, weil es Gott nicht gibt. Jesus war Religionsstifter wie Buddha und Mohammed. Um nur die bekanntesten zu nennen...
1. MANN: Und die Schöpfung?
2. MANN: Evolution und Mutation. Nichts weiter. Schließlich brauchen die Tiere auch keinen Gott, weil sie das Wissen um ihren Tod nicht ein Leben lang mit sich herumschleppen.
1. MANN: Wenn alle so dächten wie Sie, stürzte die Welt in ein Chaos.
2. MANN: Wenn nicht bald schon alle Menschen so denken wie ich, wird kein Chaos mehr stattfinden können. Weil der Mensch verschwinden wird. Er muss endlich die Verantwortung für sein Leben und für seine Welt selbst in die Hand nehmen.
1. MANN: Was Sie da reden ist absurd. Dann ist das Leben hoffnungslos.
2. MANN: Ganz im Gegenteil. Aber Sie begreifen das nicht.
1. MANN: Ich will es nicht begreifen!
2. MANN: Eben. Weil Sie ohne Dogma nicht leben können. Das Denken muss Ihnen abgenommen werden.

1. MANN: *(zornig)* Wie reden Sie denn mit mir?
2. MANN: Nun werden Sie wütend.
1. MANN: *(springt auf)* Ich werde nicht wütend. *(schreit)* Ich glaube an Gott! *(greift sich einen schweren Aschenbecher)* Sie verderben die Menschheit! *(schlägt ihm den Aschenbecher so lange auf den Kopf, bis der 2.Mann tot ist)* Und das lasse ich nicht zu! Niemals!! *(Licht aus)*

30. Bild

(Befehlszentrale wie erstes Bild. Die beiden Männer und die beiden Frauen sitzen am Tisch.)

1. MANN: Der Reigen hat sich geschlossen. Ich denke, dass wir uns alle einig sind. Ein weiterer Aufschub würde nur alles verzögern, was ohnehin unabwendbar geworden ist. Ich werde nun den Schlussakkord setzen. Macht euch bereit!
2. FRAU: Auch ich bin dafür. Ihr habt es selbst erlebt, der Mensch ist unbelehrbar und wird es auch bleiben. Bewahren wir uns also selbst vor der Schande, von außergalaktischen Wesen ausradiert zu werden. Löschen wir uns mit Anstand selbst aus.
1. FRAU: Wie konnte es nur so weit kommen?
1. MANN: Es musste so weit kommen. Der Tag der Bilanz ist gekommen, die wir mit einem machen müssen, der uns lange genug beobachtet hat und uns gewähren ließ. Er rechnete mit unserer Anständigkeit. Er überließ es uns Vieren, diesen Missgriff „Erde" zu streichen. Enttäuschen wir ihn also nicht. Es ist das Ende.
2. MANN: Noch nicht ganz. Noch leben wir. Und den, den du meinst, den gibt es nicht!
1. MANN: Wir vegetieren noch. Von leben kann keine Rede mehr sein. Immerhin sind vier fünftel der Erde zur Wüste geworden. Dank des menschlichen Intellektes. Wir haben es nun in der Hand, auch das letzte Fünftel zu eleminieren. Und das werden wir tun.
1. FRAU: Ich verstehe heute den Sinn nicht mehr. Weshalb konnte es so weit kommen? Was war die Ursache gewesen?
2. FRAU: Wie wir ja erleben durften, war der Mensch allein die Ursache. Damit ist also endgültig bewiesen, dass es keinen Gott gibt. Eine traurige Erkenntnis, das muss ich sagen.
1. MANN: Wir lassen die Erde untergehen und nichts mehr im gesamten Universum wird daran erinnern, dass sich im System Sol ein blühender Planet befand, der dem Paradies gleichzusetzen war.
2. MANN: Es ist bedauerlich, dass ich geboren wurde. Wobei mich allerdings die geringste Schuld trifft. Aber immerhin, ich lebte.
1. FRAU: Wer trägt die Schuld daran?
2. MANN: An meinem Leben?
1. FRAU: Aber nein doch. Im Allgemeinen. An dem Dilemma, aus dem wir nun im Begriff sind, die Konsequenz zu ziehen. Wer trägt daran die Schuld?
2. FRAU: Wir alle. Wir Menschen tragen die Schuld daran. Wenn die Pyramidenspitze erreicht ist, dann beginnt auf jeder Seite der Abfall nach unten. Dann beginnt das Ende. Das wiederum den Anfang einer neuen Dimension bedeutet. Es gibt keinen Gott und hat ihn nie gegeben. Gott war eine Synthese, die sich der Mensch schon mit den Göttern errichtet hatte.
1. MANN: Wann soll ich den Hebel betätigen? Ich warte auf eure Entscheidung.
2. MANN: Noch nicht. Bitte warte noch einen Moment. Ich muss mir noch über verschiedenes klar werden, bevor ich sterbe.
2. FRAU: Du hegst noch Hoffnung, wo absolut keine mehr ist? Du bist ein Optimist, mein Lieber. Das heißt, du warst einer.

2. MANN: Es könnte ein Wunder geschehen.
2. FRAU: Wunder gibt es nicht und hat es nie gegeben. Was du als Wunder bezeichnest, waren Zufälligkeiten gewesen.
1. FRAU: Unsere Erde wird untergehen und nichts wird davon zeugen, dass viele Menschen auf das Wohl dieser Welt bedacht waren. Namen, die Geschichte machten, hat es nie gegeben.
1. MANN: Das Leben auf unserer Welt war eine ununterbrochene Kette von Brutalitäten, wie ich schon einmal bemerkt habe. Jede Epoche zeugt nachweislich von Gewalt. Und diese Brutalität ließ den menschlichen Geist zu dem werden, was nun seinen eigenen Untergang bewirken wird. Wir sind am Ende.
2. MANN: Ich sagte dir schon, noch leben wir.
1. MANN: Vergiss es. Der Sinn der geologischen Zeiten, der Saurier und des wachsenden Gehirnvolumens wurde von uns mit Füßen getreten. Wir konnten die enorme Dimension unseres Gehirns für die Zwecke der Menschheit nicht nutzen. Wir haben versagt. Es ist überaus traurig, dass wir uns das heute eingestehen müssen.
2. FRAU *(lacht)* Nun erfüllt also ein Häuflein Menschen die biblische Apokalypse. Es ist zum Lachen, dass ein einziges, von Menschenhand verfasstes Werk, das Ende voraussagte. Die Hellseher der Frühzeit gewinnen somit dämonische Ausdruckskraft.
1. MANN: *(schaut auf die Uhr)* Es wird Zeit. Nach Betätigen dieses unbedeutenden Hebels wird sich die Erde mit zunehmender Geschwindigkeit der Sonne nähern und diese wird sie in ihren Schoß aufnehmen, wie ein unartiges Kind.
1. FRAU: Weshalb konnte es nur so weit kommen? Weshalb nur, verdammt nochmal!
1. MANN: Wie ich schon mehrmals sagte, meine Liebe, bestand das Leben auf unserem glorreichen Planeten zum größten Teil aus Gewaltakten. Aus Faustkeilen wurden Äxte, aus Äxten Schleudern, aus Schleudern Kanonen und die Endphase dieser famosen Entwicklung haben wir nun vor Augen. Es war, genau betrachtet, nur eine Entwicklungsphase der Gewalt. Das Ende war vorauszusehen. Es wurde nur immer wieder von Schöngeistern und Einfallspinseln vertuscht. Die Menschheit war, von ihrer Geburtsstunde an gerechnet, dem Chaos geweiht. Daran gibt es nichts zu rütteln. Dies ist eine Tatsache.
1. FRAU: Aber es gab doch auch friedliche Perioden? Die Welt war voll Schönheit?
1. MANN: *(winkt ab)* Verschnaufpausen, meine Liebe. Nichts weiter. Verschnaufpausen, um das Ende mit brutaler Kraft vorzubereiten. Mit zunehmender Gehirnmasse rückte das Ende näher. Immer rascher und rascher. Der Mensch war von Anbeginn dazu prädestiniert, sich selbst zu vernichten.
2. MANN: *(sinnend)* Es müsste eine Möglichkeit geben, um den absoluten Untergang aufzuhalten.
1. MANN: Es gibt aber keine. Wir sind endgültig am Ende. Sieh das doch endlich ein.
2. FRAU: Dann war unser Leben absurd gewesen. Ich frage mich, weshalb das Weib einen Eisprung hatte? Die Funktion der Gebärmutter legte den Grundstein zum Untergang. Ist das nicht alles absurd, meine Freunde? Die Lächerlichkeit des Sexualtriebes ist zum Weinen.
1. MANN: Es wird Zeit.
2. MANN: *(böse)* Du kannst es wohl nicht erwarten, wie?
1. MANN: Davon kann keine Rede sein. Ich muss es tun. Es hat keinen Sinn mehr, das Unvermeidbare noch länger hinauszuschieben.
2. MANN: Nicht du allein entscheidest. Wir alle.
1. MANN: Das ist Wortspielerei. Einer von uns muss es ja wohl tun. Bitte, betätige du diesen verdammten Hebel, wenn du willst.
2. MANN: Mir eilt es nicht damit.
1. FRAU: Muss es denn unbedingt sein?

1. MANN: Ja, leider.
1. FRAU: Weshalb denn?
1. MANN: Wir sind am Ende. Die Pyramidenspitze ist erreicht. Schau dich um. Ich will jetzt nicht mehr darüber reden. Beschämt euch nicht selbst mit eurer lächerlichen Angst. Man muss den Tatsachen ins Auge sehen.
2. FRAU: Es ist also keine Existenz mehr möglich?
1. MANN: Keine mehr.
2. MANN: Mir scheint, dass es dir nicht Leid tut, alles auszulöschen. Alles, was einst schön und gut gewesen war.
1. MANN: Es war noch nie schön und gut gewesen, wie du dich auszudrücken beliebst. Es war schon immer hässlich und brutal. Wieso sollte es mir also leid tun, dieses hässliche Chaos zu beenden? Ich sehe keine Veranlassung dazu.
2. MANN: Ich würde es noch einmal versuchen.
1. MANN: Noch einmal? Du sahst doch, dass es keinen Sinn hat. Es blieb alles beim Alten. Es wurde xtausendmal versucht. Du glaubst an Märchen, mein Freund.
2. MANN: Spar dir in dieser Stunde deinen Zynismus. Ich will davon nichts hören.
2. FRAU: Streitet euch nicht. Es wird dadurch nichts besser. Wir könnten darüber abstimmen.
1. MANN: Gewiss könnten wir das. Das schöne, demokratische Spiel, das kläglich versagt hat. Aber bitte, stimmen wir darüber ab. Es wird allerdings nichts an der Tatsache ändern, dass ich in einigen Minuten den Hebel betätigen werde. Jede Demokratie verbirgt nur die Diktatur, die immer unterschwellig in irgendeiner Form vorhanden ist und früher oder später zum Ausbruch kommt. Ihr habt nichts gelernt von denen, die vorgaben, lehren zu müssen. (Legt die Hand auf den Hebel und schaut auf die Uhr.)
2. MANN: *(fasst ihn am Arm)* Halt!
1. MANN: Du willst mich hindern, ein Ende zu machen?
2. MANN: Ich werde dich hindern, sofort ein Ende zu machen.
1. MANN: *(stößt ihn beiseite)* Es ist für mich bedauerlich, deine Angst miterleben zu müssen.
1. FRAU: Bitte bedenke, dass alles zu Ende sein wird. Die Menschheit hat nie existiert, wenn du den Hebel betätigst.
1. MANN: Ihr versteht das Prinzip nicht. Das Ende hat schon lange zuvor begonnen. Schon viele hundert Jahre zuvor. Ihr habt es doch miterlebt zum Teil. Wir diskutieren nur, damit die Zeit vergeht. Das Ende wurde gezielt vorbereitet und findet nun seinen Abschluss. Ich bin nichts anderes, als ein Raumpfleger, der die kläglichen Reste eleminiert, um den ganzen Raum sauber zu machen. Verstehst du denn das nicht? Der Abfall muss beseitigt werden. Das sind wir unserer Mutter Sonne schuldig. Die kann nichts dazu, dass ihr Kind nie aus den Kinderschuhen herauswuchs, um endlich selbstständig existieren zu können. Es ist kein Selbstmord. Die Erde ist ein greisenhaftes Kind geworden, dem die Haare und die Zähne vor langer Zeit ausgefallen sind. Sie hat sich selbst vernichtet. Jedes Diskutieren ist sinnlos geworden. Wir haben uns totdiskutiert. Schließt die Augen und haltet euch die Ohren zu. Es ist soweit. *(Betätigt den Hebel und das Licht erlischt sofort. Es ist das – Ende.)*

„Nachwehen“

Schauspiel in drei Akten
von Werner Schlierf

Personen:

Drentwig/Dorner
seine Frau
Frl. Jacob
Besucher
Oberkommissar Neu
Richter
Staatsanwalt
Verteidiger
Unteroffizier Schmidt
Fritz Eiger
Hauptmann
Wachtmeister
Soldat
Feldwebel
Pilot
1. Verwundeter
2. Verwundeter
Der Fremde

Ort: Gerichtssaal und Örtlichkeiten der Rückblenden.

Zeit: Nach dem zweiten Weltkrieg.

1. Akt

1. Bild

(Büro des Direktors.)

DRENTWIG: *(diktiert in seinem Büro einen Brief)* ... sehen wir uns gezwungen, das neue Präparat „Dixophil" unter der amtlichen Nummer 12840 eintragen zu lassen. Oder schreiben sie: ... sehen wir uns leider gezwungen ... das klingt besser. Immer diese Nachahmungen von anderen Firmen! *(Telefon läutet)*

FRL. JACOB: *(nimmt ab; zu Direktor Drentwig:)* Es ist ein Herr hier, der möchte sie sprechen, Herr Direktor. Er sagt, es sei wichtig.

DRENTWIG: *(ungehalten)* ... Wie oft soll ich ihnen noch sagen, dass ich nicht gestört werden möchte! Sagen sie dem Herrn, er soll warten!

FRL. JACOB: *(am Telefon; zu Direktor Drentwig:)* Der Herr lässt sich nicht abweisen.

DRENTWIG: *(seufzt)* Also gut, ich komme. Er soll einstweilen im Gästeraum auf mich warten. *(Frl. Jacob hängt ein.)*

DRENTWIG: Kommen sie allein mit dem Schreiben zurecht? Ich unterzeichne später, ja!

FRL. JACOB: Gewiss, Herr Direktor.

DRENTWIG: Was das nur wieder bedeuten soll. Sicherlich ein Vermittler der Konkurrenz. Diesmal werde ich hart bleiben! *(Er verlässt den Raum.)*

2. Bild

(Gästeraum)

DRENTWIG: Guten Tag, was wünschen sie?

BESUCHER: Kommissar Becker.

DRENTWIG: Was verschafft mir die Ehre?

BESUCHER: Tut mir leid, Herr Direktor; sie müssen mit mir ins Präsidium.

DRENTWIG: Ins Präsidium? – Was soll das?

BESUCHER: Ich weiß keine Einzelheit. Ich soll sie nur abholen.

DRENTWIG: Jetzt gleich? – Das ist unmöglich! Ich kann meine Dispositionen nicht einfach umwerfen! Ich habe um 10 Uhr eine wichtige Besprechung.

BESUCHER: Tut mir leid, ich habe meine Instruktionen!

DRENTWIG: Können sie mir nicht wenigstens sagen, worum es sich handelt? Sie müssen verstehen, ich kann den Laden nicht einfach lahm legen. Das ist unmöglich!

BESUCHER: Nichts ist unmöglich, Herr Direktor. Selbst das Unmögliche kann man möglich machen. Sie müssen mitkommen!

DRENTWIG: Also gut. Ich komme mit.

BESUCHER: Na, sehen sie.

DRENTWIG: Worum es sich handelt, wissen sie also nicht?

BESUCHER: Nein, bedaure.

DRENTWIG: Ich hole nur meinen Mantel.

BESUCHER: Das ist nicht nötig, ich bin mit dem Wagen da.

DRENTWIG: Na, hören sie mal!

BESUCHER: Leider, leider! Nun kommen sie, bitte! *(beide ab)*

3. Bild

(Polizei)

OBERKOMMISSAR NEU: Sie können gehen, Herr Spieker. Ich brauche sie nicht mehr, das Protokoll ist unterzeichnet.
SPIEKER: Also, es bleibt dabei. Abends zum Skat. Wiedersehen, Herr Oberkommissar.
OBERKOMMISSAR NEU: Wiedersehen. Grüßen sie ihre Frau, und keine Umstände, wenn ich bitten darf, heute Abend. *(Spieker ab)* Wo nur Becker so lange bleibt? Aha. Herein! Na also, endlich. Ich habe schon gedacht, sie hätten Schwierigkeiten?
KOMMISAR BECKER: Nein, ging alles glatt.
DRENTWIG: *(ungeduldig)* Da bin ich also. Ich möchte nun gerne wissen, was der ganze Zirkus soll? Ich bin kein Beamter, meine Zeit ist knapp!
OBERKOMMISSAR NEU: Setzen sie sich und sind sie still.
DRENTWIG: Ihr Ton gefällt mir nicht, mein Lieber.
OBERKOMMISSAR NEU: Schweigen sie und setzen sie sich!
DRENTWIG: *(wütend)* ich möchte jetzt wissen, was das bedeuten soll! Und zwar auf der Stelle!
OBERKOMMISSAR NEU: Nur ruhig Blut, Herr Drentwig. Sie erfahren schon noch alles. Nur keine Aufregung. *(ironisch)* Oder können sie sich nicht denken, weshalb sie hier sind?
DRENTWIG: Zum Teufel, wie soll ich?
OBERKOMMISSAR NEU: Dann müssen wir ihrem Gedächtnis etwas nachhelfen. Sie können gehen, Becker.
KOMMISSAR BECKER: Auf Wiedersehen. *(ab)*
OBERKOMMISSAR NEU: Die Mühlen mahlen langsam, aber ...
DRENTWIG: Was soll der ganze Quatsch? Glauben sie mir, mich langweilt ihr Gefasel tödlich.
OBERKOMMISSAR NEU: Tödlich? Das ist gut! *(lacht)* Das glaube ich gerne!
DRENTWIG: *(ruhiger)* Hören sie auf damit. Erklären sie mir lieber das ganze Theater. Bald glaube ich, ein Verbrecher zu sein.
OBERKOMMISSAR NEU: *(kalt)* Das sind sie auch.
DRENTWIG: Das ist doch die Höhe! Ich werde sie wegen Beleidigung verklagen.
OBERKOMMISSAR NEU: Ob man Mördern glauben wird?
DRENTWIG: Was sagen sie da?
OBERKOMMISSAR NEU: Sie haben schon richtig verstanden: Mörder!
DRENTWIG: *(eilt zur Türe)* Jetzt reicht es mir!
WACHTMEISTER: Halt! Bleiben sie stehn!
OBERKOMMISSAR NEU: *(ruhig)* Das nützt ihnen nichts. Kommen sie zurück und setzen sie sich. Wir wollen in Ruhe darüber sprechen.
DRENTWIG: Jetzt verstehe ich. Ich bin also ihr Gefangener. Aber warum?
OBERKOMMISSAR NEU: Wenn sie sich beruhigt haben, werde ich ihnen klaren Wein einschenken.
DRENTWIG: *(resigniert)* Also, bitte.
OBERKOMMISSAR NEU: *(zieht aus der Schublade ein Schriftstück hervor)* Lesen sie.
DRENTWIG: Ein Haftbefehl?
OBERKOMMISSAR NEU: Sehr richtig, ein Haftbefehl. Ausgestellt vom Oberlandesgericht gegen einen gewissen Oberleutnant Drentwig, wegen tausendfachen Mordes.
DRENTWIG: Nein! Das ist unmöglich! Das kann nicht sein.
OBERKOMMISSAR NEU: Ja, die Mühlen mahlen langsam ...

DRENTWIG: Das gibt es ganz einfach nicht. Sagen sie, dass es ein Witz ist, schnell. Sonst werde ich verrückt.

OBERKOMMISSAR NEU: Es ist kein Witz. Damit müssen sie sich abfinden. Einmal im Leben muss man die Konsequenzen ziehen. Außerdem waren wir recht taktvoll bei ihrer Verhaftung. Das müssen sie zugeben.

DRENTWIG: Das kann nicht sein. Es muss eine Verwechslung vorliegen.

OBERKOMMISSAR NEU: Das dürfen sie getrost glauben, mein lieber Herr Drentwig, wenn die Staatsanwaltschaft Hand anlegt, dann ist was dran. Dann ist es kein Spaß. Und ganz gewiss keine Verwechslung.

DRENTWIG: Aber ich habe niemanden umgebracht. Das ist doch Unsinn. Glauben sie mir doch.

OBERKOMMISSAR NEU: Leider kann ich das nicht. Die Tatsachen kann man nicht verwischen. Auch nach Jahrzehnten nicht. Es wird ihnen nichts übrigbleiben, sie müssen schon in den sauren Apfel beißen. Mord bleibt eben Mord. Auch nach 20 oder 50 Jahren.
Die Vergangenheit kann man nicht ungeschehen machen.

DRENTWIG: Ich möchte mich mit meinem Anwalt in Verbindung setzen.

OBERKOMMISSAR NEU: Das können sie. Doch an den Tatsachen wird es nichts ändern. Einstweilen müssen sie sich als unseren Gast betrachten.

DRENTWIG: Aber meine Familie? Meine Arbeit? Ich kann doch nicht einfach alles liegen lassen?

OBERKOMMISSAR NEU: Tja, da bleibt nichts anderes übrig. Außerdem ist für einen einstweiligen Nachfolger schon gesorgt. Und ihre Frau weiß auch Bescheid, sie wird morgen kommen.

DRENTWIG: Oh Gott, das kann doch nicht sein. Es handelt sich um eine wahnsinnige Verwechslung.

OBERKOMMISSAR NEU: Tut mir leid für ihre Familie, aber das hätten sie sich früher überlegen müssen. *(er drückt auf einen Knopf)* Wachtmeister Berger, bitte führen sie Herrn Drentwig ab!

DRENTWIG: Nein. Das ist ein Traum. *(Wachtmeister betritt den Raum.)*

WACHTMEISTER: *(amtlich)* Bitte, folgen sie mir!

(Drentwig steht wortlos auf und verlässt mit müden Schritten den Raum.)

OBERKOMMISSAR NEU: Seltsam, plötzlich fällt alles ab von ihnen. Der „Direktor“, der „Oberleutnant“; und was übrigbleibt ist ein armseliges Häuflein Mensch. Ganz nackt sehen sie dann aus; ganz nackt. Seltsam ist das.

4. Bild

(Gerichtssaal. Stimmengewirr. Das Publikum ist erregt. Ab und zu Wortfetzen: „Schweinehund, Judenmörder, gehört an den Galgen“, usw. Der Richter erhebt sich.)

RICHTER: Ruhe bitte. *(klingelt)* Meine Herren Geschworenen, Herr Staatsanwalt, Herr Verteidiger. Ich eröffne hiermit den ersten Verhandlungstag. Angeklagt ist Herr Ludwig Drentwig, ehemaliger Oberleutnant des 3. Reiches, geboren 14.12.1910. Die Staatsanwaltschaft beim Oberlandesgericht erhebt Anklage wegen tausendfachen Mordes, begangen 1941 in Polen. Ich verlese hiermit die Anklageschrift:
"Herr Ludwig Drentwig wird beschuldigt, im November 1941 den Abtransport von 50 000 Juden zur „Endlösung“ freigegeben und geleitet zu haben. Außerdem gilt als erwiesen, dass der damalige Oberleutnant Drentwig selbst ein Erschießungskommando geleitet hat, das in einer Massenerschießung einhundertfünfzig polnische Männer, Frauen und Kinder liquidierte, die gegen

den Abtransport rebellierten. Es hat sich ferner ein Zeuge zur Verfügung gestellt, der aus einiger Entfernung sah, wie der Angeklagte einen kleinen Jungen mit dem Pistolenknauf erschlagen hat."

DRENTWIG: *(dazwischen)* Das ist nicht wahr! Ich war es nicht!

(Publikumsrufe: „So ein Schwein. Der gehört aufgehängt ..." usw.)

RICHTER: Ruhe bitte! Ich fahre fort. „Man hat Dokumente gefunden, die klar beweisen, dass der Angeklagte die Transporte geleitet haben muss. Sie sind an das Führerhauptquartier gerichtet, zu Händen des Endlösungs-Ministers. Darin bestätigt der Angeklagte durch seine Unterschrift, dass der Abtransport reibungslos verlaufen ist."

(Stimmengemurmel aus dem Publikum)

RICHTER: Ruhe bitte! Ich erteile dem Strafverteidiger des Angeklagten das Wort.

VERTEIDIGER: Hohes Gericht, meine Damen und Herren. Denken sie einmal zwanzig Jahre zurück. Das ist fast ein halbes Menschenleben. Wenn wir unsere Gedanken zurückwandern lassen, dann erfasst uns immer wieder aufs neue Grauen. Für uns alle ist daraus ein trauriges Kapitel deutscher Geschichte erwachsen. Keiner von uns denkt gern an diese Zeit zurück. Doch immer wieder rollt man die Vergangenheit in ihrer ganzen, grausamen Dimension vor unseren Augen auf. Es scheint mir fast so, als ob der deutsche Bürger das Geschehen immer wieder in die Öffentlichkeit zerren wolle, so als möchte er zu den anderen Ländern sagen: „Seht uns an, wir wissen, dass wir Schlechtes getan haben. „Mea culpa."

Doch es muss einmal Schluss damit sein, sonst werden wir niemals unseren inneren Frieden wiederfinden!

STAATSANWALT: Ich erhebe Einspruch! Der Herr Verteidiger versucht, die Geschworenen zu beeinflussen.

RICHTER: Einspruch abgelehnt. Fahren sie fort.

VERTEIDIGER: Es ist völlig klar und in Ordnung, dass man die Übeltäter bestrafen muss. Jedoch, wie lange soll das so weitergehen? Bis diese Generation gestorben oder abgeurteilt ist? Dann werden wir niemals Ruhe finden! Etwas menschliche Größe muss da schon mitspielen, sonst kommen wir nie über diese tragische Vergangenheit hinweg. Sehen sie meinen Mandanten an. Er ist angeklagt, viele Menschen ermordet zu haben. Das allein erscheint mir schon nicht richtig. Wenn ein einziger Mensch unschuldig getötet wurde, genügt das! Es brauchen keine Abertausende zu sein. Mord bleibt Mord! Man darf aber die Zeit von damals nicht außer Acht lassen. Wenn mein Mandant dem Befehl zuwider gehandelt hätte, dann wäre seine soldatische Laufbahn zweifellos erledigt gewesen. Oder noch schlimmer. Und er war damals ein junger Offizier. Ich glaube bestimmt, dass im „Dritten Reich" wohl viele „Heil Hitler" gerufen haben, die heute als Zeugen bei Kriegsverbrecherprozessen auftreten. Außerdem dürfen wir nicht vergessen, dass sich in den damaligen Konzentrationslagern wohl oder übel auch Verbrecher befanden, die dann nach 1945 wieder in die menschliche Gesellschaft zurückgeführt wurden. Mein Mandant hat sich eine führende Position in der deutschen Wirtschaft erarbeitet und somit für sein Vaterland etwas Bleibendes geschaffen. Zum Nutzen aller. Das wäre vorläufig alles, meine Damen und Herren.

Ich danke, Hohes Gericht.

(Stimmengemurmel im Publikum.)

RICHTER: Ruhe bitte. Ich erteile dem Herrn Staatsanwalt das Wort.

STAATSANWALT: Hohes Gericht! Ich kann mich den Ausführungen des Herrn Verteidigers nicht anschließen. Es ist doch so: Mord verlangt Sühne! Stellen sie sich vor, ihr Kind wäre in unmenschlicher Brutalität erschlagen worden. Und sie hätten das mitansehen müssen! Ich bitte das Hohe Gericht, den Zeugen Jakob Singspiel sich dazu äußern zu lassen. Er hat mit eigenen Augen gesehen, wie der Angeklagte Drentwig ein Kind mit dem Pistolenknauf getötet hat.

RICHTER: Ich bitte Herrn Jakob Singspiel in den Zeugenstand. Sie wissen, dass sie vor Gericht die Wahrheit und nichts als die Wahrheit bekennen müssen. Eventuell können sie später vereidigt werden.
ZEUGE SINGSPIEL: Ich weiß, Hohes Gericht.
RICHTER: Also, was haben sie mit eigenen Augen gesehen. Erzählen sie.
ZEUGE SINGSPIEL: *(zögernd)* Herr Drentwig stand etwa fünfzig Meter von mir entfernt. Er wendete mir seine linke Seite zu. Die Gefangenen gingen an ihm vorbei und ab und zu verteilte er Fußtritte an die armen Teufel.
DRENTWIG: *(Zwischenruf)* Das ist nicht wahr, ich ...
RICHTER: Ruhe, zum Donnerwetter! Jetzt spricht der Zeuge.
ZEUGE SINGSPIEL: ... plötzlich kam ein kleiner Junge vorbei und stolperte vor Schwäche über die Füße von Oberleutnant Drentwig. Was Herr Drentwig sagte, konnte ich nicht verstehen. Auf jeden Fall zog er den Jungen am Genick in die Höhe und versetzte ihm vier-fünf Schläge mit der Pistole auf den Kopf. Dann warf er ihn wie ein Karnickel zur Seite.
(Publikum tobt.)
RICHTER: *(brüllt)* Ruhe!
Meine Herren Geschworenen, verlangen sie die Vereidigung des Zeugen? *(alle murmeln: „Nein“.)* Dann bitte ich den Herrn Zeugen, seinen Platz wieder einzunehmen.
STAATSANWALT: Ich glaube kaum, dass man irgendwelche positiven Gefühle für einen Mann hegen kann, der eine solch bestialische Tat begangen hat. Der Herr Verteidiger ist wohl der Ansicht, dass nach einem Zeitraum von zwanzig und mehr Jahren keine Sühne mehr zu fordern wäre, da der Angeklagte in dieser Zeit genug gebüßt hätte. Aus Angst vor Ergreifung! *(hebt die Stimme)* Das darf aber nicht sein, meine Damen und Herren! Auf keinen Fall! Solche Bestien in Menschengestalt gehören unschädlich gemacht. Auch noch nach zwanzig Jahren, ja selbst nach fünfzig! Wer einen anderen Menschen vorsätzlich tötet, ist nicht wert, in der menschlichen Gesellschaft weiter existieren zu dürfen!
Als Strafmaß beantrage ich zweimal lebenslänglich Zuchthaus für den Angeklagten und die Aberkennung der bürgerlichen Ehrenrechte auf Lebenszeit! Ich bedaure nur, dass es für solche Verbrechen keine Todesstrafe mehr gibt. Ich danke.
(Tumult im Gerichtssaal.)
RICHTER: Ruhe bitte! Was hat der Angeklagte zu diesen ihm zur Last gelegten Beschuldigungen vorzubringen?
DRENTWIG: *(leise)* Ich bin unschuldig. Ich war es nicht. Es muss eine Verwechslung vorliegen. *(seine Stimme geht im Gebrüll des Publikums unter)*
RICHTER: Ruhe! Ich vertage die Verhandlung auf morgen. Die Geschworenen ziehen sich zur Beratung zurück. *(Pause)*
VERTEIDIGER: Ich komme nachher bei ihnen vorbei, Herr Drentwig.
DRENTWIG: *(apathisch)* Schon gut.
WACHTMEISTER: Kommen sie, Herr Drentwig.
DRENTWIG: Mein Gott, es ist eine Verwechslung ...

5. Bild

(Zelle)

WACHTMEISTER: Herr Drentwig, ihre Frau ist da. Ich führe sie herein. Aber nur für ein paar Minuten. Ich dürfte es eigentlich nicht.
DRENTWIG: Meine Frau? Ursel? Herr Wachtmeister, vielen Dank.
(Wachtmeister ab. Frau Drentwig.)

DRENTWIG: Ursel!
FRAU DRENTWIG: Ludwig! – Wie geht es dir?
DRENTWIG: Gut.
FRAU DRENTWIG: Hast du Hunger?
DRENTWIG: Nein.
FRAU DRENTWIG: Ist dir kalt? Du hast so kalte Hände.
DRENTWIG: Nein. Das ist nur die Aufregung, die Freude. Ich freue mich so, dass du gekommen bist, Ursel!
FRAU DRENTWIG: Brauchst du etwas? Soll ich dir etwas bringen?
DRENTWIG: Nein, danke. Ich habe alles. Oder, vielleicht ein Bild von dir und dem Jungen?
FRAU DRENTWIG: Oder Zigaretten?
DRENTWIG: Ja, die auch.
FRAU DRENTWIG: Evi kommt auch nicht mehr.
DRENTWIG: *(überrascht)* Wieso? Sie liebt doch Tommy? *(sinnend)* Sie war immer so reizend.
FRAU DRENTWIG: Jetzt nicht mehr. Ihr Vater schrieb; sie sei in der Schweiz. Im Internat.
DRENTWIG: So plötzlich?
FRAU DRENTWIG: Leider. Aber dem Jungen ist es egal. Er liebt dich. Er hängt so an dir!
DRENTWIG: Warum besucht er mich nicht?
FRAU DRENTWIG: *(verlegen)* Ja, weißt du, er ... er ist auf einer Veranstaltung. Das verstehst du doch, nicht?
DRENTWIG: Gewiss. Das verstehe ich.
FRAU DRENTWIG: Er braucht Abwechslung. Wo doch alles so schwer ist.
DRENTWIG: *(abwesend)* Ja, ja, gewiss. *(Pause)*
FRAU DRENTWIG: *(schluchzend)* Ach Ludwig, wie soll es nur weitergehen? Alle Leute meiden mich und Tommy. Wenn ich komme, bricht sofort das Gespräch ab. Aber ich weiß genau, dass sie nur von uns gesprochen haben. Ich kann mich vor anonymen Telefonanrufen nicht mehr retten. *(verzweifelt)* Was soll nur werden?
DRENTWIG: Diese Hunde! Aber das vergesse ich ihnen nicht! Geh doch zu Walters einstweilen, das sind echte Freunde, ja?
FRAU DRENTWIG: Das glaubst du. Wir haben keine Freunde mehr, Ludwig! Walters teilten mir kurz mit, dass sie verreisen. Keinen Gruß an dich, nichts ...
DRENTWIG: Walters also auch. *(eindringlich)* Ursel, ich war es nicht! *(ängstlich)* Glaubst du mir? Es ist eine entsetzliche Verwechslung! Das muss sich aufklären, bestimmt!
FRAU DRENTWIG: *(leise)* Dann wird es zu spät sein. Ich halte das nicht mehr aus. Tommy und ich fahren in die Berge.
DRENTWIG: Aber Ursel, ich bräuchte dich doch jetzt. *(leise)* Ich brauche dich!
FRAU DRENTWIG: *(weint)* Ich kann nicht mehr, Ludwig! Ich kann einfach nicht mehr. Die Leute sind so gemein. Die Freunde von Tommy nennen ihn nur noch „Killer-Tom“. Es ist so furchtbar. Wir müssen weg.
DRENTWIG: Gut, fahrt in die Berge. Es wird wohl das Beste sein. Grüße Tommy von mir. Leb wohl. *(erhebt sich)*
FRAU DRENTWIG: *(schreit)* Ludwig! Was hast du? Ich liebe dich doch.
DRENTWIG: Geh jetzt, bitte.
FRAU DRENTWIG: *(an der Türe)* Ludwig ... ich liebe dich. *(ab)*
DRENTWIG: *(starrt in eine Ecke; der Verteidiger erscheint)*
VERTEIDIGER: Na, Herr Drentwig, Besuch von zu Hause?
DRENTWIG: Ja. Meine Frau.
VERTEIDIGER: Ärger gehabt?
DRENTWIG: Nein.

VERTEIDIGER: Na hören sie mal, machen sie kein so abweisendes Gesicht. Ich komme extra vorbei, um mit ihnen zu sprechen.

DRENTWIG: Entschuldigen sie, Herr Doktor. Ich weiß, sie meinen es gut mit mir.

VERTEIDIGER: Das will ich meinen. *(aufmunternd)* Wir müssen einen Kriegsplan entwerfen, wie in ihren alten Tagen, Herr Oberleutnant. Wir brauchen Zeit, um Entlastungsmaterial herbei zu schaffen.

DRENTWIG: Da wird es nicht viel geben.

VERTEIDIGER: Sagen sie das nicht. Wir brauchen nur ein paar Zeugen, die bestätigen, dass sie auch viel Gutes getan haben. Das schwächt das Urteil bestimmt ab.

DRENTWIG: *(lacht bitter)* Da finden sie keinen mehr. Jetzt bin ich ein Mörder und bleibe einer. Ich habe keine Freunde mehr. Und mir wird jetzt erst voll bewusst, dass ich noch nie welche hatte. Wissen sie, lieber Doktor, wenn man alles hat, hat man auch Freunde. Doch wendet sich einmal das Blatt, dann ... Aber das ist ja alter Käse.

VERTEIDIGER: Wir müssen dennoch alles versuchen. Vielleicht können wir das Urteil auf zehn Jahre herunterdrücken.

DRENTWIG: *(lacht bitter)* Zehn Jahre? Lebenslänglich oder zehn Jahre? Was ist da schon für ein Unterschied. In meinem Alter?

VERTEIDIGER: Sagen sie das nicht, Herr Drentwig, da fangen viele Leute erst an, richtig zu leben. Zehn Jahre sind schnell vorüber.

DRENTWIG: Wenn man draußen ist, schon. In der Freiheit.

VERTEIDIGER: Auch drinnen. Was sind schon zehn Jahre? Nichts.

DRENTWIG: Es kommt darauf an, von welcher Warte aus man es betrachtet. Zuweilen sind zehn Jahre wie ein Hauch, und manchmal dauern sie doppelt so lange.

VERTEIDIGER: Sie sehen zu schwarz, lieber Drentwig.

DRENTWIG: *(unbeirrt)* In meinem Fall dauern sie ewig.

VERTEIDIGER: Was heißt schon ewig, das ist ein relativer Begriff. Denken sie erst einmal an morgen. Sie müssen mir helfen, gemeinsam einen Weg zu finden. – Mit Entlastungszeugen!

DRENTWIG: Die gibt es bei mir nicht mehr. Da lebt keiner mehr.

VERTEIDIGER: Wieso? Das verstehe ich nicht ganz?

DRENTWIG: Die sind alle tot.

VERTEIDIGER: Sprechen sie deutlicher, wer sind „alle“?

DRENTWIG: Also gut. Mir wird nichts anderes übrig bleiben. Es wird der einzige Weg sein. *(mit veränderter Stimme)* Ich muss ihnen ein Geheimnis preisgeben.

VERTEIDIGER: Ein Geheimnis?

DRENTWIG: Ja, ein Geheimnis. Selbst meine Frau weiß nichts davon. Niemand! Ich bin nicht Oberleutnant Drentwig, sondern ein gewöhnlicher Soldat Namens Dorner!

VERTEIDIGER: *(überrascht)* Was sie nicht sagen. Das ergibt einen neuen Aspekt.

DRENTWIG: Jawohl, Dorner ist mein richtiger Name! ich bin auch nicht 1910 geboren, sondern am 8. Mai 1906!

VERTEIDIGER: Das ist allerdings eine Überraschung. Das klingt ja wie in einem schlechten Kriminalroman.

DRENTWIG: Sie müssen mir schon glauben. Es ist schon lange her. – Aber ich weiß noch ganz genau den Tag. Es war im sibirischen Winter ...

(Das Bühnenlicht erlischt langsam. Ende des 1. Aktes.)

2. Akt

1. Bild

(Gerichtssaal)

RICHTER: Ich eröffne den zweiten Verhandlungstag im Falle Ludwig Drentwig und erteile dem Staatsanwalt das Wort.

STAATSANWALT: Hohes Gericht. Durch nochmalige, gewissenhafte Überprüfung des gesammelten Materials und durch Befragung der Zeugen, die dem Massaker damals mit knapper Not entkommen sind, hat sich einwandfrei ergeben, dass die schweren Verbrechen nur von dem Angeklagten begangen wurden. Es leben keine Verwandten des Angeklagten mehr und somit scheidet die selbst vage Möglichkeit einer Verwechslung ohnedies aus. Diese gemeinen, verabscheuungswürdigen Taten beging der Angeklagte Ludwig Drentwig allein; er muss somit heute zur Verantwortung gezogen werden.
Die Staatsanwaltschaft erhebt Anklage, erstens wegen Beihilfe zum tausendfachen Mord und zweitens wegen brutalen Mordes, begangen an einem kleinen Jungen in Polen.
Als Sühne fordere ich nochmals zweimal lebenslang Kerker und die Aberkennung der bürgerlichen Ehrenrechte auf Lebenszeit.
Das wäre alles. Ich danke dem Hohen Gericht.

RICHTER: Ich erteile hiermit dem Verteidiger des Angeklagten das Wort.

VERTEIDIGER: Hohes Gericht! Meine Damen und Herren! Sie haben sicher bemerkt, dass auf meinen Mandanten und mich die Anklageschrift des Herrn Staatsanwaltes einen anderen Eindruck machte als am ersten Verhandlungstag. Ich bin derselben Meinung wie der Herr Staatsanwalt! Für Mord kann es keine andere Strafe geben als mindestens lebenslänglich Zuchthaus! Und das, was Herr Drentwig gemacht hat, war gemeiner, feiger, brutaler Mord!

(Tumult unter dem Publikum.)

RICHTER: Ruhe bitte! Was sie da sagen, Herr Verteidiger, klingt ja sehr interessant. Doch wie kommen sie plötzlich zu dem Meinungsumschwung? Aber fahren sie ruhig mit ihren Ausführungen fort.

VERTEIDIGER: Danke, Herr Vorsitzender. Jawohl, mit den schärfsten Mitteln soll man diesen Drentwig bestrafen, deren man mächtig ist! *(kleine Pause)* Aber leider, meine Damen und Herren, kann man einen Toten nicht mehr bestrafen!

STAATSANWALT: Was sagen sie da?

(Tumult im Publikum.)

VERTEIDIGER: Sie haben ganz richtig gehört, Herr Staatsanwalt. Einen Toten kann man nicht mehr bestrafen. Und Oberleutnant Drentwig ist seit 21 Jahren tot!

STAATSANWALT: Und der Mann an ihrer Seite?

VERTEIDIGER: Das ist Herr Dorner. Der ehemalige Soldat Dorner! Er kämpfte unter Oberleutnant Drentwig an der Ostfront, bis zum letzten Mann. Nämlich, sich selbst! Von seiner letzten Kompanie sind alle Mann gefallen und zum Schluss sogar Oberleutnant Drentwig.

STAATSANWALT: Wissen sie das mit Sicherheit? Und woher? Das ist dann doch etwas zu phantastisch! Ich verlange Beweise und keine vagen Andeutungen.

VERTEIDIGER: Das dachte ich anfangs auch, doch jetzt nicht mehr. Der Angeklagte Drentwig ist der Soldat Dorner.

STAATSANWALT: Der Angeklagte kann das ja alles erfunden haben, um seinen Kopf zu retten.

VERTEIDIGER: Nein! Ein Mann, der so eine Geschichte erzählt, der muss sie erlebt haben. Ich bitte deshalb das Hohe Gericht, meinem Mandanten zu gestatten, seine Geschichte hier zu wiederholen.

(Stimmengemurmel.)

RICHTER: Der Angeklagte möge beginnen. Ich bitte, das nun Folgende auf Band aufzunehmen. Jedoch weise ich gleichzeitig darauf hin, dass das Band vor Gericht nicht als Beweismittel dient.

DRENTWIG: Ich danke dem Hohen Gericht, dass meine Bitte erfüllt wurde. Darf ich mich setzen? Es ist eine lange Geschichte. *(kleine Pause)*
Es war 1943 in Russland. Das Thermometer zeigte Temperaturen von minus 45 Grad Celsius. Teilweise darunter. Der Rest unserer Kompanie, Oberleutnant Drentwig, Unteroffizier Schmidt, Soldat Fritz Eiger und ich, liegen seit Tagen in einem Kellerloch in einer zerstörten Stadt.

(Das Bühnenlicht erlischt langsam. Rückblende evtl. durch einen Film.)

2. Bild

(Kellerloch irgendwo in Russland. Man hört ab und zu das Wummern von Geschützen; Maschinengewehre ballern dazwischen.)

DORNER: Verdammt kalt in dem Loch!

EIGER: *(spöttisch)* Lass dir nur Zeit, Karl, uns heizt der Iwan schon noch gehörig ein. *(kleine Pause; Granaten explodieren)* Hast du noch eine Zigarette? In meiner Lunge siehts leer und duster aus.

DORNER: Nicht die Bohne. Hab schon die ganzen Haare meines Tornisters geraucht. In der Pfeife gar nicht mal so übel.

(Granate schlägt nebenan ein.)

EIGER: Heiliger Strohsack! Das war knapp.

DORNER: *(erfreut)* Strohsack! Strohsack! Mensch, Fritz, ich hab' ne Zigarettenfabrik entdeckt.

EIGER: Biste übergeschnappt?

DORNER: Käse, na klar. Der Strohsack ist doch leer, von Stracknow, den hats doch gestern erwischt. Verstehst du?

EIGER: Heiliger Bimbam, na jetzt schlägts dreizehn.

DORNER: Lange Leitung, du Döskopp.

EIGER: Das gibt eine Lungenorgie! Da haben wir zu qualmen bis zum seligen Ende.

DORNER: Und es bleibt sogar noch etwas übrig davon.

EIGER: Sieh man nicht zu schwarz. Unser Leutnant sagt doch immer so schön: „Kameraden, wir sind es dem Führer und dem Deutschen Volke schuldig, die Stadt zu halten, bis der Nachschub eintrifft" ...

DORNER: Na ja, der Phrasen-Heini ...

EIGER: Sei still, Mensch, wenn er das hört. Der bringt es fertig und stellt dich vors Kriegsgericht.

DORNER: Ist doch egal; krepieren tun wir ohnehin. *(eine Granate schlägt dicht ein)* Verdammte Scheiße! Das war knapp!

EIGER: *(erfreut)* Nein, der Iwan ist doch ‚ne tolle Nummer! Schau mal hin, eine Ratte, tot. Ein Splitter muss sie getroffen haben.

DORNER: Es geschehen noch Wunder. Und wir suchen schon ein paar Tage vergebens die ganzen Löcher ab.

EIGER: Das gibt nen Braten. Für Götter! Ach, was seid ihr doch für nette Bengels, ihr Russen. *(geht ein paar Schritte zurück, ins Dunkle, theatralisch)* Kameraden, der Weihnachtsmann war da. Hat uns ein junges Schwein beschert. Öffnet eure Patronentaschen und dankt dem Iwan dafür! *(er macht Anstalten zu schießen)*

OBERLEUTNANT DRENTWIG: *(hart)* Halt! – Seid ihr verrückt geworden! Dann weiß der Iwan sofort, wo wir stecken. Und sie, Eiger, halten ihr Mundwerk etwas zurück.

EIGER: *(steht stramm)* Sehr zu Befehl, Herr Oberleutnant!

DRENTWIG: Lassen sie den Quatsch. Wo ist das Schwein?

DORNER: Hier, Herr Oberleutnant. *(zeigt die Ratte)*

DRENTWIG: Das ist ja eine Ratte?

EIGER: Sehr wohl, Herr Oberleutnant. Aber besser als nichts.

UNTEROFFIZIER SCHMIDT: Zeig mal her, Dorner. Hm, ein fetter Kerl. Mit Erlaubnis des Herrn Oberleutnant soll Eiger in der hinteren Kellergruft den Grill schüren. Dorner kann einstweilen im vierten Gästezimmer den Damast ausbreiten.

EIGER: *(steht stramm)* Zu Befehl, Herr Unteroffizier!

SCHMIDT: Lassen sie doch den Unsinn. ich weiß genau, dass es bei ihnen nur eine Farce ist.

EIGER: Danke, Herr Schmidt. Sie sind halt 'n Mensch.

DORNER: Aber im vierten Keller liegen ja die Leichen!

EIGER: *(spöttisch)* Oh Gott, welch traurig Schicksal, die Kameraden belieben nicht mehr zu speisen.

SCHMIDT: Nicht so zynisch, Eiger. Vielleicht sind wir morgen dran.

EIGER: Dann müssen wir das Schwein aber schleunigst braten, denn mit vollem Magen ist mir der Heldentod für Führer und Vaterland schon lieber.

DRENTWIG: Wenn sie ihre ketzerischen Reden nicht unterlassen, dann werde ich sie vors Kriegsgericht bringen. Wenn wir aus dieser Scheiße heraus sind.

SCHMIDT: Herr Leutnant ist und bleibt ein Optimist. Er denkt sicher auch heute noch, dass wir den Krieg gewinnen.

DRENTWIG: Fangen sie nun auch schon an. Sie sollten doch den Leuten ein Beispiel sein.

SCHMIDT: Welchen Leuten, Herr Oberleutnant? Den Gefallenen, oder diesen beiden armen Hunden hier?

DRENTWIG: Schon gut.

EIGER: Ich bringe die Leichen weg. Einmal müssen sie doch raus, sonst fallen uns die Würmer in den Rücken.

SCHMIDT: Das erledige ich.

EIGER: Aber das ist doch viel zu gefährlich.

SCHMIDT: Ist mein Leben wertvoller als ihres?

EIGER: Na ja, aber ...

SCHMIDT: Sie geben mir Feuerschutz, klar!

EIGER: Und wie, Herr Schmidt! Ich ballere aus allen Löchern!

SCHMIDT: Und braten sie das Schwein schön, bis ich zurück bin. Ich gehe hinauf und Dorner soll mir den traurigen Rest unserer Kameraden heraufreichen.

DORNER: In Ordnung, Herr Unteroffizier.

DRENTWIG: Was machen sie denn da? Sind sie wahnsinnig? Das ist ja glatter Selbstmord!

SCHMIDT: Also Dorner, sie reichen mir die traurigen Überbleibsel unserer „tapferen" Kameraden herauf.

DORNER: In Ordnung.

(Unteroffizier Schmidt geht hinauf; Dorner reicht die in Säcke gehüllten Leichen hinauf.)

DORNER: *(keucht und zählt)* Nr. 1, Nr. 2, ... Nr. 3, ... Nr. 4 ... geschafft.

SCHMIDT: *(hängt halb im Keller)* Na also, und jetzt gibts Braten. *(Maschinengewehrgarbe)* Aah ...

EIGER: Mensch, er ist getroffen! Er liegt genau im Feuer! Er muss weg! Sofort!
DRENTWIG: Bleiben sie hier. Schmidt ist bestimmt tot! Das ist ein Befehl!
EIGER: *(wütend)* Sie können mich am Arsch lecken!
DORNER: Fritz, pass auf! – Ich geb dir Feuerschutz.
DRENTWIG: Seid ihr denn alle verrückt geworden. Eiger, zurück!
DORNER: *(das Gewehr im Anschlag)* Gehen sie weg, Herr Leutnant, sonst ...
(Die Russen haben jetzt das Kellerloch entdeckt und feuern wie wild darauf los.)
DORNER: Fritz, pass auf! Gegenüber ist ein Scharfschütze! *(ein einzelner Schuss)* Mensch, Fritz! Warte, du Hund!
EIGER: *(keucht zurück, zieht Unteroffizier Schmidt nach)* Ich glaub, der verfluchte Zarewitsch hat mich getroffen. Aber du hast es ihm prompt gegeben. Er sieht aus wie ein Sieb, da kannst du Gift draufnehmen. Wie steht es mit Schmidt?
DORNER: Mit dem ist es aus.
EIGER: Schade, immer die feinen Kerle. Es erwischt immer die feinen Burschen, die anderen bleiben meistens in den Stiefeln. Au, verdammt noch mal.
DORNER: Bleib liegen, Fritz, ich schau nach.
EIGER: Mir wird so schwindlig, Karl. *(matt)* So verflucht pummelig.
DORNER: Sei ruhig, Fritz, ich bring dich in den hinteren Keller.
EIGER: Ja, in den hinteren Keller, zu den Leichen. *(er hustet)*
DORNER: *(trägt ihn weg)* Herr Leutnant, bitte übernehmen sie einstweilen die Wache.
DRENTWIG: Sind sie verrückt! Was bilden sie sich ein, wer gibt hier Befehle?
DORNER: Ich bitte sie, sprechen Sie bloß jetzt nicht von Befehlen. *(drohend)* Wir sind nur noch zu zweit!
EIGER: *(atmet keuchend; ist bei Bewusstsein)* Du, Karli, ich glaube, mit mir gehts zu Ende.
DORNER: Red keinen Quatsch, Fritz. Ich bring dich durch, das verspreche ich dir.
EIGER: Alter Quatschkopf. Lungensteckschuss! Verstehst du, was das bedeutet?
DORNER: Sprich nicht so, Fritz. Jetzt, wo wir eine Zigarettenfabrik haben. Du und ich.
EIGER: Schau, Karl, Blut auf den Lippen. Ich merke direkt, wies aus dem Loch pfeift. Mach dir nichts vor; ich verrecke. *(er hustet)* Mir könnte nur ein Arzt helfen, und so was gibts schon lange nicht mehr bei der glorreichen, deutschen Wehrmacht.
DORNER: Mensch, Fritz, mach mich nicht wahnsinnig. Ich brauche dich, sonst lebe ich auch nicht mehr lange.
EIGER: Sei kein Käsemann, du kommst durch, das weiß ich. Wenn kein Schuss mehr fällt, dann glaubt der Iwan, dass wir alle hin sind. Kapiert! Und in der Nacht kratzt du die Kurve. Du haust ab, verstehste?
DORNER: Nie! Ohne dich nicht!
EIGER: Mensch, Karli, mach doch keinen Quatsch, Mann. Bis dahin tut doch mir kein Zahn mehr weh. *(hustet)* Siehst du nicht, dass ich ständig blasser werde, wie diese Wand dort, so kalkig? Ich hab bald keinen Tropfen Blut mehr in den Schläuchen. *(hustet)* Du Karli, dreh mir noch eine Zigarette von „unserer Fabrik“, bitte.
DORNER: Mit deinem Loch in der Lunge?
EIGER: Quatsch nicht, da hilft nichts mehr. Ich brause ab. Aber zuvor möchte ich noch eine von unseren Zigaretten probieren.
DORNER: Wenn du unbedingt meinst.
EIGER: Ja, ich meine unbedingt!
(Dorner dreht eine Zigarette.)
EIGER: *(macht einen tiefen Zug und hustet schrecklich)* Mann, Karli, das ist ein Ding! So was Gutes hab ich schon lange nicht mehr zwischen den Lippen gehabt. *(er fängt zu phantasieren an)* Wie am Ku'damm, genau so. Ich sitze mit Marlene im Cafe Stranowitz und trinke 'nen schwarzen Mocca.

Ich rauch ne gute Zigarette und der Himmel ist so blau, so komisch blau, weißt du, fast wie meine Hände, und, und oben am Himmel schaut ein Iwan mit 'ner roten Nase zu mir herunter. *(lacht fiebrig)* Mit 'ner roten Nase, stell dir das vor, Karli?

Aber die Zigarette ist gut, sehr gut sogar. *(geheimnisvoll)* Du darfst niemand etwas sagen, von unserer Fabrik. Niemand, versprichst du mir das?

DORNER: Klar, Fritz. Kein Mensch erfährt ein Wort davon.

EIGER: Dann ist's gut. *(kleine Pause)* Was nur meine Beine haben? Die sind so kalt und starr. Deck mich etwas zu, bitte.

DORNER: Ja Fritz, ich deck dich zu. Gut. Das versprech ich dir.

EIGER: *(bei klarem Bewusstsein)* Du bist ein Kumpel. Einen besseren kann man sich gar nicht wünschen. Grüß die Heimat von mir und wenn du mal nach Berlin kommst, dann grüß mir den dicken Stranowitz und bezahl die drei Biere, die ich noch in Kreide habe.

DORNER: Wird gemacht, Fritz. Mach ich; selbstverständlich.

EIGER: *(unvermittelt)* Gut, die Zigarette, sehr gut ... *(hustet und liegt still)*

DORNER: Fritz! He, Fritz! Aus. Schluss. Vorbei ... Machs gut, Fritz, und mach dir über die Bierschulden keine Gedanken mehr, die sind klein, sehr klein, deine Schulden.

DRENTWIG: Na endlich, ich habe schon gedacht, ihr feiert. Ist er hinüber?

DORNER: Ja, hinüber.

DRENTWIG: Ist auch besser so. Meine Pflicht wäre gewesen, ihn vor ein Kriegstribunal zu stellen. Man darf das Bild des Führers nicht mit solchen Reden verunglimpfen. Das ist fast Landesverrat.

DORNER: Fritz ist hinüber.

DRENTWIG: Mann, was ist denn in sie gefahren? Sie sind aber ne trübe Tasse! Da sind schon ganz andere Männer auf dem Felde der Ehre geblieben.

DORNER: Aber Fritz war mein Freund.

DRENTWIG: Pah, Freund! Er war in erster Linie Soldat!

DORNER: Vielleicht für sie! Da sind alle Menschen nur Material. – Kanonenfutter! Mehr nicht.

DRENTWIG: Lassen wir das jetzt. Wir müssen uns zur Truppe durchkämpfen.

DORNER: *(bringt das Gewehr in Anschlag)* Sie bleiben hier, bis zum Schluss. Ohne Fritz Eiger gehen wir nicht!

DRENTWIG: Mensch, sind sie verrückt! Lassen sie diesen Unsinn, wie leicht kann die Knarre losgehen.

DORNER: Ja, wie leicht, mein lieber Drentwig. Sie sind für mich ein verfluchter, eiskalter Menschenjäger.

DRENTWIG: Sind sie übergeschnappt; wie sprechen sie mit ihrem Vorgesetzten? Ich bringe sie vor ...

DORNER: ... vor ein Kriegsgericht. Ich weiß, das sind ihre Redensarten. Doch jetzt ist Schluss damit! Sie tragen Eiger und ich gehe hinter ihnen, dann wird ein Grab geschaufelt und Fritz Eiger beerdigt. Und zwar von seinem Vorgesetzten, von ihnen!

DRENTWIG: Sie sind ja verrückt.

DORNER: Lassen sie die Hand von der Pistole! H a l t ! Bleiben sie stehen!

(Die beiden Männer kämpfen keuchend miteinander. Das Gewehr fällt zu Boden. Plötzlich ein Pistolenschuss.)

DRENTWIG: Aah, sie Schwein, sie dreckiges ... *(er fällt)*

DORNER: Nein! Das wollte ich nicht. Herr Oberleutnant? Hallo? Tot! Um Himmelswillen, tot. Ich muss hier weg, weg muss ich hier, um alles in der Welt. Aber wie komm ich aus diesem verfluchten Loch? Jetzt ist es fast 16 Uhr, in einer guten halben Stunde ist es stockfinster. Fritz hat gesagt, wenn es Nacht wird, kratzt du die Kurve! Ja, die Kurve zum Flugplatz. Die Verwundeten werden noch rausgeflogen. *(überlegt)* Wenn ich verwundet wäre, dann? Nein, mich nehmen die nie mit! Mich nicht, einen kleinen Schütze-Arsch. Was mach ich nur, ich muss weg. Ob ich? Nein, das geht nicht! Dann bin ich verletzt und kann womöglich doch nicht mit. Dann verrecke ich bestimmt. Mein Gott, jetzt ist es aus.

Dass man eigentlich immer an Gott denkt, wenn man Bilanz macht? Komisch, nur wenn man die Birne schon wackeln sieht, dann ... Ob die Todgeweihten daraus ihre Kraft schöpfen? Wenn sie ganz nackt dastehen? Käse, das ändert auch nichts! Wieso nackt eigentlich? Nackt, nackt ... verflucht und zugenäht, nackt! Ja, das ist es, nackt! Warum bin ich nur nicht gleich darauf gekommen. Wir sehen uns ja sehr ähnlich, hat Fritz immer gesagt, der Leutnant und ich. Das ist die Lösung, wir tauschen!

Ich bin von jetzt an Oberleutnant Drentwig und der da, war Dorner. Nun ist es ein Segen, dass er keine Verwandten hat und ich auch nicht. Ja ein Segen. *(führt ein Selbstgespräch mit dem toten Oberleutnant:)*

... und nun das Koppel ... ha, wie mir das passt! ... Pistole, schön geladen, ... Donnerwetter, Mauser Kal. 7.65, ... Tramtaramtamtam ... und die Stiefel! ... ein Gedicht, Boxcalf! ... dagegen unsere Knobelbecher aus Rindviehhaut! Haben scheints bessere Füßchen, die Offiziere. Eins, zwei, eins, zwei, ... Hallo, das Soldbuch! ... Mensch, jetzt bin ich auch noch vier Jahre jünger ... das ist die Wucht! ... Was meinen sie, Herr Dorner, passt mir der Krempel? ... Was? ... sehr gut, ... na, also! ... Sie sehen auch ganz gut aus, Soldat Dorner. Stehen sie mal stramm! ... Das geht nicht mehr, wie? ... Aber, aber, ... dann muss ich sie leider vor's Kriegsgericht bringen! Tam-Taramtamtam-Tam! Und nun noch Fritz. Jetzt wirst du tatsächlich von einem Oberleutnant begraben! Nicht zu glauben, das. Im Keller hast du es schön warm, mit Strohsäcken zugedeckt. *(Dorner deckt ihn zu.)* So, die Nacht ist da, nichts wie weg. *(man hört russische Laute)* Aha, der Iwan. Na, jetzt wirds aber Zeit!

(Er hastet davon; Maschinengewehrfeuer; Granaten. Licht aus.)

3. Akt.

1. Bild

(Gerichtssaal)

RICHTER: Das ist ja unglaublich.

STAATSANWALT: *(zynisch)* Eine schöne Geschichte! Wirkt fast echt.

VERTEIDIGER: Aber ich bitte sie, Herr Staatsanwalt, so etwas kann man doch nicht erfinden. Das muss man erlebt haben.

STAATSANWALT: Ich kenne Fälle, da wurden noch ganz andere Stories aufgetischt. Mich beeindruckt das nicht!

RICHTER: Ich bitte sie, meine Herren. Herr Drentwig, erzählen sie weiter, wie sie aus dem Kessel herauskamen.

DRENTWIG/DORNER: Mein Name ist Dorner, Herr Vorsitzender.

STAATSANWALT: Dorner! Dass ich nicht lache.

RICHTER: Bitte, Herr Drentwig, fahren sie fort.

DRENTWIG/DORNER: Also, ich schlug mich bis zum Flugplatz durch. Es war übrigens der letzte und von fünf gestarteten Maschinen wurden drei heruntergeholt. Es ging alles drunter und drüber. Die Verwundeten lagen im Schnee auf Zeltplanen. Ordonanzen rannten hin und her. Befehle; Schreie; Todesröcheln. Einfach die Hölle ...

(Bühnenlicht erlischt langsam)

2. Bild

(Kulisse eines Flugplatzes)

HAUPTMANN: Halt, wo wollen sie hin?
SOLDAT: In die Maschine, Herr Hauptmann! Ich bin verwundet. Hier am Bein!
HAUPTMANN: Herzeigen! Was, das nennen sie eine Verwundung? Dass ich nicht lache! Ein Mückenstich ist das, kapiert! Ein gewöhnlicher Mückenstich.
SOLDAT: Bitte, Herr Hauptmann, nehmen sie mich mit; ich habe nicht einmal einen richtigen Verband; nur alte Fetzen. – Ich sterbe sonst.
HAUPTMANN: Hören sie mit dem Gewinsel auf! Stehen sie einmal stramm, Mann!
SOLDAT: Jawoll, Herr Hauptmann. Aber nehmen sie mich bitte mit.
HAUPTMANN: *(zu einem Feldwebel)* Hallo, sie, nehmen sie diesen Menschen mit nach vorne. Er soll erst einmal soldatische Manieren lernen! Abtreten!
SOLDAT: Aber ich kann doch nicht ... ich kann nicht!
FELDWEBEL: Begleiten sie den Transport, Herr Hauptmann?
HAUPTMANN: Selbstverständlich! Und heizen sie dem Iwan einstweilen gehörig ein. Zeigen sie den Russen, was deutsches Draufgängertum ist!
FELDWEBEL: *(schlägt die Haken zusammen)* Jawoll, Herr Hauptmann!
HAUPTMANN: *(geht zur Maschine)* Alles klar zum Start, Luftkutscher?
PILOT: Klar zum Start.
HAUPTMANN: Na, dann ab!
(Die Motoren laufen schon. Drentwig/Dorner erscheint erschöpft.)
DRENTWIG/DORNER: Endlich, der Flugplatz. Um Himmelswillen, der startet ja schon! halt, halt! Wartet!
HAUPTMANN: *(zum Piloten)* Warten sie einen Moment. Ein Offizier.
DRENTWIG/DORNER: Gerade noch geschafft.
HAUPTMANN: In letzter Minute sozusagen. Was gibts?
DRENTWIG/DORNER: *(stellt sich vor)* Oberleutnant Drentwig, 374. Infanterieregiment. Habe Order, den Krankentransport zu begleiten.
HAUPTMANN: *(zweifelnd)* Was, sie auch? Ich bin doch der Leiter der Transporte? Haben sie einen Befehl?
PILOT: Was ist nun, Herr Hauptmann, wir müssen weg!
HAUPTMANN: Ja, weg. Steigen sie ein, Herr Oberleutnant, es eilt!
DRENTWIG/DORNER: Danke! Nach ihnen. *(Licht aus)*

3. Bild

(Kulisse eines Flugzeuginneren)

HAUPTMANN: Setzen sie sich zu mir, ganz nach hinten. da kann man ungestörter sprechen.
DRENTWIG/DORNER: Besten Dank.
HAUPTMANN: Zigarette?
DRENTWIG/DORNER: Oh, Orient?
HAUPTMANN: Na ja, etwas braucht der Mensch doch.
DRENTWIG/DORNER: Die hatte Fritz früher auch geraucht.
HAUPTMANN: Wie bitte?
DRENTWIG/DORNER: Oh, nichts weiter, nur eine Redensart.

HAUPTMANN: Ach so. Herr Oberleutnant haut auch ab, wie?
DRENTWIG/DORNER: Was erlauben sie sich! Lediglich Stellungswechsel!
HAUPTMANN: Schon gut, ich weiß. In die Heimat! Wie ich.
DRENTWIG/DORNER: Sie sind wohl beauftragt, die Leute auszuhorchen und gewissen Stellen zu melden?
HAUPTMANN: Glauben sie das?
DRENTWIG/DORNER: *(nach einer Pause)* Nein.
HAUPTMANN: Na, also. Weg will ich, einfach weg aus dem Mist. Es dauert nur noch ein paar Tage und der Russe hat seine Stadt wieder. Mit Mann und Maus!
DRENTWIG/DORNER: Aber den Krieg gewinnen doch wir?
HAUPTMANN: Reden sie keinen Quatsch. Der ist verloren. Schon lange. Nur wollen es verschiedene Pinsel nicht glauben. Aber das ist deren Sache. Ich weiß, dass wir erledigt sind! Deshalb verdufte ich.
DRENTWIG/DORNER: Werden wir ungeschoren durchkommen?
HAUPTMANN: Wir kommen durch, darauf können sie sich verlassen. Die Verwundeten brauchen uns. Wir leiten jetzt offiziell den Transport. Und zwar westwärts! Der Tommy oder der Ami sind mir schon lieber als der Iwan!
DRENTWIG/DORNER: Hoffentlich klappt es.
HAUPTMANN: Seien sie doch ein bisschen Optimist, Mann. Wenn uns keine Flak herunterhackt, dann haben wirs geschafft. Unser Pilot ist eine Nummer für sich. Der weiß immer noch ein Loch zum Durchschlüpfen.
(Vorderer Teil der Flugzeugkulisse)
1. VERWUNDETER: *(leise)* Siehst du, du glaubst es nur nicht, aber einen Offizier nehmen die sofort mit. Auch ohne Verwundung
2. VERWUNDETER: Das wird wohl ein Befehl sein, zu unserem Schutz. Ein einzelner ist eben zu wenig.
1. VERWUNDETER: Pah, Schutz! Abhauen wollen sie, das ist alles! Die sehen, dass die Karre verfahren ist und nun verduften sie schön piano durch die Mitte.
2. VERWUNDETER: Sprich nicht so, wenn uns einer hört.
1. VERWUNDETER: Ich scheiß drauf! Die hauen ab! Wir könnten das nicht.
2. VERWUNDETER: Sie fliegen uns ja auch weg. Nach Hause.
1. VERWUNDETER: Aber nur, weil wir ein Stück Eisen im Kadaver haben. Soldaten mit kaltem Arsch nützen ihnen nichts. Die taugen nicht mal als Kanonenfutter!
2. VERWUNDETER: Mensch, wenn dich einer hört! Das ist ja fast schon Landesverrat!
1. VERWUNDETER: Bist du blöde? Du glaubst wohl noch an den Weihnachtsmann, oder meinst du, dass sich der „Führer“ für uns interessiert? Jetzt, wo wir nichts mehr wert sind?
2. VERWUNDETER: Aber sie bringen uns doch raus aus dem Mist.
1. VERWUNDETER: Aber nur, weil sie selbst türmen wollen. Hast du ne lange Leitung. Schau dir den Leutnant doch an, dem steht die Angst ja förmlich im Gesicht geschrieben.
2. VERWUNDETER: Oder die Sorge um uns?
1. VERWUNDETER: Ja ja, die liebe Sorge. Aber die Sorge um ihren Kragen ist es! Nee nee, mein Lieber, die hauen ab! Wie die Schwalben im Herbst.
(Motorengebrumm)
PILOT: *(brüllt ins Innere)* Na, was sagt ihr jetzt, nicht ein einziger Flak-Beschuss! Man muss eben ein bisschen mehr in der Rübe haben als nur Grütze.
HAUPTMANN: Sie sind ein Künstler, Mann.
DRENTWIG/DORNER: Fabelhafter Pilot.
DIE VERWUNDETEN: *(schreien plötzlich)* Hipp-Hipp-Hurra, für unseren Piloten!

PILOT: Ja Freunde, in fünfzehn Minuten landen wir. Auf Heimatboden! Haltet euch fest, so gut es geht. Die Landebahn ist ein besserer Misthaufen.
ALLE: *(singen)* „Hoch, ein dreimal Hoch, ein dreimal Hoch dem Sanitätsgefreiten Neumann ..."
HAUPTMANN: Was sagen sie jetzt, Herr Oberleutnant? Geschafft! Wir sind zu Hause.
DRENTWIG/DORNER: Geschafft. Ja, geschafft. *(Licht aus)*

4. Bild

(Gerichtssaal)

RICHTER: Das ist ja allerhand, was sie uns da erzählen. Eine sehr abenteuerliche Geschichte.
STAATSANWALT: Wenn der Herr Vorsitzende erlaubt, ich hätte noch einige Fragen an den Angeklagten.
RICHTER: Bitte.
STAATSANWALT: *(zynisch)* Ich kann nur nicht verstehen, dass der Angeklagte, als er auf Heimatboden stand, seine wahre Identität nicht wieder annahm!
VERTEIDIGER: Das kann ich ihnen schon erklären, Herr Staatsanwalt. Herr Dorner, wenn ich meinen Mandanten so nennen darf, hatte ja selbst keine eigenen Papiere mehr. Außerdem ging zu dieser Zeit schon alles drunter und drüber. Ein erfahrener Oberleutnant von der Ostfront war für das Militär ein gefundenes Fressen, wenn ich mich so ausdrücken darf. Und die Papiere, die er hatte, waren einwandfrei und bestätigten ja seine Person als Oberleutnant Drentwig.
STAATSANWALT: Es ist aber merkwündig, dass kein Mensch den Oberleutnant Drentwig als den vormaligen Soldat Dorner erkannte. Es musste doch noch irgendjemanden geben, der entweder den Soldaten Dorner oder den Oberleutnant Drentwig von früher her kannte.
VERTEIDIGER: Sehen sie, Herr Staatsanwalt, genau das befürchtete Herr Dorner auch. Aber es kannte ihn tatsächlich niemand mehr. Und wie sie sehen, selbst heute nicht.
STAATSANWALT: Weil eben Oberleutnant Drentwig Oberleutnant Drentwig ist!
VERTEIDIGER: Nein! Das ist er nicht!
STAATSANWALT: Warum lebte ihr Mandant bis heute als Oberleutnant Drentwig weiter? Wenn das so gefährlich ist?
VERTEIDIGER: Mein Gott, das kann man doch heute auch nicht mehr so einfach sagen. Weil eben zu der Zeit, als Herr Dorner deutschen Boden betrat, jeder Mann gebraucht wurde.
STAATSANWALT: *(spöttisch)* Besonders verdiente Ostfront-Offiziere!
VERTEIDIGER: *(ebenfalls spöttisch)* Wahrscheinlich war der Herr Staatsanwalt zu der Zeit noch ein „verdienter" Oberprimaner und hat beim Erscheinen der Lehrkraft nur überlaut „Heil Hitler, Herr Professor" gerufen.
(Heiterkeit beim Publikum)
STAATSANWALT: Das verbitte ich mir auf das schärfste.
RICHTER: Ruhe bitte! So kommen wir nicht weiter, meine Herren. Ich kann ja begreifen, dass die Ausführungen des Angeklagten unsere Gemüter etwas erregt haben, doch zu Unsachlichkeiten vor Gericht darf das keineswegs ausarten. Ich ordne an, dass der Angeklagte zu Wort kommt und den weiteren Verlauf nach der Russland – wollen einmal sagen – Defensive schildert. Ich bitte darum.
DRENTWIG/DORNER: Das spielte sich eigentlich alles sehr rasch ab. Hauptmann Brunk, der den Krankentransport leitete, erledigte alles für mich. Er erstattete Meldung, dass der Haufen von Oberleutnant Drentwig aufgerieben worden war und ich, beziehungsweise Drentwig, zur weiteren Verwendung zur Verfügung stehe. Viele Papiere wurden da nicht lange verlangt und auch nur flüchtig registriert. Jeder Mann war wichtig! Ich übernahm eine Abteilung, die an die bedrohte Westküste abkommandiert wurde. Zur Verstärkung der neu aufgestellten Panzerdivision.

Dort zog ich mir auch meine Verwundung am linken Oberarm zu.

STAATSANWALT: Gut, sehr gut! In den Akten steht: Linker Oberarm weist eine sternförmige Narbe auf.

DRENTWIG/DORNER: Ja, das stimmt.

STAATSANWALT: *(hebt die Stimme)* Aber es steht noch dabei, dass diese Verletzung ein Oberleutnant Drentwig erlitten hatte. Und das, meine ich, genügt.

VERTEIDIGER: Das war doch alles später. Als mein Mandant schon längst Drentwig hieß. Das müssen sie schon berücksichtigen, Herr Staatsanwalt.

RICHTER: Ruhe bitte! Wenn die Zwischenrufe nicht eingestellt werden, dann vertage ich die Verhandlung. Ich erteile dem Angeklagten weiter das Wort.

DRENTWIG/DORNER: Danke, Herr Vorsitzender. Ich zog mir die Verletzung in der Normandie zu. Wie sollte ich da im Lazarett beweisen, dass ich nicht Oberleutnant Drentwig, sondern ein desertierter Soldat namens Dorner war? Man hätte mich zum Schluss noch ohne Verhandlung erschossen. Und überhaupt wäre mir das von keiner Seite geglaubt worden! Ich musste, ob ich wollte oder nicht, die Rolle weiterspielen.

VERTEIDIGER: Nur eine kurze Bemerkung, Hohes Gericht. Herr Dorner spielte die Rolle eines Oberleutnants sogar so gut, dass er für besondere militärische Verdienste und Tapferkeit das Ritterkreuz in Empfang nahm. Und das besagt doch allerhand. Ich danke.

STAATSANWALT: Das bekamen andere Mörder auch!

RICHTER: Ich muss schon sehr bitten, Herr Staatsanwalt! Fahren sie fort, Herr Drentwig.

DRENTWIG/DORNER: Mein Aufenthalt im Lazarett war von kurzer Dauer. Meine Kameraden an der Front brauchten mich. Allerdings nicht mehr lange, denn die Kräfte der Alliierten an der Küste waren zu stark. Die Invasion war so groß, dass der gesamte Küstenstrich vollständig überrannt wurde. Meine Leute, oder besser der Rest meiner Leute, geriet in amerikanische Gefangenschaft. Selbstverständlich auch ich.

STAATSANWALT: Jetzt hätten sie aber Gelegenheit gehabt, wieder in ihre Dorner-Haut zu schlüpfen. Falls es die überhaupt gegeben hat. Ich bezweifle das auf jeden Fall, trotz ihrer interessanten Schilderung.

DRENTWIG/DORNER: Aber wie denn? Wie hätte ich den Amerikanern plausibel machen sollen, dass der Ritterkreuz-dekorierte Oberleutnant Drentwig ein einfacher Soldat ist? Wer hätte mir das abgenommen? Zumal die Verständigung mit Dolmetschern am Anfang recht zweifelhaft war. Nein, das war nicht möglich. Ich wurde als Offizier anständig behandelt und als Oberleutnant Drentwig entlassen.

STAATSANWALT: Das ist doch unwahrscheinlich. Ein Offizier unterscheidet sich doch erheblich von einem einfachen Soldaten.

VERTEIDIGER: Aber oft auch nur im negativen Sinne, wie wir gehört haben. Mein Mandant war vielleicht ein besserer Offizier als manch anderer.

STAATSANWALT: Zumindest ein „anderer", wie aus den Akten der Aktion „Endlösung" klar hervorgeht! Es gibt solche und andere Mörder, aber Mörder bleiben sie alle!

RICHTER: Ich bitte sie, meine Herren. Wir haben hier keine Diskussion über die verschiedenen Arten von Mördern. Bleiben wir auf dem Boden und hören uns die Ausführungen des Angeklagten zu Ende an. Fahren sie fort, Herr Drentwig.

DRENTWIG/DORNER: Es ist nicht mehr viel zu sagen. Nach meiner Entlassung stand ich, wie alle, vor dem Nichts. Mir kam schön langsam zum Bewusstsein, dass ich Drentwig bleiben musste. Ich muss gestehen, es fiel mir nicht einmal so schwer. Über zwei Jahre die Rolle eines anderen Menschen spielen, das hinterlässt Spuren. Man wird plötzlich zu der Person, die man gespielt hat. Das ganze Leben verändert sich und läuft in der angefangenen Bahn weiter. Ohne es am Anfang gewollt zu haben, hat man plötzlich ein anderes Ich. Was soll ich noch viel sagen. Ich heiratete, fing an, aus dem Nichts etwas aufzubauen und schaffte es auch. Alles ging seinen geregelten Lauf, bis, ja bis die Vergangenheit plötzlich wie ein graues, vergessenes Tier auf mich herabsprang. Sie dürfen versichert sein, Herr Vorsitzender, dass mir von den Scheußlichkeiten, die Oberleutnant Drentwig beging, nichts bekannt war. Sonst würde ich heute nicht als Ludwig Drentwig vor ihnen stehen, sondern als Karl Dorner an irgendeiner Drehbank in einer Fabrik.

STAATSANWALT: Das wäre auch für sie erfreulicher.

DRENTWIG/DORNER: Vielleicht. Doch wenn man sieht, dass sich Erfolg an Erfolg reiht, dann vergisst man sogar seinen wahren Namen, mit allem, was dazu gehört. Als entlassener Soldat Karl Dorner hätte ich nie Karriere gemacht, so unglaublich es auch klingen mag. Irgendwo sitzen sie immer. An führenden Positionen oder an einflussreichen Stellen, und sie verhelfen nur einem „Artverwandten" zum Aufstieg. Das wissen sie ja selbst auch.
Sehen sie sich nur um. Man braucht sich nur meinen Fall, den des armen Schützen Dorner und zugleich des Oberleutnant Drentwig vor Augen führen. Nur vergessen viele, dass gerade sie selbst auch einmal dabei sein könnten. Das war alles, meine Herren. Fällen sie ihr Urteil nach menschlichem Ermessen. Einen Unschuldigen hat es auf jeden Fall, so oder so, jetzt schon getroffen.

STAATSANWALT: Ich bitte ums Wort, Euer Ehren.
Hohes Gericht, meine Damen und Herren.
Sie haben diese abenteuerliche Geschichte des Angeklagten mitangehört. Ich muss gestehen, die Schlussfolgerungen haben mich nicht ganz unberührt gelassen. In den Wirren des „Tausendjährigen Reiches", ich muss bekennen, dass ich zu der Zeit noch sehr jung war, und nach dem Zusammenbruch, haben sich sicher die tragischsten Schicksale abgespielt. Die menschlichen Figuren spielten darin eine zweitrangige Rolle. Das Schicksal mit seiner oft grausamen Deutlichkeit hatte die Führung übernommen. Es überstürzte sich alles. So unglaublich es für einen Staatsanwalt, der Ankläger des Volkes ist und alle begangenen Grausamkeiten zur Sühne führen soll, klingen mag: „Ich muss diese Geschichte glauben!" *(Tumult im Saal)* Mein menschliches Gefühl sagt mir, dass der Weg des Soldaten Dorner der Wahrheit entspricht. Er hätte kaum anders handeln können. Stellen wir uns vor, wir wären an der Stelle von Karl Dorner gewesen. Hätten wir es anders gemacht? Nein, ganz gewiss nicht! Aus diesem Grunde bitte ich euer Gnaden, der in Deutschlands schwärzester Stunde ein Offizier war und besser als ich über diese traurige Zeit urteilen kann, ein menschlich gerechtes Urteil zu fällen. Der neuen Sachlage entsprechend und meinem menschlichen Gefühl nach, plädiere ich auf Freispruch! *(Tumult)*

DRENTWIG/DORNER: Ich danke ihnen.

VERTEIDIGER: Hohes Gericht, meine Damen und Herren. Ich kann mich nur meinem Mandanten anschließen und dem Herrn Staatsanwalt für sein menschliches Verhalten meinen aufrichtigen Dank aussprechen. Mein Plädoyer hat sich erübrigt.

RICHTER: Das Gericht zieht sich zur Beratung zurück.

VERTEIDIGER: Sie werden sehen, Herr Dorner, dass sie es geschafft haben. Das wird ein kompletter Freispruch.

DORNER: Was nützt das jetzt noch? Mein Lebenswerk ist vernichtet.

VERTEIDIGER: Aber es kann wieder aufgebaut werden.

DORNER: Wofür? Meine Frau hat mich verlassen.

VERTEIDIGER: Doch nur, weil sie glaubte, dass das Massaker auf ihre Rechnung ging.

DORNER: Das ist jetzt egal. Sie hat mich verlassen, das allein zählt. ich bin genau so allein, wie damals im Kellerloch in Russland.

VERTEIDIGER: Sie dürfen nicht verzweifeln! Sie können als Dorner irgendwo wieder neu anfangen. Wo niemand sie kennt.

DORNER: Irgendwo? Sie vergessen, ich bin bald 60 Jahre. Was soll ich in meinem Alter noch erreichen? Nein, niemand gibt mir noch eine Möglichkeit. Das wissen sie selbst. Für einen neuerlichen Anfang ist es zu spät. Ich bin zu alt dazu. Außerdem habe ich keine Lust mehr. Wofür auch? Die einzigen, für die es sich gelohnt hätte, sind aus meinem Leben getreten. Einfach ausgestiegen, wie man aus einer Straßenbahn aussteigt. Und es ist in meinem Herzen auch nicht viel mehr übrig von ihnen, als in einem verlassenen Abteil: Staubig-graue Fußtritte. – Erinnerungsstücke.

VERTEIDIGER: *(eindringlich)* Aber sie bekommen bestimmt ihren Posten als Direktor zurück. In ihrer Fabrik, die sie aufgebaut haben.

DORNER: *(lacht bitter)* Aber Herr Doktor, das glauben sie doch selbst nicht! Selbst wenn ich meine Stellung zurückbekäme, die Fabrik habe ich genauso verloren wie meine Familie. Wie könnte ich als Dorner den Platz eines Direktor Drentwig ersetzen. Jetzt, wo der ehemalige Offizier, Ritterkreuzträger und Direktor von mir abgefallen ist! Nein, ich bin nun eine Null geworden. Wenn auch der Mensch gleich geblieben ist, so sind die veränderten Tatsachen ausschlaggebend für die Masse. Stellen sie sich vor, ich hätte mit einem berühmten Arzt getauscht. Genügend Vorbildung natürlich vorausgesetzt. Und mein Können als Operateur hätte weltweiten Anklang gefunden. Doch plötzlich stellt sich heraus, dass ich ein einfacher Sterblicher bin. Wer meinen sie, würde mir noch unters Messer gehen? Obwohl ich doch bewiesen hatte, dass ich eine Kapazität bin? Niemand, denn plötzlich wäre ich eine Null! Keiner würde meiner Kunst noch Vertrauen entgegenbringen.

VERTEIDIGER: Bei einem Arzt mag das ja zutreffen. Aber in ihrem Fall?

DORNER: Ebenso. Das ist doch klar. Plötzlich kann man das nicht mehr. Und ich glaube fast, es ist wirklich so. Wenn die Illusion wegfällt, der man sich jahrelang hingegeben hat, dann lassen tatsächlich die Kräfte nach. Ich glaube nicht, dass ich jetzt noch meiner Aufgabe als Direktor gerecht werden könnte.

VERTEIDIGER: Gewiss doch. Ich bin fest überzeugt davon, dass ...

DORNER: ... ich es nicht mehr könnte. Geben sie es ruhig zu, jetzt, wo sie wissen, wer ich bin. In ihrem Innersten sehen sie in mir nur den gewöhnlichen Soldaten Dorner. obgleich sie es nicht zugeben können, mein lieber Doktor. Aber früher oder später würde es herausbrechen, wie bei allen anderen auch. Ich weiß genau, ich habe verloren. Wie das Urteil auch ausfallen mag.

VERTEIDIGER: Aber sie können doch jetzt nicht aufgeben, wo alles für sie spricht!

DORNER: Alles? Meine Geschichte vom Kellerloch in Russland, meinen sie doch, nicht?

VERTEIDIGER: Gewiss, die wahrheitsgetreue Schilderung ihrer Erlebnisse.

DORNER: Und wenn ich diese Geschichte tatsächlich erfunden hätte? Was dann?

VERTEIDIGER: Aber, Herr Dorner sie verstehen es, einen zu verwirren.

DORNER: Nein nein, ich meine das ernsthaft, lieber Doktor. Wer könnte gegen mich als Zeuge auftreten? Niemand kennt Dorner und niemand kennt Drentwig.

VERTEIDIGER: Sie machen Scherze, Herr Drent....

DORNER: *(lacht)* ... sagen sie ruhig Drentwig. Sie sehen, was ein paar Sätze schon bewirken können. Jeder Mensch ist ein Zweifler. Auch ich. Wenn er keine Beweise hat, lässt er nur das Gefühl mitsprechen. Doch manch einer hat eben die Gabe, eine Geschichte überaus glaubhaft zu erzählen.

VERTEIDIGER: Ich zweifle nicht an ihrer Geschichte.

DORNER: Oh doch. Ein wenig schon. Und wenn ich jetzt vor Gericht bekennen würde, dass ich gelogen und die Geschichte nur erfunden habe, würden auch sie nicht mehr davon überzeugt sein. Sehen sie, das wollte ich damit sagen. Jeder Mensch ist ein Zweifler, sonst würde ja Gott auch für alle existieren.

VERTEIDIGER: *(nachdenklich)* Sie sind ein eigenartiger Mensch, Herr Dorner.

DORNER: Nicht eigenartig,. Ich kenne nur die Menschen zu gut. Und ihre Schwächen. In meinem Beruf hatte ich mit vielen Menschen zu tun.

VERTEIDIGER: Sie glauben, die Menschen zu kennen?

DORNER: Nicht alle, natürlich. Aber ich weiß eines bestimmt: dass der Mensch zu schnell urteilt. Aus plötzlichen Entschlüssen heraus ändert er seine Meinung. Und wenn man ihn noch unterstützt dabei, glaubt er sogar daran. Auf jeden Fall ist er sich nicht mehr sicher.

VERTEIDIGER: Darauf kann ich ihnen keine Antwort geben. Ich bin zu sehr Realist.

DORNER: Nein, im Gegenteil, das sind sie nicht! Sonst würden sie mir meine Geschichte nicht glauben. Oder tun sie es jetzt schon nicht mehr?

VERTEIDIGER: Doch doch. Nur ...

DORNER: Was wollten sie sagen?

VERTEIDIGER: Nichts! Und der Staatsanwalt scheint auch überzeugt von ihrer Geschichte.

DORNER: Sehen sie, sie suchen auch schon eine Entschuldigung, falls ich gelogen habe. Einen kleinen Spalt hält man sich immer offen. Einen Entschuldigungsspalt. Durch den man notfalls schlüpfen kann. Da ist jeder Mensch gleich, auch wenn er es nicht eingestehen will. Oder es nicht weiß.

VERTEIDIGER: Aber wo bleibt dann die Gerechtigkeit? Die Wahrheit?

DORNER: Mein lieber Doktor, das ist die Frage. Viele haben dicke Bücher über die Wahrheit geschrieben, oder es zumindest versucht. Aber das kleine Wort hat noch niemand ergründet! Für mich gibt es nur eine Wahrheit und die liegt nicht auf dieser Welt. Deshalb wird es auch nie gelingen, sie philosophisch zu definieren. Und die Gerechtigkeit ist ein weitläufiger Begriff. Sonst nichts! Es wird immer gerechte und ungerechte Urteile geben, weil die Gerechtigkeit der Mensch erfand. Und dieser eben leider unvollkommen ist. Doch er maßt sich an, Gerechtigkeit zu üben. Urteile zu fällen und auszuführen.

VERTEIDIGER: Herr Dorner, ich muss sie bewundern. Bei soviel Philosophie kann man den „einfachen Soldaten“ schwerlich entdecken.

DORNER: Vielleicht bin ich kein „einfacher Soldat“. Vielleicht bin ich ein Offizier, ein Akademiker, Arzt oder dergleichen? Wer weiß das schon? Zwei Stimmen streiten jetzt schon in ihnen, ob ich Dorner oder Drentwig bin. Wäre ich in der Lage, eine dritte Person aus mir zu holen, würden die Zweifel noch größer werden. Vielleicht würde man mich sogar freilassen? Weil man nichts mehr mit mir anfangen könnte. Man wüsste nicht mehr, wo ich einzureihen wäre. Ich würde zu einer Belastung werden. Für alle.
Die Zweifel würden zu groß. Man würde mich abschieben, einfach versuchen, mich aus dem Gedächtnis zu streichen. Das macht man immer, wenn es anfängt, unklar zu werden. Dann fühlt sich der Zweifler Mensch in die Klemme getrieben. Jetzt sucht er Zuflucht in dem Spalt. Und er fällt ein Urteil. Nun muss die Gerechtigkeit herhalten. Das Urteil kann hart oder milde sein. Das ist fast egal. Aber es muss ein abschließendes Urteil sein, der Fall muss dadurch zum Ende kommen.

VERTEIDIGER: Ich verstehe sie nicht ganz, Herr Dorner.

DORNER: Das ist auch nicht nötig.

VERTEIDIGER: Ich kenne sie nun schon eine Weile und dennoch fühle ich, dass ich sie doch nie richtig kennen gelernt habe.

DORNER: Das macht nichts. Man verändert sich, wenn man verloren hat. Da wird der Mensch anders. In den meisten Fällen.

VERTEIDIGER: Aber sie haben doch nicht verloren!

DORNER: Doch doch, mein lieber Doktor.

VERTEIDIGER: Sie werden es erleben: es gibt Freispruch.

DORNER: Für wen? Für Dorner oder Drentwig?

VERTEIDIGER: Für beide! Weil sie doch ein und dieselbe Person sind.

DORNER: Vielleicht?

(Stimmengemurmel; Richter und Geschworene kommen zurück.)

RICHTER: Ruhe bitte. Ich bitte, den Angeklagten sich zu erheben.

Im Namen des Volkes.
Der Angeklagte Ludwig Drentwig wurde beschuldigt, den Abtransport von gefangenen Menschen zum Zwecke ihrer Vernichtung geleitet zu haben. Außerdem soll er Kriegsgefangene erschossen und einen kleinen Jungen brutal erschlagen haben. Diese Anschuldigungen sind so schwer, dass man diese gemeinen Taten nur mit einem abschreckenden Urteil sühnen kann. Nun hat sich aber im Verlaufe der Verhandlungen ergeben, dass es sich bei dem Angeklagten nicht um den ehemaligen Oberleutnant Drentwig, sondern um den Soldat Dorner handelt.
Die Geschworenen sind der Meinung, dass in den Wirren des Krieges und auch später, so etwas möglich sein konnte. Ist nun der Angeklagte, trotz seiner glaubhaften Geschichte, DRENTWIG, so müsste das Urteil mindestens auf lebenslänglich lauten. Dass er es nicht ist, kann man nicht mehr beweisen. Im anderen Falle, wenn der Angeklagte der Soldat DORNER ist, dann müsste ein Urteilsspruch wegen fahrlässiger Tötung eines Vorgesetzten ergehen. Wen soll man also bestrafen? Den Mörder Drentwig oder den Totschläger Dorner?
Das Gericht sieht keine Möglichkeit, einen Ausweg zu finden. Verurteilt man den ehemaligen Oberleutnant Drentwig zu lebenslänglich Kerker und er ist es nicht, so ist der Justizirrtum nicht wieder gutzumachen. Dass der Fall aufgeklärt wird, ist sehr zweifelhaft, da es keine lebenden Zeugen mehr gibt. Verurteilt man nun aber den Soldaten Dorner wegen Totschlags, so ist es auch nicht einwandfrei erwiesen, dass das Urteil zu Recht gesprochen wurde.
Ein Urteil müsste also in jedem Fall Zweifel hinterlassen. Da nun aber das Gericht nur ein einwandfreies Urteil nach zweifelsfreien und eindeutigen Beweisen fällen kann, ist es vor dem Volke und vor Gott nicht zu verantworten, den Angeklagten hinter Zuchthausmauern zu schicken. Das Gericht hat daher beschlossen, den Angeklagten freizusprechen. Er muss selbst mit seinem Gewissen ins Reine kommen und wird einmal vor Gott seinen Richter finden.

(Unter Stimmengemurmel leert sich der Saal. Licht aus.)

5. Bild

(Nächtliche Straße. Hohle Schritte auf dem Pflaster. Dorner erscheint. Er hat die Hände auf dem Rücken verschränkt. Ihm folgt ein Fremder, der den Mantelkragen hochgeschlagen hat.)

FREMDER: Hallo, so warten sie doch. *(Dorner dreht sich um)* Ich habe sie lange gesucht. Sehr, sehr lange.
DORNER: Wer sind sie?
FREMDER: Was spielt ein Name schon für eine Rolle!
DORNER: Ich kenne sie nicht. Was wollen sie von mir?
FREMDER: Ich habe sie lange gesucht. Und endlich von dem Prozess erfahren und sie dadurch gefunden, Herr Drentwig, oder wie sie sonst heißen mögen.
DORNER: Ich bin nicht Drentwig. Mein Name ist Dorner!
FREMDER: Gewiss, ich weiß. Doch was sagt ein Name schon? Der Mensch allein ist wichtig. Und der Mensch sind sie! Erinnern sie sich noch an Polen, damals zu Anfang des Krieges?
DORNER: Ich kann mich nicht mehr erinnern. Es liegt zu lange zurück. Ich kenne sie nicht.
FREMDER: Gewiss, sehr lange. Doch meine Frau kennen sie noch? Meine Frau!
DORNER: Hören sie auf damit. Ich kenne ihre Frau nicht. Was geht mich ihre Frau an. Mein Name ist Dorner! Es muss eine Verwechslung sein.
FREMDER: Nein! Meine Frau hat sie sofort wieder erkannt. Eine Frau vergisst eine Schändung nicht! Niemals!
DORNER: Aber ich habe ihre Frau nie gesehen. So glauben sie mir doch! Sie verwechselt mich mit jemand anderem.

FREMDER: Meine Frau hat sie sofort erkannt. Im Gerichtssaal. Eine Frau vergisst so was nicht. So etwas frisst sich in die Seele einer Frau ein. Sie merkt sich das Gesicht bis ans Ende!

DORNER: Wenn sie mich erkannt haben will, weshalb ist sie dann nicht als Zeugin aufgetreten?

FREMDER: Sie wollte mich nicht um meine Rache bringen. Ich habe sehr lange auf diesen Tag gewartet.

DORNER: Sind sie verrückt! Tun sie die Pistole weg! Ich bin nicht Drentwig!

FREMDER: Ich weiß.

DORNER: Machen sie sich nicht unglücklich!

FREMDER: Aber nein, im Gegenteil. Heute müssen sie bezahlen für ihre Tat.

DORNER: Mein Gott, sie sind von Sinnen. Ich war es nicht! Ich habe ihre Frau nicht geschändet! *(Schuss)* Ich bin unschuldig. Ich war nie in Polen ... *(Licht aus)*

Herz mit „tz“

Komödie in drei Akten

von Werner Schlierf

Ort der Handlung:	Ateliermansarde in einem Schwabinger Altbau. Staffelei, Holzregal mit Büchern, Plattenspieler, Pinsel, Farben und allerlei andere Dinge. Ein eisernes Bettgestell dient als Schlafgelegenheit und alsAufbewahrungsort fertiger und unfertiger Bilder. Natürlich fehlen der Fernseher und das Telefon nicht.	
Zeit der Handlung:	Gegenwart	
Personen:	Rudi Herz	Kunstmaler
	Walter Stein	Schriftsteller
	Frau Krieg	Hausmeisterin
	Monika	ihre Tochter
	Rudolf Hertz	Hausbesitzer
	Frl. Carola	seine Tochter
	Herr Knecht	Mieter
	Frau Floh	Mieter
	Frau Wiesel	Mieter

Inhaltsangabe:
Rudi Herz, ein junger, begabter aber völlig mittelloser Maler lebt und arbeitet in seinem Schwabinger Atelier für die Kunst und überwiegend von Erdnüssen in der steten Hoffnung auf seinen Durchbruch; argwöhnisch beobachtet von seinen spießigen Mitbewohnern. Als er letztlich nicht einmal mehr seine Miete bezahlen kann und die Kündigung droht, setzt sein Freund Walter Stein das Gerücht in Umlauf, Rudi Herz wäre der neue Besitzer des inzwischen zum Verkauf stehenden Hauses. Somit ist das Schlimmste kurzfristig abgewendet und die Mißachtung der lieben Nachbarn wird schlagartig zur Hochachtung und er kann sogar eines seiner Bilder an eine bezauberne junge Dame verkaufen, in die er sich auch noch über beide Ohren verliebt. Doch der Schwindel fliegt natürlich bald auf und nun, so fürchtet er, ist alles nur noch eine Frage der Zeit, bis die Katastrophe über ihn hereinbricht.

Aber es kommt alles ganz anders und zum Schluß gibt es nicht nur ein finanzielles Happy-End sondern auch noch zwei glückliche Brautpaare.

1. Akt

1. Szene

Rudi Herz steht im verkleckten Kittel an der Staffelei und malt. Sein Freund, der Schriftsteller Walter Stein, sitzt rittlings auf einem Stuhl vor dem Büchergestell und ist in ein Buch vertieft. Ab und zu greift er in eine Schale mit Erdnüssen und isst davon. Auf einem alten Plattenspieler dreht sich eine Platte. Als sie endet, legt Walter Stein, ohne hinzusehen, den Tonarm erneut auf. Es ist Nachmittag, die Sonne scheint durchs Atelierfenster.

RUDI HERZ: Menschenskind, Walter, i laß ma ja oiß eigeh, aber jetzt spuist des Zeigl scho zum zehnten Mal. Laß doch a'n Fernseher aa no dazua laufa. Ois Bildungsträger, verstehst?
WALTER STEIN: *(abwesend)*: Was moanst?
RUDI HERZ: De Plattn moan i.
WALTER STEIN: Ah, de Plattn *(wendet sich wieder seiner Lektüre zu; doch plötzlich stutzt er und hebt den Kopf)*. De Plattn? Warum, was is mit dera?
RUDI HERZ: *(seufzt)*: Nix. Nix is mit dera. De Plattn is a Schau.
WALTER STEIN: Na oiso, i hab Dirs ja glei gsagt, daß de a Hit is. Da „Aznavour" is beste französische Qualität.
RUDI HERZ: *(resigniert)*: Freili, da Aznavour scho. Aber des is net da Aznavour.
WALTER STEIN: Mensch, Rudi, Du bist vielleicht a Wurzn, warum sagstn des net glei?
RUDI HERZ: Du hörst ja net zua. Du krankst an dem gleichn Leidn wia alle deutschn Schriftsteller.
WALTER STEIN: Soll des hoaßn, daß i weltfremd bin?
RUDI HERZ: Weltfremd net, aber taub. Sunst hättst de Plattn net zum zehnten Mal gspuit. Wenn i denk, daß der im Fernsehn drei Stund auftritt und na 100.000 Mark kassiert, na kannt i mir alle Haar ausreissn. Und i kriag für a Buidl, wo i a Woch lang hinarbeit', 100 Markl. Und des is net gwiß.
WALTER STEIN: Genau Rudi. Des hab i mir aa grad denkt, wia i des Stück da glesen hab. Oiwei no a Kommunist durch und durch, aber verdeana wia a Generaldirektor. Da is doch irgendwas falsch in der Kulturlandschaft. Meine Stückl führt koa Mensch auf. Wahrscheinlich, weil i no net eingsperrt war.
RUDI HERZ: Unsere Zeitgenossen san scho merkwürdig. Damit müaß ma uns halt abfindn.
WALTER STEIN: Werst es sehng Rudi, oimoi komma mir aa dro. Die wahre Kunst laßt sich net verleugnen.
RUDI HERZ: Und Du moanst, daß mir die „wahre Kunst" macha?
WALTER STEIN: Da bin i fest überzeugt davon. Sonst müaßt i mi aufhänga.
RUDI HERZ: Dein' Glauben möcht i habn, na lebert i mi leichter.
WALTER STEIN: Den Glauben an Di selber derfst nia verliern, sonst bist verlorn.
RUDI HERZ: Des hast schee gsagt. Aber mei Glaubn bringt ma nix ei. Von mein'm Glaubn konn i d' Miete aa net zoihn, die wo i scho a paar Monat schuidig bin. Glaubst, Walter, wenn i a Bank überfallert, na waar des direkt Notwehr.
WALTER STEIN: Hat s' Di wieder in der Reißn, Deine liebe Hausmeisterin?
RUDI HERZ: Und wia! Die wart' doch bloß auf den Tag, wo s' mi nausschmeißn konn. Und des ganze Gschwerl im Haus! Lauter Arschkriacher. Wennst was hast, na lacher s' Di o und wennst nix hast, na zoagn s' Dir d' Zähn'. So schaugt heut die „zwischenmenschliche" Beziehung aus. Direkt zum Fürchtn.
WALTER STEIN: *(erhebt sich und betrachtet das Bild)*: I wett mit Dir, daß Du des Buidl verkaffa konnst. Des is unbande guat. Des bringt Dir an Batzn Geld ei.

RUDI HERZ: Mir? Des glaubst doch selber net. Des werd genau so weggeh wia die andern Buidln aa. Und die hänga alle no bei mir an der Wand.

WALTER STEIN: Oider Schwarzmaler. Dei Zeit kummt no. Übrigens, i wollt Di fragn, obst mir vielleicht a'n Zehner leihn kannt'st?

RUDI HERZ: Mei ganz Geld is in meiner Joppn. Nimmst Dir halt an Zehner raus.

WALTER STEIN: *(erfreut)*: Oha, merci! *(greift in die Westentasche, findet jedoch nichts, sucht alle Taschen ab, ohne Erfolg)*: Da is aber nix drin.

RUDI HERZ: Da is nix drin, sagst? Ja, na konn i Dir nix leiha, tuat ma Leid. I hab nämlich selber koan Pfennig net. Muaßt halt a Buach schreibn. Woaßt, so richtig aufmüpfig gegn oiß', na verdeanst a'n Batzn.

WALTER STEIN: Du bist da vielleicht so a Komiker. Bevor i des tua, verhungert i liaber. Und des glaub i, geht heut scho los. Ich hab seit drei Tag nix mehr Richtigs g'essn. Wenn i verhungert, na hat Deutschland an Dichter verlorn.

RUDI HERZ: Und an Maler dazua. I iß seit drei Tag Erdnüss'. Und die hast ma jetzt aa Du zsammgfressn. Jetzt bleibt mir nix anders übrig, ois daß i mir a Stillebn mal. Ma sagt doch oiwei, daß d' Augn aa mitessn. Werd i halt a Schweinshaxn maln für zwoa Personen. Wennst no a bissl dableibst, lad i Di dazua ei.

WALTER STEIN: Bei dem Wort „Schweinshaxn" kriag i an Anfall. I geh liaber, bevor i Dir Deine Farbn zsammfriß. Servus, Rudi!

RUDI HERZ: Pfüad Di, Walter! Geh im Englischen Garten spaziern, vielleicht fallt Dir was Gscheits ei.

WALTER STEIN: Mach i. Und Du mal Dei „Stilleben mit Schweinshaxe" und dazua wünsch i Dir guatn Appetit. Servus *(ab)*!

2. Szene

RUDI HERZ: *(malt. Nach einer Weile wirft er den Pinsel in eine Ecke)*: Scheiße. Mei Magn knurrt wia a böser Hund *(schaut zum Fenster hinaus)*: Warum hat ma heutzutag ois Künstler bloß a Chance, wenn ma politisch aktiv is? Ois wia wenn die Politik mit der Kunst was zum toa hätt.

(Couplet):

Du brauchst heit net vui könna,
bloß politisch muaßt sei,
na paßt' in die saublöde Welt
besser nei.

Zoag, daß D' politisch denkst
und des net wia!
na kriagst für Dein' Kaas
no a Gerstl dafür.

Denn d' Welt hat se g'ändert,
Qualität zählt nix mehr.
Ohne politischen Bluff
bleibn Dir d' Taschen bloß leer.

Wennst malst, zoag an'm jeden,
daß D' gega d' „Ausbeuter“ bist.
Und na mal drauf los,
denn dann zählt er, der Mist!

Du brauchst heit net vui könna,
bloß „elastisch“ muaßt sei.
Na paßt' in die saublöde Welt
besser nei.

Bist a Sportler, dann sing
oder laß a Buach schreibn.
Nacha gibts a guats Geld,
jeder geht auf Dein' Leim.

Mal drei nackerte Weiber
bei an'm lesbischen Gspui,
nacher schneibts Dir as Gerstl
weil des jeder sehng wui.

Ois Schauspieler tuast Dir
natürlich ganz leicht;
denn a „Ghost-writer“ schreibt Dir
d' Memoiren schee seicht.

Du brauchst heit net vui könna,
schreib zua, is aa nix wahr.
Na hast glei a'n Erfolg
für drei gschlamperte Jahr.

Lüag in allem, was D' tuast,
ziag a'n jeden in' Dreck.
Nacha bist up to date,
tragst den teuersten Fleck.

Scheiß Dir nix mehr um d' Kunst,
die werd heit maltretiert;
denn bloß d' Würm' werdn heit
in d' Höh katapultiert.

Steich d' Frauenkirch rot o
und 's Isartor blau.
Häng auf d' Zugspitz a Fahna
mit der Aufschrift: Du Sau!

Du brauchst heit nix mehr könna,
bloß „blödeln“, des ziagt.
Weil heut bloß a'n Kunstpreis
a Ausgflippter kriagt.

3. Szene

RUDI HERZ: *(beginnt wieder zu malen, da wird geklopft. Herein kommt Frau Krieg.)*
FRAU KRIEG: *(süffisant)*: Gmüatlich habns Sie 's. Ehrlich, Herr Herz, saugmüatlich.
RUDI HERZ: Wenns Sie sagn, na werds scho stimma.
FRAU KRIEG: A warmer Ofa, a Bett ...
RUDI HERZ: Und a Tisch, und Stühl ...
FRAU KRIEG: ...ja, des hätt i sagn wolln. Und vor allem: A Dach überm Kopf! ...(Schweigen). Was malns denn da?
RUDI HERZ: *(trocken)*: A Buidl.
FRAU KRIEG: Des siehg i. Übrigens ...
RUDI HERZ: *(dreht sich zu ihr um, ungehalten)*: Übrigens konn i des net aussteh, wenn mi d' Leit dauernd aufhaltn, die scheints nix anders z' toa habn, ois andere Leit aufz'haltn.
FRAU KRIEG: Stör i vielleicht?
RUDI HERZ: *(malt weiter)*: Überhaupt net. Sie san der gleiche Störfaktor wia a Kammerjäger für an Diwan voller Wanzen ...
FRAU KRIEG: Freili, so müaßn Sie daherredn. Und die Miete? D' Miete, die fällig war? Die stört den Herrn Herz natürli net, was? Seit drei Monat siehg i scho koa Geld mehr.
RUDI HERZ: I habs Eahna scho gsagt, daß Sie des Geld kriagn, wenn i die zwoa Akte verkaaft hab.
FRAU KRIEG: Und seit wann sagn s' mir des scho? - Seit wann, möcht is wissn? Sie redn oiwei davo, aber a Gerstl siehg i koans.
RUDI HERZ: I konn ma 's net aus die Rippn rausschneidn. Wenns mi net oiwei aufhaltn taatn, na kannt i maln.
FRAU KRIEG: Hoffentlich könnens des no lang.
RUDI HERZ: Was soll denn des hoaßn?
FRAU KRIEG: Des soll hoaßn, daß Sie nimmer lang da wohna werdn. Des is koa Spital. Des is a anständigs Haus, und wer da sei Miete net zahlt, fliagt naus. Hams mi verstandn, Herr Herz? Der fliagt naus!
RUDI HERZ: So so, der fliegt naus. Aha. Aber jetzt sperrns amoi Eahnere Ohrwaschl auf, liabe Frau Krieg. Momentan wohn i no in dem Zimmer. Momentan is des oiso no mei Turm *(geht langsam und bedrohlich auf Frau Krieg zu, die zurückweicht)*: Und deswegen schaff i no o, wer zu mir kumma ko und wer net.
FRAU KRIEG: Soll des vielleicht hoaßn, daß i unerwünscht bin?
RUDI HERZ: Wia Sie des glei spanna. Des hätt i gar net glaubt.
FRAU KRIEG: Des is der Dank für mei Guatheit. Aber jetz ist Schluß damit. Jetzt werdens g'meld't! Des laß i mir net gfalln von Eahna, Sie, Sie Maler Sie!
RUDI HERZ: Wissens, was Sie für mi san? A Zuchtl san Sie! Jawohl, a richtige Zuchtl, die bloß von ihre kloaner Gemeinheiten lebt.
(Couplet):
D' Leit ausrichtn,
Bosheit speibn,
Hinterrucks
an Zettl schreibn.

Drucka, ratschn,
d' Leit hinhänga,
schlechte Nachrichtn
ausdenga.

D' Nachbarn schee
in' Dreck neitaucha.
Alle arma Teifi
schlaucha.

An nix Guats
was Guats dro lassn.
Alle außiziagn
auf d' Straßn.

Nur von jedem
's Schlechte denka,
neamand a Vertraun
mehr schenka.

Hetzn, d' Bosheit
außispritzn
und a neue Lug
ausschwitzn.

Alle Tag
an andern schindn.
Innerlich
a Feuerl zündn.

Jedn prügln
mit der Fuchtl.
Des san Sie, Frau Krieg,
Sie Zuchtl!

FRAU KRIEG: *(wutschäumend)*: Sie, des werden S' no schwaar bereun. Wie komma Sie mir eigentlich vor? A wehrlose Frau bedrohn. Des werd Eahna no amoi leid toa. *(in der Türe, mit halbem Oberkörper im Zimmer)*: I sorg dafür, daß solche Elemente wia Sie aus unserer Hausgemeinschaft verschwinden werden. Des schwör i Eahna! Nix wia nackerte Weiber maln und na a anständige Frau bedrohn. Des is ja scho glei kriminell! Nausfliagn tean S'! Kündigt werd Eahner! So a Maler, so a arbeitsscheuer *(ab)*!

RUDI HERZ: *(reißt die Türe auf und schreit ihr nach)*: Morgn, des versprich i Eahner, morgn hams Eahner verfluachts Geld! Und wenn i a Bank überfoin muaß! Morgn hams des Scheiß Pulver, Sie Staubsauger-Hyäne *(möchte sich ein Glas Wasser einschenken, stellt fest, daß die Flasche leer ist, stellt beides mit einer Geste der Verzweiflung in die Ecke)!*

4. Szene

WALTER STEIN: *(schlüpft durch die noch offene Türe rasch ins Zimmer).*

RUDI HERZ: Walter, Du? I hab gmoant, Du bist scho längst fort. Hast den Auftritt mit dem Hausmoasterbesn miterlebt?

WALTER STEIN: Freili. Und wia i d' Hausmoasterin naufgeh hab sehng, hab i mir denkt, jetzt gibts a Schlamassl. Des hat mir koa Ruah lassn und i hab mir überlegt, was ma dagegn toa kannt. Wennst scho nix zum Fressen hast, Dei Bett sollst wenigstens b'haltn könna.

RUDI HERZ: Des is mir a echter Trost. Is Dir nacha wenigstens was Gscheits eigfalln?

WALTER STEIN: Freili. Du erbst und basta.

RUDI HERZ: *(grinst)*: Und des is oiß? Des is oiß, was a'n genialen Dichter eifoit? Walter, mi zreißts glei vor Lacha. Was bläders und älters is Dir net in Sinn kemma? Erbschaft! Mensch, Di hats doch vom Boa weg. Auf den oidn Schamott foit da doch koaner mehr rei. Und ausgrechnat i soi so an Kaas sogn, und ausgrechnat dera Kriag. Naa, Freind, de Blamage konn i mir sparn. Der Putzkübel-Dracha zweifelt ja an meim Verstand. Und sowas is a Dichter!

WALTER STEIN: Daß des a oider Kaas is, woaß i aa. Aber oiwei wieder gibts Leit, de wo drauf rei foin. Warum nacha net bei Dir? Du muaßt bloß drauf spekuliern, daß erstens oaner vom andern abhängig is und zwoatens jeder vorm andern Angst hat. Kapiert?

RUDI HERZ: Net ganz. Abhängig und Angst, oiso des versteh i jetzt wirklich net. Da muaßt scho deutlicher werdn.

WALTER STEIN: Na sag i halt, mit der Blödheit von de Leit muaß ma heit arbeitn. Vielleicht verstehst des besser.

RUDI HERZ: Oiwei no net ganz.

WALTER STEIN: Oiso paß auf. I streu des Gerücht aus, daß i ghört hab, daß Du des Haus kaaft hast.

RUDI HERZ: Daß i des Haus kaaft hab? Mensch, Walter, da drahts ma ja glei d' Zähanägl auf.

WALTER STEIN: Bloß pro forma natürli. Mit dem Gerede schlagn ma s' mit eahnere eigna Waffn. Und Du gwinnst Zeit und konnst anderweitig schaugn, daß D' zu an'm Geld kimmst. Die Idee is doch a Schau, was?

RUDI HERZ: Und was für oane. Du schaugst scheints den Dracha glatt für a Arschloch o. Des geht nia. I hab ihr doch gsagt, daß i morgn d' Miete zoih.

WALTER STEIN: Bleib doch beim Thema. Du kaafst des Haus und damit basta. I schwör Dir's, daß der Hausmoaster-Besn in d' Knia geht, wenn er des spitz kriagt. Na is sie nämlich von Dir abhängig.

RUDI HERZ: I glaub net, daß de so bläd is und des frißt.

WALTER STEIN: Des frißt s', da konnst Gift drauf nehma. Dera ihr Gedankengang reicht doch bloß vom Keller bis zum Speicher.

RUDI HERZ: Scho, aber ...

WALTER STEIN: Was gibts denn da für a „Aber"? Des is Dei oanzige Chance.

RUDI HERZ: Und wenns ma draufkummt?

WALTER STEIN: *(trocken)*: Na konnst oiwei no ausziagn. Aber Du konnst Di drauf verlassn, daß de net dahinter kimmt. Auf alle Fälle net glei. Inzwischen konnst Dei Miete zoihn und reiglegt hast as aa ...

RUDI HERZ: Wennst moanst, schließlich bist Du ja a Dichter. Und a Dichter muaß ja erfinderisch sei.

WALTER STEIN: Genau. I woaß gwiß, daß des klappt. Du brauchst bloß toa, was i Dir sog, na hauts scho hi. Des waar ja g'lacht, wenn ma de net kloakriagn taan.

RUDI HERZ: Kimmt sowas in Dein'm neua Roman vor?

WALTER STEIN: Spinnst Du? Na kannt i ois Schriftsteller eipacka.

RUDI HERZ: Na bin i scho beruhigt. Weil sowas depperts kaaft Dir koa Mensch net ab.

WALTER STEIN: Mir woin ja nix verkaafa. Im Gegenteil. Du kaafst was. Und zwar a Haus, hast mi? I kriag direkt Respekt vor Dir, weilst es so weit bracht hast. Herr Hausbesitzer.

RUDI HERZ: Freili, derblecka muaßt mi aa no. Und wenns ma draufkomma, bin i der Depp und konn einpacka.

WALTER STEIN: De komma Dir net drauf, verlaß Di auf mi. Jetzt werd i den Plan no ausarbeitn. Verstehst, damit oiß hihaut. D' Menschheit wui heit b'schissn sei, sonst is ihra net wohl.

RUDI HERZ: *(wendet sich wieder seinem Bild zu)*: Kummst Du heit nochmoi vorbei? Bloß, damit i woaß, wiavui Portionen daß i maln muaß.
WALTER STEIN: Des woaß i no net. Vielleicht a bröckl später. Servus derwei *(öffnet die Türe und stößt beinahe mit einem alten Mann zusammen)*: Hoppala. Nur net so stürmisch, Opa. So vui i woaß, malt der Herr Kunstmaler koane männlichen Modelle *(ab)*.

5. Szene

HERR KNECHT: Was sagn S' jetzt da, Herr Herz, Opa sagt der zu mir. Ganz einfach Opa. Was is denn des für a gscherter Lackl? De junga Leit werdn oiwei unverschämter.
RUDI HERZ: Heit is a schöner Tag. Scheints hams heit alle auf mi abgsehng. Was woins denn, Herr Knecht?
HERR KNECHT: Net so laut, sunst woaß s' ja, daß i da bin. Und na is da Teifi los.
RUDI HERZ: Wer „sie"?
HERR KNECHT: D' Hausmoasterin hoit ...
RUDI HERZ: Was hat denn de damit z'toa?
HERR KNECHT: Von rechtswegen nix.
RUDI HERZ: Na oiso. Warum dann des Gschiß? Was woin S' denn eigentlich von mir? Sie sehng doch, daß i was z' arbatn hab.
HERR KNECHT: I geh glei wieder, Herr Herz, aber i moan halt, daß des für Sie wichtig sei kannt.
RUDI HERZ: Was kaannt für mi wichtig sei?
HERR KNECHT: Des, was i Eahna sagn möcht.
RUDI HERZ: Na redn S' halt, Herrschaftseitn. I hab doch aa bloß Nervn, und de konns fei glei zreißn.
HERR KNECHT: Konn uns neamd hörn? In dem Haus habn d' Wänd Ohrn.
RUDI HERZ: Schmarrn, koa Mensch konn uns hörn. Oiso, raus damit.
HERR KNECHT: 'S Haus habns vakaaft, hab i ghört.
RUDI HERZ: Was habn S' gsagt? I glaab i hör net gscheit?
HERR KNECHT: Jo, jo, Sie habn scho richtig ghört. Und weil mir ja alle Mieter san, hab i mir denkt, daß Eahna des interessieren kannt ...
RUDI HERZ: Und wia mi des interessiert. Wissn Sie, wer s' kaaft hat, de Burg?
HERR KNECHT: Naa, des woaß i aa net *(an der Tür wird zaghaft geklopft)*. Saniert soi 's werdn ...
RUDI HERZ: *(ärgerlich)*: Was is denn jetzt scho wieder los? Herein halt na, zefix *(Frau Floh betritt aufgeregt das Zimmer)*.

6. Szene

FRAU FLOH: Tschuidign'S scho, Herr Herz, wenn i stör *(schaut auf Herrn Knecht)*: Stör i überhaupt?
RUDI HERZ: *(winkt ab)*: Aber net im geringsten, Frau Floh. Heit ham ma a Treffen bei mir.
FRAU FLOH: Na is's scho recht *(geheimnisvoll)*: Wissns scho des Allerneueste?
RUDI HERZ: Freili, des woaß i scho. I bin guat informiert.
FRAU FLOH: Und was sagn Sie dazu, Herr Herz? I habs ja oiwei gsagt, diese Frau Krieg. *(erschrickt, weil sie den Namen so laut ausgesprochen hat. Leiser)*: Diese Frau Krieg, des is a Matz. Wo Sie doch so a netter, junger Mensch san.
RUDI HERZ: *(stutzt)*: Wieso i? Was hat denn des mit mir z' toa?
FRAU FLOH: Jetzt hab i gmoant, Sie wissen scho oiß?

RUDI HERZ: Daß des Haus da verkaaft werd, des woaß i. Was müaßt i denn sunst no wissn?

FRAU FLOH: *(mitleidig)*: O mei, Sie Woaserl. Des moan i ja gar net.

HERR KNECHT: Jetzt muaß i mi glatt einmischn. Aber stimma tuats doch, daß des Haus verkaaft wordn is?

FRAU FLOH: Freili stimmt des, Herr Knecht. Bloß unser netter Herr Herz muaß ausziagn. Wenigstens hat d' Hausmoasterin des gsagt. 'S Haus werd saniert ...

HERR KNECHT: A solche Mistamsel. Die ghört glatt derschlagn. *(er erschrickt über seinen eigenen Mut so sehr, daß er ängstlich zur Türe blickt. Es klopft erneut und Herr Knecht zuckt stark zusammen. Flehentlich zu Rudi Herz)*: I hab nix gsagt. Rein gar nix. Bittschön ...

7. Szene

FRAU WIESEL: *(kommt herein. Sie ist sehr nervös, zuckt immer mit dem rechten Auge und spricht sehr schnell)*: Grüaß Gott beinand. Habts es scho ghört? 'S Haus werd verkaaft. Was soll i dazua sagn?

FRAU FLOH: *(mitleidig)*: Und was des ärger is: Dem armen Herrn Herz habn s' scho kündigt. Wo er doch so a netter Mensch is.

RUDI HERZ: Soweit is 's no net. Bis jetzt woaß i no nix.

FRAU FLOH: Der Ahnungslose!

FRAU WIESEL: (geht im Zimmer herum): Allerhand is 's scho. Aber mei, die Miete! Oiß hat sein' Preis und den muaß ma halt zahln. Umasunst is net amoi der Tod. Und 's Haus soi saniert werdn ...

RUDI HERZ: Aha, des wissen S' oiso aa scho, Frau Wiesel.

FRAU WIESEL: I? Alle wissn des, net wahr, Frau Floh?

FRAU FLOH: Die Miete muaß ma natürlich zahln. Des is klar. Mir müassn 's ja schließlich aa.

HERR KNECHT: Freili, d' Miete muaß ma scho zahln. I zahl ja oiwei pünktlich, obwoi mei Rente saumäßig kloa is.

RUDI HERZ: Aha, so laaft oiso der Has. Ihr seids sozusagen das Rausschmeißkommando. Jetzt hab i 's kapiert.

FRAU FLOH: Des derfas jetzt aber net sagn. I wollt Eahna nur drauf aufmerksam macha. Damits Eahna einrichtn könna.

RUDI HERZ: Scho guat. I versteh scho.

FRAU WIESEL: *(schaut jeden Gegenstand an)*: Wer da wohl eiziagn werd? Ausschaun tuats ja sauber da herobn. Da derf ma a gschlagne Woch putzn, bis oiß wieder bewohnbar ist.

RUDI HERZ: Jetzt platzt ma aber der Kragn! Wennts jetzt net glei alle verschwind'ts, na schmeiß i Euch d' Stiagn nunter.

FRAU FLOH: Des is aber gar net nett von Eahna, Herr Herz.

RUDI HERZ: Raus hab i gsagt *(öffnet die Türe)*! Nix wia raus! Verziagts Euch, aber dalli, bevor i windig werd!

HERR KNECHT: *(schleicht gebückt davon)*: Der werd ja rabiat, der Malerwaschl!

FRAU WIESEL: Da kimmt ma rauf, damit ma eahm helfat, und was tuat er? Er schmeißt oan raus! Eahna gschichts grad recht, wenn Eahna kündigt werd. So a Radikaler, so a schlitzohrerter!

RUDI HERZ: *(packt sie beim Arm)*: Raus! Abhaun sollts! Bis jetzt bin i no der Herr da *(schreit ihnen nach)*: Und damits es alle wißts: Des Haus hab i kaaft! I ganz alloa *(haut die Türe ins Schloß)*! Sodala, jetzt ham ma den Salat. Vorbei is 's mit dem ganzen Schwindel *(lacht)*. Ja gibts denn sowas, daß ausgerechnet jetzt irgendein Kerl des Haus kaafa muaß. Des derf doch net wahr sei. Ausgerechnet jetzt, wo 's beinah was wordn waar. Und des Gschwerl! Naa, mit solchene

Proleten derfert ma gar nix z' toa ham. Wo bleibt jetzt Dei schöner Plan, Walter? Wo, frag i mi? Jetzt is der Ofa endgültig aus. Vielleicht wander i glei ganz aus. Nach Tahiti, wo der Gauguin aa g'maln hat. Na hab i endlich mei Ruah von dera Bagage.

Telefon klingelt.

RUDI HERZ: *(hebt ab)*: Hier Herz. A, Du bist es. Obs hinhaut? Du bist vielleicht guat. Mir ham alle zwoa sauber danebn tappt. Aus is 's. Mir san da vielleicht zwoa Glätzn *(zerknrischt)*: Aus und vorbei is 's, hast ghört? Was moanst? Da gibts net vui zum erklärn. Irgend so a Hanswurst hat des Haus kaaft. Jawohl, des Haus. Ausgerechnet jetzt. Jetzt brauchst ma bloß no sagn, was i toa soll. Du woaßt es aa net? Naa, den Nama von dem neuen Besitzer waoß i net. Und Du glaubst, daß des die andern noch net wissn? Dein' Glaubn möcht i habn und an Ministerg'hoit, na taat i lacha. Was monast? Naa, natürlich laß i mir nix omerka. Ja, ja. Kumm nur vorbei. Pfüad Di, Walter. Freili, i tua scho a so, ois wia wenn mir des Haus ghört. Hand aufs Herz. Oiso, bis später. Servus *(hängt ein)*.

Der hat guat lacha. Daß i akkurat a solches Pech hab. Des is ja zum Aus-der-Haut-fahrn. Mir san scho arme Hund, mir Künstler *(zündet sich eine Zigarette aus dem Aschenbecher an)*!

(Couplet):

Ja wennst nix bist
und wennst nix hast
na hauns Di
nauf aufs Mäu.
Na liegst ausgflippt
am Bodn bis Neun;
denn d' Menschn
san wia d' Säu.

Sie trampeln
auf der Seel Dir rum
und speibn
Dir in Dei Gsicht.
Sie drucka Dir
Dei Rückgrad krumm
und wartn drauf,
daß 's bricht.

Wenn 's Schicksal
Di halt grad net mag
dann drah Di um
recht barsch -
Da gibts bloß no
oan Satz dafür:
ja leckts mi doch
am .A.... !

Denn unverschämt
und dumm dazua!
Naa,
da werst nimmer froh.
Da kämpfa sogar
d' Götter aa
vergebens
dagegn o.

Vorhang

2. Akt

1. Szene

Ateliermansarde zwei Tage später. Es ist Vormittag.

RUDI HERZ: *(malt lustlos an einem Bild. Nach einer Weile wird zaghaft geklopft und eine völlig veränderte Hausmeisterin tritt auf).*
FRAU KRIEG: Entschuldigens S' die Störung, Herr Herz. A schöner Tag is heit, gellns?
RUDI HERZ: I woaß net recht, ob der Tag recht schön is, wenn i Eahna siehg.
FRAU KRIEG: Aber liaber Herr Herz, mir san doch oiwei guat auskomma mitanand. Mögn S' a Kaffezerl? Und a Rohrnudl? De san ganz frisch. I habs grad bacha.
RUDI HERZ: Is was passiert? San S' krank oder is wer gstorbn?
FRAU KRIEG: Gar nix is passiert. I frei mi bloß, weil so a guater Künstler in unserm Haus wohnt. Was werd denn des für a schöns Buidl? Der Englische Garten vielleicht, weil sovui Baam drobn san?
RUDI HERZ: Des san koane Baam und des is aa net der Englische Garten. Des Buidl hoaßt „Psycho" und stellt mei Innenlebn dar. Und de dickn Strich, wo Sie moana, daß des Baam san, des san meine Nerven. Und de dünna Strich san meine Darm.
FRAU KRIEG: Aha. Jetzt is mir oiß' klar.
RUDI HERZ: Da stimmt doch was net? Wia konn denn plötzlich aus einer Beißzanga a Nagelscher werdn?
FRAU KRIEG: Sie ham mi oiwei mißverstandn, Herr Herz. I wui bloß Eahner Bestes.
RUDI HERZ: Vor a paar Tag hab i aber was anders ghört von Eahna. Sie wissn scho, was i moan. Von wegen „Kündigung".
FRAU KRIEG: Geh Herr Herz, des war doch a Mißverständnis.
RUDI HERZ: So hab i 's aber net aufg'faßt.
FRAU KRIEG: Jetzt wo oiß' klar is, bitt i Eahna halt um Verzeihung.
RUDI HERZ: Jetzt bin i soweit, daß i an der Weltordnung zweifelt. Was soll denn klar sei?
FRAU KRIEG: Geh, Sie wissens doch selber, was i moan. I moan, zwengs der Miete. Aber des hättens ja aa glei sagn könna.
RUDI HERZ: Was hätt i glei sagn könna?
FRAU KRIEG: Geh jetzt teans doch net a so. Daß Sie der neue Besitzer san. Grad zuvor hat mi de Immobilienfirma o'gruafa.
RUDI HERZ: *(lacht)*: I? Aber Frau Krieg! So ein Schmarrn ... *(da besinnt er sich, räuspert sich und sagt forsch)*: ... ist des natürlich net. Na ja. Oiso, des Haus ghört natürlich mir. I hab halt a Überraschung vorghabt.
FRAU KRIEG: Sie san aber a Bazi, Herr Herz. Uns so auf d' Roin schiabn.

RUDI HERZ: Oiso, jetzt wissen Sie 's. Aber des konn i Eahna glei sagn: Von nun an duld i in mein'm Haus koane grundlosen Verdächtigungen mehr. Ein für allemal! Is des klar, Frau Krieg? Verstehnas, was i damit moan? Koa Ratscherei gibts mehr!

FRAU KRIEG: Des is doch klar, i merk ma des. Oiß' akzeptiert, mein Herr.

RUDI HERZ: Und außerdem möcht i beim Maln an jedm Tag mei Ruah!

FRAU KRIEG: Aa des is klar, liaber Herr Herz. I tua des Meine dazua.

RUDI HERZ: Und meine Freund wenn kemma wolln, bitt i mir Anstand aus!

FRAU KRIEG: Des is für mi 's erste Gebot. Schließlich is 's Eahner Haus.

RUDI HERZ: Und highängt werd ma koaner mehr, sunst gibts an „gaachn Schmerz".

FRAU KRIEG: Naa, naa. I schwörs bei meiner Ehr, oiß' werd so gmacht, Herr Herz.

RUDI HERZ: Oiso, na is oiß' klar zwischn uns?

FRAU KRIEG: *(kleinlaut)*: Jawoi, Herr Herz.

RUDI HERZ: Und außerdem werd d' Treppn von jetzt o aa obn putzt, verstandn?

FRAU KRIEG: Jawoi, Herr Herz.

RUDI HERZ: *(zündet sich eine Zigarette an)*: Alle andern Anweisungen gib i Eahner nachher. Sagn S' des aa zu de andern Mieter *(er macht eine Geste zur Türe)*. So, des wars derwei. Gehma, gehma.

FRAU KRIEG: *(verbeugt sich leicht)*: Jawoi, Herr Herz. *(an der Türe, zögernd)*: Nix für unguat wegen z'erst. I hab des vor a paar Tag net a so gmoant. I schaug halt aufs Haus.

RUDI HERZ: I werd ma 's in Ruhe überlegn, was i tua. Aber jetzt gehma, Frau Krieg.

FRAU KRIEG: Auf Wiedersehn, Herr Herz. Und dankschön für oiß' *(ab)*.

RUDI HERZ: Ja, verreck Kaffeehaus, des gibts doch net. Jetzt werds bärig. Da Walter is a Hund. Mir konns recht sei. Bloß der Anruf von dem Immobilientandler? Wenn ma de drauf kemma, Walter, na schäwerts greislich.

2. Szene

Erneutes zaghaftes Klopfen.

RUDI HERZ: Kreizteifinoamoi! Was is denn scho wieder? Herein halt nacha!

FRL. CAROLA: *(sieht sich im Zimmer um)*: Sie sind also Herr Herz?

RUDI HERZ: Ja, der bin i. Aber was verschafft mir das Vergnügen?

FRL. CAROLA: *(fällt ihm ins Wort)*: Und Sie malen?

RUDI HERZ: Ja, Buidl. Mit Farbn. Und was konn i für Eahna toa?

FRL. CAROLA: Genau so, wie es die Hausmeisterin geschildert hat.

RUDI HERZ: Was geschildert? I versteh bloß Bahnhof.

FRL. CAROLA: Nun, Ihr Atelier und Sie.

RUDI HERZ: Ach so, mei Atelier. Sie möchtens mieten? Oder Sie ham 's scho g'miet'? Nur koane Hemmungen, i pack glei oiß' zsamm.

FRL. CAROLA: Aber Herr Herz, nun werden Sie doch nicht kindisch. Wer redet denn davon. Ich möchte nur ein Bild von Ihnen kaufen. *(geht auf ihn zu und streckt ihm die Hand hin)*: Mein Name ist, ach was, sagen Sie Carola zu mir. Alle meine Freunde nennen mich so.

RUDI HERZ: *(reicht ihr seine Hand)*: Mein Name ist Herz. Rudi Herz *(sie schauen sich lange an. Er kommt mit seinem Gesicht dem ihren immer näher, doch als es fast zum Kuss reicht, räuspert er sich verlegen und wendet sich ab)*.

FRL. CAROLA: Der Name paßt zu Ihnen. Sozusagen Herz mit Herz.

RUDI HERZ: Sie, Sie woin oiso a Buidl von mir kaafa?

FRL. CAROLA: Ja, das will ich.

RUDI HERZ: Und an was ham S' denn da denkt?

FRL. CAROLA: Ach wissen Sie, an nichts Bestimmtes. Wenn Sie mir einige zeigen wollen.

RUDI HERZ: Gern *(er holt ein abstraktes Gemälde)*. Was sagn S' dazua? Waar des Eahner Gschmack?
FRL. CAROLA: *(enthusiastisch)*: Das ist ja ein Meisterwerk! Wieviel *(sie macht mit der Hand eine entsprechende Geste)*?
RUDI HERZ: Mei. Des is so a Sach. Wissens, i hab ma halt denkt ...
FRL. CAROLA: Diese Klangfarben! Diese Inspiration! Sie sind ein Künstler, Herr Herz. Nun, was verlangen Sie dafür? Nur heraus mit der Sprache. Nicht so schüchtern. Für etwas Gutes gebe ich gerne Geld aus. Nun?
RUDI HERZ: Es is mei bests Buidl.
FRL. CAROLA: Das sieht man. Also, der Preis?
RUDI HERZ: Des ist schwer zum sagn. I hätt an die dreihundert Mark denkt?
FRL. CAROLA: Sie verschleudern Ihre Werke. Abgemacht. Gekauft.
RUDI HERZ: *(ungläubig)*: Echt?
FRL. CAROLA: Aber ja. So günstig bekomme ich eine solche Arbeit nie mehr *(zückt ihren Geldbeutel und legt das Geld auf den Tisch)*.
RUDI HERZ: *(nimmt es ungläubig und steckt es ein)*: Soll i 's net a bisserl einwickeln?
FRL. CAROLA: Nicht nötig. Ich hab meinen Wagen unten stehn.
RUDI HERZ: Na gehts a so aa.
FRL. CAROLA: Ich verstehe nicht, daß Sie ein solches Haus kaufen konnten, wenn Sie Ihre Bilder verschenken.
RUDI HERZ: Verschenken?
FRL. CAROLA: Aber ich bitte Sie. Anders kann man das wohl nicht nennen.
RUDI HERZ: *(lauernd)*: Haus kaufen? I? - Wia is 'n des gmoant?
FRL. CAROLA: Nun, die Hausmeisterin sagte zu mir, daß der Besitzer Kunstmaler sei, ein sehr netter junger Mann. Sie schwärmte förmlich von Ihnen.
RUDI HERZ: *(kommt aus dem Staunen nicht heraus)*: Die oide Krieg? De Zwiderwurzn? Die Frau Hausmeisterin moan i natürlich.
FRL. CAROLA: Und daß Sie ein großer Künstler wären, der noch einmal von sich reden machen würde und so fort. Diese Frau verehrt Sie aber, mein Bester.
RUDI HERZ: So, so. Aber ganz so schlimm werds scho net gwesn sei. D' Hausmoasterin neigt a bissl zur Übertreibung.
FRL. CAROLA: Das Gefühl hatte ich allerdings auch. Zumal was das Haus betrifft.
RUDI HERZ: Wiaso des Haus? Stimmt was net?
FRL. CAROLA: *(vertraulich)*: Doch, doch. Sie können sich auf mich verlassen. Das erfährt natürlich niemand. Dieses kleine Geheimnis bleibt unter uns. Ihre Hausmeisterin sagte es mir schon. Sie wollen es nicht an die große Glocke hängen. Ich habe vollstes Verständnis dafür.
RUDI HERZ: Des moan i doch net. Der Besitzer, herrschaftseitn, i bin net der Hausbesitzer. Des is a Mißverständnis. Der Walter und i, mir habn uns bloß a'n Spaß erlaubt.
FRL. CAROLA: Ich verstehe Ihre Beweggründe. Doch Sie können mir vertrauen. Ich erzähle es niemandem. Gewiß, wenn das publik wird, dann kauft Ihnen niemand mehr ein Bild ab. Kunstmaler müssen am Hungertuche nagen. Das ist nun einmal so. Sonst sind sie nicht mehr gefragt. Ich habe dafür volles Verständnis.
RUDI HERZ: Des is 's ja grad. Deszweng hab i mi auf des Gspui eilassn. Aber jetzt hab i ja a Gerstl. Jetzt konn i ja zahln. Jetzt brauch i nimmer schwindeln.
FRL. CAROLA: Nun werde ich aber ernstlich böse. Wenn Sie mir nicht vertrauen wollen ...
RUDI HERZ: Freili, i vertrau Eahna ja. Bloß ...
FRL. CAROLA: Also, dann hören Sie auf damit.
RUDI HERZ: *(verzweifelt)*: Aber i bin doch net ...

FRL. CAROLA: ...der Hausbesitzer. Ich weiß. Ich werde es nicht mehr erwähnen. Strengstes Stillschweigen. Drei Finger aufs Herz *(schickt sich an, zu gehen)*. Nun, Herr Herz, ich bedanke mich für das wunderschöne Bild. Hoffentlich ist Ihre Braut nicht böse, weil Sie es verkauft haben.

RUDI HERZ: I hab koa Braut. Den Luxus leid'ts mir net.

FRL. CAROLA: Nicht? Also dann, auf Wiedersehen, Herr Herz. - Übrigens, wie schreibt man Ihren Namen? Mit „tz" oder ohne „t"? An der Türe ist kein Schild.

RUDI HERZ: *(hilft ihr mit dem Bild zur Tür)*: Ohne „t". Ganz einfach, wia „Herz". Soll i Eahna tragn helfa?

FRL. CAROLA: Nein, nein, das schaff ich alleine ganz gut *(dreht sich an der Türe nochmals um, mit dem Finger vor dem Mund)*: Und Sie können sich auf mich verlassen. Kein Wort darüber.

Ihre Gesichter kommen sich sehr nahe. Rudi Herz macht Anstalten, das Mädchen zu küssen. Doch da klopft es.

3. Szene

RUDI HERZ: Was is denn jetzt scho wieder los? *(reißt die Türe auf. Herr Knecht steht im Rahmen.)*

HERR KNECHT: *(mit belegter Stimme)*: Herr Herz, müassen S' scho entschuldigen, aber i hab ma denkt, jetzt bring i Eahner Ihre Zeitung rauf. Damit Sie net extra nunter müassn.

RUDI HERZ: Und da macha Sie extra a Bergtour in' vierten Stock rauf? Wenn mi net oiß' täuscht, wohna Sie doch im ersten Stock, oder net?

HERR KNECHT: Freili, Herr Herz. I wollt Eahna bloß a'n Weg abnehma.

RUDI HERZ: *(nimmt die Zeitung entgegen)*: Dankschön, Herr Knecht. Aber Zeit hab i trotzdem koane.

HERR KNECHT: Sehr wohl, Herr Herz. I geh scho wieder. Morgen bring i Eahna d' Zeitung wieder rauf. Und nochmals „HabedieEhre" und dankschön *(ab)*.

4. Szene

RUDI HERZ: Wofür? I muaß sagn, des gfallt ma gar net. Was d' Leut bloß auf oamoi alle ham? Z'erst hams kaum grüaßt.

FRL. CAROLA: Das wird wohl seine Gründe haben. Sind Sie doch erfreut darüber. Wenn Leute Notiz von einem nehmen, ist es doch ein gutes Zeichen.

RUDI HERZ: Oder aa a schlechts. Des konn ma oschaun wia ma mag.

FRL. CAROLA: Das allerdings. Nur, i würde mich an Ihrer Stelle darüber freun.

RUDI HERZ: I gib nix auf d' Leut. De drahn oiß' a so, wias grad am günstigten für eahner is. Springt nix dabei raus, sans zwider und net zum Ausssteh. Net alle natürlich. Es gibt aa Ausnahmen. Aber der Großteil is gscheert und dazua a no damisch.

FRL. CAROLA: Sie sind aber sehr bitter.

RUDI HERZ: I hab mein' Grund. Ma derf net z' vui auf 'n Tadel von de Leut gebn und aa net z' vui auf a Lob. An'm jeden is 's Hemd näher wia d' Joppn. De meistn ham koa Zeit mehr für an andern. Unser Welt is kälter wordn. Aber laß ma des Thema *(zündet sich eine Zigarette an)*: Raucha Sie aa *(hält ihr die Packung hin)*?

FRL. CAROLA: Danke, nein. Ich rauche nicht.

RUDI HERZ: Laster ham S' wohl gar koane?

FRL. CAROLA: Und ob!

RUDI HERZ: Na, na ...

FRL. CAROLA: Ich liebe zum Beispiel Bilder.
RUDI HERZ: Bloß d' Buidl?
FRL. CAROLA: Vorläufig schon. Das heißt, es kommt natürlich auf den Maler an.
RUDI HERZ: Aha. Oiso kanntn Sie aa a'n Maler gernhabn?
FRL. CAROLA: Gewiß. Schließlich bin ich schon in zwei unsterblich verliebt.
RUDI HERZ: Was, glei in zwoa? Derf i fragn, wo die wohna?
FRL. CAROLA: Das ist schwer zu sagen.
RUDI HERZ: Hab scho kapiert. Geht mi ja aa nix o.
FRL. CAROLA: Aber Rudi ...
RUDI HERZ: Ham Sie jetzt grad Rudi zu mir gsagt?
FRL. CAROLA: Ist das so ungewöhnlich? Sie sind doch ein netter Kerl.
RUDI HERZ: Jetzt mach S' mi aber verlegn, Frl. Carola. Ein Kunstmaler, der verlegen wird, wenn eahm a Madl a Kompliment macht, ist aber selten.
FRL. CAROLA: *(wechselt das Thema)*: So, nun muß ich aber gehn.
RUDI HERZ: Siehg i Eahna wieder?
FRL. CAROLA: Ganz gewiß sogar.
RUDI HERZ: Und was sagn da Ihre zwoa Malerfreund?
FRL. CAROLA: Ich denke, sie hätten nichts dagegen. Sie sind nämlich längst tot.
RUDI HERZ: Tot??
FRL. CAROLA: Schon sehr lange *(schon in der Türe)*: Wissen Sie, ich liebe nämlich van Gogh und Rubens. Und neuerdings noch einen dritten ... Also, Adieu und seien Sie nett zu I h r e n Mietern *(ab)*!

5. Szene

RUDI HERZ: *(schließt die Türe)*: Langsam fang i 's Spinna o und glaub bald selber, daß i des Haus kaaft hab. Mei liaber Walter, da hast ma a saubere Suppn eibrockt. Und des Madl glaubts aa no. Carola hoaßts. Und soll i sie nenna. I moan oiwei no, i traam. Aber i traam net, weil da dreihundert Mark liegn *(lächtelt)*. Rudi hats zu mir gsagt. Rudi! Menschenskind! Und i woaß net amoi, wo s' wohnt. I bin dir vielleicht a Rindviech! De siehg i nia mehr. Wenn der Schwindel auffliagt, na land i im Obdachlosenasyl. Und da werd s' mi schwerlich bsuacha. Jedenfalls hab i jetzt a Pulver und konn d' Miete zoihn. Und d' Zeitung tragt ma mir a scho nach. Spekulanten sans alle. De werdn schee bläd schaun, wenns erfahrn, daß mir die Hüttn gar net ghört *(zählt das Geld)*. Also, drei Monat, des macht ...
WALTER STEIN: *(betritt leise das Zimmer. Rudi Herz dreht ihm den Rücken zu und hört ihn nicht. Mit verstellter Stimme)*: Lieber Herr Herz ...
RUDI HERZ*: (zuckt zusammen)*: Was is denn scho wieder, kruzifünferl *(dreht sich um)*! Ach, Du bist es. Oklopfa wia a anständiger Mensch konnst Du wohl net, was? Des Haus kimmt ma glatt wia a Freudenhaus vor, weil ständig neue Leut komma.
WALTER STEIN: Stör i Di vielleicht?
RUDI HERZ: Du net, aber de andern.
WALTER STEIN: Was hoaßt „de andern"?
RUDI HERZ: No ja, de Mieter halt von dem ehrenwerten Haus.
WALTER STEIN: Da schau her. Kemmas oiso raus aus ihre Löcher, damits dem neua Besitzer ihr Aufwartung macha. Taat mi gar net wundern, wenn Dei fabelhafte Hausmoasterin aa scho dagwesn waar.
RUDI HERZ: Stimmt genau. De war aa scho da.
WALTER STEIN: Und, was war? Hat s' nix gsagt?

RUDI HERZ: Was soll s' denn gsagt ham?

WALTER STEIN: Tua doch net so, über den „neuen Besitzer" halt.

RUDI HERZ: *(äfft die Hausmeisterin nach)*: Ja, mein verehrter Herr Herz. Und die Miete ... natürlich, jetzt versteh ich. Sie sind so ein Schlingel ... Woaßt, was s' no gsagt hat? Aber setz Di z'erst hi, sonst foist um.

WALTER STEIN: Da brauch i mi net hisitzn. Vermutlich hat s' gsagt: „Mich hat soeben das Immobilienbüro antelefoniert und g'sagt, daß Sie der neue Besitzer sind, Herr Herz." Hab i recht?

RUDI HERZ: Genau. Woher woaßt denn Du des?

WALTER STEIN: *(lacht)*: Weil i des Immobilienbüro war.

RUDI HERZ: Was? Du? Eigentlich hätt i mir des denka könna. Du mit Deine ausgfallnen Ideen, die so oid san wia der Methusalem.

WALTER STEIN: In dem Moment, wia Du mir am Telefon gsagt hast, daß irgend so a Hiasl des Haus tatsächlich kaaft hat, hab i mir denkt, der Hiasl muaßt Du sei. Zumindest vorübergehend. Sonst waar ja oiß' für d' Katz gwesn. Na hab i telefoniert. So wars. Jetzt bist Du dro. Und da sagst Du, daß mir Dichter weltfremd san?

RUDI HERZ: I sag nix mehr. Um Dei Fantasie beneid i Di direkt. Aber wia soll des jetzt weitergeh?

WALTER STEIN: Woaß i no net. Des ergibt sich scho no.

RUDI HERZ: Dei Ruah und zehntausend Mark und i waar a gmachter Mo.

WALTER STEIN: Du hast a Buidl verschebbert, oder?

RUDI HERZ: Des woaßt Du aa scho?

WALTER STEIN: A steiler Zahn, mit Pfiff unterm Bluserl und an'm Buidl unterm Arm geht aus 'm Haus raus. Und weil bloß oa „Kleckser" da herin haust, mach i mir an Vers drauf. Net bsonders schwaar, oder? War s' guat beinand *(macht Geste des Geldzählens)*?

RUDI HERZ: *(in Gedanken)*: Und wia. Einfach Klasse *(schwärmerisch)*. Eine Figur und Augn! Gar net zum sagn. Und schwarze Haar ...

WALTER STEIN: He, he, kumm z'ruck! Di hats ja derwischt.

RUDI HERZ: Und wia. Und stell Dir vor, i Hornochs frag net nach ihrer Adress.

WALTER STEIN: *(trocken)*: Echt Rudi *(reicht ihm einen Zettel)*. Drum hab ma i ihr Autonummer notiert. Für alle Fälle.

RUDI HERZ: Walter, Du bist a Schau, Du denkst an oiß'.

WALTER STEIN: Genau. Und Du stehst natürlich auf sie wia a Oanser, was?

RUDI HERZ: Desmoi is 's anders.

WALTER STEIN: De Plattn kenn i scho auswendig. Wia beim letztn Mal *(äfft Rudi nach)*: De Augn, de Haar, und de Superfüaß ... Bloß wars damals a Blonde, wenn i mi net täusch.

RUDI HERZ: Desmoi is 's ernst.

WALTER STEIN: *(winkt ab)*: Ja, ja, wiss' ma scho. Todernst.

RUDI HERZ: Du glaabst ma net?

WALTER STEIN: Freilich glaab i Dir. Desmoi werd sogar g'heirat'. Mit Brautschleier, Smoking und so.

RUDI HERZ: Ganz recht. Carola hoaßt s'.

WALTER STEIN: Ah geh, Carola?

RUDI HERZ: *(böse)*: Du, i sag Dir ...

WALTER STEIN: Kenn Di nur wieder. I find aa, daß sie ein Pfundshas is *(macht mit den Händen eine bezeichnende Geste)*. Ihre Gaudi-Nockerl san Klasse!

RUDI HERZ: G'foits Dir vielleicht aa?

WALTER STEIN: Freili. Und wia. Da müaßt i ja a Hackstock sei, wenn i da naa sagert *(schaut auf seine Fingernägel)*. Vielleicht liest s' aa gern? Gedichte, woaßt. Sie hat so was Musisch' an sich.

RUDI HERZ: Da machst aber a Fliagn, gell! Bei der Carola is 's ma ernst. Da hört d' Freundschaft auf. Übrigens is d' Tochter von der Hausmoasterin wieder im Land. Und i konn mi no guat erinnern, daß der Zahn amoi Dei „Muse" war.

WALTER STEIN: Geh weiter, vor tausend Jahr vielleicht.

RUDI HERZ: Sie hat studiert und is jetzt fertig. Die paßt zu Dir. Die konn Deine Gedanken beflügeln, verstehst, was i moan?

WALTER STEIN: Des Patscherl nia. Die kennt doch bloß ihrn Goethe und sonst nix. Und von dem aa bloß d' Bürgschaft. Oder is de vom Schiller?

RUDI HERZ: Jedenfalls laßt Du Deine Dichtergriffel von meiner Carola, sonst wer i windig!

WALTER STEIN: Aha, des is oiso der Dank dafür, daß i ihra Autonummer für Di aufgschriebn hab. A sauberer Freund bist Du.

6. Szene

Es wird zaghaft geklopft.

RUDI HERZ: Mensch, boid pfeif i auf des ganze Haus. Da herin' kriag i ja doch nia mei Ruah. Herein halt nacha!

Ein junges Mädchen tritt ins Atelier. Rudi Herz und Walter Stein schauen verblüfft auf die Beine des Mädchens, die in schwarzen Netzstrümpfen stecken und auf die lange Zigarettenspitze, die sie in der Hand hält und hin und wieder zum Mund führt. Es ist Monika, die Tochter der Hausmeisterin.

MONIKA: *(haucht)*: So dank ich denn dem holden Tag, der mir die Stimme lieh, den Morgen zu begrüßen.

RUDI HERZ: *(fängt sich als erster)*: Mensch, Walter, spinn i jetzt oder bin i in einer fremden Wohnung?

MONIKA: Nur Deine Zunge ists mein Freund, die mich erkennen ließ, daß Du mich nie vergaßest *(tänzelt von Rudi Herz zu Walter Stein)*.

WALTER STEIN: Ja mi leckst. Wer is 'n des?

RUDI HERZ: Da bin i überfragt. *(zu Monika)*: Mit wem haben wir die Ehre, schönes Fräulein *(verbeugt sich leicht)*?

MONIKA: Es kränkt mich schwer, daß Du mich nicht erkennest.

RUDI HERZ: *(verblüfft)*: Du??

MONIKA: *(zu Walter Stein)*: Auch Du hast mich vor längerer Zeit des öftern heimbegleitet.

WALTER STEIN: I *(haut sich plötzlich auf die Stirn)*? Kann es denn sein, daß Ihr den seltnen Namen „Krieg" zu eigen habt?

MONIKA: *(fliegt ihm an den Hals)*: Ach Du. Du hast mich also nicht vergessen?

WALTER STEIN: O Gott!

RUDI HERZ: Ja spinn i! D' Tochter von der Hausmoasterin! Mensch, a solche Veränderung. Da hauts den stärksten Eskimo vom Schlittn!

MONIKA: *(fliegt an Rudi Herz' Hals)*: Auch Du, mein Malerfürst, erkennst mich wieder?

7. Szene

CAROLA: *(tritt in diesem Moment ins Atelier. Sie bleibt wie angwurzelt stehen. Walter Stein sieht sie als erster. Er macht Rudi Herz ein Zeichen. Doch Monika lässt nicht los und küsst Rudi Herz auf die Wange)*.

MONIKA: Wie wohl tut mir ein starker Arm, der mich umfangen hält.

WALTER STEIN: *(macht zu Carola hin ein Zeichen zur Stirne, womit er bekunden möchte, dass Monika offensichtlich nicht alle Tassen im Schrank hat).*
CAROLA: *(räuspert sich)*: Tut mir leid, daß ich stören muß, Herr Herz.
RUDI HERZ: *(reißt Monika vom Hals)*: Fräulein Carola, aber Sie störn doch net.
CAROLA: Es hatte aber den Anschein.
RUDI HERZ: Was konn i für Sie tun?
CAROLA: Ein wenig über die Malerei wollte ich mich mit Ihnen unterhalten. Und Sie bitten, mir Malunterricht zu geben.
WALTER STEIN: Kann ich Ihnen net behiflich sein, Fräulein? Ich hab noch viele leere Manuskriptseiten. Vielleicht könnten Sie die verwenden? Ich bring Ihnen die Grundbegriffe der Malerei bei. Mein Freund ist zu beschäftigt.
CAROLA: Wenn Sie so freundlich wären, gerne.
MONIKA: Was geht hier vor? Wer ist die fremde Dame?
RUDI HERZ: Geh halt Dei Goschn, Monika.
WALTER STEIN: *(zu Carola)*: Vielleicht darf ich Sie zu einer Tasse Kaffee einladen? Dort könnten wir alles weitere besprechen. Ich meine natürlich, wegen des Unterrichts.
RUDI HERZ: *(grimmig)*: Du bleibst da, Walter!
WALTER STEIN: Du hast ja Dein' Bsuach. Im übrigen bin i a freier Mensch und konn toa was i wui.
RUDI HERZ: Zefix, Du woaßt genau, daß die wegn mir da is. Die steht auf a'n Maler und net auf a'n Dichter.
CAROLA: *(zu Walter Stein)*: Ich finde auch, daß wir beide hier überflüssig sind. Lassen wir also das junge Glück allein.
MONIKA: *(zu Walter Stein)*: Weshalb verläßt Du mich, da wir uns erst gefunden?
WALTER STEIN: Ich eile fort, um Dich nicht zu verletzen. *(leise)*: Du damische Urschl.
RUDI HERZ: Du bist a sauberer Freund! Pfui Teifi! *(zu Carola)*: Bleibn halt wenigstens Sie da, Fräulein Carola und lassns Eahner oiß' erklärn, bittschön.
CAROLA: *(schon an der Türe)*: Da gibt es nichts zu erklären. *(zu Walter Stein)*: Kommen Sie nun mit oder nicht?
WALTER STEIN: Klar, Fräulein Carola. *(er geht rasch zur Türe, dreht sich dort nochmals um)*: Vui Spaß mit der „Muse" *(mit Carola ab)*!

8. Szene

RUDI HERZ: Sag amoi Monika, daß Du akkurat jetzt auftaucha muaßt. Jetzt hast ma oiß' verpatzt. A ganz' Jahr warst net da und akkurat jetzt muaßt daherkemma. Dei Muatter und Du, Ihr bringts mi no ins Grab.
MONIKA: *(fängt wie eine Sirene zu weinen an)*: Des hob i doch net gwußt. I hob gmoant, da Walter mag bloß oane, de wo vui Büacha glesn hat. Huhuhu!
RUDI HERZ: Jetzt hör Dei blecka auf, des nutzt nix mehr *(grimmig)*. Aber a'n Walter hau i seine Zähn' in Hals nei! So a foischer Fuchzger.
MONIKA: Jetzt geh i zu meiner Muatter.
Es wird geklopft.
RUDI HERZ: *(apathisch)*: Hereinspaziert.
MONIKA: Wer is'n des?
RUDI HERZ: Was woaß denn i. Von mir aus da Kaiser von China!
MONIKA: Was, der kimmt zu Dir *(setzt sich ganz klein in eine Ecke und schluchzt vor sich hin)*?

9. Szene

Frau Wiesel, Frau Floh und Herr Knecht kommen herein. Die Türe bleibt geöffnet.

FRAU WIESEL: Guten Tag, Herr Herz.
FRAU FLOH: Guten Tag, Herr Herz.
HERR KNECHT: *(sehr leise)*: Guten Tag, lieber Herr Herz.
RUDI HERZ: Guten Tag, meine Damen. Ach, Herr Knecht, Sie sind ja auch mit von der Partie. Was kann ich für Sie tun?
FRAU FLOH: *(räuspert sich verlegen)*: Oiso, sehr verehrter Herr Herz. Wir alle habn uns denkt ...
FRAU WIESEL: ...und san fest davon überzeugt ...
FRAU FLOH: ...jawoih, mir san fest davon überzeugt, daß 's Zeit waar ...
FraU WIESEL: ..jawoih, daß 's Zeit waar ...
FRAU FLOH: ...daß wir Eahna, sozusagn ois kloane Aufmerksamkeit ...
HERR KNECHT: *(sehr leise)* ...ois kloane Aufmerksamkeit ...*(er erschrickt sofort über seinen Mut und sackt wieder in sich zusammen).*
FRAU FLOH: *(verliert ihr Konzept)* ...oiso, was wollt i jetzt glei wieder sagn?
FRAU WIESEL: *(zu Frau Floh)* ... ois kloane Aufmerksamkeit ...
FRAU FLOH: ...jawoi, ois kloane Aufmerksamkeit a kloans Präsent überreichn derfa, des hoaßt, möchtn wir Eahna ois kloane Auf ...
FRAU WIESEL: *(fällt ihr ins Wort, burschikos und sehr schnell)*: Oiso, wia gsagt, sehr geehrter Herr Herz. Kurz und guat. Wir ham uns denkt ... *(dreht sich zur Türe um)*: Oiso, jetzt gehnga S' halt endlich einer, Frau Krieg!
FRAU KRIEG: *(erscheint auf dieses „Kommando" mit einem Blumenkorb und einer großen Tafel, auf der steht: „Unserm verehrten Herrn Herz von seinen Mietern).“*
RUDI HERZ: Jetzt bleibt ma d' Spucke weg.
FRAU KRIEG: Mir möchtn Eahna bloß unser Freundschaft zoagn.
Monika will sich aus dem Zimmer stehlen.
FRAU KRIEG: *(hat sie dabei jedoch gesehen)*: Monika!
MONIKA: *(bleibt stehen, kleinlaut)*: Ja, Mama?
FRAU KRIEG: Brauchst net geh. Bleib ruhig beim Herrn Herz. Wennst net störst natürlich. Du derfst Di aa vom Herrn Herz maln lassn. *(zu den anderen)*: Kommts, mir gehnga. Der Herr Herz braucht sei Ruah.
RUDI HERZ: I woaß gar net, was i sagn soi.
FRAU KRIEG: Gar nix, liaber Herr Herz. Überhaupt gar nix.
HERR KNECHT: Und morgn bring i Eahna wieder d' Zeitung rauf. Auf Wiedersehn, Herr Herz.
FRAU WIESEL: Und guate Arbeit mit der Monika.
FRAU FLOH: Ja, daß 's a schöns Buidl werd.
FRAU KRIEG: Oiso, gehn ma *(alle ab).*
RUDI HERZ: Was hat denn Dei Muatter auf oamoi, Monika?
MONIKA: Was woaß denn i? *(weinerlich)*: I mog mi aber net maln lassn von Dir. I ziag mi bloß nackert aus, wenn der Walter da is.

Vorhang

3. Akt

1. Szene

Ateliermansarde drei Tage später. Es ist Abend. Der Blumenkorb steht neben dem Bett. Rudi Herz malt und Walter Stein sitzt auf einem Stuhl und liest. Eine Platte läuft ab.

RUDI HERZ: *(wirft den Pinsel verärgert in eine Ecke).* Daß Du oiwei so a'n Krampf spuin muaßt.

WALTER STEIN: Laß doch die Plattn drin. Die Melodie is net schlecht. Da muaß ma net denka ...

RUDI HERZ: Oiso, wenn mir d' Carola auf den Schwindel draufkummt, is 's aus mit uns zwoa. Leg doch a'n Sinatra auf. Was is jetzt mit Dir und der Monika?

WALTER STEIN: Was werd denn sei?

RUDI HERZ: I hab halt gmoant. Geh komm, hau die blöde Plattn wieder raus.

WALTER STEIN: *(steht gemächlich auf und schaltet ab)*: Die Liebe, ja die Liebe ...Di hats ganz schee derwischt, Buale.

RUDI HERZ: Geh, Schmarrn. Des hat doch mit der blödn Schnulzn nix zum toa.

WALTER STEIN: Derf i Di dro erinnern, daß die „blöde Schnulzn" früher a echter Hit für Di war. Is die Plattn net von der Marion?

RUDI HERZ: Fang bloß net mit dera oidn Gschicht o. Tua ma den Gfalln und hoit Dei Mäu. I hab momentan was anders zum denka.

Schweigen. Nach einer Weile:

WALTER STEIN: Bist ma no bös, zwengs der Carola?

RUDI HERZ: Naa. Aber i hab jetzt andere Sorgn.

WALTER STEIN: Was wuist denn eigentlich? Für alle Leut im Haus bist Du a Schau. Du bist „der Mann des Tages". Dei Typ is gfragt. Oiso, i versteh Di wirkli net. Du bist da vielleicht so a Zipfe!

RUDI HERZ: Freili, so muaßt daherredn. Du hast Dein Kopf ja net drin, wenn des rauskimmt. Du ziagst Dein' Schwanz ei und machst a Fliege. Und i steh da ois wia a Depp.

WALTER STEIN: *(knabbert Erdnüsse)*: Geh zua, jetzt kenn Di nur wieder. Bis jetzt hats tadellos klappt. Wer woaß, vielleicht is der neue Hausherr a Mensch mit an'm Innenlebn, na kanntst garantiert bleibn. So leicht find't ma heit koan echtn Künstler mehr als Mieter.

RUDI HERZ: Des sagst Du. Aber vielleicht is der neue Hausherr oaner von derer Sortn, die a jeds Loch an d' Fremdarbeiter vermietn. Na tuat er fünf Türken nei und hat 's Sechsfache an Miete wia bei mir. Siehgst, gega solche Ausbeuter hab i was. Im übrigen frißt scho wieder meine Erdnüss. Aber i vergunn Dir de Gehirnnahrung, Du hast es nötig.

WALTER STEIN: Die paar Nüsserl werst ma doch no vergunna. Schließlich strapazier i mei Hirn ja für Di. Wenn i a Gedicht schreibert, na hätt i wenigstens was davon.

RUDI HERZ: I glaub, des waar aa gscheiter gwesn, wennst a Gedicht gschriebn hättst. Na hockert i net in der Tintn.

WALTER STEIN: Da hast recht. Na hockertst jetzt nämlich in der „Türkenstraß" und kanntst d' Pflasterstoana zähln.

RUDI HERZ: Oiwei no gscheiter wia ois Betrüger im Gfängnis.

WALTER STEIN: Jetzt mach Dir doch net glei in d' Hosn. A bissl mehra Courage hätt i Dir scho zuatraut. Heit is Freitag. Oiso vor Montag hast Du doch nix zum befürchten. Des san no zwoa schöne Tag mit an'm Dach übern Kopf. Und am Montag sehng ma scho weiter. Vielleicht bricht dawei der Kriag aus.

RUDI HERZ: Dös war für mi as Beste *(hält ihm die Erdnüsse hin)*. Da, iß a paar, vielleicht foit Dir dann was ei.
WALTER STEIN: Naa, danke. Die zehn Erdnüss möcht ich Dir nimmer wegessn. Iß s' doch selber, vielleicht kummt Dir a Gedanke, der brauchbar is.
RUDI HERZ: Mir hats a'n Appetit verschlagn. Gründlich, verstehst.
WALTER STEIN: Die Verliabtn und die Arma ham oans gemeinsam: Sie essn net. Bloß ham die Verliabten koan Appetit und die Arma koa Geld. Aber bei Dir guit des oane so wia des andere. Ja, ja, d' Carola müaßt halt da sei.
RUDI HERZ: Damits'D' mi wieder mit dem Hausmoaster-Trampel alloa lassn konnst!
WALTER STEIN: So a Trampel is d' Monika aa wieder net.
RUDI HERZ: *(spöttisch)*: Da schau her. Jetzt auf amoi.
WALTER STEIN: Jeder hat halt net den Dusel, auf eine Carola zu stoßen.
RUDI HERZ: Sag des net so spöttisch. In dera Hinsicht bin i unbandig empfindlich.
WALTER STEIN: Jessas na, bist Du heit gereizt. I hab ma denkt, daß Di der Klang von ihrm Nama a bissl aufheitern kannt.
RUDI HERZ: Was ham ma denn heit für a Datum?
WALTER STEIN: *(schaut auf seine Uhr)*: A'n dreizehnten.
RUDI HERZ: *(triumphierend)*: Siehgst es, des hab i mir glei denkt. Freitag der dreizehnte! Da werds heit no a nette Überraschung gebn.
WALTER STEIN: Vielleicht hast a'n Sechser im Lotto.
RUDI HERZ: Wenn i sovui Geld hätt, daß i a'n Lotto aufgebn kannt, na taat i mir liaba Erdnüss dafür kaafa.
WALTER STEIN: I hör bloß oiwei Erdnüss. Bist vielleicht gar a Erdnüss-Fetischist? Na mal halt amoi a „Erdnüss-Stilleben".
RUDI HERZ: Witz konn i selber macha. Dazu bauch i koan Dichter.
WALTER STEIN: Herrschaft, bist Du heit gereizt. Du bist ja böser wia der Zerberus.
RUDI HERZ: Laß ma mit Dein'm griechischen Wau-Wau mei Ruah. Wenn i bloß wüßt, wia er hoaßt.
WALTER STEIN: Zerberus hoaßt er.
RUDI HERZ: Schmarrn. I moan doch den neua Hausbesitzer.

2. Szene

Herrisches Klopfen an der Tür.

RUDI HERZ: Aha, jetzt gehts scho los.
WALTER STEIN: I wollt a so grad geh.
RUDI HERZ: Nix da! Du bleibst! Mitgefangen, mitgehangen. Herein!
FRAU KRIEG: *(steht im Zimmer. Sie sagt kein Wort, geht zu Rudi Herz und wirft ihm ein Schriftstück auf den Tisch. Dann sehr streng)*: Da, lesen S' den Briaf.
RUDI HERZ: *(ahnt schreckliche Dinge, macht einen Versuch der Freundlichkeit)*: Meine liebe Frau Krieg ...
FRAU KRIEG: *(unterbricht ihn)*: I bin net Eahna „liebe Frau Krieg!" Lesen S'! Und mei Tochter lassen S' in Zukunft in Ruah, sonst sag i 's der Visitenpolizei.
RUDI HERZ: *(nimmt zögernd den Brief zur Hand und liest ihn. Dann lässt er ihn sinken und setzt sich. Er reicht der Hausmeisterin den Brief zurück)*: I habs ja gwußt, daß des net guatgeh konn.
FRAU KRIEG: *(höhnisch)*: Mit „te zett"! Gell, was so a kloans „tz" ausmacht! Sie Schwindler, Sie ausgschamter! Die Polizei werd i holn lassn. Was buidn Sie Eahna eigentlich ei, Sie, Sie, Dreiquartelmaler, Sie trauriger.

RUDI HERZ: *(schwach)*: I hab des Geld für d' Miete beinander. I konns Eahna glei gebn.

FRAU KRIEG: *(schreit)*: Des werd Eahna gar nix mehr nützn! Sie san entlarvt! Mi taats gar net wundern, wenn S' des Geld auf „kriminalistische" Weise ergaunert hättn. Mei Tochter verführn unter Vorspiegelung falscher Tatsachen. Pfui Teifi!

RUDI HERZ: *(dreht sich hilfesuchend zu seinem Freund um, der unbeteiligt in einem Buch liest)*: Mensch, huif ma halt, Walter. Sag dera Vernichtungsmaschin', daß mir bloß a Gaudi gmacht ham. Die is im Stand und bringt mi ins Gfängnis.

WALTER STEIN: Wieso i? Des is doch Dei Hausmoasterin.

FRAU KRIEG: Der traurige Federfuchser konn Eahna aa nimmer helfa. Des hat gar koan Zweck mehr. I wenn Sie waar, na taat i packa. No amoi fall i auf Eahnere Krampf net rei. Des versprich i Eahna, bei meiner Hausmoasterehre. No amoi pratzeln Sie mi net!

(Couplet):

Jetzt hams mi
wieder pratzelt
und aufs Eis gführt
gar net schlecht.
Doch des laß i
mir net bietn,
ja des waar ma
do scho recht.

So a lausigs
Malerbürscherl
taat mit mir
grad schlittnfahrn.
Er beschmiert
die weiße Leinwand
mit 'ner Farb,
a so a Schmarrn.

Da waars wirklich
gar koa Wunder,
wenn er nia
a Markl hat.
Von dem Gschmier
konn koaner reich wern.
Geh, da is ma
's Redn glei z' schad.

Wia ma woaß
lebt jeda Künstler
von der Hand bloß
in den Mund.
Und drum hat er
aa koa „Moos" net
und er bleibt
a armer Hund.

Drum, Herr Herz,
durch Eahnern Schwindel
fliagn S' morgn früah
scho saftig raus.
Denn mi'm Bscheißn
is no koana
zu was kemma
in dem Haus.

Suachas Eahna
halt a Arbat.
Bei an'm
Tapezierer-Ladn.
Nacha kenna S'
weiterklecksn
und koa Mensch hat
mehr an Schadn.

Frau Krieg dreht sich auf dem Absatz um und geht ab. Sie wirft die Türe heftig ins Schloss. Die beiden Freunde zucken zusammen.

3. Szene

RUDI HERZ: Da hast den Salat. Von wegn Zeit gwinna und Miete zahln. Haha. Jetzt is der Ofa aus.
WALTER STEIN: I muaß jetzt geh.
RUDI HERZ: Dabliebn werd! Du verschwindst jetzt net. Ganz so einfach brauchst Dirs Du aa net macha. Meine Erdnüss' hast gfressn, jetzt laß Dir was eifalln.
WALTER STEIN: *(setzt sich wieder).*
RUDI HERZ: Jetzt fahr her mi an'm guatn Rat. Aber mit an'm ganz an'm guatn, sonst staubts. Du bist doch a Schreiberling, oiso huif ma jetzt aus dem Schlamassl. Ziag mi raus aus dem Sumpf, sonst ziag i Di rei! Woaßt Walter, des is koa Roman, des is harte Realität.
WALTER STEIN: Bis jetzt bist ja no net draußt. Wenn der Hausbesitzer scho „Hertz" hoaßt, na behauptest halt, daß des Dei Onkel is.
RUDI HERZ: Ja spinnst jetzt komplett! Der schreibt si doch mit „tz"!
WALTER STEIN: Was für Zufälle daß' eingli gibt auf der Welt. Wenn i des in an'm Roman schreibert, taats ma koa Mensch net glaubn.
RUDI HERZ: Hör ma jetzt bloß mit Dein'm Roman auf.
WALTER STEIN: Vielleicht konn Dir Dei neue Flamma helfa?
RUDI HERZ: Mensch, der konn i ja nimmer unter d' Augn tretn. Die hoit mi ja für den Hausbestitzer. Oiß is aus.
WALTER STEIN: Des is fei traurig für Di.
RUDI HERZ: A Pfunds Trost. Und des oiß hast ma Du eibrockt.
WALTER STEIN: Jetzt machst aber a'n Punkt. Wenns klappt hätt, na waarst scho z'friedn gwesn, oder net? Daß ausgerechnet jetzt des scheiß Haus verkaaft werd, des konn doch koa Mensch riacha. Oder hätt ma des vielleicht riacha könna?
RUDI HERZ: „Ma" natürli net. Aber Du scho. A Dichter wia Du hätt doch an oiß denka müassn.
WALTER STEIN: Schreibn und hellsehn, des is zwoarerloa. I bin a Dichter und koa Hellseher. Mach nur mi jetzt verantwortlich, hast scho recht. Bloß weil i Dir helfa wollt. Des is der Dank dafür. A schöna Freund bist Du.

4. Szene

Es wird geklopft. Herr Knecht erscheint.

RUDI HERZ: *(erfreut)*: Ja, der Herr Knecht. Sie bringa ma gwiß d' Zeitung.
HERR KNECHT: *(böse)*: Naa, des tua i net. I möcht Eahna bloß sagn, daß Sie a ganz a grissner Schlawiner san. Und daß 's ma leid tuat, daß i Eahna in einer schwachn Stund amoi an Gfalln to hab.
RUDI HERZ: Aber Herr Knecht ...
HERR KNECHT: *(winkt ab)*: Koa „aber Herr Knecht." I verbitt ma, daß Sie mein Nama no in' Mund nehma.
RUDI HERZ: *(wütend)*: Jetzt schlagts aber dreizehne! Ihr seids doch um mi rumscharwenzelt. Hab i vielleicht zu Euch gsagt, i bin da Hausbesitzer? Jetzt redn S', Herr Knecht!
HERR KNECHT: Des net, aber d' Frau Krieg hat zu mir gsagt, daß Sie zu ihra gsagt ham, daß Sie des Haus kaaft ham. Is 's vielleicht net so gwesn?
RUDI HERZ: Ob i sowas der Frau Krieg gsagt hab, konn scho sei. Aber i konn doch nix dafür, wenn mir a anderer zuvorkomma is. Begreifa S 'des net, Herr Knecht?
HERR KNECHT: Wiaso und warum, des wui i gar net wissn. Für mi san Sie gstorbn, Herr Herz. Pfüa God *(dreht sich um, geht am Blumenkorb vorbei, bei dessen Anblick seufzt er. Ab)*.

5. Szene

RUDI HERZ: So ein Gschwerl, so ein miserables. Werst sehng, jetzt kemmas alle und sagn ma, was i für a schlechter Mensch bin *(tatsächlich wird geklopft)*. Siehgst es, was i gsagt hab. Herein!
CAROLA: *(hinter der Türe, noch unsichtbar)*: Darf ich hereinkommen, Herr Herz?
RUDI HERZ: *(erschrocken)*: Jessas, des aa no! Heit paßt oiß zsamm. Des is d' Carola!
WALTER STEIN: *(erschrocken)*: Jessas na! Mi trifft der Schlag.
RUDI HERZ: Schick Di, Walter, Du muaßt raus. Und laß ja neamand rei zu mir. Verstehst? Aa net d' Hausmoasterin. Jetzt konnst a bröckl wieder guat macha. Oiso, hau ab.
WALTER STEIN: I geh ja scho.
RUDI HERZ: *(öffnet)*: Fräulein Carola! Des ia aber nett. Kommen S' rein, bitte.
WALTER STEIN: *(will in diesem Moment gerade durch die Türe. Er ist sehr nervös, rempelt das Mädchen an und entschuldigt sich linkisch)*.
CAROLA: Aber, aber, sind Sie heute nervös!
RUDI HERZ: So, nervös is er? I find aber net *(winkt Walter Stein zu verschwinden, der stolpert durch zur Türe hinaus)*. Des is nur sei Roman, den er im Kopf hat *(Rudi Herz wirkt ebenfalls nervös und schielt ständig nach der Türe. Er möchte das Mädchen gerne weghaben, doch sie macht es sich bequem und beachtet seine Nervosität nicht. Dieser wird immer nervöser, schüttet Bier aus, legt die Zigarette neben den Tisch und zuckt beim kleinsten Geräusch zusammen)*.
CAROLA: Gemütlich haben Sie es hier. Sehr gemütlich *(zieht ihre Jacke aus)*.
RUDI HERZ: So. Ja. Wenns Sie sogn. Hätten S' Lust auf a'n Kaffee?
CAROLA: Aber gern *(macht es sich noch bequemer)*.
RUDI HERZ: Net bei mir. I hab gmoant, da vorn an der Ecke. Da is so a gmüatlichs Cafe.
CAROLA: Gemütlicher als hier bei Ihnen, lieber Rudi?
RUDI HERZ: No vui, vui gmüatlicher. I geh gern hi. Eingli alle Tag. Sogar am Tag a paarmal.
CAROLA: Ach nein, ich find es bei Ihnen netter.

RUDI HERZ: *(sucht krampfhaft nach Worten)*: Da foit ma aber grad ei, daß mir da Kaffee ausganga is. Bloß a warms Bier hab i.

CAROLA: Prima. Ich trinke ohnehin nur selten Kaffee. Trinken wir lieber Bier, Rudi *(weidet sich an seiner Hilflosigkeit)*.

RUDI HERZ: Wenn S' moana *(sucht nach Gläsern, die sichtbar auf dem Regal stehn)*. I hab koa oanzigs Glasl da.

CAROLA: Ich werde Ihnen suchen helfen *(steht auf, geht zum Regal und holt zwei Gläser)*. So, nun noch das Bier. Ich freue mich auf einen Schluck.

RUDI HERZ: Ach so, 's Bier. Ja, wo is denn des glei wieder?

CAROLA: *(deutet neben das Regal)*: Dort steht es.

RUDI HERZ: Richtig *(nimmt es in die Hand)*. Des is aber warm. Gehma net doch liaber in des kloane, gmüatliche Cafe an der Eckn?

CAROLA: Aber Rudi, mir gefällt es viel besser bei Ihnen. Wir können uns über Bilder unterhalten. Hier sind wir ungestört. Ich trinke Bier nie sehr kalt. Da verliert es an Aroma.

RUDI HERZ: *(resigniert)*: Von mir aus. Bleibn ma halt da.

6. Szene

Es klopft.

RUDI HERZ: *(zuckt zusammen)*: Jetzt is 's soweit. Sie hams net anders habn wolln. Vor der Türe lauter Wortwechsel. Man hört die Stimme von Frau Wiesel. Die Türe wird aufgerissen, Frau Wiesel und Walter Stein betreten das Zimmer. Walter Stein versucht zwar immer wieder, die Frau hinauszudrängen, doch sie reißt sich jedesmal los.

WALTER STEIN: *(schwer atmend)*: Mensch, Rudi, so a Furie konn i net aufhaltn. Die is ja ärger wia zehn Teifeln.

FRAU WIESEL: *(in Rage)*: Des is doch 's Höchste. Was soll denn der Gorilla vor Eahnera Tür, Herr Herz? Der is ja bösartig!

WALTER STEIN: *(will sie erneut hinauszerren)*.

RUDI HERZ: Gibs auf, Walter. Die bringst Du net außi. Die hoaßt net umasonst „Wiesel".

FRAU WIESEL: *(richtet sich ihre Kleider)*: Und jetzt werd i Eahna mei Meinung sagn, Sie Malerwaschl.

RUDI HERZ: Eahna Meinung interessiert mi net im mindesten, Frau Wiesel. Es is vui gscheiter, wenns Eahnern Schmarrn der Muichfrau verzähln. Die is begierig drauf, aus „berufenem Munde" die neuesten Neuigkeiten zu erfahrn. Was Sie mir verzähln wolln, des woaß i so aa. I bin a Schwindler, a Schlawiner, des Haus ghört net mir. I wer nausgschmissn, weil sonst die „guate Hausgemeinschaft" in Verruf kummt. Und so weiter. I woaß scho, Frau Wiesel, was Sie moana. Sehng S', und weil i des oiß woaß, drum brauch i Eahna Meinung gar net hörn. Des wars, Frau Wiesel. Oiso, gehma, gehma. Eahna Mäu is schärfer wia an'm Hl. Gabriel sei Flammenschwert *(er drängt sie zur Türe. Die Frau ist so perplex, dass sie wortlos das Zimmer verlässt)*.

WALTER STEIN: *(verbeugt sich spöttisch vor ihr. Rudi Herz gibt ihm einen Wink, dass auch er verschwinden soll, was er sogleich tut)*.

RUDI HERZ: *(zu Carola)*: So, jetzt wissen s' Sie aa. Und mir is vui wohler *(zündet sich eine Zigarette an)*. Wahrscheinlich is 's Eahna ja ohnehin wurscht, sonst wärn S' ja net vorigs Mal mit mein'm Freind zum Kaffeetrinka ganga.

CAROLA: Sie waren ja mit einem anderen Mädchen beschäftigt. Ziemlich intensiv sogar.

RUDI HERZ: Geh Schmarrn. Die spinnt doch aufn Walter. Und er auf sie. D' Monika is doch sei „Muse".

CAROLA: Und Ihre „Muse"?

RUDI HERZ: Mir konn koa Muse mehr helfa. I bin verratzt und verkaaft.

CAROLA: *(kommt auf ihn zu)*: Haben Sie denn gar keinen Menschen, den Sie lieben? Und der Sie auch liebt?

RUDI HERZ: I? Naa, i net. Des hoaßt, i hab gmoant, daß i oan hätt. Aber na wars wieder Essig.

CAROLA: Also doch eine Muse.

RUDI HERZ: Jetzt redn S' net dauernd von einer Muse. Mir werds ganz hoaß davo. Des is ja grad a so, wia wenn i in der Sahara hoibert verdurscht im Sand flack und siehg im Geist a Helles.

CAROLA: *(schlingt bedächtig die Arme um seinen Hals und flüstert)*: Ich wüßte eine Muse für Dich.

RUDI HERZ: *(schaut einen Moment starr)*: Sakkerament! *(dann küsst er sie wild.)*

CAROLA: Jetzt weißt Du auch, wer der dritte Maler ist, den ich liebe.

RUDI HERZ: Na magst mi oiso doch? Und i Depp hab gmoant, Du hast Di in' Walter verschaut.

CAROLA: Vom ersten Augenblick an hab ich Dich gemocht.

RUDI HERZ: I bin aber a arma Teifi. Meine Buidln bringa no net vui ei.

CAROLA: Du bist doch Hausbesitzer?

RUDI HERZ: Geh Schmarrn! Wirklich net. I habs Dir doch damals scho gsagt. Du hast as bloß net hörn wolln.

CAROLA: Vielleicht wirst Du aber noch einer werden. Wer weiß?

RUDI HERZ: Da müaßt scho a Wunder gschehng. Sunst net. Und heutzutag gibts koane Wunder nimmer. Die Zeit der Wunder is mit'm elektrischen Strom gstorbn.

CAROLA: Vielleicht gibt es doch noch Wunder. Wir werden ja sehn. Daß Du mittellos bist, macht mir nichts aus.

RUDI HERZ: Des is a Wunder!

CAROLA: Wieso denn? Du bist doch ein fabelhafter Maler. Dir werden eines Tages die Leute zu Füßen liegen.

RUDI HERZ: Des brauchts gar net. Wenns ma ab und zu a Buidl abkaafa, bin i scho z'friedn. Und des kenna s' im Steh besser.

CAROLA: Ich wußte von Anfang an, daß Du nicht der Hausbesitzer bist.

RUDI HERZ: Was? Du hast oiso die ganze Zeit über gwußt, daß des Haus net mir ghört?

CAROLA: Freilich, Rudi. Von Anfang an.

RUDI HERZ: Und des hat Dir nix ausgmacht?

CAROLA: Aber warum denn? Anfangs wollte ich ja nur ein Bild von Dir kaufen. Doch dann sah ich Dich und ...

RUDI HERZ: Des konn i versteh. I bin ja a Pfundskerl. Aber des is mir net klar, woher Du gwußt hast, daß i net der Besitzer von dera Hüttn bin?

CAROLA: Das ist nicht schwer. Ich kenne den richtigen Besitzer.

RUDI HERZ: Jetzt hauts mi um.

CAROLA: Und von ihm erfuhr ich, daß ein Kunstmaler im Dachgeschoß wohnt. Du mußt wissen, der neue Besitzer ist ein großer Kunstliebhaber. Er sammelt Bilder und hat schon vielen jungen Malern auf die Beine geholfen.

RUDI HERZ: Des is ja net zum fassen. Moanst, daß er Verständnis für mei augenblickliche Lage hat?

CAROLA: Das hat er sicher.

RUDI HERZ: A gspassiger Zufall is des scho. Hoaßt der neue Hausherr wia i. 'S Lebn is scho seltsam. Herz, aber mit „tz" am Schluß. Und ausgerechnet dann kaaft er des Haus, wia 's i ...

CAROLA: ...kaufen wollt.

RUDI HERZ: Natürlich net auf echt. Sozusagn ois letzte Rettung.

CAROLA: Weißt Du, der alte Hausherr ist ein Freund meines ... des neuen Hausherrn, meine ich. Er trug sich ja schon lange mit dem Gedanken, das Haus zu verkaufen.
RUDI HERZ: *(staunend)*: Wia guat, daß Du Bescheid woaßt!
CAROLA: Ich bitte Dich, Rudi. Der neue Hausbesitzer ist doch mein ...

7. Szene

In diesem Moment öffnet sich die Türe und Walter Stein erscheint zur Hälfte im Zimmer.

WALTER STEIN: *(zu Rudi Herz)*: Draußen is so a komische Figur und möcht zu Dir. Soll i s' reilassn?
RUDI HERZ: Von mir aus.
FRAU FLOH: *(schleicht herein)*: Des hätt i mir net denkt von Eahna. A so a Schwindler.
RUDI HERZ: *(sanft)*: Was wolln S' denn, Frau Floh? Möchten S' ma aa a Neuigkeit erzähln?
FRAU FLOH: Da bin i mir z' guat dazua. I hol ma bloß mein' Anteil zruck. A Tochter von meiner Schwester heirat' und da konn i a kloans Präsent ganz guat braucha *(geht zum Blumenkorb und zieht einen Strauß aus dem Gebinde)*. Der Frau Wiesel soll i ihre Blumen aa glei mitnehma *(bückt sich erneut und zieht einen zweiten Strauß aus dem Blumenkorb heraus)*
RUDI HERZ: I mach Eahna an Vorschlag, Frau Floh. Nehma S' doch des ganze Bleamezeigl mit und gebn S' es wieder zruck. Jetzt, wo 's alle wissen, daß i net der neue Hausherr bin, hab i ja koane Bleame mehr verdient. Schließlich schenkt ma heitzutag bloß was her, wenn ma was erwartn ko.
FRAU FLOH: Mit Eahna möcht i mi gar nimmer unterhaltn. Für mi san Sie ausradiert.
RUDI HERZ: Sowas hab i vom Herrn Knecht aa scho ghört.
FRAU FLOH: Lang wohnen Sie sowieso nimmer da herin *(ab)*.

8. Szene

RUDI HERZ: *(schreit ihr nach)*: Jetzt kenna S' getrost ins Bett geh. Heut gibts garantiert koane Neuigkeiten mehr. Da siehgt ma amoi wieder, was für ein Gschwerl auf der Welt umanandlaaft. Solang sie sich a'n Vorteil ausrechnen, brauchas Di. Und wennst nix mehr wert bist, na lassen s' Di foin.
(Couplet):
Wennst was hast
oder bist oder kannst,
na bist recht.
Nacha schmierns da
an Honig um d' Goschn.
Du muaßt hochstapeln,
lüagn und betrüagn,
na bist recht.
Sunst werst heutzutag
seelisch verdroschn.

D' Menschheit juckt heit
der andere gar nimmer vui.
Du muaßt d' Ellbogn hernehma
in dem dreckatn Gspui!

Des is wurscht,
obs politisch
oder wirtschaftlich is.
Jeder schaugt heit
auf sei eigns Fuadasackl.
Der net schmiert,
net betrüagt und net lüagt,
hat an Bschiß
- und werd gschlacht'
wia beim Metzger a Fackl

Koaner kümmert se heit
um sein' Nachbarn no was.
Nimmst net d' Ellabogn her,
na beißt eini ins Gras!

CAROLA: Nicht alle sind so.

RUDI HERZ: Aber fast alle *(zur Türe)*: Walter, kumm einer. Da Bsuach war vollzählig da.

WALTER STEIN: Ein Graffel wohnt in dem Haus. Wenn i der Besitzer waar, na taat i ausmistn.

RUDI HERZ: Derf i offiziell bekanntmacha: Kennaglernt hast ja mei Carola scho. Des is Fräulein ... *(er schaut auf Carola)* ... wia hoaßt 'n Du eingli?

CAROLA: *(belustigt)*: Hertz. *(Rudi Herz und Walter Stein stehen wie angewurzelt.)*

RUDI HERZ: Wia hoaßt Du?

CAROLA: Hertz. Ganz einfach Hertz. Wie Du, nur mit „tz" am Schluß.

RUDI HERZ: Dann is ja ....

CAROLA: ....der neue Hausbesitzer mein Vater. Ganz richtig kombiniert, Rudi.

WALTER STEIN: *(setzt sich)*: Mi trifft da Schlag.

RUDI HERZ: Des derf doch net wahr sein. A so a'n Zuafoi gibts einfach net. A so a Zuafoi is ja scho fast verbotn.

WALTER STEIN: Jetzt bist Du dro, Rudi. Und da hast Du gsagt, daß mei Plan a oida Huat war.

CAROLA: Eigentlich bin ich erst aufmerksam auf Dich geworden, als ich erfuhr, daß Du Dich für den neuen Hausbesitzer ausgabst, obgleich mein Vater das Haus seines Freundes gekauft hatte.

WALTER STEIN: Jetzt hörst as wieder. Des war mei Idee. Dafür konnst ma a paar Schachtl Erdnüss kaafa.

RUDI HERZ: I woaß net, was i sagn soll. Wenn Dei Vater erfahrt, daß Du mi ... daß i Di ...

CAROLA: Paps weiß alles. Und er findet, daß Du eine große Zukunft als Maler vor Dir hast.

RUDI HERZ: Hoffentlich moant er da net bei da Tapeziererinnung!

CAROLA: Gewiß nicht. Vater hat einen Blick für Kunst.

RUDI HERZ: Da hast mi ja sauber reiglegt. Wenn i denk, daß Du oiß gwußt hast ...

CAROLA: *(gibt ihm einen Kuss)*: Es hat aber doch alles schönstens geklappt, nicht?

WALTER STEIN: Genau was i gsagt hab.

RUDI HERZ: Freili. Du, laß mi bloß in Ruah mit Deine Pläne.

CAROLA: Dein Freund hat recht.

WALTER STEIN: Na, was sag i?

CAROLA: Ich wurde erst richtig neugierig auf Dich, als ich von der Hausmeisterin Deinen Namen erfuhr und daß Du das Haus gekauft haben solltest. Da dachte ich mir, den Mann muß ich mir ansehen.

RUDI HERZ: *(setzt sich und zündet sich eine Zigarette an)*. Jetzt bin i gschafft. Gestern hab i mi nimmer nausgsehng, und heut des. Da muaßt ja herzkrank werdn vor lauter „Herz".
WALTER STEIN: Jetzt konnst der Hausmoasterin, dem Hausgeier, oane aufstreicha. Jetzt, wo Du Mitbesitzer werst.
RUDI HERZ: Oida Schmarrer.
CAROLA: Es stimmt schon. Walter hat schon recht.
RUDI HERZ: Du wuist oiso mei ...?
CAROLA: ...Frau werden *(glücklich)*: Ja, mein Rembrandt Nummer zwei. Und Vater kommt heute noch vorbei.
RUDI HERZ: So spät no?
CAROLA: Er versprach es mir. Er konnte nicht gleich mitkommen, weil er noch eine Besprechung hatte.

9. Szene

Es wird geklopft.

FRAU KRIEG: *(zieht ihre Tochter Monika an der Hand hinter sich her)*: Herr Herz, Eahna gehts guat, wia i siehg. Aber des werd Eahna scho no vergeh. Der Herr „Hertz" kimmt no vorbei ... *(wichtigtuerisch)*: Er hat mich verständigt. Waar vielleicht net schlecht, wenns Eahnere Farbn scho zsammapacka taatn. Und im Übrigen, zu einer solchen späten Abendstund san anständige junge Damen scho lang dahoam. *(zu Carola)*: Wenns anständig san! Und meiner Monika hams aa an Kopf ganz verdraaht. Die woant den ganzn Tag. Aber bevor die an Maler kriagt, daschlag i s' ja no zerscht.
WALTER STEIN: *(breitet die Arme theatralisch)*: Oh wilde Frau, so laß Dein Herz doch sprechen. Siehst Du denn Deines Kindes Trauer nicht?
MONIKA: *(schluchzt)*: Sei staad Walter. Mei Muatter raucht koan Guatn.
WALTER STEIN: *(verblüfft. Geht auf Monika zu)*: Ja Moni, konnst Du wieder normal redn?
MONIKA: I hab doch bloß gmoant, daß Du mi ois großer Dichter net mogst, wenn i normal red. *(weint)* Huhuhuhu ...
WALTER STEIN: *(nimmt sie in die Arme)*: Du dumms Tschapperl, Du.
FRAU KRIEG: *(ist erst sprachlos, dann schreit sie)*: Monika!! Zu Deiner Mutter!
MONIKA: *(duckt sich zu Walter Stein)*: Naa, i heirat' an Walter.
WALTER STEIN: Du hörst es, wilde Frau, für wessen Herz das Herz des Kindes schlägt *(winkt mit der Hand)*: So hebe Dich von dannen, grausam Weib, bevor die Spitze meines Degens Dich durchdringt!
FRAU KRIEG: *(schnappt nach Luft, ignoriert ihre Tochter)*: Wia gsagt, um die Zeit san anständige junge Damen längst dahoam! *(zu Monika)*: Mit Dir red i später.
RUDI HERZ: Hoitn S' doch Eahnern Mund, Sie Sie Staubsauger-Dompteuse. Mischn S' Eahna doch net überall ei. Sunst kannts sei, daß Eahna Tochter aa so a oide Jungfer werd wia Sie!
FRAU KRIEG: Sie! Sie! Des werd se ja no rausstelln, was mei Monika für a Jungfer werd! I für mei Person woaß Bescheid über Sie! I hab Eahna durchschaugt! Durch und durch durchschaugt!
WALTER STEIN: Hoffentlich. Net, daß S' a grausame Überraschung erlebn müassn auf Eahnere oidn Tag.
FRAU KRIEG: Was ham S' gsagt, Sie junger Dutterer?
WALTER STEIN: Hab bloß gsagt: „Hoffentlich". Sonst nix.

FRAU KRIEG: Des möcht i moana. Mit dene gesellign Parties hört sich 's natürlich aa auf. Wotaat denn des hiführn? I sag: Maler und Dichter ghörn in a Heim. In an'm anständign Bürgerhaus san solche Elemente fehl am Platz. Außerdem müassn d' Hausbesitzer bloß ständig an'm Geld nachlaafa. Nix geht über a solids Handwerk. Da verdeana d' Leit und kenna zahln. Monika! Da her! Zu Deiner Muatter!

RUDI HERZ: B'hoitn S' doch Eahna Meinung für sich. Und d' Monika lassen S' an'm Walter. Sunst schreibt er amoi in seine Memoiren schlecht über Sie. Und des möcht i Eahna ersparn.

CAROLA: *(nimmt ihn beim Arm)*: Sei nicht so gereizt, Rudi. Laß die gute Frau doch reden.

FRAU KRIEG: *(zu Carola)*: I an Ihrer Stell waar net so voreilig, Fräulein. *(zu Rudi Herz)*: Und Eahna taat i ratn, daß S' koan andern Menschn unglücklich macha. Wo S' hint und vorn nix ham. A Maler is a Hungerleider. Wenn er koa eigns Gschäft hat. Des hat mei Vater, Gott habn selig, scho oiwei gsagt.

CAROLA: *(hängt sich bei Rudi Herz ein)*: Wir werden heiraten.

FRAU KRIEG: *(spöttisch)*: Wohl aa a Künstlerin, was? Gleich und gleich gesellt sich gern.

WALTER STEIN: A Sprichwort, des scho ganz schee abdroschn is. Da find i des no besser: „Abendstund hat Gold im Mund". Bsonders heit!

FRAU KRIEG: So, findn Sie des? I für mein Teil siehg auf alle Fälle, daß si die oidn Sprichwörter immer wieder bestätign. Des werds bald spanna, wenn der Herr „Hertz" kimmt. *(zu Rudi Herz)*: Moana S' net, daß 's besser waar, wann S' Eahnere Utensilien scho zsammaramertn?

CAROLA: Ich glaube nicht, daß der neue Besitzer Herrn Herz noch in der Nacht hinauswerfen wird. Und morgen sehen wir dann weiter.

FRAU KRIEG: Des wünsch i Eahna. Wenns a „morgen" no gebn werd.

MONIKA: Daß Du gar so pampig bist, Mama?

RUDI HERZ: Seid staad, Monika. *(zu Frau Krieg)*: Auf den neua Hausherrn warten S' am bestn in der eigna Wohnung.

WALTER STEIN: Da kannt oan'm der Appetit auf d' Frauen vergeh. Hoffentlich werst Du net aa so wie Dei Muatter, Monika.

FRAU KRIEG: *(faucht)*: Sie, Sie, was glaubn denn Sie eingli, wer Sie san? San Sie vielleicht der liebe Gott?

WALTER STEIN: Naa, leider. Sunst taat i Eahna auf der Stell abberufn.

MONIKA: Des derfst aa net sagn, Walter. Sie is doch mei Muatter.

WALTER STEIN: Woaßt Du des gwiß?

FRAU KRIEG: Mit Eahna unterhoit i mi gar nimmer. *(zu Rudi Herz)*: Und Eahna, Herr Herz, werds wohl oder übel recht sei müassn. Dem Hausherrn hab i nämlich am Telefon gsagt, daß i bei Eahna auf eahm warten werd.

RUDI HERZ: Na wartn S' hoit bei mir. Na siehgt er glei, was Sie für oane san. Die sich in oiß eimischn muaß, was ihr gar nix ogeht.

FRAU KRIEG: Des gschicht einzig und allein im Interesse der Hausgemeinschaft sowie des Hausbesitzers.

RUDI HERZ: So konn ma 's natürlich aa sagn. *(zu Carola)*: Wann, hast Du gsagt, werd Dei Vater kumma?

FRAU KRIEG: Was, Eahna Vater kummt aa? Der werd Augn macha, wenn er den Hungerleider siehgt.

CAROLA: Das glaube ich nicht, Frau Krieg. Mein Vater ist bestens informiert.

WALTER STEIN: *(lacht)*. Ha, des is guat. „bestens informiert".

FRAU KRIEG: Was gibts denn da zum lacha?

WALTER STEIN: Nix. I moan bloß. Ham Sie an neuen Hausbesitzer scho persönlich gsehng?

FRAU KRIEG: Naa, no net. Aber des werd bald der Foi sei. *(schwärmerisch)*: Des muaß a ganz a feiner Mensch sei. Sovui hab i am Telefon scho gmerkt.
WALTER STEIN: Dann is 's ja guat.
FRAU KRIEG: Was soll denn des wieder hoaßn?
WALTER STEIN: Nix bsonders.

10. Szene

Es wird geklopft.

CAROLA: Das wird mein Vater sein.
RUDI HERZ: Herein bitte.
Herr Hertz tritt auf.
CAROLA: Hallo Paps! Ich dachte schon, Du kommst nicht mehr *(gibt ihm einen Kuß)*.
HERR HERTZ: Guten Abend allerseits. Verzeih, mein Kind, Du weißt ja, die leidigen Geschäfte.
FRAU KRIEG: *(von oben herab)*: Sie san oiso der Vater von dem Fräulein.
HERR HERTZ: Wenn Sie nichts dagegen haben. *(zu Rudi Herz, reicht ihm die Hand)*: Es freut mich, daß wir uns persönlich kennenlernen, Herr Herz. Ihr Bild ist gekonnt gemalt. Und Sie dürfen versichert sein, daß ich davon etwas verstehe.
RUDI HERZ: Ganz meinerseits. Aa i freu mi, daß i Eahna persönlich kennalern.
CAROLA: Setz Dich doch, Papa und machs Dir bequem.
HERR HERTZ: *(zu Rudi Herz)*: Gemütlich haben Sie es hier. Sehr nett. So stellte ich mir immer ein Atelier vor. Das hat Atmosphäre.
FRAU KRIEG: *(spöttisch)*: Nimmer lang.
HERR HERTZ: Wie meinen Sie das?
FRAU KRIEG: Des Haus is verkaaft wordn. Und der Herr Herz werd nimmer lang da wohna. Der neue Besitzer muaß in Kürze da sei. I muaß Eahna des sagn, damit Eahna Tochter net ins Unglück rennt.
HERR HERTZ: *(fängt sich schnell)*: Ah, so ist das. Herr Herz muß also ausziehen, wenn ich Sie richtig verstanden habe.
FRAU KRIEG: Genau so is des. I woaß zwar net, wia Sie drüber denka, aber a Ordnung muaß sei. Und d' Miete muaß ma zoihn. Und der Herr Herz is leider, leider mittellos.
RUDI HERZ: Des muaß raus, gell Frau Krieg? Sunst waarn S' dastickt.
FRAU KRIEG: Tuat ma leid, aber den Herrn Vater von Eahnera Freundin muaß ma aufklärn. Er hätts früher oder später sowieso erfahrn.
WALTER STEIN: Naa, naa, wia manche Menschn nur so blöd sei könna. Da verrenna sie sich in a Sach, von der s' na später nimmer zruck könna.
RUDI HERZ: *(zu Herrn Hertz)*: Derf i bekannt macha: Walter Stein, Schriftsteller und mein Freund.
HERR HERTZ: Sehr angenehm. Es freut mich, einen Dichter kennenzulernen.
WALTER STEIN: *(verlegen)*: So a großer Dichter bin i leider no net.
RUDI HERZ: Aber er hat die bestn Einfälle.
MONIKA: Und i mag Männer, die Einfälle ham.
CAROLA: Zum Beispiel, wie man Hausbesitzer werden kann?
HERR HERTZ: Wenn sich die Einfälle bewähren, ist es ja gut.
WALTER STEIN: *(deutet auf Rudi)*: In sein'm Fall jedenfois is oiß eitroffa.
RUDI HERZ: Und auf des buid'st da was ei, net?
CAROLA: Darauf kann er auch stolz sein. Immerhin lernten wir uns dadurch kennen.
WALTER STEIN: Siehgst, d' Fräulein Carola is a Frau!

MONIKA: *(mahnend)*: Walter!

WALTER STEIN: Und Du natürlich aa, Herzi.

HERR HERTZ: *(stützt die Hände auf die Schenkel)*: Nun, ich muß sagen, mir gefällt es hier. Ein solches Atelier zu besitzen war schon ein Jugendwunsch von mir gewesen *(sieht sich abwägend um)*. Man könnte ja die darunterliegende Wohnung dazunehmen und eine Wendeltreppe hier herauflegen. Das gäbe Platz für den Arbeitsraum und zugleich für eine Wohnung dazu.

FRAU KRIEG: *(lacht spöttisch)*: Freilich. Des waar natürlich ideal. Aber da macht Eahna bestimmt der Hausherr an Strich durch d' Rechnung. Der hat andere Pläne mit dera Wohnung.

HERR HERTZ: Glauben Sie? Ich finde, daß Ihnen das ziemlich gleichgültig sein dürfte. Ihnen scheint wohl sehr daran gelegen zu sein, Herrn Herz aus dem Hause zu haben. Das Blatt kann sich aber leicht wenden. Um einen Ihrer Sprüche zu zitieren.

FRAU KRIEG: Ja, wia redn denn Sie mit mir? I bin die Hausmoasterin von dem Haus. I an Ihrer Stell taat net so schnell Partei ergreifn für einen Gefallenen. Und überhaupts, i bitt mir mehr Freundlichkeit aus, sunst ham mir glei ausgred't, mir zwoa.

WALTER STEIN: *(lacht)*: Gefallenen! I sag ja, dera Frau san die 220 Volt von ihrem Staubsauger in Kopf gstiegn.

HERR HERTZ: *(zu Frau Krieg)*: Ich würde an Ihrer Stelle nicht so voreilig sein. *(zu Rudi und Carola)*:Also, Kinder, wir werden morgen schon einen Architekten kommen lassen, damit wir die notwendigen Umbauten besprechen können. *(erhebt sich, zu Walter Stein)*: Und Sie, Herr Stein, werden mit von der Partie sein. Der guten Einfälle wegen. *(schaut auf die Uhr)*: Schon ziemlich spät. Carola, wir verabschieden uns. *(zu Frau Krieg)*: Sie sind ja immer noch hier! Sie schlafen wohl sehr wenig, wie? Immer auf der Lauer nach „Neuigkeiten“? Sie können jetzt getrost schlafen gehn. Heute geschieht nichts mehr, was für Sie von Bedeutung sein könnte. Es sei denn, Sie warten immer noch auf den Hausbesitzer. *(belustigt)*: Doch glaube ich nicht, daß der noch kommen wird. Es ist schon ziemlich spät. *(zu Walter Stein)*: Kommen Sie mit mir, Herr Stein. Ich glaube, die jungen Leute haben sich noch was zu sagen. Und Sie und Ihre junge Braut werden ja wohl auch noch gerne allein sein wollen, nicht?

WALTER STEIN: Jawoih, des mach i. Komm, Monika, gehn ma Luft schnappn. Dei liabe Mama werd scho aufpassen, daß nix „Ungesetzliches“ passiert zwischen an'm Rudi und der Carola *(geht zusammen mit Herrn Hertz und Monika zur Türe)*.

FRAU KRIEG: Monika, wenn Du net dableibst, dann brauchst gar nimmer kumma. Einen Dichter, der sonst nix konn, will i net zum Schwiegersohn!

RUDI HERZ: *(reicht Walter die Hand)*: Also, Walter, bis morgen. Bei mir! *(er schaut zu Frau Krieg)*: Und bring d' Monika aa mit, wenn s' grad bei Dir schlaafa sollert.

WALTER STEIN: Pfüad Euch, es zwoa. Klar, bis morgn.

MONIKA: Tschüs Rudi, oider Pinselschwinger *(mit Walter Stein ab)*!

RUDI HERZ: *(reicht Herrn Hertz die Hand. Triumphierend)*: Und besten Dank, Herr Hertz. D' Carola werd glei nachkomma.

FRAU KRIEG: *(zuckt bei dem Namen „Hertz“ zusammen. Schüchtern)*: San Sie vielleicht der Herr Hertz?

HERR HERTZ: Stimmt genau.

FRAU KRIEG: *(setzt sich)*. Der neue Hausbesitzer. Jetzt is oiß aus. Jetzt konn i einpacka. I Rindviech, i blöds!

RUDI HERZ: Des hätt i net glaubt, daß i des erleb, daß Sie d' Wahrheit sagn.

CAROLA: *(erheitert)*: Sie wussten doch schon lange, daß „Herr Hertz“ der neue Eigentümer ist.

FRAU KRIEG: I bin erledigt.

HERR HERTZ: Kommen Sie mit und nehmen Sie es nicht so tragisch. Sie werden auch weiterhin Ihre Stellung behalten. Vorausgesetzt, daß Sie noch einen Dichter zum Schwiegersohn wollen!

FRAU KRIEG: *(sprachlos)*: Mei, des is aber ...i moan, i find ... *(zu Rudi Herz)*: ... Ich möcht mi bei Eahna direkt entschuidign. *(schreit)*: Monika! Gell, so ein Glück, jetzt ham ma a'n Dichter und a'n Maler im Haus!

HERR HERTZ: *(ungeduldig an der Türe)*: Nun kommen Sie schon, Frau Krieg. Das wird sich alles finden.

FRAU KRIEG: Und beim Umbaun bin i natürlich gern behilflich. D' Monika und der Dichter könna bei mir wohna.

HERR HERTZ: *(zieht Frau Krieg zur Türe. Beide ab).*

Rudi Herz und Carola sind allein. Er geht langsam auf sie zu, legt die Arme auf ihre Schultern und küsst sie. Da wird zögernd geklopft und die Hausmeisterin schiebt einen Blumenkorb in das Zimmer mit der Aufschrift: „Dem jungen Brautpaar von ihren Mietern".
Herr Knecht, Frau Wiesel und Frau Floh stehen hinter ihr und lächeln.

Vorhang

Kurzer Prozess

Aus dem Leben des Wildschützen Georg Jennerwein

von Werner Schlierf

Personen:

Georg Jennerwein	Wildschütz
Maria Jennerwein	seine Mutter
Hans Jennerwein	sein Stiefbruder
Rosl	Kellnerin beim „Hennerer“
Agathe	Sennerin, Braut von Pföderl und Geliebte von Jennerwein
Johann Josef Pföderl	Wilderer und Spezl Jennerweins, der später Jäger wurde
Hans Burger „der Lampi“	Wildschütz, dessen Spruch „Bluat vo da Gams“ legendär wurde
Markus Hofberger	Freund und Hausherr von Jennerwein
Mayr	Förster und Vorgesetzter von Pföderl und Lechenauer
Simon Lechenauer	Jäger und Kollege Pföderls

Ort: Schliersee und Umgebung/Wirtshaus, Waldstück, Kammer, Alm
Zeit: Abend am 14. September 1961 vor der Gemeinderatssitzung; in der Rückblende befinden wir uns in den Jahren 1873 bis 1877 auf der Hauptbühne
Personen dieses Jahrhunderts (evtl. Zweitbesetzungen), im September 1961:
Bürgermeister Minholz
Pfarrer Josef Widholz
Vorstand Herein
Cafèbesitzer Sepp Sachs
Zitherspieler Lenz Binder

Das Geschehen spielt sich auf der rechten Vorbühne am 14. September 1961 vor der Gemeinderatssitzung ab.

In der Ecke auf der linken Galerieseite sitzt eine schwarzvermummte Gestalt. Wenn das Licht vollständig verlöscht ist, zieht die schwarze Gestalt aus ihrem Umhang einen Zwilling hervor und gibt einen Schrotschuss ab (die Schrotpatronen werden natürlich vorher entschärft, indem die Bleikügelchen entfernt wurden). Der Zwilling wird abgeknickt und neu geladen. In rascher Reihenfolge zwei weitere Schrotschüsse.
Anschließend schleicht der Vermummte gebückt davon. Dem Publikum bleibt es überlassen, einen Wildschützen oder was auch immer in dem Vermummten zu vermuten. Erst zum Ende des Stücks klärt sich der Vorfall auf. Georg Jennerwein wurde mit drei Schüssen getötet.
Nun Spot auf die erste Szene auf der Vorbühne.

1. Szene

Vorbühne. Vom Bühnenhimmel „schwebt" eine Tafel herab: „Gemeinderats-Sitzung-14.Sept.1961" Bürgermeister Minholz sitzt allein am Tisch und liest in der Illustrierten „Quick". Nach einer Weile tritt der Vorstand Herein auf)

HEREIN: Aha, da Burgermoasta is scho da.
MINHOLZ: Grüaß di. Bist' alloa?
HEREIN: De andern zwoa kemma glei. Was liestn da?
MINHOLZ: D'Quick vom August Oanasechzge ... (1961)
HEREIN: Warum? Heit habn ma doch scho a'n 14. September. Wennst' was neis erfahrn wuist, na muaßt' d'Tageszeitung lesn ...
MINHOLZ: A Tageszeitung, de schreibt bloß fürn Tag. A Illustrierte muaß länger herhoitn.
HEREIN: Aber vom Jennerwein-Grab steht nix drin, in deiner Illustriertn ...
MINHOLZ: Dees werd aa guat sei. Dees Grab vo dem Schlawiner muaß aus da Gmoa verschwindn!
HEREIN: Damit tuast' da koan Gfoin, Burgermoasta. De Meinung taat i für mi bhoitn ...
MINHOLZ: Warum denn? Stimmts vielleicht net?
HEREIN: No ja, da Girgl mag ja a Luftikuss gwen sei, aber sei Grab is mittlerweile zu ara Kulturstätte wordn. A'n Jennerwein kennas bis Hamburg aufi!
MINHOLZ: *(spöttisch)* A Kulturstätte! Dass i net lach!
HEREIN: *(ernst)* Da brauchst' gar net lacha. Vui san dafür, dass a'n Jennerwein sei Grab nei aufgstift werd. A bissl a Stolz und a Eigenständigkeit taan uns net schadn, wo oiwei mehra „fremds" zu uns kimmt ...
MINHOLZ: Holla, da Vorstand vom Trachtenverein werd rassistisch ...
HEREIN: *(ärgerlich)* Schmarrn, „rassistisch" wer i werdn! Aber ois Vorstand vom Trachten- und Theaterverein derf i doch woih no sagn, dass mir uns net für unser Bayern schaama braucha.
MINHOLZ: Sag i dees?
HEREIN: Sagn net, aber moana kaannt mas ...
MINHOLZ: I bin bloß dagegn, dass ma dees Grab von dem Wuiddiab nei aufstiftn lassn. Vui aus da Gmoa san dagegn!
HEREIN: Gega was?
MINHOLZ: Gega s'aufstiftn!
HEREIN: Und so geht kloaweis in Bayern oiß valorn ...
MINHOLZ: A'n Schmarrn geht valorn! Aber da Jennerwein war doch a Lump ...
HEREIN: Da Jennerwein Girgl war a Wuidschütz und koa Wuiddiab! Dees is bei uns a großer Unterschied! Und sein' Nama kennt ma bis nach ...
MINHOLZ: *(winkt ab)* ... nach Hamburg aufi ...
HEREIN: ... und aa bis nach Berlin aufi!

MINHOLZ: *(ironisch)* ... drum habns durch Berlin a Mauer zogn!

HEREIN: *(verständnislos)* Wiaso a Mauer?

MINHOLZ: No, in da Quick hab i glesn, dass Berlin durch a Mauer trennt wordn is. In Ost- und Westberlin.

HEREIN: *(ärgerlich; polternd)* Ja Kruzitürkn, was hat denn dees mitn Jennerwein sei'm Grab z'toa?

MINHOLZ: Nix. I sag ja bloß, dass de da drobn koa langs Federlesn macha. Aber mir „Hinterwäldler" scheißn wega a'm Grab von a'm Wuiderer umanand, den wo's vor 84 Jahr daschossn habn. *(spöttisch)* Dabei is' net amoi gwieß, dass da Jennerwein drinliegt ...

HEREIN: Du moanst wega dera Gschicht mit dem amputiertn Haxn vom „Bleischä"?

MINHOLZ: No ja, dees sell steht fest, dass a'n „Bichler Sepp" da Jaager „Hörter" beim Wuidern in' rechtn Haxn gschossn hat. Da beißt d'Maus koan Fadn ab ...

HEREIN: Da „Hoffmann Anderl" konn aa a'n Schmarrn vazapft habn.

MINHOLZ: Auf'n Sterbebett vazapft ma koan Schmarrn.

HEREIN: Da täuscht' di aber, Burgermoasta. Auf'n Sterbebett is oft scho da größte Schmarrn vazapft wordn. Wissentlich und unwissentlich ...

MINHOLZ: Da Hoffmann Anderl is Ehrenvorstand bei de „Schlierachtaler" gwen.

HEREIN: Und er hat mit seine 72 Jahr x-moi a'n Jennerwein gschpuit.

MINHOLZ: Leider! Dees valogne Stückl, dees da Schmied von Au, da „Winter Ferd" 1896 gschriebn hat, is schuid dro, dass da Jennerwein a so verehrt werd.

HEREIN: *(anerkennend)* Da schau her, da Burgermoasta kennt se ja guat aus! Aber s'Wuidern is bei uns koa Schand. Und mir Baiern kenna aa a paar Helden braucha.

MINHOLZ: *(mit Spott)* Freili, weil mir oiß de Ami nachmacha müaßn. De habn a'n „Buffalo Bill", a'n „Jesse James" und a'n „Billy the Kid", und mir habn a'n „Boarischn Hiasl", a'n „Jennerwein Girgl" und a'n „Kneißl Matthias". Sauber sag i ...

HEREIN: Wia ma no grad so unromantisch sei konn? I sag da, dass Raubritter, Piraten, Revolvermänner und Wuidschützn in d'Gschicht eigehnga, weil de dees tean, dees se de andern net toa traun. *(spöttisch)* Und Burgermoasta werdn hoit seltn zu Legendn ...

(Der Kaffeehaus-Besitzer „Sepp Sachs" tritt auf, der den letzten Satz noch mitbekommen hat)

SEPP SACHS: ... und scho glei gar net, wenn sa se um dees „Aufstiftungs-Gerstl" von sechzg Markl drucka woin, dees fürn Jennerwein Girgl sei Grab notwendig is. Grüaß eich ...

MINHOLZ: Du hast guat redn. I muaß für d'Gmoa gradsteh.

HEREIN: I sags eahm scho s'tausendste Moi, dass dees Grab vom Jennerwein Girgl für d'Gmoa umbande wichtig is. In Zukunft wenigstens ...

SEPP SACHS: Genau. Da muaßt' scho a bissl a'n Weitblick habn, Burgermoasta. Da Jennerwein is für Bayern dees, was da Buffalo Bill für d'Ami is.

HEREIN: *(triumphierend)* Jetzt schrei i aber! Dees gleiche hab i eahm aa grad gsagt.

(Der Pfarrer Josef Widholz tritt auf)

JOSEF WIDHOLZ: Grüaß Good beinand.

ALLE: Grüaß di Good, Herr Pfarrer ...

JOSEF WIDHOLZ: Draußd wart' oana, der zu dir wui, Sepp.

SEPP SACHS: Dees is da Binder Lenz. Der hat a'n neia Text zum Jennerwein-Liad gschriebn. Und zwar in boarisch! Wann gehtn Gmoasitzung los?

MINHOLZ: Jetzt nacha glei. Wenn alle da san ...

SEPP SACHS: Na soi da Lenz no schnell sei Liadl singa. *(laut)* Lenz, geh weida, kimm eina!

(Lenz tritt auf)

LENZ BINDER: Grüaß enk. I bin da Binder Lenz.

SEPP SACHS: Er hat scho a paarmoi bei mir im Cafè gschpuit. *(zu Binder)* Sing dees neie Jennerwein-Liad, Lenz. *(zum Bürgermeister)* Und wennts ihr in da Gmoa so notig seids und s'Aufstiftn net zoin woits für's Jennerwein-Grab,na mach i kurzn Prozess und zoih de sechzg Mark!

JOSEF WIDHOLZ: ... und i zoih a'n Teil davo aus meiner Taschn.
HEREIN: *(spöttisch zu Minholz)* Siehgst', Burgermoasta, de wissen was se ghört in Schliers ...
MINHOLZ: *(brummig)* Hernach lass' ma abstimma, und wenn d'Gmoa dafür is, na solls ma recht sei ...
SEPP SACHS: *(grinsend)* Na oiso. Na is ja oiß in Butter. Aber jetzt sing, Lenz ...
(Lenz Binder singt)

„Neues" Jennerweinlied nach „alter" Melodie
A'n Girgl Jennerwein
habn d'Kügerl troffa.
Am Hohen Peissenberg
drei Schuss sans gwen.
Am Buckl is eahm na
s'Bluat abigloffa.
Da Pföderl wars, sagn d'Leit,
was soi ma redn.

A Töchterl hat er ghabt,
Roserl hats g'hoaßn.
D'Muadda war s'Agerl vo
da Baumgartn-Oim.
D'Böck hat er mögn da Girgl,
und aa de Goaßn.
Beim Schiaßn war er gschwind,
ois wia a Schwoibn.

Da "Lampi" war sei Freind,
a "Wuidschütz-Jaaga",
der hat se umbracht spata,
aus lauter Schmerz.
Am Girgl Jennerwein,
sei'm Hosentraaga,
san d'Madln drog'hängt mit
ihrm ganzn Herz.

Hätt' ma eahm damois
net von hint daschossn,
na waar er heit no oiwei
ganz unbekannt.
Wenn er aa g'wuidert hat,
ganz unverdrossn,
dees habn aa andre to,
im Bayernland.

D'Rosl vom Hennerer,
a reife Kellnerin,
de hat a'n Girgl mögn,
wia net leicht was.
Bei der is er oft,
glegn in da Kammer drin,

und seine Schnurrbartspitzl
warn „bußlnaß“!

Bei Sedan hat er na
auf d'Franzleit gschossn.
Der Kriag war für eahm bloß
a großer Bschieß.
D'Franzosn hat er mögn,
im ganzn großn,
hat er net gwusst warum,
wias oiwei is.

Jetzt is er tot
und trotzdem lebt er weida.
Sei Grab in Westenhofen,
dees is schee pflegt.
In Bayern geht so was,
weil da a gscheida
und „wuida Wuidschütz“ fast
in jedem steckt!

SEPP SACHS: *(nach Beendigung des Liedes)* I woit, dees hätt da Girgl g'hört ...
(da fällt die Musik-Kapelle mit einem „Plattler-Stück“ ein, die vier Gemeinderäte drehen sich verblüfft zu den Musikern um, und das Licht wechselt auf die Hauptbühne. Die Vier gehen rasch ab)

2. Szene

(Hauptbühne. Vom Bühnenhimmel schwebt ein Schild herunter: „Wirtshaus zum Hennerer“. Georg Jennerwein „plattelt“ und Rosl, die Bedienung, schaut ihm fasziniert dabei zu. An einem Wirtshaustisch sitzen Jennerweins Freunde, Markus Hofberger, Josef Johann Pföderl, Hans Burger „Lumpi“ genannt, und Jennerweins Stiefbruder Hans).

PFÖDERL: *(angetrunken)* Plattln konn er, da Girgl. Wia net leicht a zwoater ...
LAMPI: *(grinsend)* Schiaßn scho aa! *(zu Rosl)* Bring ma no a Mass, Rosl, und a'm Pföderl aa oane ...
MARKUS HOFBERGER: Na bringst' mir aa no a Mass und a'm Girgl sei'm Stiafbruada aa no oane.
HANS: *(mürrisch)* I zoih ma mei Bier scho selba ...
MARKUS HOFBERGER: Dees bin i a'm Girgl schuidig. Anno siebzge habn ma a'm Franzmann ganz schee eig'hoazt, da Girgl und i! Da is da Raach aufganga bei Sedan, mei Liaba Schiaba!
LAMPI: Und mit de Weiba? Wia wars mit de Weiba? Vo de Französinnen hört ma so allerhand?
MARKUS HOFBERGER: Was werd mit dene scho sei? De habns genau aa dort, wo's unsere Deandl habn ...
LAMPI: Aber „spitz“ soins ganz schee sei, hat mir da Germer Hias vazählt. So richtig hitzig ...
ROSL: *(bringt das Bier)* Da taat da Lampi hoit gern amoi hilanga. Gell, Lampi?

MARKUS HOFBERGER: Da Girgl hat scho higlangt. Und zwar sauber. Da habns Augn gmacht, de Franzmänner.

HANS: *(bitter)* A jeder herglaafane Haderlump hat bei de Weibaleit mehra Glück ois wia a braver Bua ...

ROSL: *(belustigt)* ... wia du, moanst hoit, oder Hansei? Aber schau, brav san mir Weiberleit selba. Da brauch' ma net aa no a'n Buam der brav is.

HANS: *(mürrisch)* Di hab i net gmoant ...

GEORG JENNERWEIN: *(wischt sich den Schweiß von der Stirn und tut einen tiefen Schluck aus dem Bierkrug, den ihm Rosl hinhält)* Aah, dees tuat guat. D'Franzosn san zerme Leit. De wissen, wia ma leben muaß. De macha net so vui Gschieß ois wia mir. *(verdreht die Augen)* Und de Madln, sag i eich! *(zu Hofberger)* Was, Markus, de französischn Madln wissen no, was se g'hört, oder net?

MARKUS HOFBERGER: *(stolz wie ein Pfau)* Genau, Girgl! Da habn ma's ganz schee kracha lassn!

ROSL: *(wäscht Gläser)* Da habts a jede umglegt, was? *(eifersüchtig)* Und da Girgl war natürlich da Goggolori, oder vielleicht net?

GEORG JENNERWEIN: *(legt die Hand aufs Herz; treuherzig)* I hab überhaupt nix to ...

HANS: *(schielt zu Rosl)* Hoit nacha net! Mir hast' verzählt, dass'd oiß verzupft hast, was herganga is.

GEORG JENNERWEIN: Schmarrnbeni. *(will dem Gespräch eine andere Wendung geben; zu Pföderl)* Was is, Hansnsepp, was macht s'Tirolerische?

PFÖDERL: Es geht. De Tiroler san scheints no hautiger dro wia mir, weil i auf oiwei mehra „Schlingen" stöß. De Häuslleit habn aa nix z'fressn net.

LAMPI: *(spöttisch zu Jennerwein)* I soi di schee grüaßn vo da Lena ...

GEORG JENNERWEIN: Von was für a Lena?

LAMPI: Jetzt glaab i's aber. Wo da Pföderl und du s'letztmoi in da Kammer drobn warts. Zu zwoat!

ROSL: Sauber sag i!

GEORG JENNERWEIN: Da is mir durchaus gar nix bekannt. *(zu Pföderl)* Dir vielleicht, Hansnsepp?

PFÖDERL: *(rasch; verlegen)* Überhaupts durchaus gar nix ...

LAMPI: *(grinsend)* Weilts alle zwoa so bsuffa warts, dass' nimmer höher ganga is!

ROSL: *(setzt sich ostentativ neben Hans Jennerwein)* A scheens Hemad hast' o, Hansei. *(nestelt an seiner Brust herum)* Ehrlich, a scheens Hemad ...

HANS: *(schaut verlegen zu seinem Halbbruder hinüber)* Dees Hemad, dees, dees is mei oids ...

ROSL: Magst' no a Mass, Bua?

HANS: *(brummig)* I zoih mas scho selba. *(trotzig)* I arbat ja!

ROSL: Dees woaß i doch, Hansei. *(schielt zu Jennerwein)* Andere denka da anders drüber. De tean liaba Kriagschpuin ...

MARKUS HOFBERGER: Aber gwinna! Net vergessn: gwinna! Was, Girgl?

GEORG JENNERWEIN: Waar scho recht! A'm Franzosn habn mas zoagt. Aber i mag d'Franzosn. Echt. Si wu blä ...

LAMPI: *(spöttisch zu Jennerwein)* Wenn grad koa Kriag is, na hat da Girgl unter der Woch' aa liaber d'Laadn in da Menscherkammer zua, wia s'Hemad bei da Arbat offn. Is' net a so?

GEORG JENNERWEIN: I arbat ma gnua!

LAMPI: *(lachend)* Freili, bei de Menscher!

ROSL: Red' net a so über uns Weiberleit. Dees mag i net, dees woaßt' Lampi.

LAMPI: Is ja wahr aa. Was no grad d'Weiber oiwei a'm Girgl finden? I bin doch aa net zwida, oder?

GEORG JENNERWEIN: Zwida net, Lampi. Aber verheirat. Und i net ... *(grinst)* Aber jetzt bringst' uns no a paar Mass, Rosl! Geh zua, Deandl. Zoihn tua i! *(fasst sie um die Hüfte, küsst sie stürmisch, und wirbelt sie herum)* Dees hoaßt, wenn i's auf „Kreide“ kriag bei dir! Übermorgn schiaß i a'n Gamsbock und na zoih i meine Schuidn. *(busselt sie ab)* Was is, Deandl, hat da Girgl Kredit bei dir?
ROSL: *(lachend)* Du Hallodri du! Woaß da Teifi, warum i oiwei wieder reifoi auf di!?
GEORG JENNERWEIN: Das ist die Lübä!
ROSL: *(macht sich lachend frei)* Du Bazi, du! Für jedn a Mass?
GEORG JENNERWEIN: Für jedn!
PFÖDERL: Und für jedn a'n Enzian! *(Rosl stutzt)* Den Schnaps zoih i glei!
ROSL: Na geht oiß klar. Kredit hat bloß da Girgl ...
GEORG JENNERWEIN: Bring ma mei Zither mit, Rosl! I hab a paar neie Gstanzl zur Hand.
(Rosl bringt das Bier und den Schnaps)
GEORG JENNERWEIN: Prost, Kameraden! Si wu blä ...
ALLE: Prost Girgl! Soist' lebn! *(alle trinken)*
HANS: *(schüchtern)* Soi i dir a Gerstl leicha, Girgl?
GEORG JENNERWEIN: *(verblüfft)* Aber Hansei. Wia kimmst' denn da drauf? Du hast as doch ghört: i hab Kredit bei da Rosl!
ROSL: *(bringt Jennerweins Zither)* Da, Girgl, sing uns was vor, damits lustig werd ...
GEORG JENNERWEIN: *(singt)*

Jeda Jaaga hat a glanzads Büxei,
aber schiaßn derf er damit net.
Weil a's Wuid g'hört bloß de nobla Herrn-Säu,
und für de san alle Jaaga blöd!

Manche Jaaga de san gar net zwida,
doch bloß de, de früaha g'wuidert habn.
De spürn s'Bluat no drinn in alle Glieder,
bei de andern da is s'"Büxei“ lahm!

S'Wuid auf dera Welt, dees ghört a'n jedn,
weil's koa Nummer hat und aa koan Nam'.
Oiso schiaß i ohne lang zum redn,
in de Wälder drauß und in da Klamm.

(Das Licht geht langsam zurück und der Vorhang schließt sich, die Gstanzl gehn in das „Jennerwein-Thema“ über bis die Bühne umgestellt ist ...)

3. Szene

Ein Schuss kracht und beendet jäh die Musik. Der Vorhang öffnet sich und die Bühne zeigt uns ein Waldstück bei Nacht. Vollmond!
Georg Jennerwein mit geschwärztem Gesicht, humpelt leise fluchend aus der Dekoration und geht hinter einem Strauch oder ähnlich in Deckung. Der Schuss hat sein Bein getroffen. Er verharrt, mit seinem Stutzen im Anschlag.
Plötzlich taucht hinter ihm ein zweiter Wildschütz mit geschwärztem Gesicht auf. Dieser hält den Zeigefinger vor seinen Mund, zum Zeichen des Schweigens. Dann hält er seinen Zwilling in die Luft und

gibt nun seinerseits einen Schuss ab. Im Off ertönt ein Fluch: „Ja Kruzinesn, dees san ja zwoa!" Und der Jäger, um den es sich offensichtlich handeln muss, rennt davon durchs brechende Unterholz.)

PFÖDERL: *(grinsend)* Ja, da Girgl! Was hast'n am Haxn?
GEORG JENNERWEIN: Bluat vo da Gams! Hat mi der Gloiffe glatt troffa!
PFÖDERL: Dees war da Lechenauer Simmerl. Der beim Förster Mayr Jagdaufseher is. Koa unrechter Kerl ...
GEORG JENNERWEIN: Aber bei mir beißt er sich d'Zähn aus, da Förster! Mir gehts garantiert net a so, wias a'm Menterseppei ganga ist!
PFÖDERL: A'm Menterseppei?
GEORG JENNERWEIN: Den hat da Mayr im Winter in' Wuidbach gstößn, und nacha, wia er steifg'frorn war, hat a'n daschossn!
PFÖDERL: Da war er no net Förster, oder?
GEORG JENNERWEIN: Naa, da war er no Jaaga, da Mayr. Und was für a Loas! Aber mit mir net! *(grinst)* Wenn scho, na gfrier i d'Jaaga ei, und lass bei de Welschn drunt a „Steifgfrorns" aus eahna macha!
PFÖDERL: Zoag dein Haxn her ...
GEORG JENNERWEIN: *(streckt ihm das Bein hin)* Da, es blüat ganz schee ...
PFÖDERL: *(untersucht die Wunde)* Da hast' a Massl ghabt. Der Schuss hat die bloß gstroaft. *(schaut sich um)* Geh weida, schleich ma uns, bevor da Simmerl mit Verstärkung z'ruckkimmt!
GEORG JENNERWEIN: Wohi denn?
PFÖDERL: *(deutet mit der Hand in eine Richtung)* Bloß da ummi. Da siehgt uns koana. Und dort verbind' i dir dein Haxn. Los, geh weida! *(Jennerwein stützt sich auf Pföderl und sie gehen ein paar Schritte. Pföderl hebt einen Fichtenzweig auf und bedeutet Jennerwein, sich hinter den Zweig zu setzen)*
GEORG JENNERWEIN: So a Glück, dass du aa beim Schiaßn warst, Hansnsepp.
PFÖDERL: Scheinbar habn mir auf denselbn Bock gspitzt mir zwoa.
GEORG JENNERWEIN: Dees vergiss i dir nia, Hansnsepp!
PFÖDERL: Geh, geh, so wuid is dees aa net. *(er reißt ein Sacktuch in Streifen und verbindet Jennerweins Wunde)* Glaabst', manchmoi hab i mir scho denkt, ob i net in' Staatsdienst geh soi?
GEORG JENNERWEIN: *(grinsend)* Du und a Greana? Geh, da lacht ja a Goaß! Da Pföderl a Jaaga!
PFÖDERL: I hab ja bloß gsagt, dass i manchmoi drauf denkt hab.
GEORG JENNERWEIN: *(ernst)* Hast du oiß vergessn, Hansnsepp, über dees mir zwoa und da Lampi ganze Nächt' lang gschmatzt habn? S'Wuid aufm Feld, im Woid und auf de Berg, und s'Wuid in da Luft und im Wasser, g'hört a'm Volk! So wars oiwei gwesn. Bis im Mittelalter de Großkopfertn und adligen Herrn s'Wuid für eahna alloa beansprucht habn.
PFÖDERL: Dees woaß i doch, Girgl. Hoit staad, sunst konn I di net verbindn!
GEORG JENNERWEIN: *(in Wut)* Und wenn's a'n so a'n arma Teifi beim Wuidern dawischt habn, na habns eahm d'Händ abg'hackt, d'Augn ausg'stocha, d'Ohrn durchlöchert, oder auf a Galeere nach Venedig abi verschachert. Oder glei gar um a'n Kopf kürzer g'macht.
PFÖDERL: Jetzt hoit di staad! Moanst', dass i dees oiß vergessn hab?
GEORG JENNERWEIN: Moana kaannt m'as! Zu de Jaaga gaang i net, und wenn's mi in Gold aufwiagn taan!
PFÖDERL: *(kleinlaut)* Alle sans net a so ...
GEORG JENNERWEIN: *(eigensinnig)* Da Salzburger Erzbischof hat a'n Wuiderer in a bluatige Hirschdecka ei'naahn und na auf'm Marktplatz von seine Jagdhund z'reißn lassn! Und da Würzburger Erzbischof hat a'n Schwarzfischer s'Fischnetz aufm Buckl verbrenna lassn.

Naa, Pföderl, i hab oiß glesn, über de noblichn Herrn! Ausbeuter und Schinder warns alle! Bluat vo da Gams, mir habns uns g'schworn, da Lampi, du und i, dass's mir a'm „Boarischn Hiasl“ nachmacha woin, der se aa net duckt hat und dafür sogar vierteilt wordn is!

PFÖDERL: *(merklich unwohl in seiner Haut)* Dees woaß i doch oiß selber ...

GEORG JENNERWEIN: I bin ma da nimmer so sicher. *(eindringlich)* Vergiss net, dass vor hundert Jahr 62000 Menschn verhungert san in Bayern! Damois hat s'Wuidern zum Überlebn g'hört! Heit g'hörts zu a'm ganzn Kerl.

PFÖDERL: Tuat er weh, dei Haxn?

GEORG JENNERWEIN: *(schlägt mit der Hand durch die Luft)* Ah was denn, weh werd er toa! *(er springt auf, gleich darauf sitzt er wieder)* Auweh! Bluatsauerei, der hat mi sauber troffa.

PFÖDERL: Es is koa Knocha hi, Girgl. Dees is bloß da Wundschmerz.

GEORG JENNERWEIN: *(durch die Zähne)* Der Scheiß-Lechenauer-Jaaga!

PFÖDERL: Möchst' eahm aa d'Händ mit ara Schrotladung durchschiaßn, wia ses a'm Jaaga Rappl vo Tegernsee drent gmacht habn, d'Wuidschützn ...?

GEORG JENNERWEIN: Dass'd jetzt du oiwei zu de Jaaga hoitn muaßt, Pföderl?!

PFÖDERL: I hoit net zu de Jaaga. Aber alle san aa net schlecht.

GEORG JENNERWEIN: *(grinsend)* De bestn Jaaga san oiwei no de totn Jaaga ...

PFÖDERL: Jetzt geh weida, schaugn ma daß ma weidakumma. *(Er stützt Jennerwein, und dieser humpelt neben Pföderl davon in die Kulissen. Das Jennerwein-Thema wird kurz angespielt und die Bühne wird total dunkel. Nach einer Weile schwebt von der Decke ein weißer Fensterrahmen herunter, an dem symbolisch eine kleine, weißlackierte Kinderleiter angeschraubt ist. Ein Spot auf eine Bühnenecke und eine Bauernbettstatt wird sichtbar, in der die Kellnerin Rosl im Nachthemd und Georg Jennerwein im Hemd liegen. Beide „schmusen“ so lange, bis sich die Bettstatt unterhalb des Fensterrahmens befindet. Die Szene über nur Spot auf die Bettstatt. Die Musik hört schlagartig auf)*

4. Szene

(stilisierte Kammer von Rosl)

ROSL: *(macht sich frei)* A Kind konn i fei koans braucha ...

GEORG JENNERWEIN: Du hast g'sagt, dass de ungfährlichn Tag' san ...

ROSL: *(lachend)* So was konnst da du merka, du Bazi du ...

GEORG JENNERWEIN: *(grinsend)* No ja ...

ROSL: Und morgn liegst' wieder bei a andern in da Kammer.

GEORG JENNERWEIN: *(mit gespieltem Ernst)* Naa, morgn net. Morgn bin i im Schwarzholzeck, da wart a Gamsbock auf mi. Und den derf i net wartn lassn ...

ROSL: Und wann gehst' zum hoizn?

GEORG JENNERWEIN: Zum arbatn hab i so verfluacht wenig Zeit ...

ROSL: *(seufzend)* Du bist ma so oana. *(umarmt ihn)* Aber i konn di hoit leidn ... *(nimmt plötzlich seinen Kopf in beide Hände und schaut ihm in die Augen)* Aber dees woaßt' scho, Girgl, dass in mei Kammer net a jeder derf!

GEORG JENNERWEIN: Dees brauchst' ma net sagn, Rosl, dees hat ma da Hofberger Markus aa scho gsagt ...

ROSL: *(misstrauisch)* Was hat er dir gsagt?

GEORG JENNERWEIN: Und da Hansnsepp aa ...

ROSL: Was habn da de gsagt?

GEORG JENNERWEIN: *(gespielt todernst)* ... und no a paar andere ...

ROSL: *(ungehalten)* Herrschaftseitn, was habn da de alle gsagt?
GEORG JENNERWEIN: *(prustet los)* Dass in dei Kammer koane andern derfa!
ROSL: *(schlägt auf ihn ein)* Du Mistkerl du! Schaama soist' di!
GEORG JENNERWEIN: *(hält ihre Hände fest)* I schaam mi ja, Rosl. Ganz fest aa no. Und weil i mi gar so schaam, geh i nach Amerika ...
ROSL: *(hält blitzschnell inne)* Wo gehst du hi?
GEORG JENNERWEIN: Nach Amerika. Zu de Indianer. Wo ma no a freier Mensch is ...
ROSL: Wann?
GEORG JENNERWEIN: Boid. Morgn vielleicht scho. Oder in vier Wocha ...
ROSL: Zu de Indianischn?
GEORG JENNERWEIN: Genau.
ROSL: In vier Wocha?
GEORG JENNERWEIN: Vielleicht ...
ROSL: Girgl!! *(umarmt ihn leidenschaftlich)*
GEORG JENNERWEIN:*(macht sich „liebevoll" frei)* Hä, hä, Rosl! Du dadruckst mi ja!
ROSL: Wenn i di so vui gern hab.
GEORG JENNERWEIN: I mag di aa, Rosl. Ehrlich. *(träumerisch)* Aber woaßt', i bin hoit oiwei no am suacha ...
ROSL: *(eifersüchtig)* Bei de Weiberleit, gell?
GEORG JENNERWEIN: Net alloa bei de Weiberleit. Dees is bei mir was anders. I moan grad, dass no irgendwas wart auf mi. *(fast geheimnisvoll)* Woaßt', irgendwas groß'. Irgendwas, dees wo no nei is. Dees wo I no net kenn. *(deutet nach oben)* Woaßt', wia a Sterndl ganz weit drobn am Himmi. Dees wo grad auf mi wart ...
ROSL: *(verständnislos)* A Sterndl? Am Himmi?
GEORG JENNERWEIN: No ja, oder vielleicht was anders. I woaß' ja selber net genau ...
ROSL: Und dees suachst' drübn in Amerika?
GEORG JENNERWEIN: *(wieder „ernüchtert")* Vielleicht. Vielleicht aa net. Woaß da Teifi wo. Aber i glaab einfach ums Varrecka net, dass dees oiß is in meim Leben ...
ROSL: Du traamst z'vui, Girgl. I glaab, dass du bloß oiwei traamst. I hab di scho oft beobacht', wennst' a paar Mass z'vui ghabt hast, wiast' im Eck hint' Zither gschpuit hast. Ganz traurige Liadl warn dees nacha. Ganz anders, ois wia wennst' Schnadahüpfe singst ... Von woher hast'n de Liadl?
GEORG JENNERWEIN: De foin ma selber ei ...
ROSL: Aber du hast doch koa Stund Zither-Schui ghabt, oder?
GEORG JENNERWEIN: Zither hab i vom Zualusn glernt. Und d'Melodei foit ma a so ei ...
ROSL: *(umarmt ihn stürmisch)* Geh net ins Amerikanische ummi, Girgl! Bleib da! Oder nimm mi mit ...
(Beide umarmen sich lange und die Bettstatt wird wieder hinausgezogen. Der Fensterrahmen inclusive Leiter verschwindet im Bühnenhimmel. Lichtwechsel)

5. Szene

(vom Bühnenhimmel schwebt eine Tafel herab: „Tölzer Markt 1873". Ecke in einer Wirtschaft. Im Hintergrund leise Musik. Agathe aus Bichl wartet offensichtlich auf irgendjemanden. Sie seufzt wiederholt. Georg Jennerwein tritt auf; er ist verschwitzt vom Tanz. Mit einer Hand schiebt er seinen Hut mit dem nach vorne gerichteten „Hahnhakl" lässig aus der Stirne, und mit der anderen Hand zieht er ein Taschentuch aus seiner „Kurz'n" und wischt sich damit den Schweiß aus dem Gesicht. Er schaut auf Agathe, sie schaut auf ihn, und gleich darauf auf den Boden).

GEORG JENNERWEIN: Da schau her, s'Agerl aus Bichl is aa aufn Tanzbodn z'Tölz. Grüaß di, Deandl.
AGATHE: *(schüchtern)* Grüaß di, Girgl ...
GEORG JENNERWEIN: Wartst' auf wen?
AGATHE: I glaab, der hat mi vergessn ...
GEORG JENNERWEIN: *(lachend)* Wia ma no a so a saubers Madl vergessn konn? So was versteh i net.
AGATHE: Akkurat du sagst so was. Wost' doch andauernd vo de Weiberleit umgebn bist ...
GEORG JENNERWEIN: Geh, wer sagt da denn so was? *(um dem Gespräch eine andere Richtung zu geben)* Bist' heuer net auf da Baumgartn-Oim?
AGATHE: Freili bin i drobn. Bis in' Herbst eini.
GEORG JENNERWEIN: *(tritt dicht vor sie hin)* Derf i di amoi bsuacha, Agerl? *(treuherzig)* Natürlich bloß auf a'n Weidling Milli und auf a'n Schmarrn! *(starrt auf ihr Mieder)*
AGATHE: *(hält die Hand davor)* I woaß net recht ...
GEORG JENNERWEIN: *(belustigt)* Es is a rechts Kreiz mit de Deandln. Oiwei dees versteckas hinterm Miada, dees wo i ums varrecka am liabstn siehg auf da Welt.
AGATHE: A geh, wasd' net sagst. Und I hab oiwei gmonat, dass dir über a Gams nix geht ...
GEORG JENNERWEIN: *(lachend)* Oiß zu seina Zeit, Agerl. Oiß zu seina Zeit ...
AGATHE: *(mit dem Anflug eines Lächelns)* Du bist ma so oana ...
GEORG JENNERWEIN: *(stützt seine Hände links und rechts von Agathe an die Wand)* Und was bin i na für oana?
AGATHE: A rechter Hallodri hoit ...
GEORG JENNERWEIN: Dei Gspusi hat di versetzt. Kumm, Agerl, tanz ma a bissl.
AGATHE: Naa, tanzn mag i net. *(schaut sich um)*
GEORG JENNERWEIN: Der kummt heit nimmer. Geh weida, geh ma spaziern ...
AGATHE: Spaziern?
GEORG JENNERWEIN: Freili, spaziern. Oder magst' dees aa net?
AGATHE: *(nimmt ihn bei der Hand)* Spaziern geh mag i scho ...
GEORG JENNERWEIN: *(legt seinen Arm um sie)* Na geh weida, Agerl ... *(beide verlassen die Wirtschaft und Förster Mayr, Simon Lechenauer und der „Lampi" betreten fast gleichzeitig die Gaststube. Lampi führt die Kellnerin Rosl am Arm)*
SIMON LECHENAUER: Ja da Lampi mit da Rosl. Da schau her.
ROSL: I hab heit mein' freia Tag und da hat mi da Lampi zum Tölzer Markt mitgnomma.
SIMON LECHENAUER: *(ironisch)* Hat da Girgl koa Zeit net? Muaß er auf a'n Bock passn?
FÖRSTER MAYR: Sei staad, Lechenauer.
LAMPI: Da Girgl is aa aufm Markt. I habn grad aufm Tanzbodn gsehgn.
ROSL: *(eifersüchtig)* Is er mit a'm Weibsbuid da?
LAMPI: Naa. Alloa.
FÖRSTER MAYR: Sitzts eich zu uns her und trinkts aa a Mass mit? *(zu Lechenauer)* Geh weida, Simmerl, hoi drei Mass.
SIMON LECHENAUER: Drei Mass?
FÖRSTER MAYR: Drei Mass! Oane für mi, oane für di und oane für'n Lampi. Und da trinkt d'Rosl mit ... *(Rosl und Lampi setzen sich)*
LAMPI: Möchst' mi a bröckl ausfragn, Mayr? Aber von mir erfahrst' nix.
FÖRSTER MAYR: A'n Schmarrn möcht i di. Bloß a Mass trinka möcht i mit dir, sunst nix. Geh zua, Simmerl, und hols Bier. *(Simon Lechenauer widerstrebend ab)*
LAMPI: Seit wann bist denn du so großzügig, Förster?
FÖRSTER MAYR: No ja, a Mass bringt mi net um ...
LAMPI: *(spöttisch)* Da „wuide Jaaga vo Gmund"!

FÖRSTER MAYR: *(unbehaglich)* Dees war amoi, Lampi. De Zeit is lang her ...
LAMPI: *(ernst)* Aber net vergessn, Mayr ...
ROSL: Vom „wuidn Jaaga aus Gmund“ hab i aa Gschichtn g'hört. In da Wirtschaft. Wia i o'gfangt hab beim Hennerer ...
FÖRSTER MAYR: *(noch unbehaglicher)* Vo dene Gschichtn wui i nix mehr wissn. Dees is lang her ...
LAMPI: Dees glaab I gern, Förster. Aber d'Vergangenheit konn ma hoit net aufhoitn. De laaft oam oiwei hintn nach. Wia a Hunderl ..
(Simon Lechenauer kommt mit drei Mass' Bier zurück)
FÖRSTER MAYR: Jetzt gebts a'n Fried und trinkts! Prost, Rosl, soist' leben! *(stößt an den Krug von Rosl und Lampi)*
ROSL: *(nimmt den Krug zur Hand)* Du aa, Förster Mayr! *(beide trinken)*
SIMON LECHENAUER: *(schnappt sich schnell seinen Krug)* Gelts Gott für's Bier, Förster ...
(Lampi nimmt Rosl den Krug aus der Hand und stößt rasch an Lechenauers Krug)
LAMPI: Hoit, Simmerl! Trink mit mir auf a langs Leben! Dees konn a Jaaga oiwei braucha ...
SIMON LECHENAUER: ... und a Wuiddiab aa!
LAMPI: *(grinsend)* Du moanst hoit a'n Wuidschütz, Simmerl! *(stößt nochmals an Lechenauers Krug)* San ma guat, Simmerl. Prost! *(beide trinken lange)*
FÖRSTER MAYR: *(beiläufig)* Und da Jennerwein Girgl is auf'm Tölzer Markt, sagst'?
LAMPI: Den lasst da Girgl nia aus.
ROSL: Wo is er denn, Lampi?
LAMPI: Da Girgl is überoi und nirgends ...
SIMON LECHENAUER: Wennst' a'n Jennerwein suachst, Rosl, na brauchst' bloß schaugn, wo d'Weiba rumstehnga. Und wenn er da net is, na brauchst' bloß zu a'm Wuidwechsel geh. Bei da Arbat triffst' a'n Girgl nia ...
ROSL: *(von der Seite)* Du magst a'n Girgl net, gell Simmerl?
SIMON LECHENAUER: I mag gar koan, der schwarz aufs Wuidpret losgeht. *(schaut zu Lampi)* Net alloa bloß a'n Girgl ...
FÖRSTER MAYR: Was d'Weiberleit bloß a'm Girgl findn? Mit sei'm schiafn Zahn vorn? Der hockt doch de ganze Zeit bloß beim „Hennerer“, in da „Glashüttn“, oder in da „Post“ in Schliers. Und wenn'sn da nausschmeißn, den oidn Raafa, na geht er in d'Tafern nach Westnhofen oder nach Hausham.
ROSL: Dasst's ihr zwe oiwei auf'n Girgl rumhacka müaßts?
SIMON LECHENAUER: *(wütend)* Weil er a liadalicher Kerl is, der d'Arbat aa dicker hat, ois wia a'n Kriag ...
LAMPI: ... den er aber ois Freiwilliger mitgmacht hat. Und da warst du net dabei!
SIMON LECHENAUER: *(mürrisch)* I bin a Jaaga und hab net wegkenna.
LAMPI: *(spöttisch)* Da hast' a Glück g'habt, Simmerl, dass d'Wuidschützn alle in Frankreich warn.
SIMON LECHENAUER: Geh lass ma mit dei'm Schmarrn mei Ruah. *(trinkt)*
LAMPI: Auf jedn Foi hat da Girgl sein' Kopf hig'hoitn, damitst du schee jaagern hast kinna.
SIMON LECHENAUER: *(schreit)* Derfst du dees sagn zu mir, du Lump?!
LAMPI: *(springt auf)* Bluat vo da Gams, nenn mi koan Lumpn net, oder i stich di!
FÖRSTER MAYR: *(haut mit dem Bierkrug auf den tisch)* Kruzifix, a Ruah is jetzt! I mag mei Bier in Friedn trinka.
(beide setzen sich und beruhigen sich)
ROSL: *(in die Stille hinein)* Seit dem Kriag in Frankreich glaabt da Girgl nimmer an Gott.
(alle drei starren auf Rosl)
FÖRSTER MAYR: Was hast' g'sagt Deandl?
ROSL: *(lacht schüchtern auf)* No ja, dees hat er hoit amoi zu mir gsagt, da Girgl. Wias alle tot warn um eahm rum. Weil a Granatn von de Franzmänner eigschlagn hat. Und er im Lazarett war und

ringsum habn's d'Füaß und d'Arm wegschneidn müaßn de Dokters. Und oiß war voller Bluat ...

LAMPI: *(durch die Zähne)* Den Scheißkriag hat da Bismarck o'zettelt. *(niemand achtet auf ihn und Rosl spricht leise weiter)* ... und wenn's a'm Kameraden a'n Hax weggschnittn habn, na hat er a Quartl Apfeschnaps austrinka derfa. Und d'Offiziere habn a'n Schampani (Champagner) trunka. Und s'Bluat is gspritzt, und gschrian habns alle, und drum glaabt da Girgl nimmer an Gott, weil der bloß zuagschaugt hat ... *(alle drei sind still geworden. Rosl nimmt den Krug und spricht weiter)* Prost, Förster Mayr! *(trinkt und reicht Lampi den Krug, der mit den beiden anderen Männern einen gehörigen Schluck nimmt. In diesem Moment kommt Georg Jennerwein mit erhitztem Gesicht zurück)*

GEORG JENNERWEIN: *(stutzt, als er die Gruppe still dasitzen sieht)* Was is denn in eich gfahrn? Hocka da, wia bei ara Beerdigung.

ROSL: *(glücklich)* Girgl! *(zieht ihn neben sich auf einen Stuhl. Sie drückt ihm ein Geldstück in die Hand)* Hol zwoa Mass, bittschön. Oane für di und oane für mi. Dann hat da Lampi endlich sei eigns Bier.

GEORG JENNERWEIN: *(nimmt das Geldstück gar nicht schüchtern)* Es is bloß g'liehn, Rosl. Bloß g'liehn ... *(geht ab und kommt kurz darauf mit zwei Mass' zurück)* Prost beinand! *(gibt Rosl einen Kuss auf die Wange)* Prost, Deandl! *(alle trinken)*

SIMON LECHENAUER: Wann gehst' denn in Woid, Jennerwein?

GEORG JENNERWEIN: In' Woid??

SIMON LECHENAUER: No ja, zum Arbatn hoit. Dei Spezl, da Hofberger Markus, hat Baam zeichnet.

GEORG JENNERWEIN: Vielleicht geh i glatt morgn aussi ins Hoiz?

ROSL: Dees gfreiat mi, Girgl ...

GEORG JENNERWEIN: Sunst nehma uns de Welschn no de ganze Arbat wegga ...

SIMON LECHENAUER: *(spöttisch)* D'Italiener san hoit fleißiger, wia manche vo de insern ...

GEORG JENNERWEIN: *(steht auf und holt sich eine Zither, die er auf einem Tisch erspäht hat. Grinsend)* Geh, geh, geh, sooo fleißig sans na aa wieder net ... *(singt G'stanzl)*

Manche klerikalen Adel-Stenzn,
de tean so, ois waarn mir gar net do.
Wer a Geld hat, derf ois Jaaga glänzn,
aber mir hoins oiwei no vom Rössei ro!

Alle Dirndl mögn net bloß a'n „Greana",
naa, sie habn uns „Schützn" aa gern gsehgn.
Denn von uns da kennas no ebbs lerna,
drum sans oft bei uns im Heustock glegn!

Glanzt da kuglrunde Mond am Himmi,
nacha ruck i mit meim „Stutzei" aus.
Hab i aa zum Deandl gsagt, heit abnds da kimm i,
wenn mi „s'Bluat" packt, na werds hoit nix draus!

(Johann Joseph Pföderl erscheint im grünen Jägerrock. Jennerwein greift bei seiner Zither vor Schreck daneben)

GEORG JENNERWEIN: *(perplex)* Ja Hansnsepp, was hast denn du für a Klüfterl o?

FÖRSTER MAYR: Da schaugst', Jennerwein. Da Pföderl is umgstiegn. Er is a Jaaga wordn.

GEORG JENNERWEIN: I glaabs einfach net. Sag, dass' net wahr is, Hansnsepp!?

PFÖDERL: *(verlegen)* No ja, dees ewige Schwarzgeh hab i hoit satt ...

GEORG JENNERWEIN: Und da muasst' glatt zu de Jaaga geh?
LAMPI: *(räuspert sich und spuckt aus)* Pfui Teifi!
PFÖDERL: *(drohend)* Tua di fei z'ruckhoitn, Lampi!
LAMPI: Wenn mi was kratzt im Hois, na schpeib i's aus! Dees geht di a'n Dreck o, Pföderl.
PFÖDERL: *(achtet nicht auf ihn, sondern fast entschuldigend zu Georg Jennerwein)* I möcht heiratn, Girgl. Drum. I möcht endlich a Dahoam habn ...
SIMON LECHENAUER: *(ernst)* Dees waar aa für di net as Schlechteste, Jennerwein. Jetzt gaangs no. Unser Kini hat a Dekret erlassn, dass a jeder Wuiddiab a Jaaga werdn konn ...
LAMPI: *(heftig)* Ja Himmiherrgottsakkrament, der Kerl macht mich ganz fuchtig, wenn er oiwei „Wuiddiab" sagt! Wuidschützn san ma, Bluat vo da Gams!
FÖRSTER MAYR: *(fast belustigt)* Na gibst' a's oiso selba zua, Lampi! *(Lampi sinkt „kleinlaut" am Stuhl zusammen)* Aber im Ernst, Jennerwein, dees schlechteste waars net für di.
ROSL: Girgl, geh weida, geh zu de Jaaga! Na derfst' oiwei schiaßn! Am Tag und bei da Nacht. Na is' koa Gfahr mehr ...
GEORG JENNERWEIN: *(fast fiebernd zu Rosl)* Aber genau dees is' ja, Rosl! Na hats koan Reiz mehr für mi. *(ernst zu Pföderl)* Dees bedauert i, Pföderl. Ehrlich, dees tuat ma richtig leid ...
PFÖDERL: Warum nennst' mi nimmer bei mei'm Vornam', Girgl?
GEORG JENNERWEIN: *(feindselig)* Weils'd jetzt nimmer zu mir ghörst, sondern weils'd ab heit a Jaaga bist!
LAMPI: *(zu Pföderl)* Wia hoaßtn de glückliche Jaaga-Braut nacha?
PFÖDERL: *(glücklich)* Agathe hoaßts und aus Bichl is'! Und a'm Sommer über is' d'Sennerin vo da Baumgartn-Oim.
GEORG JENNERWEIN: Varreck hast' ghört!
ROSL: Was hast' denn auf oamoi, Girgl?
GEORG JENNERWEIN: Nix. Was wer i denn scho habn ...? *(er greift zur Zither und singt)*

Wenn a's Lebn net gar so schnell vergaangert,
nacha lebat ma's no moi so gern.
Und wenn oiß net gar so hoch drobn haangert,
was ma mögn taat'n auf unserm Stern.

Wia a Wischer von a'm Büxn-Kügei,
ja so gschwind is unser Lebn dahi.
Und für mi is s'Leben ois wia a Windei,
weil i da Jennerwein Girgl bi.

S'Lebn is schee, da konn ma no so bläcka,
und einmalig auf da ganzn Welt.
Bis da Boandl mit seim Goaßl-Stecka
auf da Friedhofsuhr na zwölfe zählt.

Und was bleibt scho wia a'n Haufa Boana,
bis aa de zu lauter Staub wordn saan.
Heit da lach ma no und tean ma woana,
doch scho morgn werd er a'n Baam ablaan ...

LAMPI: Geh Girgl, jetzt glaab i, daß du auf ara Beerdigung bist ...
ROSL: Sing hoit a paar lustige Gstanzl, bittscheen, Girgl ...!

GEORG JENNERWEIN: Lustig möchst' a's habn, Rosl? Aber na müaß ma was trinka!
ROSL: I zoih a Flaschn Enzian!
GEORG JENNERWEIN: *(aufgekratzt)* Her damit! Los, Lampi, hol a Flaschl!!
(Rosl gibt Lampi Geld, dieser holt eine Flasche Schnaps, während Girgl die Zither neu stimmt. Lampi kommt zurück und Rosl schenkt die Gläser voll, die Lampi ebenfalls mitgebracht hat. Georg Jennerwein trinkt drei Gläser hintereinander „Ex" und singt dann:)

Alle Weiber, de san für mi bärig
und drum pack' i's alle kloaweis zamm
San aa manche no von eahna sperrig,
weils no d'Unschuid unterm Röckei ham.

Jede Kellnerin hat a Geld-Taschn,
und jeda Jaaga hat a gladne Büx.
Mancher „Wuidara-Jaaga" is a Flaschn,
und dem nützn de zwoa Sachan nix.

(Pföderl schaut böse zu Jennerwein, der ihn nur angrinst)

Morgen geh i ins „Schwarzholzeck" umi,
und steig aufi auf'n Peißenberg.
Zu a'm Gamsbock sag i: „Freind dir kumm i",
und zum Pföderl sag i: „Jaaga-Zwerg"!

PFÖDERL: *(sehr ärgerlich)* Jetzt kenn di fei wieder, Girgl. Oiwei brauchst' auf mi und auf's Agerl aa net losgeh. Dees is a bravs Deandl ...
GEORG JENNERWEIN: Du hättst s'Agerl hoit net versetzn derfa, Pföderl. Dees war a Fehla von dir gwesn ...
PFÖDERL: *(misstrauisch)* Woher woaßt' denn du dees, dass mir uns treffa woitn?
GEORG JENNERWEIN: S'Agerl hat ma's gsagt, wia ma spaziern ganga san.
PFÖDERL: Wann?
GEORG JENNERWEIN: Zerscht grad ...
ROSL: Girgl, is dees wahr?
GEORG JENNERWEIN: Sei staad, Rosl, dees geht di nix o. Dees is ganz anders, wiast du moanst ...
PFÖDERL: *(schreit)* Was hast du mit meim Agerl triebn?!
GEORG JENNERWEIN: Nix'n. Spaziern ganga san ma. Dees hab i dir doch grad gsagt. Wia hätt i wissn kenna, dass d'Baumgartn-Sennerin dei Braut is? Zu mir hats nix gsagt.
PFÖDERL: *(eifersüchtig)* Du Himmihund hast' ma s'Agerl ausgspannt!
GEORG JENNERWEIN: I hab da gar nix ausgspannt, Pföderl. Aber vor lauter „Jaaga hi und Jaaga her" hast' auf dei Deandl vergessn. Und so was derf ma net toa, Jaaga!!
PFÖDERL: *(geht mit einem Stuhl auf Jennerwein los)* Du Saukerl, du schlechter! I daschlag di! *(Tumult)*
GEORG JENNERWEIN: *(weicht ihm aus. Plötzlich mit eiskalter Stimme)* Hoit, Pföderl. Wart a bissl. Mir zwoa san Freind gwen. Da guitn andere Schpuiregeln. Stell a'n Stuih hi. Mir zwoa macha dees wia zwoa Mannsbuida aus. *(er zieht seinen Jagdnicker aus der Lederhose)* Ziehg dein' Puppfer, Pföderl, heit nimmst' Abschied von deina schöna Zeit ... *(während sie sich geduckt umkreisen, ihre Messer in den Fäusten, wird das Licht dunkler und der Vorhang fällt)*

6. Szene

(Vorbühne. Tafel von oben wie gehabt „Gemeinderats-Sitzung-14.Sept.1961". Etwa eine Stunde ist vergangen seit der ersten Sitzung. Der Bürgermeister, der Vorstand des Trachtenvereins, der Pfarrer und Sepp Sachs sitzen am Tisch, rauchen und trinken. Als der Spot auf die Vorbühne einsetzt, trinken die Vier gerade und stellen dann ihre Krüge ab)

BÜRGERMEISTER: Wo is'n da Binder Lenz?
SEPP SACHS: I hab'n nausgschickt. Er braucht dees net mitkriagn, was mir zum Redn hab'n.
VORSTAND: San scho Gemeinderäte kumma?
BÜRGERMEISTER: bis jetzt no net. *(schaut auf seine Uhr)* D'Sitzung fangt erst in a knappn Stund o.
SEPP SACHS: Aber mir viere san uns einig: a'n Girgl Jennerwein sei Grab werd nei aufgstift.
BÜRGERMEISTER: Vo mir aus scho. Vorausgsetzt, dass d'Gmoa mitmacht.
PFARRER: Da siehg i koa Gfahr. S'Jennerwein-Grab is a Attraktion wordn für d'Schlierseer.
BÜRGERMEISTER: *(spöttisch)* ... aa wenn bloß da „Hax' vom Beischä" drinliegt? Oder vielleicht gar nix?
SEPP SACHS: Dann is' aa wurscht! I möcht net wissn in wiavui Gräber ganz was anders druntn liegt, ois was auf de Grabstoana drobn steht. Hauptsach is, s'Jennerwein-Grab bleibt bei uns!
BÜRGERMEISTER: Na verehrn ma hoit den Wuidschütz weiter ...
PFARRER: *(ernst)* Du woaßt genau, Burgermoaster, dass' früher koane Wuidschützn gebn hat, weil s'ganze freie Wuid a'm Volk ghört hat. Bis nacha de Landesherrn a'n Riegl vorgschobn, und s'Wuid für sich beansprucht habn.
BÜRGERMEISTER: *(süffisant)* Da warn aber aa a'n Haufa Fürstbischöf' drunter. Oiso oa vo deina Zunft, Pfarrer.
PFARRER: *(ernst)* Dees woaß i aa, Burgermoaster. Aber zu dene hab i no nia ghört! Oder woaßt' a's du anders?
BÜRGERMEISTER: *(rasch)* Naa, naa, Herr Pfarrer! Du bist scho a grechter Mo.
VORSTAND: ... und wenn de noblichn Herrn damois a'n Wuiderer gschnappt habn, na habns eahm a'n „Stirnroafa" o'schmiedn lassn, mit a'm „Hirschgweih" drobn, den er tagein tagaus tragn hat müaßn ...
PFARRER: Genau! Und drum is a Wuidschütz fast scho a Revoluzzer, der a'm Volk ghoifa hat, gega seine Unterdrücker und Ausbeuter!
BÜRGERMEISTER: Für a'n Hochwürdigen Herrn a seltsame Ansicht ...
SEPP SACHS: Unser Pfarrer hat hoit a Schneid. Und Recht hat er obndrei. Ma derf aa net vergessn, dass zu Jennerweins Zeit de arma Hund nix zum fressn ghabt habn. Vui san auf Minga nei zur Arbeitssuche. Aber da wars no vui katastrophaler wia auf'm Land! Und da Kini hat sei Herrenchiemsee baun lassn. Für 36 Millionen Mark war dees Schloss veranschlagt. Und dreihundert Leit habn g'arbat dro ...
VORSTAND: ... und a'm Wagner Richard hat er aa s'Geld nachgschmissn.
BÜRGERMEISTER: Da Ludwig hat nix gega d'Wuiderer ghabt. Er war ja selber a Romantiker, der am liabstn in da Nacht mit da Kutschn oder mim Schlittn gfahrn is ...
PFARRER: I habs scho a paarmoi gsagt: Wenns um de paar Markl Aufstiftungsgeld geht, na zoih i dees aus meina Taschn.
SEPP SACHS: ... mir zwoa hoit, Herr Pfarrer!
PFARRER: Is ma aa recht ...
VORSTAND: Mi derfts fei net vergessn!
BÜRGERMEISTER: *(mürrisch)* Na bin oiso i alloa da Depp ...
SEPP SACHS: Naa, naa, Burgermoaster. I woaß, dass di du bei da Gmoa durchsetzn werst.
PFARRER: Eigentlich tuats ma fast a bissl Leid, dass an's Grab vom Pföderl koana denkt ...

SEPP SACHS: Naa, naa, Burgermoaster. I woaß, dass di du bei da Gmoa durchsetzn werst.
PFARRER: Eigentlich tuats ma fast a bissl leid, dass an's Grab vom Pföderl koana denkt ...
SEPP SACHS: *(aufbrausend)* Dem Mörder taans sei Grab alle Wocha zwoamoi zammhaun! Wenns bekannt waar ...
PFARRER: Er war trotzdem a arma Teifi. Oiwei wieder hat er beteuert, dass da Lechenauer Simmerl a'n Jennerwein daschossn hat ...
SEPP SACHS: *(heftig)* A'n Schmarrn hat da Lechenauer to! D'Stauchermuadda hat damois bezeugt, dass da Lechenauer Simmerl am Wallberg war. Er hat da Staucherin ihr'n schwaar'n Korb tragn. Da Simmerl is vom Förster Mayr zum Wallberg umigschickt wordn, um für'n Graf Drechsel a'n Gamsbock ausz'macha. Dees is oiß grichtsmassig und bezeugt. Und a'n Pföderl hat da Förster zum Peißenberg gschickt. Er hat für'n Professor Kobel a'n Gamsbock raussuacha müaßn.
BÜRGERMEISTER: No no, jetzt ereifert di doch net a so, Sepp.
SEPP SACHS: *(ruhiger)* Is ja wahr aa. Da Pföderl hat a'n Girgl abgmurkst! Und sunst koana!
VORSTAND: Aber dees steht fest, Sepp, dass a'n Jennerwein sei rechter großer Zeha im Abzug vo seim Stutzn dringsteckt is. Und sei Unterkiefer war zerschmettert, und a Stückl vom Girgl sei'm Backa is mit a'm hoibertn Schnurrbart in de Äst' von a Fichtn g'hängt ...
BÜRGERMEISTER: *(ironisch)* Vielleicht hat da Georg Jennerwein sogar Selbstmord beganga? Wia er gmerkt hat, dass'n der Schuss in sein' Buckl s'Lebn kostn werd, und d'Schmerzn oiwei größer wordn san?
SEPP SACHS: Jetzt werds ja oiwei schöna! Jetzt brauchts bloß no sagn, dass'n d'Kellnerin Rosl daschossn hat. Aus Eifersucht!
PFARRER: Mystheriös war sei Tod auf jedn Foi. Und dees war a'm Jennerwein sei Glück. Waar er net von hintn daschossn wordn und liegert sei Todesart net oiwei no im Dunkln, na waar da Georg Jennerwein net zur Legende wordn ...
SEPP SACHS: *(eigensinnig)* Jedenfois muaß sei Grab erhoitn bleibn. Dees san ma eahm und uns schuidig. *(hebt seinen Krug)* Und auf dees trink i. Prost! *(Spot schlagartig aus und Licht auf die Hauptbühne)*

7. Szene

(Auf der „Baumgarten-Alm des Riedbauern von Georgenried". Innen. Agathe buttert. Neben ihr auf der Bank sitzt Georg Jennerweins Mutter, Maria Geißler. Beide Frauen schweigen)

MARIA: *(nach einer Weile)* Woaß's da Girgl scho?
AGATHE: Naa.
MARIA: Warum sagst' a's eahm denn net?
AGATHE: I hab ma no net traut ...
MARIA: *(schaut sie eindringlich an)* Und es war gwieß koa anderer?
AGATHE: *(beteuernd)* Bei meiner Seel, da Girgl war mei erster Mo.
MARIA: Und da Pföderl?
AGATHE: Mir habn nix g'habt mitnand. Mir woitn bloß heiratn ...
MARIA: Wiast' no grad auf'n Girgl reifoin hast kenna ...?
AGATHE: *(weinerlich)* Dees hat mi einfach packt. I woaß aa net warum ...
MARIA: Und sunst woaß dees neamd, außer mir?
AGATHE: Gwieß net. Bloß di hab i bitt', dass'd auf d'Oim raufkumma soist ...
MARIA: Dees war scho richtig, Agerl. Aber oana vo uns zwoa muaß' eahm sagn, dass er Vadda werd ...
AGATHE: I sags eahm scho, wenn er kummt ...
MARIA: Woaß der Girgl, daß i herobn bei dir bin?

AGATHE: Naa. *(Schweigen)*

MARIA: *(leise)* Wia i a'n Girgl kriagt hab, hab i aa den Fehla gmacht, dass i sein' Vadda net o'gebn hab. Meine Eltern habn a kloans Gütl g'habt in Haid. Bei Großhartpenning. Mei Vadda hätt' mi boid daschlagn. Er hat erst a Ruah gebn, wia mi da Geißler g'heirat hat. Seit dem bin i „d'Gütlerin von Gelting" bei Wolfratshausn. Und da Hans is a'm Girgl sei Stiafbruada wordn ...

AGATHE: Wer war'n a'm Girgl sei richtiger Vadda?

MARIA: Frag mi net, Agerl. Dees is lang her. Dees oanzige was von eahm dabliebn is, war a Büache …

AGATHE: A Büache?

MARIA: Dees wer I nia vergessn. "Cooper" hat der Schriftsteller g'hoaßn. Und dees Buach „Der Letzte Mohikaner". Dees hat da Girgl oiwei wieder g'lesn, wia er größer wordn is ...

AGATHE: Drum ...

MARIA: Was, „drum"?

AGATHE: Drum traamt da Girgl oiwei vo de Indianer und von Amerika …

MARIA: *(seufzt)* Jetzt kaannt oiß so schee werdn, Agerl. Wenn di da Girgl heirat, na übergib i eahm dees Gütl und ihr hätt's eicha eings Sach.

AGATHE: Und da Hans?

MARIA: Der kriagat a paar Tagwerk Hoiz. *(drei Pfiffe ertönen)*

AGATHE: *(erschrickt)* Jessas, na, dees is da Girgl! Er hat mir gar net gsagt, dass er heit aufakimmt.

MARIA: *(packt rasch ihren Korb und erhebt sich)* Na geh i gschwind, damit er mi net siehgt.

AGATHE: Geh durchn Stoi, Geißler-Muadda. Gschwind! *(Maria ab und Georg Jennerwein tritt durch die Türe)*

GEORG JENNERWEIN: *(lachend)* Grüaß di, Agerl. *(gibt ihr einen Kuss auf die Wange)*

AGATHE: Ja da Girgl! Wo kummst denn du her?

GEORG JENNERWEIN: *(hängt seinen Rucksack an einen Nagel und legt sein Gewehr auf den Tisch. Mehr belustigt als ängstlich)* Da Lechenauer möcht mi fanga! Der Depp! Da muaß er aber scho früaher aufsteh!

AGATHE: *(leise)* Warst' wieder beim Schiaßn?

GEORG JENNERWEIN: Naa, i bin bloß spaziern ganga. Zu dir rauf ...

AGATHE: Mi'm Stutzn?

GEORG JENNERWEIN: … den muaßt du bei dir herobn verstecka. Da Lechenauer spioniert beim Hofberger Markus rum. Vorgestern woit er einfach mei Zimmer durchsuacha, aber da Markus hatn zum Teifi g'haut. Oiso los, raam a'n Stutzn weg in dei Kammer. *(Agathe gehorcht und Jennerwein setzt sich und zündet seine kurze Jägerpfeife an)*

AGATHE: Wann hoistn dein' Stutzn wieder ab?

GEORG JENNERWEIN: Soboid se wieder oiß beruhigt hat ...

AGATHE: *(setzt sich neben Jennerwein)* Magst' a Milli?

GEORG JENNERWEIN: Naa, dank dir schee. I muaß glei wieder furt. Wenn mi da Lechenauer bei dir trifft, na lasst er dir koa Ruah mehr.

AGATHE: Gehst' zur Rosl?

GEORG JENNERWEIN: Schmarrn. Zur Rosl wer i geh ...

AGATHE: *(fast apathisch)* I kriag a Kind. Von dir …

GEORG JENNERWEIN: *(wie vom Blitz getroffen)* a Kind? Von mir? Woher wuist' denn dees wissn? Dees konn da Pföderl aa gwen sei.

AGATHE: *(leise)* Du warst mei erster Mo, Girgl ...

GEORG JENNERWEIN: Wann denn?

AGATHE: Wia ma beim Tölzer Markt spaziern ganga san. Woaßt' dees vielleicht nimmer?

GEORG JENNERWEIN: Dees geht net, Agerl. I konn koa Kind net kriagn. I geh nach Amerika …

AGATHE: Na nimmst' mi mit ois die Frau.

GEORG JENNERWEIN: Wiast' da du dees vorstellst. Da Pföderl wui di doch oiwei no heiratn? Der woaß von nix. Na schiab eahm hoit dees Kindl in d'Schuah ...

AGATHE: *(ernüchtert)* Du bist a Feigling, Girgl ...

GEORG JENNERWEIN: *(trotzig)* I bin koa Feigling, aber i brauch mei Freiheit! *(eindringlich)* Verstehst' denn dees net? *(Geräusch an der Türe)* Dees is da Lechenauer!

AGATHE: Geh durchn Stoi!

GEORG JENNERWEIN: *(leise)* Pfüadi. Mir redn nomoi drüber. *(ab)*

AGATHE: *(laut)* Kimm eina, Lechenauer!

PFÖDERL: *(tritt ein)* Wiaso Lechenauer??

AGATHE: *(nervös)* Wiaso? Mei, I hab ma hoit denkt, dass da Lechenauer sei Rundn macht ...

PFÖDERL: *(fast zärtlich)* Naa, da Hansnsepp is', und der bleibt heit Nacht bei dir herobn ...

(Licht langsam aus)

8. Szene

(Tafel aus dem Bühnenhimmel: „Wirtschaft zum Glasl in Oberach. Holzhackerball". Georg Jennerwein sitzt mit seinem Stiefbruder Hans und seinen beiden Freunden Markus Hofberger und Lampi an einem Tisch. Er hat schon einiges getrunken und trinkt gerade den Rest seines Maßkruges leer, als sich der Vorhang öffnet)

HANS: *(vorwurfsvoll)* Jetzt hast' de Mass scho wieder trunka, Girgl.

GEORG JENNERWEIN: Is doch wurscht, Hansei. Heit sois lustig sei, und heit zoih i! *(er greift in seine Hosentasche und legt eine Handvoll Münzen auf den Tisch)* Dees san zwoa Gamsböck und a Stuck!

MARKUS HOFBERGER: I taat no lauter plärrn!

GEORG JENNERWEIN: Ja warum denn net? Is doch koa Jaaga da!

LAMPI: Da Markus hat recht. In letzter Zeit übertreibst' a's a bissl, Girgl. Du vergisst, dass di vui auf da Lattn habn.

HANS: Scho tausendmoi hab i's eahm gsagt ...

GEORG JENNERWEIN: Geh scheißts eich net o! I scheich koan Jaaga. De soin mi zerscht amoi dawischn. Moana kennas vui. Aber zerscht soi mi amoi oana vo de Greakittl mit a'm frischg'schossna Stuck dawischn. No a Mass!! *(Kellnerin stellt sie wortlos hin)* Prost, auf d'Indianer! *(alle trinken)*

MARKUS HOFBERGER: Du mit deine Indianer! habn da d'Franzmänner no net glangt?

HANS: *(bittend)* Girgl, sauf net so vui, sunst habn ma d'Gaudi wieder beinand. Da Schandi vo Miasbeck sperrt di ei, wenn er di nomoi beim Raafa dawischt ...

GEORG JENNERWEIN: *(nach einem tiefen Schluck)* Hansei, Hansei. Du hast a's guat. Du kennst dein' Vadda. *(sentimental)* Aber i? Da Jennerwein Girgl? Der kennt sein' Vadda net! Vielleicht war er aus Haid? vielleicht aus'm Tirolerischen ...?

LAMPI: *(ironisch)* ... vielleicht war er aa a Indianer? Oder a Haberer aus Wolfratshausen?

GEORG JENNERWEIN: *(geht nicht darauf ein)* Koa Sau woaß, wer mei Vadda is. Net amoi mei Muadda. Koa Grab kenn i vo eahm. Nix. Es is grad so, wia wenn er gar net da gwesn waar auf da Welt. *(mit der „großen" Geste der Betrunkenen)* Dagegn unser Kini, den kennt a jeder! Der baut se oa Denkmoi nachm andern! Und i soit mi bei da Arbat schindn! Bin i bläd?

LAMPI: Recht hat er da Girgl. De adligen Scheißer werdn oiwei foaster, und mir derfatn werkln zum Varrecka! Und bloß, damit ma net verhungern.

HANS: Wenn oana seina regelmäßign Arbat nachgeht, na braucht er net hungern ...

LAMPI: *(grinsend)* Oder wenn oana woaß, wo de bestn Böckei stehnga! Dees is wia mit a'm guatn Schwammerlplatz ...

GEORG JENNERWEIN: ... 36 Millionen Mark kost' sei Schloss auf da Chiemsee-Insel. 36 Millionen! Und da is dees Geld no net dabei, dees wo er dem Sachsn-Wagner in sei'n Hintern neischiabt! So baut se unser Kini sei Denkmoi!

MARKUS HOFBERGER: Sie sagn zwar, dass da Ludwig dees Geld für sei Chiemsee-Schloss aus da eigna Taschn zoihn soi ...

LAMPI: ... dann zoihts aa a's Volk! Er hat doch sei Geld aa bloß vo de Steuern!

GEORG JENNERWEIN: ... aber er hat sei Denkmoi. Und mei Vadda hat koans.

HANS: So ein Kaas. Wer moanst', dass von uns amoi a Denkmoi kriagt, wenn er g'storbn is? Neamd net ...

LAMPI: Genau. Neamd net ...

GEORG JENNERWEIN: Aber dees is doch traurig, oder net? Wenn mir amoi gstorbn san, woaß später koa Sau mehr, dass mir glebt habn!

MARKUS HOFBERGER: Dees is hoit amoi a so, Girgl. Da konn ma nix macha ...

(in diesem Moment betreten Simon Lechenauer und Johann Josef Pföderl die Wirtschaft)

PFÖDERL: *(zum Tisch von Jennerwein hinüber, dem sie gegenüber Platz nehmen)* Grüaß enk.

HANS: Grüaß di Pföderl. Simmerl servus.

GEORG JENNERWEIN: Ja die Herren Hof- und Leibjäger. *(zieht anzüglich seinen Hut)*

SIMON LECHENAUER: *(kühl)* Jetzt derfang di nur wieder, Jennerwein.

LAMPI: *(spöttisch)* Heit is' s staad im Revier, was Simmerl?

SIMON LECHENAUER: Muaß's ja sei, wenn d'Wuiddiab alle beim Glasl hocka!

LAMPI: Kruzifix, sag net oiwei Wuiddiab, du Depp du damischer!

SIMON LECHENAUER: *(ruhig)* Dir gib i glei a'n Deppn, du Lump! I rat dir, dass'd dei Goschn net so spaziern geh lasst. Sunst staubts, aa wennst' bsuffa bist.

PFÖDERL: *(besänftigend)* Jetzt gebts a Ruah. I wui beim Hoizhackerboi mei Bier in Ruhe trinka.

GEORG JENNERWEIN: Du kriagst aa amoi koa Denkmoi, Pföderl ...

PFÖDERL: *(verständnislos)* Was für a Denkmoi?

GEORG JENNERWEIN: A Denkmoi hoit. Für Tapferkeit vor dem Feind, oder so was ähnlichs ...

PFÖDERL: I möcht heit net streitn, Girgl. I bin net aufglegt dazua. Heit gaangs net so guat naus für di, wia damois ...

SIMON LECHENAUER: Lassts a'n Pföderl sei Ruah. Der heirat' in a paar Wocha. Sei Agerl kriagt a Kind, und da Pföderl is a Ehrenmo ...

HANS: *(mit ehrlichem Gefühl)* Dees freit mi für di, Hansnsepp. Ehrlich ...

PFÖDERL: Dank da schee, Hansei. Und auf dees Kindl frei i mi scho narrisch ...

GEORG JENNERWEIN: *(trinkt)* Du woaßt, Pföderl, dass i in Tölz net gwusst hab, dass's Agerl de deinige is. I schwör d'as, i habs net gwusst ...

PFÖDERL: Lass' guat sei, Girgl. I habs vergessn. Du gehst nach Amerika und i heirat' s'Agerl. Und na hab i endli a Familie ...

GEORG JENNERWEIN: *(wieder aufgekratzt)* Prost, Hansei, Markus, Lampi! auf d'Jaaga und auf eahnare Familien! Und bsonders auf d'Jaagaweiba!! *(säuft sein Bier aus und reißt plötzlich Markus Hofbergers Gamsbarthut von dessen Kopf, steht schwankend auf und geht zu Pföderls Tisch hinüber)* Du hast mei Wort drauf, Pföderl, dass i net gwusst hab, dass's Agerl de dei' is. Und i gib dir nomoi mei Wort drauf, dass in dein' Gartn de schönstn Bleamal wachsn. *(dabei zieht er ihm den Gamsbart unter der Nase durch)* Aber brocka tuats da Girgl Jennerwein ...

SIMON LECHENAUER: *(eisig)* Jetzt glangts, Jennerwein. Mir woin koan Streit net.

GEORG JENNERWEIN: *(beachtet ihn nicht)* Und jetzt gib i dir nomoi mei Wort drauf, dass dees Kindl vom Agerl net von dir is, sondern von mir! *(hält ihm die Hand hin)* Schlag ei, Pföderl!
PFÖDERL: *(dreht sich langsam zu ihm um)* Is dees wahr, Girgl?
SIMON LECHENAUER: Geh glaab doch dees net! Siehgst' denn du net, wo er naus wui?
PFÖDERL: Ob dees wahr is, möcht i wissn?
GEORG JENNERWEIN: Freili is dees wahr. I lüag doch koan ehemalign Freind o!
PFÖDERL: *(schreit)* Du Himmihund du, hast ma mei Lebn verpatzt! *(er schlägt auf Jennerwein ein und es entspinnt sich eine wüste Rauferei. Nur Hans steht daneben und versucht zu schlichten. Aber als er sieht, dass er nichts bezwecken kann, stürzt er auf die Straße hinaus. Kurz darauf kracht ein Schuss und die Raufenden erstarren in ihrer momentanen Haltung. Langsam geht das Licht zurück und lautlos schließt sich der Vorhang)*
PAUSE

9. Szene

(Waldstück. Lampi ist im Begriff, ein Wildpret aufzubrechen. Da tritt Pföderl mit angeschlagenem Gewehr aus der Deckung)

PFÖDERL: Hab i di endli, du Lump! Jetzt is' aus mit dir, Girgl!
(da wendet sich der Wildschütz um und Pföderl starrt ungläubig in das geschwärzte Gesicht von Lampi)
PFÖDERL: Ja da Lampi! Himmiherrgottsakkrament!
LAMPI: Bluat von da Gams, da Pföderl!
PFÖDERL: Sei froh, dass' i bin. Da Lechenauer Simmerl wenn's waar, na taatst' koan Muckser mehr. Der kriagt hundert Gulden für a'n Wuiddiab! Tot oder lebendig!
LAMPI: I bin koa Wuiddiab net. I bin a Wuidschütz! *(will davonlaufen)*
PFÖDERL: Hoit, Lampi! Oder i schiaß! Mir laafst du nimmer davo. Vorigs Moi bist' a'n Steilhang abig'hupft. Heit hupfst' und laafst' ma net davo! Heit g'hörst' da Katz!
(leise hat sich Georg Jennerwein genähert und stupst nun Pföderl mit dem Lauf seines Stutzens in den Rücken)
GEORG JENNERWEIN: Grüaß di, Pföderl. Aa scho auf de Füaß?! *(befehlend)* Lass dein' Stutzn foin. Los!
LAMPI: *(atmet auf)* Da Girgl. Und grad zur rechtn Zeit. Pelz eahm oane nauf!
GEORG JENNERWEIN: Sei staad, Lampi. Hast' heit zuvor koan „Vaddaunser" bet', weil di da Pföderl dawischt hat?
LAMPI: Freili hab i bet'!
GEORG JENNERWEIN: Aber scheints net fest gnua. *(Pföderl will sein Gewehr auf Jennerwein in Anschlag bringen)* Dees taat i net, Pföderl. Kaannt di leicht rein ...
PFÖDERL: *(legt sein Gewehr langsam auf den Boden)* Taatst' du mi daschiaßn, Girgl? Mi, dein' oidn Spezl?
GEORG JENNERWEIN: D'Freunderlzeit is vorbei. Schliaßli bist du zu de Jaaga ganga und net i.
PFÖDERL: Dees kaannt dir aa net schadn ...
LAMPI: *(lacht schallend)* Bevor da Girgl a Greana werd, wer' i oana! Und i wer' garantiert koana!
GEORG JENNERWEIN: Sei staad, Lampi. *(deutet mit dem Gewehrlauf auf den Stutzen am Boden)* Tua eahm d'Schuss raus. *(zu Pföderl)* Und na machst' die schleunigst aus'm Staub.

LAMPI: Du wuistn laafa lassn?
GEORG JENNERWEIN: I bin eahm was schuidig.
PFÖDERL: Du schuidst ma nix.
GEORG JENNERWEIN: Oamoi hast' ma ghoifa und dees vergieß i dir net.
PFÖDERL: *(durch die Zähne)* Dees hättst' da überlegn müaßn, wiast' mei Agerl aufpumpt hast. Da hast' in mir drin oiß kaputt gmacht.
GEORG JENNERWEIN: I habs net gwusst, dass' Agerl de dei is. Tausad Moi hab i dir dees scho gsagt ...
LAMPI: Und i sag da, putzn wegga! Sunst tuats er amoi.
GEORG JENNERWEIN: *(wieder überheblich)* A'n Pföderl scheich i net und a'n Lechenauer scho zwoamoi net. *(zu Pföderl)* Nimm dei Gwaahr und schleich di. Los!
(langsam hebt Pföderl sein entladenes Gewehr auf, hängt es um die Schulter und geht langsam ab)
LAMPI: *(aufgeregt)* Dees hättst' net macha solln, Girgl. Dees vergisst dir da Pföderl nia. I hättn an deiner Stell umglegt.
GEORG JENNERWEIN: *(spottend)* Dees sagst akkurat du, Lampi, der nia auf a'n Jaaga schiaßt!
LAMPI: I waar davoglaafa. Aber na bist du auftaucht. I hätt auf a günstige Gelegenheit g'wart, und na waar i a'm Pföderl davo! Bluat von da Gams!
GEORG JENNERWEIN: *(beschaut sich das Wildpret)* A schöns Stuck ...
LAMPI: I hab's fürn Griaßn Lenz gschossn. Seina Familie gehts net guat. Er hat sein' kloana Sparstrumpf da „Spitzederin" in da Stadt gebn, weil's eahm a'n Haufa Zins versprocha hat. Und jetzt is's eig'sperrt. Da hab i a'm Lenz dees Stuck gschossn. Na gehts scho wieder a paar Wocha ...
GEORG JENNERWEIN: Oiwei da guate Lampi. Der de arma Teifeln was zuakumma lasst. Aber heit hätt di da Pföderl um a Haar gschnappt.
LAMPI: *(leise)* Merci, Girgl. Du hast' mi g'rett ...
GEORG JENNERWEIN: Jetzt vazapf koan Kaas und mach koane langa Fisimatenden. *(bückt sich)* Kumm, brech' ma dees Stuck auf, bevor da Pföderl zruckkummt ...
(Während sie arbeiten, wird das Bühnenlicht dunkel)

10. Szene

(Vorbühne. Tafel wie gehabt von oben. Etwa eine halbe Stunde nach der zweiten Sitzung. Bürgermeister, Vorstand, Pfarrer und Sepp Sachs sitzen am Tisch. Lenz Binder sitzt daneben und spielt das Jennerwein-Lied)

SEPP SACHS: Jetzt sagts amoi selber, hat da Binder Lenz net a'n scheena Text g'macht? Der passt zum Jennerwein Girgl. I schwörs eich, dass's dees Liadl boid landauf und landab singa werdn ...
VORSTAND: Und drum müaß' ma sei Grab erhoitn. Dees is a Denkmoi für'n Girgl Jennerwein.
PFARRER: Net dass mir den gleichn Fehla macha, wia d'Münchner ...
BÜRGERMEISTER: Wiaso, wia d'Münchner?
PFARRER: No, de habn doch a'n Karl Valentin sein' Nachlass aa sausn lassn. D'Stadt Köln hat oiß kaaft. Und heit tuats de Münchner leid ...
SEPP SACHS: *(grinsend)* Stellts eich vor, dass da Georg Jennerwein a Gedenkstätte in Frankfurt kriagt? Oder in Aschaffenburg? Schliaßlich g'hört dees aa no zu Bayern. I lachat mi tot ...

BÜRGERMEISTER: Vielleicht waars net schlecht gwen, wenn da Jennerwein nach Amerika ganga waar? Da hätt er's gwieß zu a'm Revolverhelden ,bracht und zu a'm Denkmoi.
VORSTAND: Wia hatn eingli sei Tochter ghoaßn? De s'Agerl von eahm kriagt hat?
SEPP SACHS: Rosl.
VORSTAND: Wia d'Kellnerin vom Hennerer. Scheints hat de da Girgl doch gern mögn ...
BÜRGERMEISTER: Der Hallodri hat doch alle Kittl gern mögn.
SEPP SACHS: Er waar ja blöd gwen, wenn eahm alle Weiberleit nachgloffa san. *(sinnend)* Es hätt mi bloß narrisch interessiert, warum da Girgl so oft von Amerika g'red' hat?
PFARRER: Vielleicht hat er a'n Lederstrumpf g'lesn?
VORSTAND: ... vielleicht hat er aa von dem Büffejäger „Buffalo Bill" g'hört?
PFARRER: Der war doch mit seina Wuidwestschau auf da Oktoberwiesn, oder net?
VORSTAND: I glaab, dees war erst später. Da war da Girgl scho tot ...
SEPP SACHS: Irgendwas muaßn jedenfois auf Amerika spitz gmacht habn. Wenn i dees nur wüßt ...
BÜRGERMEISTER: Möchst' aa gern umi, Sepp? Da derfast' jaagern ohne Jagdschein. *(spöttisch)* Bei uns is's oiwei no a Risiko, wia zu Jennerweins Zeit. Oder net, Sepp?
SEPP SACHS: *(räuspert sich)* Was, was redstn' da für a'n Schmararn daher ...?
BÜRGERMEISTER: *(schaut auf seine Uhr)* Jetzt habn ma fast oanahoib Stund debattiert ...
SEPP SACHS: ... und mir san uns einig, dass a'n Jennerwein sei Grab nei aufg'stift werd und im Westenhofener Friedhof bleibt.
BÜRGERMEISTER: ... wenn de andern Gmoamitglieder einverstanden san, hab i gsagt!
SEPP SACHS: *(ironisch)* Dees waar dees erste Moi, dass d'Gmoa gegan Burgermoasta waar. Oiso, es bleibt dabei!
VORSTAND: Und ihr moants, dass ma a'm Pföderl net a kloans Platzerl widmen soin? Schließlich war er der Urheber von dem ganzn ...
SEPP SACHS: *(spöttisch)* Vielleicht a große Schnapsflaschn?! Er hat se doch totgsuffa, oder net?
PFARRER: ... weil er von alle gschnittn wordn is.
SEPP SACHS: *(kategorisch)* Hätt er a'n Jennerwein net hinterrücks daschossn, hättn koana net gschnittn.
BÜRGERMEISTER: *(lachend)* Da kennt da Sachs Seppei nix! Da macht er kurzn Prozess! *(erhebt sich)* Sodala, jetzt geh'ma ins Nebenzimmer umi zur Gmoasitzung. Und was in meiner Macht liegt tua i, damit a'm Jennerwein sei Grab erhoitn bleibt. *(schaut in die Runde)* Z'friedn? *(alle drei nicken und das Licht erlischt)*

11. Szene

(Baumgarten-Alm. Jennerwein isst einen Holzhackerschmarrn mit dem Löffel aus einer Eisenpfanne. Agathe sitzt neben ihm und strickt ein „Strampelhoserl". Schweigen)

AGATHE: In a paar Monat' is' so weit ...
GEORG JENNERWEIN: Der Schmarrn schmeckt guat. Ehrlich ...
AGATHE: Dei Muadda taat da s'Sach übergebn ...
GEORG JENNERWEIN: Bloß a wengerl z'vui Schmoiz is drinn ...
AGATHE: Na hätt'st dei eigns Anwesen ...
GEORG JENNERWEIN: Aber sunst is er guat ...
AGATHE: ... und mir kaanntn heiratn.
GEORG JENNERWEIN: *(haut mit der Faust auf den Tisch)* Himmiherrgottsakkrament, i mag net heiratn!
AGATHE: *(zuckt zusammen)* No, jetzt sei net gar so grob.

GEORG JENNERWEIN: Is ja wahr aa. I brauch mei Freiheit.
AGATHE: Dees hättst' da eher überlegn kenna ...
GEORG JENNERWEIN: *(mürrisch)* Weibergschmatz ...
AGATHE: Vor'm Pföderl muasst' di hüatn ...
GEORG JENNERWEIN: Den scheich i net.
AGATHE: Er hat s'Recht auf seina Seitn.
GEORG JENNERWEIN: *(lacht auf)* Was für a Recht? Dees wo se de nobla Herrn für sich ausdenkt habn, damits oiwei no nobler werdn kenna! A scheens Recht is dees. Da scheiß I drauf!
AGATHE: Du hättst aa zu de Jaaga geh kenna.
GEORG JENNERWEIN: Liaba varreck i, bevor i zum Kreuz kriach! I wui mei eigna Herr sei.
AGATHE: Du oiwei mit deina blödn Freiheit ...
GEORG JENNERWEIN: Dees verstehst du net. Aber du hast doch gwusst, wia i bin. Na hättst' di net mit mir eilassn derfa ...
AGATHE: Oiso gibst' mir d'Schuid?
GEORG JENNERWEIN: *(versöhnlich)* Naa, Agerl. *(schleckt den Löffel ab und legt ihn in die Pfanne. Er zündet sich seine Jägerpfeife an)* Von Schuid konn koa Red net sei. Alle zwoa warn ma hitzig damois. Aber dass glei a Kindl kemma muaß ...
AGATHE: Wias hoit so geht ...
GEORG JENNERWEIN: Aber deszweng konn i koa Jaaga werdn. Da Huisn Sepp wollt mi in sei Schmuggler-Bande aufnehma. Aber i hab abgsagt, weil i net oiwei parat sei wui, wenn a Sendung kummt. Und zu de „Haberer" bin i aa net ganga. Da „langhaarat Tegernseer" war ganz giftig auf mi. Aber i konn koan Zwang vertragn. I muaß für mi entscheidn kenna, was i toa wui und was net. *(eindringlich)* Verstehst' denn dees net, Agerl?
AGATHE: *(beginnt zu weinen)* Aber i mag di hoit so vui gern, Girgl. Du konnst ja dei Freiheit b'hoitn, aber lass mi net mit dem Kindl im Stich ...
GEORG JENNERWEIN: *(steht von der Bank auf und geht auf und ab. Dabei qualmt er riesige Rauchwolken aus seiner Pfeife)* I mag di doch aa, Agerl. Aber a Kind konn i koans braucha. Woaß de oid Kräuter-Waabn nix?
AGATHE: *(wischt sich die Tränen ab)* Wia moanst' denn dees?
GEORG JENNERWEIN: *(verlegen)* Wia wer i dees scho moana ...?
AGATHE: Naa, Girgl, so was unchristlichs taat i nia im Lebn.
GEORG JENNERWEIN: I hab ja bloß gmoant. A's beste waars gwen, du hättst' a'n Pföderl gheirat ...
AGATHE: Der is voller Hass, da Pföderl.
GEORG JENNERWEIN: Aber früaher hat er di mögn.
AGATHE: Früaher scho. Heit wart er bloß auf a Gelegenheit, dass er dir oane naufbrenna konn.
GEORG JENNERWEIN: *(lacht)* Da muaß er lang wartn, der Loder!
AGATHE: Nimm di in acht vor eahm, Girgl. Wenn di da Pföderl daschiaßt, hat er von Rechts wegn koa Unrecht beganga. Und dees woaß er ...
GEORG JENNERWEIN: *(wischt mit der Hand durch die Luft)* A'n Pföderl scheich i net so vui, ois was i schwarz unter'm Fingernagl hab. Hast' mein' Stutzn in deina Kammer versteckt?
AGATHE: *(ängstlich)* Möchst' scho wieder Schiaßn geh?
GEORG JENNERWEIN: Dees woaß i no net. *(spöttisch)* Aber i möcht mei Gwaahr dabeihabn, wenn i grad auf'n Pföderl treffad ... *(holt seinen Stutzen)*
AGATHE: Irgendwann tuats amoi a'n Kracha und du bist tot.
GEORG JENNERWEIN: *(kommt mit seinem Stutzen zurück)* Irgendwann scho. Wenn i achzg Jahr oid bin und vom Kannapee abifoi ...

AGATHE: Spott nur zua. Hast' scho recht ...
GEORG JENNERWEIN: *(schultert sein Gewehr)* I muaß geh, Agerl. Vergelts Gott für'n Schmarrn. Und für s'Kindl sorg i scho. Dees versprich i dir. I lass di net alloa.
AGATHE: Vielleicht nimmst' doch dees Sach von deina Mam?
GEORG JENNERWEIN: Vielleicht ... *(geht ab)* Pfüadi Spotzerl ...
AGATHE: Pfüad di, Girgl. *(schaut ihm lange nach und das Licht geht langsam zurück)*

12. Szene

(Vorbühne. Tafel von oben wie gehabt. Eine Uhr schlägt zwölf Mal. Ende der Gemeinderats-Sitzung. Der Pfarrer und Sepp Sachs, jeweils mit einem halbvollen Bierglas in den Händen, treten auf. Sie sind erhitzt)

SEPP SACHS: Lang hats dauert. Zwölfe is's ...
PFARRER: Aber s'Grabaufstiftn vom Jennerwein is einstimmig beschlossn wordn.
SEPP SACHS: *(grinsend)* Aber aa erst, wia i eahna a Hundertliterfassl zoiht hab.
PFARRER: A Bier hat in Bayern scho oiwei de meiste Überzeugungskraft g'habt.
SEPP SACHS: Dees derfst' glaabn, Herr Pfarrer. Trotzdem bin i froh, dass' a so nausganga is. I wett mit dir, Herr Pfarrer, dass in zehn, fuchzehn Jahr, a's Jennerweingrab grad a so a Anziehungskraft habn werd, ois wia a'm König Ludwig sei Kreuz im Starnberger See.
PFARRER: No no, Sepp, so übertreibn brauchst' grad aa net.
SEPP SACHS: I bin jedenfois stoiz drauf. Und da Burgermoasta derfs aa sei. *(hebt sein Glas)* Prost, Herr Pfarrer, soist lebn!
PFARRER: *(stößt an)* Prost, Sepp! *(trinken)* Und Schliers braucht se nimmer schaama ...
SEPP SACHS: Genau. Und da Girgl g'hört zu Schliers! Wia s'Amen in da Kirch'.
PFARRER: *(hebt sein Glas)* Prost, Sepp! Heit habn ma kurzn Prozess gmacht!
(ein Schuhplattlerpaar „plattelt" von einer Bühnenseite zur anderen. Licht geht langsam zurück)

13. Szene

(Hauptbühne. Tafel von oben: „Wirtschaft zum Hennerer 1877". In einer Ecke an einem Tisch sitzen Markus Hofberger, Simon Lechenauer, Förster Mayr und Johann Josef Pföderl beim Kartenspiel. Rosl, die Kellnerin, bringt soeben vier Mass Bier)

ROSL: Jetzt hat a jeder von eich drei Mass.
PFÖDERL: *(mürrisch)* Na und?
ROSL: I moan ja bloß. Net dasst's nimmer wissts was' trunka habts ...
PFÖDERL: Dees vagess' ma net. Was, Simmerl?
SIMON LECHENAUER: A Trumpf is gschpuit, Pföderl. Pass aufs Schpui auf. *(zu Rosl)* Gehst' morgn mit zum Lehards nach Tölz, Rosl?
ROSL: Naa, i muaß arbatn.
SIMON LECHENAUER: A geh, so schlimm werds na net sei. Kimmst hoit spata nach ...
MARKUS HOFBERGER: Magst' trinka, Rosl?
ROSL: *(trinkt aus Hofbergers Krug)* Dank da schee, Markus. *(beiläufig)* Woaßt du was vom Girgl?
PFÖDERL: *(streitsüchtig)* Wo werd er denn scho sei? Der treibt se bei de Weiber rum. I taat ma koane Hoffnunga macha, Rosl ...

ROSL: I mach ma koane Hoffnungen, Pföderl. Und überhaupts is ma dees wurscht wo da Girgl is ...
FÖRSTER MAYR: Recht hast', Deandl. Da Jennerwein is a schlechter Kerl und er reißt di mit ins Unglück.
ROSL: *(wendet sich ab)* Was ihr bloß oiwei habts ...
SIMON LECHENAUER: Und wieder is Trumpf gschpuit, meine Herrn! *(streicht die Karten ein)* Und no amoi Trumpf!
FÖRSTER MAYR: A'n Jennerwein sei Zeit is um.
PFÖDERL: Wia moanst' jetzt dees, Förster?
FÖRSTER MAYR: Wia i's gsagt hab. Oiwei mehra woin den arbeitscheuen Bazi aus da Gmoa habn.
MARKUS HOFBERGER: Da Girgl geht nach Amerika umi ...
SIMON LECHENAUER: Fangst' jetzt du aa scho o mit dem Schmarrn.
MARKUS HOFBERGER: I geh ja net umi. Da Girgl geht ...
PFÖDERL: *(sinnend)* Vielleicht waars dees beste für eahm. Wenn er scho koa Jaaga werdn wui ...
FÖRSTER MAYR: *(überrascht)* No, dees klingt ja fast, wia wenn er no oiwei dei Freind waar ...? Hast' scho drauf vergessn, dass er dir s'Agerl ausg'spannt hat?
PFÖDERL: *(grimmig)* Naa, Mayr, dees vergieß i eahm nia! *(zwischen den Zähnen)* Er hat mei Lebn kaputt gmacht. Und dees muaß er no amoi büaßn.
FÖRSTER MAYR: I wui ja nix gsagt habn, aber wennst' a'n Jennerwein amoi auf frischer Tat ertappst, na mach kurzn Prozess mit eahm. Du brauchst bloß dabei ans Agerl denga ...
MARKUS HOFBERGER: *(ärgerlich)* Was is jetzt, schpuin ma oder dischkrian ma, zefix!
SIMON LECHENAUER: Trumpf sag i!
MARKUS HOFBERGER: Herrschaftseitn, hat der heit einen Strudel! Und i ein Blatt, dass' da Sau graust!
PFÖDERL: *(verbissen)* De Sau stich i! Her damit!
MARKUS HOFBERGER: Oha! Da Hansnsepp greift o!
SIMON LECHENAUER: *(legt seine Karten auf den Tisch)* Dees war da oanzige Stich. Oiß andere g'hört mir!
(sie schmeißen die Karten zusammen und mischen ein neues Spiel. Da tritt Georg Jennerwein mit Agathe am Arm durch die Türe. Dicht gefolgt von seiner Mutter und seinem Stiefbruder. Die Kartenspieler haben sie noch nicht bemerkt, da Pföderl gerade die Karten austeilt)
AGATHE: *(erschrocken)* Da sitzt ja da Pföderl, Girgl. Kumm, geh' ma liaber wieder ...
MARIA: S'Deandl hat recht. Kumm, geh weida ...
HANS: *(trotzig)* I geh net ...
GEORG JENNERWEIN: Genau. Da Hansei hat recht. *(laut)* A'n Pföderl brauch ma doch net fürchtn.
AGATHE: *(macht sich von Jennerweins Arm frei)* I geh aber. *(zu Girgl)* Gehst' jetzt mit oder net? *(Rosl kommt)*
ROSL: *(anzüglich auf Agathe deutend)* Muaßt du dees toa, was de da sagt?
GEORG JENNERWEIN: *(schon im Begriff, Agathe's Wunsch zu erfüllen, plötzlich trotzig zu Agathe)* Wennst du geh wuist, nacha geh hoit ...
MARIA: *(bittend)* Girgl, bittscheen, geh weida ...
HANS: *(dem die Situation offensichtlich Spaß macht)* Da Girgl bleibt da bei mir.
MARIA: *(fährt ihn an)* Hoit du dein Schnabel!
HANS: *(kleinlaut)* I moan ja bloß ...
GEORG JENNERWEIN: *(zu Rosl)* Zwoa Mass, Rosl!
AGATHE: *(zu Maria)* I geh. Gehst du mit, Geißler-Muadda?
MARIA: *(zu Girgl)* Geh mit, Girgl.

GEORG JENNERWEIN: *(beachtet seine Mutter nicht, sondern fasst Agathe um die Hüfte)* Geh zur Mam, Agerl, i kimm dann scho. *(mit herausforderndem Grinsen zu Pföderl hinüber)* Aber zerscht gibst' ma no a Bussl! *(küsst sie demonstrativ)* Guat hats gschmeckt. Wia frische Bleamal ...
AGATHE: *(reißt sich von ihm los)* Du bist a schlechter Kerl, Girgl! *(ab)*
MARIA: Wart auf mi, i geh mit! *(ab)*
ROSL: *(bringt das Bier)* Was'd nur oiwei mit der Sennerin hast? *(herausfordernd)* Gfoi i dir nimmer?
GEORG JENNERWEIN: *(lachend)* Freili gfoist' ma, Rosl. Und dees wia! Bring no a Mass, da Lampi kimmt glei. *(da steht dieser auch schon in der Türe)* Was i gsagt hab!
(die Kartenspieler spielen verbissen weiter)
LAMPI: Bluat vo da Gams! Jetzt brauch i a Mass!
GEORG JENNERWEIN: I hab dir grad oane bstellt ... *(zu Rosl)* Und bring ma mei Zither mit! Heit bin i lustig ... *(setzen sich)*
MARKUS HOFBERGER: Mögts' eich zu uns dazua setzen?
LAMPI: Naa, mir bleibn da. Da Hansei konn se zu eich sitzn. Da Girgl und i, mir woin in Ruah unser Bier trinka ...
HANS: I bleib beim Girgl ...
FÖRSTER MAYR: Is besser so.
GEORG JENNERWEIN: *(gefährlich ruhig)* Was soi dees hoaßn, Förster?
FÖRSTER MAYR: Beim Schpuin mag i mei Ruah.
SIMON LECHENAUER: Genau. I nämlich aa. *(haut eine Karte in den Tisch)* Trumpf!
ROSL: *(stellt die Mass vor Lampi auf den Tisch und legt Girgl's Zither daneben)* Schpui aber was lustigs.
GEORG JENNERWEIN: *(grinsend)* Was lustigs vom Tod?
ROSL: Geh, sag net so was ... *(ab ins Nebenzimmer)*
GEORG JENNERWEIN: Prost, Lampi!
HANS: Prost, Girgl ...
GEORG JENNERWEIN: Ja, prost hoit nacha, Hansei ... *(trinkt und greift in die Zither)*

Alle Weiber, de san für mi bärig
und drum pack' i's alle kloaweis zamm.
San aa manche no von eahna sperrig,
weils no d'Unschuid unterm Röckei ham.

Morgn geh i wieder ins „Schwarzholzeck" umi,
und steig aufi auf'n Peißenberg.
Zu a'm Gamsbock sag i: „Freind dir kumm i",
und zum Pföderl sag i: „Jaaga-Zwerg"!

(Pföderl springt auf, aber Simon Lechenauer hält ihn zurück)
SIMON LECHENAUER: Bleib hocka, Pföderl. Siehgst' denn net, dass da Jennerwein a'n Fetzn Rausch hat?
GEORG JENNERWEIN: *(singt)*

Wennts ös Jaaga no a echte Schneid habts,
nacha kemmts' hoit morgn ins Schwarzholzeck.
Aber wennts ös bloß im Jaaga-Pfad trabts,
na sag i heit mei Liaba da varreck!

PFÖDERL: *(wütend)* I kaannt dem Kerl an d'Gurgl springa!
GEORG JENNERWEIN: *(spöttisch)* Na muaßt' di aber schicka, weil i geh jetzt nacha glei zur Rosl in d'Kammer nauf ...
MARKUS HOFBERGER: Zefix, was is jetzt? Woits nimmer schpuin?
PFÖDERL: Mir is d'Lust verganga ...
GEORG JENNERWEIN: *(erhebt sich)* Zoihst' mei Bier mit, Hansei? Dees hoaßt, a'm Lampi seins aa ...
HANS: Glei alle zwoa?
GEORG JENNERWEIN: *(grinsend)* Wennst' dees deine aa zoihst, alle drei!! *(Jennerwein geht zum Ausgang)* Sagst' da Rosl, Lampi, das i auf sie wart ... *(ab)*
LAMPI: Mach i, Girgl ...
HANS: Und s'Agerl?
LAMPI: Was is mim Agerl?
HANS: No, wenn da Girgl zur Rosl geht, und s'Agerl bei da Muadda wart ...?
LAMPI: *(lakonisch)* Na is' ja net alloa ...
(Pföderl, Lechenauer und der Förster legen jeweils ein Geldstück auf den Tisch und gehen ab)
PFÖDERL: *(zu Lampi)* Vielleicht kummst du aa morgn zum Lehards nach Tölz? Na gibts a'n schöna Tanz, Lampi ...
LAMPI: Naa, i geh net nach Tölz umi. Aber da Girgl kummt. Morgn scho um Neine in da Fruah ...
PFÖDERL: Um Neine in da Fruah sagst'?
LAMPI: Genau. Uind wennst' aa umigehst, na schpuit dir da Girgl zum Tanz auf. Da wirst Augn macha, Pföderl ...
PFÖDERL: Dees werdn ma na scho sehgn, wer Augn macht. *(Lechenauer und Mayr sind bereits gegangen)* Guat Nacht beinand ... *(eilt den beiden nach)*
MARKUS HOFBERGER: *(setzt sich zu Lampi und zu Hans an den Tisch)* Vor'm Pföderl muaß si da Girgl vorsehgn. Der raacht koan guatn ...
LAMPI: Geh, Markus, a'n Pföderl scheicht da Girgl net.
MARKUS HOFBERGER: I trau eahm net. Der steckt voller Hass. Der wenn a'n Girgl dawischt, macht er kurzn Prozess. Was is, gehma no zum „Glasl" auf a Mass? I lad eich ei ...
LAMPI: *(lachend)* Bluat vo da Gams, wenn dees a so is, na gehma sofort!
(Hans zählt Geld auf den Tisch und die drei gehen ab. Der Vorhang schließt sich und das Licht geht ganz zurück. Absolute Dunkelheit.
Plötzlich drei Schüsse, wie zu Beginn des Stückes. Ein „blauer Suchscheinwerfer" tastet sich auf die rechte Zuschauerecke vor, und wir bemerken den Vermummten, der mit Jennerweins Stutzen im Anschlieg, diesen auf die Bühne drängt. Dort verharren beide einen Moment und der Vermummte schlägt seine Kapuze zurück. Wir erkennen den Tod, der Jennerwein mit dem Stutzen im Rücken zur Rampe vordrängt.
Jennerwein mustert das Publikum einige Sekunden und führt dann seinen Arm in einer Kreisbahn über die Köpfe)
GEORG JENNERWEIN: *(langsam und sehr ernst)* In guat fuchzg Jahr is vo eich koana mehr am Lebn. Und zehn Jahr später erinnert sich an eich koa Mensch mehr. Aber i, i leb in a paar hundert Jahr im Volk no weida ...
(der Tod stößt Jennerwein mit dem Stutzen an und drängt ihn hinter den Vorhang. Licht schlagartig aus. Dann setzt die Musik mit dem Jennerwein-Thema ein und Bühne und Saal werden „taghell".
Während die Musik spielt, spielt sich die Verbeugungs-Zeremonie ab)

Hallo Majestät!

Komödie
von Werner Schlierf

Personen:

Sissi	Kaiserliche Hoheit von Österreich
Max	König Ludwigs Freund und Vertrauter
Richard Wagner	ein Komponist
Franz Josef Steinlein	Bayerischer Ministerpräsident
Rudolf Genslein	Außenminister
Helmut Schminke	Bundeskanzler
Dr. Schnippelhorst	Preußischer Gesandter aus dem Jenseits
Dr. Schrot	Ballistiker
Prof. Dr. von Windungen	Psychiater
König Ludwig II.	ein sogenannter Märchenkönig

Zeit:	Gegenwart
Ort:	„herüben" und „drüben"

1. Bild

Theatinerkirche. Sissi, Kaiserliche Hoheit von Österreich, steht vor der aufgebahrten Leiche König Ludwig II.
Sie ist in Trauer gehüllt und Tränen kullern ihr über die kaiserlichen Wangen. Schweigen.
Nach einer Weile entzündet sie eine Kerze. Wir schreiben das Jahr 1886.

SISSI: Ludwigl, wie hat es nur soweit kommen können? Hättst' auf mich gehört und wärst' mit Richard Wagner ins Exil gegangen. Jetzt liegst da und bist tot. – Und Bayern hat seinen letzten echten König verloren. *(seufzt)* Und meine Träume von der ewigen Liebe sind mit dir g'storben. – Ludwigl, jetzt hab ich nichts mehr wovon ich träumen kann, wenn ich bei meinem alten Franzl schlafen muss! Ich hab dich doch so sehr geliebt! – Deine Schlösser und die Musik von Richard Wagner haben dich ins Grab gebracht. – Und natürlich dieser Bismarck! Dieser preußische Riese von 1,94 m, der 148 Austern zum Frühstück frisst und jeden unter den Tisch säuft! Der hat meinem gutgläubigen Mann, dem Kaiser von Österreich, die Kugeln übermitteln lassen, die dich im Starnberger See getroffen haben. Erschießen hat dich der Franzl lassen, aber dein eigentlicher Mörder ist dieser Bismarck gewesen! *(Max tritt leise hinter Sissi und hält den Finger an die Lippen. Er sieht sich ängstlich um.)*
MAX: Bist nicht gleich still, Kaiserliche Hoheit! – Wenn das irgendwer in die Ohren kriegt, dann sind wir alle erledigt!
SISSI: *(schluchzt)* Ist doch wahr, Maxl. *(nestelt an König Ludwigs Brust herum)* Da, schau dir die Löcher an! – Dreimal haben sie ihn getroffen! Jeder Schuss sitzt in der Brust! – Und solche Einschüsse hinterlassen nur preußische Kugeln! – Von den Ausschüssen will ich gar nicht reden! Die schauen noch viel grauenhafter aus. *(heult)* Oh Gott und ich hab dich so geliebt ...
MAX: *(kämpft mit den Tränen)* Was glaubst', wie ich ihn geliebt hab'? – Aber mir hat er den Richard Wagner vorgezogen. Der ihn mit Cosima betrogen hat! *(schaut auf Ludwigs Brust)* Meinst' wirklich, dass das Einschüsse sind?
SISSI: Natürlich! *(wischt sich die Tränen ab)* Du hast ihn also auch geliebt?
MAX: Und wie!
SISSI: Schämst dich denn gar net?
MAX: Ich kann nicht aus meiner Haut heraus. Genausowenig wie du. – Schließlich bist du verheiratet und ich nicht ...
SISSI: Deshalb hätt er nicht sterben brauchen ...
MAX: Deshalb hat er auch nicht sterben müssen ...
SISSI: ... und der Doktor Gudden mit dazu. – Es war eine ausgemachte Schweinerei vom Bismarck gewesen.
MAX: Der Doktor Gudden ist nur gestorben, weil er den Ludwig retten wollte. Dem haben sie auch ein paar Kugeln verpasst. – Und der Bismarck, Sissi, der Bismarck war nicht allein schuld. Das darfst' mir glauben ...
SISSI: Du hättst' ihn retten können, den armen Ludwigl ...
MAX: Ich? – Ja wie denn?
SISSI: Du hast grad gesagt, dass du ihn geliebt hast. – Dann hättest ihn eben auf deinem Landgut versteckt ... Oder auf der Jagdhütte ...
MAX: Dann hätten sie mich an Doktor Guddens Stelle abgeknallt! Du spinnst ganz schön, Kaiserliche Hoheit! – Im übrigen hast du ihn ja auch nicht versteckt. – Und du hast ihn doch auch geliebt ...
SISSI: Wo hätt ich ihn denn verstecken sollen? – Vielleicht gar am Hof in Wien? Vielleicht in meinem Schlafzimmer?

MAX: Jetzt nützt es ja nichts mehr. Der Ludwig ist tot. – Mich wundert nur, dass sie das gefressen haben, dass er und Doktor Gudden ertrunken sind. Dabei hätt der Ludwig mit Leichtigkeit den Starnberger See in der Breite durchschwommen. – Du brauchst dich nur daran erinnern, wie er um die Roseninsel herumgeschwommen ist. Der Ludwig hat eine Kondition gehabt, wie nicht leicht ein anderer. Der wär sogar mit dem Doktor Gudden davongeschwommen, wie der Schwan mit dem Gralsritter im Lohengrin.

SISSI: Die Leut glauben alles, was man ihnen vorsetzt. Nur glaubhaft muss es erzählt sein, dann fressen sie's.

MAX: *(packt Sissi am Arm)* Psst, Sissi! – Ich glaub da kommt jemand! – *(flüstert)* Komm, bet' ...
(Richard Wagner erscheint)

RICHARD WAGNER: *(zornig)* Immer ist wer da, wenn ich zum König will!

MAX: Der Meister! – Sissi, schau her, wer 'kommen ist!

SISSI: *(heult wieder)* Was sagen's wie er daliegt, der Ludwig, wie wenn er leben tät, nicht?

RICHARD WAGNER: *(sächselt)* Oh Gott, wie hab ich ihn geliebt!

SISSI: Was, sie auch?

MAX: *(eifersüchtig)* Ich habs dir doch gesagt, Kaiserliche Hoheit ...

RICHARD WAGNER: Ich hab nur für ihn komponiert und jetzt ist er tot. – Ertrunken, im Starnberger See, so sagte man mir. *(Sissi und Max schauen sich an)* Oder etwa nicht? – Hat man mich erneut belogen? Sind die Intriganten noch immer am Werk? Ich werde sie mit meiner Musik vernichten! – Die späteren Jahrhunderte werden mir recht geben! – Also, wie starb seine Majestät?

SISSI: Seine Majestät wurde erschossen ...

MAX: Mitten durch die Brust ...

RICHARD WAGNER: Erschossen? Eiverbibsch, das darf es doch nicht geben? Wer hat ihn erschossen? – Einer von Prinz Luitpolds Mittelsmännern?

SISSI: Nein, Meister, Bismarck ließ ihn erschießen ...

RICHARD WAGNER: Aber das war doch der Freund seiner Majestät?

MAX: Bismarck hatte keine Freunde. – Der einzige Freund, den Bismarck gelten ließ, hieß Deutschland. – Außerdem lieferte Bismarck nur die Munition. Kaiser Franz Josef ist der wirkliche Mörder seiner Majestät ...

RICHARD WAGNER: Jetzt versteh ich gar nichts mehr. Was hat ihnen der König getan?

MAX: Er war mehr Künstler als König. – Außerdem, es ist mir peinlich darüber zu reden, warf seine Majestät in nicht mehr verantwortungsbewusster Weise mit dem Geld um sich ...

RICHARD WAGNER: Er baute Schlösser, die sein Land berühmt machen werden.

MAX: Es sind nicht allein die Schlösser ...

RICHARD WAGNER: Wenn sie auf meine Musik anspielen, dann sage ich ihnen gleich, dass sie damit bei mir auf Granit beißen. Ich schrieb für seine Majestät Werke, die nicht annähernd mit Geld aufgewogen werden können. – Und schließlich musste ich ja auch leben ...

MAX: Sie betrogen ihn aber mit Cosima ...

RICHARD WAGNER: Aber mein Gutster, von Betrug kann man da nicht reden. Schließlich liebe ich Cosima ...

SISSI: Verehrter Meister, bitte kein Wort mehr über Cosima. – Ludwig war kein Feldherr, er war Künstler! Deshalb musste er sterben. Er stand allen im Wege. – Bewahren wir sein Andenken, so wie wir ihn alle drei geliebt haben. König Ludwig von Bayern fiel einem politischen Attentat zum Opfer, er wurde erschossen. Doch das soll nur zwischen seinen Mördern und uns bleiben. Das Volk braucht einmal einen Märchenkönig, der es nicht auf den Schlachtfeldern verbluten ließ, sondern der ihm unsterbliche Kunstwerke schenkte. Es soll in dem Glauben weiterleben, dass ihr Märchenkönig im Starnberger See ertrunken ist. Das rundet die Legende ab.

MAX: Es gäbe einen Aufstand unter der Bevölkerung, wenn es herauskäme, dass man ihr Idol, König Ludwig II., erschossen hat.

SISSI: Es gäbe keinen Aufstand, mein lieber Maxl, es gäbe Krieg! Und die Geschichte nähme ganz gewiss einen anderen Verlauf. – König Ludwig von Bayern ist ertrunken und wird auch ertrunken bleiben! – Und ich werde mich in Wien mit meinen Träumen einschließen und in meinem Franzl einen kleinen Mörder sehen.

RICHARD WAGNER: Und ich werde seiner Majestät mein nächstes Musikdrama widmen und zwar ohne Gegenleistung.

MAX: Und ich habe das Gefühl, dass von dem preußischen Kürassier nicht viel mehr bleiben wird, wie ein nach ihm benanntes Herings-Gericht. – Aber, wie gesagt, ich kann mich auch irren.

SISSI: Mir wäre lieber gewesen, Franzl hätte seinen Krieg gegen Preußen allein ausgefochten, dann wäre Bayern unabhängig geblieben und König Ludwig wäre noch am Leben. – Vielleicht hätt' ich mich dann scheiden lassen und wär' wieder nach Possenhofen gezogen.

MAX: Und ich hätt' mich von seiner Majestät nicht lossagen müssen ...

RICHARD WAGNER: Und vor allen Dingen, meine Gutsten, wäre Bayern weiterhin eine Monarchie geblieben und hätte Künstler aus aller Welt in ihre Hauptstadt München gerufen. Das wurde durch diesen Schuss aus dem Hinterhalt alles zunichte gemacht. Der Deibel soll den Schützen dafür holen!

MAX: *(lacht glucksend)* Nein, ich muss einfach lachen ...

SISSI: Worüber?

MAX: Wenn ich mir denk, wie blöd alle schaun würden, wenn sie erführen, dass der Gudden nicht ertrunken im See liegt, sondern im Miesbacher Friedhof und zwar außerhalb der Kirchenmauern ... Nein nein, so was ...

SISSI: Das darf niemals nach außen dringen! – Das musst' mir versprechen, Maxl! – Schon allein dem lieben Ludwigl zuliebe!

MAX: Da brauchst' keine Angst haben, Sissi, von mir erfährt kein Mensch was. *(zu Wagner)* Und ihnen rat ich das Nämliche, verehrter Meister. – Der König ist und bleibt ertrunken und der Gudden mit ihm!

SISSI: Und zwar für alle Zeiten.

MAX: Genau. – Und ich sorg dafür, dass an die Stelle, wo der Ludwig erschossen wurde ...

SISSI: *(streng)* Maxl!

MAX: ... verzeih, ich wollt natürlich sagen, wo er ertrunken ist! – Also, wo er ertrunken ist, dass dort ein Kreuz errichtet wird. – Sozusagen als königliches Marterl! – Und der Gudden, den sonst kein Mensch später mehr 'kennt hätt, geht damit gleichzeitig in die bayerische Geschichte ein. – Dafür hat er sich doch erschießen lassen können, ich bitt euch! Wenn es jeder namenlose Arzt so gut hätt'...

SISSI: *(nestelt an König Ludwigs Brust herum)* Also solche Löcher! – Nein, ich komm immer noch nicht drüber weg!

RICHARD WAGNER: Verehrteste, ich bin dafür, dass wir jetzt gehn. – Nun haben wir drei ein Geheimnis miteinander, das niemals gelüftet werden wird. – Und das verbindet uns irgendwie ...

SISSI: *(schaut auf den toten König und schluchzt)* Ludwigl, direkt in dein gutes bayerisches Herz haben's dich gschossen! Diese Mordbuben! – *(wirft ihm eine Kusshand zu)* Leb wohl, Ludwigl, mein Märchenprinz und Bayerns Märchenkönig! *(geht ab)*

MAX: *(seufzt tief)* Majestät leb wohl! – Ich find keinen bessern Freund mehr, den ich so lieben werd, wie ich dich geliebt hab, Ludwig ... *(ab)*

RICHARD WAGNER: *(sieht sich um)* Die Cosima hab ich zwar geheiratet, aber am liebsten war mir doch deine Gegenwart, liebster Ludwig! – Ich werd dir einen Trauermarsch komponieren und dann in den Starnberger See werfen. – Adieu, lieber Freund und verehrter Gönner ... *(ab, Licht aus)*

2. Bild

Arbeitsraum des Bayerischen Ministerpräsidenten, Franz Josef Steinlein. Anfang der achtziger Jahre des Zwanzigsten Jahrhunderts.
Der Ministerpräsident sitzt mit dem Ballistiker, Dr. Schrot, dem Psychiater, Prof. Dr. von Windungen und dem preußischen Gesandten aus der Zeit von 1886, Dr. Schnippelhorst, im erregten Gespräch um einen Tisch.

F.J.STEINLEIN: Ich hab es einfach nicht glauben können, dass etwas Wahres an der Geschichte sein soll. – Aus diesem Grund hab ich auch sie, verehrter Doktor Schnippelhorst, aus dem Jenseits hierher zitiert. – Sie verzeihn mir doch die Störung, die sie aus der Ewigkeit gerissen hat?
DR.SCHNIPPELHORST: Gewiss, verehrter Herr Ministerpräsident. Wenngleich ich mich auch wundern muss, dass sie dazu die Macht hatten.
F.J.STEINLEIN: *(lacht)* Alles ist machbar, wenn man weiß, was man will. – Übrigens, waren sie nicht erstaunt über die Veränderung? Es liegen immerhin einhundert Jahre dazwischen?
DR.SCHNIPPELHORST: *(erregt)* Und wie erstaunt ich war! – Diese Riesen der Lüfte, diese Flugzeuge! – Und vor allem: das Fernsehen! Man möchte es nicht für möglich halten, wozu der Mensch fähig ist. Wenn ich bedenke, dass man Konserven von allen Zeitgenossen anlegen kann. – Ich meine diese Video-Technik. – Einfach unglaublich.
F.J.STEINLEIN: *(lacht)* Ja ja, der Fortschritt. – Der ist nicht aufzuhalten. – Und schon sind wir mittendrin, meine Herren. – Herrn Doktor Schrot, den bekannten Ballistiker, kennen sie ja bereits und Herrn Professor Doktor von Windungen, seines Zeichens Psychiater, ebenfalls. *(lacht)* Ein Kollege des seligen Gudden sozusagen. Nun, unsere heutige Zusammenkunft bitte ich unbedingt geheimzuhalten. Ich brauche einen Knüller zu den Wahlen. – Und in der Tat, der Zufall spielte mir diesen Knüller in die Hand. – Und sie, verehrter Doktor Schnippelhorst, müssen mir diesen Knüller mehr oder weniger realisieren. *(hüstelt)* Also es geht um folgendes: Die Herren hier und ich werden eine Exhumierung König Ludwig II. vornehmen. Natürlich streng geheim und unter dem absoluten Siegel der Verschwiegenheit. Ich darf meinen Gegnern keine schwache Stelle zeigen! – Zunächst wenigstens noch nicht ...
DR.SCHROT: *(heisere Stimme)* Der Einfallswinkel der Geschosse zeigte uns deutlich ...
F.J.STEINLEIN: Später, später, lieber Schrot. – Lassen wir erst unseren verehrten Gast aus dem Jenseits dazu Stellung nehmen. Er weiß authentisch, was sich damals abgespielt hatte.
DR.SCHNIPPELHORST: Nun, so gut bin ich auch nicht unterrichtet, wie sie denken. Ich war preußischer Gesandter und traf später im – Jenseits – wie sie so schön sagten mit Richard Wagner und ihrer kaiserlichen Hoheit Elisabeth von Österreich zusammen.
F.J.STEINLEIN: *(erregt)* Weiter, weiter, lieber Doktor. Was erfuhren sie von den beiden?
DR.SCHNIPPELHORST: Nun, die Herrschaften unterhielten sich darüber, dass König Ludwig II. von Bayern nicht im Starnberger See ertrunken sein soll, sondern einem politischen Attentat zum Opfer gefallen war.
PROF.VON WINDUNGEN: Unglaublich. – Einfach unglaublich ...
F.J.STEINLEIN: Das dachte ich anfangs auch. Aber Doktor Schnippelhorst hörte es mit eigenen Ohren ...
DR.SCHNIPPELHORST: Das wird aber nicht viel nützen. Ich, sozusagen aus dem Jenseits kommend, kann diese Sache nicht vor Gericht beeiden. Sie verstehen gewiss, was ich damit sagen will.

F.J.STEINLEIN: Natürlich, verehrter Herr Doktor Schnippelhorst. Das ist auch nicht ihre Aufgabe. – Ich wollte lediglich Gewissheit darüber haben, dass König Ludwig II. damals erschossen wurde. Dann steht einer Exhumierung nichts mehr im Wege. *(hart)* Und meine Gegner drüberhalb der Donau bis nach Flensburg hinauf werden zur Verantwortung gezogen. Dieser politische Mord bleibt nicht ungesühnt. Es wird ganz Bayern ohne Einschränkung hinter mir stehen! Und Preußen hat damit endgültig aufgehört zu existieren!

DR.SCHNIPPELHORST: Ich bitte sie nur inständig, meinen Namen aus dem Spiel zu lassen. – Ich hätte keine ruhige Minute mehr dort, woher sie mich kommen ließen!

F.J.STEINLEIN: Sie haben nichts zu befürchten, mein Lieber. Ihre Anwesenheit ist von rein metaphysischer Natur und soll es auch bleiben. – Sie, Doktor Schrot, haben die Aufgabe die Geschosse als preußische Munition zu identifizieren und daraus werde ich meinen Gegnern einen Strick drehen.

DR.SCHROT: Aber Herr Ministerpräsident, wir wissen doch ohnehin, dass es sich um ein preußisches Kaliber handelt. Dr. Schnippelhorst hat es uns bereits bestätigt ...

F.J.STEINLEIN: *(lächelt mitleidig)* Wir wissen es natürlich längst. Aber die Welt weiß es noch nicht! – Und darauf kommt es an! Sie vergessen, dass Doktor Schnippelhorst ja nur für uns existiert. Für die übrige Welt ist er bereits seit einhundert Jahren tot!

DR.SCHROT: Das habe ich glatt vergessen. Verzeihen sie mir ...

F.J.STEINLEIN: Schon geschehen. – Und sie, lieber von Windungen, werden mir im nachhinein klipp und klar bestätigen, dass König Ludwig II. alles andere als schizophren war. Das wird doch bei allen Teufeln noch möglich sein! – Schließlich wurde die Leiche seiner Majestät ja einbalsamiert ...

PROF.VON WINDUNGEN: Gewiss, gewiss, ich werde mein möglichstes tun.

F.J.STEINLEIN: Das will ich auch hoffen, mein Lieber! – Dieser Gudden ist doch zu widerlegen. – Vergessen sie nicht, Windungen, dass sie damit in die Weltgeschichte eingehen werden! Zu König Ludwigs Zeiten sprach nur Bayern darüber. Heut wird die Welt darüber sprechen! – Es bleibt also dabei, wir exhumieren?

DR.SCHROT: Natürlich!

F.J.STEINLEIN: Und ihre Meinung, Prof. von Windungen?

PROF.VON WINDUNGEN: Natürlich bin auch ich dafür! – Zumal uns ja nichts geschehen kann, da wir die Wahrheit bereits wissen.

DR.SCHNIPPELHORST: Ich darf mich dann empfehlen, meine Herren?

F.J.STEINLEIN: Ich bin ihnen sehr verpflichtet, lieber Doktor. Und sie können versichert sein, dass wir ihre Anwesenheit geheim halten werden.

DR.SCHNIPPELHORST: Nun denn, Adieu und viel Erfolg bei ihren Unternehmungen.

F.J.STEINLEIN: Ich werde sie mit einem Hubschrauber wegbringen lassen.

DR.SCHNIPPELHORST: *(lächelt mitleidig)* Aber sehr verehrter Herr Ministerpräsident ...

F.J.STEINLEIN: *(lächelt)* Natürlich. – Ich vergaß woher sie kamen. – Adieu mein Lieber und vielen Dank ...

DR.SCHNIPPELHORST: *(löst sich in Nebel auf)* Adieu meine Herren ... *(Licht aus)*

3. Bild

Königliche Gruft in der Theatinerkirche. Die Exhumierung ist im schönsten Gange.

F.J.STEINLEIN: *(zu Dr. Schrot)* Hoffen wir, lieber Doktor, dass noch eine Kugel im königlichen Leib steckt! Wir brauchen Beweise! – Die Wahrheit alleine hat noch nie ausgereicht. Ich kann mir vor den Wahlen nicht den kleinsten Fehler leisten!

PROF.VON WINDUNGEN: *(kommt aufgeregt zu den beiden)* Die Leiche ist noch vollständig erhalten! In einigen Minuten halten wir den Beweis von der Ermordung seiner Majestä in Händen!

F.J.STEINLEIN: Das walte Gott! – Nun an die Arbeit Doktor Schrot! – Und auch sie, Prof. von Windungen, sollen sich ins Zeug legen. – Heut ist der wichtigste Tag in Bayerns Geschichte seit der Ermordung Herzog Tassilo's III.! Die Weltgeschichte hat aufgehört sich zu drehen! *(Alle drei beugen sich über den Sarg König Ludwig II.)*

DR.SCHROT: *(unter der Anstrengung keuchend)* Es besteht überhaupt kein Zweifel daran, dass seine Majestät, König Ludwig II., erschossen wurde. – Sehen sie nur den Schusskanal, absolut preußisches Kaliber! – *(jubelt)* Und hier, bitte sehr, eine Kugel!

F.J.STEINLEIN: Damit haben wir den Beweis in Händen, dass Preußen nur aus dem Hinterhalt heraus Bayern vernichten konnte! – Die Stunde der Vergeltung hat geschlagen!

PROF.VON WINDUNGEN: *(ebenfalls keuchend)* Und es steht außer Frage, dass König Ludwig II. von Bayern nicht schizophren war. Doktor Gudden hatte sich geirrt. Das Gehirn König Ludwig II. ist musisch so klar ausgeprägt, dass ein Irrtum meinerseits unmöglich ist. – Sein Bruder, Otto, mag schizophren gewesen sein, der König war es nie!

F.J.STEINLEIN: *(richtet sich auf)* Nun mag die Welt davon erfahren! Und die Preußen werden die Konsequenzen daraus tragen müssen! König Ludwig II. von Bayern wurde im Jahre 1886 von den Preußen in Berg erschossen. Für diese Tat wird Bayern heute Sühne fordern! Einhundert Jahre preußische Diktatur findet damit ihr Ende! *(Licht aus)*

4. Bild

Im Landtag. Die gesamte politische Spitze Bayerns ist vertreten.

F.J.STEINLEIN: *(am Rednerpult)* Es ist also erwiesen, meine Damen und Herren, dass König Ludwig II. von Bayern von preußischen Attentätern in meuchlerischer Absicht erschossen wurde. *(Tumult im Saal)* Wir wollen und werden die frevlerische Tat nicht ungesühnt lassen! Diese Barbaren der Vergangenheit, die aus Bayern ein Reservat machten, werden heute zur Verantwortung gezogen! Wir werden nicht, - und das betone ich ausdrücklich – wie die Welt von uns erwartet, gegen unsere Brüder in Ostdeutschland vorgehen, sondern wir werden unter Bayerns glorreichem Banner gegen diejenigen marschieren, die Bayerns ruhmreiche Geschichte einhundert Jahre lang missbraucht und unterdrückt haben. *(Tumult im Saal)* Ruhe, meine Freunde! – Wir stehen an der Schwelle eines neuen Jahrtausends und wir werden diese Schwelle nur als Sieger überschreiten! Was der letzte Agilolfinger, Herzog Tassilo III., vor mehr als eintausend Jahren begonnen hat, werden wir zu Bayerns Ruhme heute vollenden! Sehen wir es als einen Wink des Himmels an, meine Freunde, dass uns das Geschick die Wahrheit über den Tod unseres verehrten Landesfürsten, König Ludwig II., in die Hände gespielt hat. *(Tumult. F.J.Steinlein winkt ab)* Ja, meine Freunde, als einen Wink des Himmels, der uns nach einhundert Jahren beschämender Unterdrückung endlich zur Freiheit führt!
Es wird ein heiliger Krieg werden, den wir für unser Vaterland auskämpfen wollen. Und jeder Mann wird dazu gebraucht werden. *(fanatisch)* Aus allen Einödhöfen werden sie herbeiströmen, die entlegensten Bergbauern werden ihre Söhne und Enkel schicken, aus allen Dörfern und aus allen Städten wird der Ruf ertönen „Nieder mit Preußen"! *(Tumult, der sich allmählich in „Nieder mit Preußen" artikuliert.)*

Ja, meine Freunde, „Nieder mit Preußen" ist die Parole der Neuzeit. In wenigen Tagen schon wird an allen Türen patriotisch gesinnter Bayern die Proklamation hängen. – Und dann werden wir zu Felde ziehen und der heilige Krieg „Bayern gegen Preußen" wird seinen Anfang nehmen. Und der Löwe wird den Adler verschlingen! – Seid ihr bereit, meine Freunde?
(frenetischer Tumult, der in fanatisches „Ja, wir sind bereit" übergeht. F.J.Steinlein lächelt das Lächeln aller Sieger und gemahnt zur Ruhe.)
Dann wird uns nichts mehr hindern und der Gott unseres Vaterlandes wird durch den weißblauen Himmel hindurch seine Hände schützend über uns alle halten.
Und nun, liebe Freunde, stimmt mit mir alle jubelnd mit ein: Gott mit dir du Land der Bayern ...
(Licht aus)

5. Bild

Kleines Konferenzzimmer in Bonn. Der Außenminister, Rudolf Genslein, und der Bundeskanzler, Helmut Schminke, sitzen an einem Tisch. Der Bundeskanzler legt ein Schriftstück auf den Tisch, das er soeben gelesen hat.

RUDOLF GENSLEIN: Was sagen sie dazu, Herr Bundeskanzler?
HELMUT SCHMINKE: Mir bleibt die Spucke weg. – Die sind total verrückt geworden dort unten.
RUDOLF GENSLEIN: Das ist auch meine Ansicht darüber. – Die Welt erstickt in Angst vor einem Atomkrieg, die Energieversorgung war noch nie so ernst wie heute, die Russen fetzen ihr Militär in alle Nachbarländer und da erdreistet sich ein kleiner Punkt auf der Landkarte, der sich „Bayern" nennt, uns den Krieg zu erklären.
HELMUT SCHMINKE: *(lacht)* Ich halte das ganze für den Witz des Jahrhunderts! *(schiebt das Schriftstück verächtlich zur Seite)* Das kann man doch nicht ernst nehmen. Noch dazu, wo sie auf die Bundeswehr verzichten wollen und sich ihr eigenes Militär aufbauen! *(lacht)* Wenn ich daran denke, dass sie in Lederhosen und Adlerflaumhüten in Bonn einmarschieren, finde ich das einfach lächerlich und halte diese alpenländische Kriegserklärung für einen gut aufgebauten folkloristischen Touristengag.
RUDOLF GENSLEIN: So leicht würde ich die Sache nicht abtun. – Sie kennen diese Bayern nicht. Die sind tatsächlich im Stande und mobilisieren ihre gesamten Schützenvereine und die Jägerschaft und verfügen plötzlich über ein Heer von Scharfschützen, gegen die unsere Panzer und Starfighter einen vergeblichen Kampf führen werden.
HELMUT SCHMINKE: *(lacht)* Aber Herr Außenminister, das ist doch lächerlich. Solche „Vergangenheitsraufereien" können sich die Moslems in Persien erlauben oder die Schwarzen in Afrika, aber doch kein Mensch in der Bundesrepublik.
RUDOLF GENSLEIN: Sie nehmen die Sache also nicht ernst?
HELMUT SCHMINKE: Keineswegs.
RUDOLF GENSLEIN: Die Bayern sind fanatische Patrioten. Es gibt nicht einen Haushalt, der nicht über eine Schrotflinte oder einen Bergstutzen verfügt. – Die Bayern sind seit altersher gute Schützen gewesen ...
HELMUT SCHMINKE: Das ist doch lächerlich. – Jetzt brauchen sie nur noch sagen, verehrter Außenminister, dass sie auch noch an den Wolperdinger glauben!
RUDOLF GENSLEIN: Na ja, bei denen weiß man nie genau woran man ist. – Tatsache ist aber, dass die Bayern auch heute noch ihren Märchenkönig, Ludwig II., zutiefst verehren.
HELMUT SCHMINKE: Mein Gott, schließlich verehren wir auch noch unseren Kaiser Wilhelm! – Das ist doch nicht außergewöhnlich, mein Lieber ...

RUDOLF GENSLEIN: Gewiss nicht, Herr Bundeskanzler. – Aber Kaiser Wilhelm wurde auch nicht durch eine bayerische Kugel ins Jenseits befördert.

HELMUT SCHMINKE: *(lacht)* Glauben sie etwa an dieses Märchen von einer Erschießung des bayerischen Königs?

RUDOLF GENSLEIN: *(ernst)* Man mag den Bayern entgegenhalten was man will, doch in Punkto König Ludwig II. kennen sie keinen Spaß. – Und dass ihr König erschossen wurde, ist schließlich eine Tatsache. Und dass die tödlichen Geschosse aus einem preußischen Gewehr abgefeuert wurden, ist bei der Exhumierung bewiesen worden.

HELMUT SCHMINKE: Na und? – Was besagt das schon?

RUDOLF GENSLEIN: Das besagt soviel, dass ihr Ministerpräsident, Franz Josef Steinlein, diese Tatsache zum Anlass nimmt, um sie politisch weltweit auszuschlachten.

HELMUT SCHMINKE: Soll er doch, dieser Hinterwäldler. – Wenn es den Bayern tatsächlich ernst damit ist, dann sollen sie nur kommen! Wir werden sie gebührend empfangen!

RUDOLF GENSLEIN: Hoffen wir, dass die Sache einen so lustigen Ausgang nimmt, wie sie sich das vorstellen, Herr Bundeskanzler.

HELMUT SCHMINKE: *(lacht)* Worauf sie sich verlassen können. Die Bundesrepublik kann ohne Bayern leben, aber Bayern nicht ohne die Bundesrepublik1

RUDOLF GENSLEIN: *(seufzt)* Das walte Gott ...

(Licht aus)

6. Bild

Im Arbeitsraum des bayerischen Ministerpräsidenten, Franz Josef Steinlein. Dr. Schrot und Prof. von Windungen sitzen mit F.J.Steinlein über einer Generalstabskarte. Alle drei tragen eine „bayerische Fantasieuniform". Der Krieg „Bayern gegen Preußen" nähert sich dem Ende.

F.J.STEINLEIN: *(triumphierend)* Was sagen sie jetzt meine Herren? Das hätte kein Mensch geglaubt, dass wir Bayern mit Schrotflinten gegen Panzer antreten und obendrein noch gewinnen werden!

DR.SCHROT: *(stolz)* Die Bayern sind von jeher tapfer gewesen!

F.J.STEINLEIN: ... und vor allen Dingen: draufgängerisch! – Das haben sie schon früher bei den Bauernkriegen bewiesen. Damals gingen sie mit Dreschflegeln gegen gepanzerte Reiter vor.

PROF.VON WINDUNGEN: *(stolz)* Das war ein Blitzkrieg, wie damals der von den Israelis! – Frankfurt, Düsseldorf, Köln, Mannheim, Hamburg und alle anderen preußischen Siedlungen befinden sich bereits fest in bayerischer Hand.

F.J.STEINLEIN: Und nun marschieren wir gegen Bonn! Wenn diese letzte Bastion preußischer Sprache gefallen ist, erstreckt sich Bayern von den Alpen bis zur Nordsee hinauf! Und dann können wir endlich mit der kulturellen Besiedelung dieser preußischen Gemarkungen beginnen!

DR.SCHROT: Ich finde, dass sich die Weltmächte, wie China, Russland und die USA, großartig verhalten haben. – Ja, Texas hat uns sogar seine Hilfe angeboten!

F.J.STEINLEIN: Die Texaner denken in Punkto Freiheit wie wir Bayern.

DR.SCHROT: Es ist nicht ausgeschlossen, dass sie, verehrter Herr Ministerpräsident, König von Bayern werden!

F.J.STEINLEIN: *(geschmeichelt)* So weit ist es noch nicht. – Im übrigen hat da der Vatikan auch noch ein Wort mitzureden ...

DR.SCHROT: Der ist doch absolut auf unserer Seite! – Bayern war doch von jeher ein Hort des Glaubens und der katholischen Religion!

PROF.VON WINDUNGEN: Vergessen sie nicht, dass Kardinal Rattenhöfer unsere bayerischen Helden gesegnet hat, bevor sie gegen Preußen zogen! – Ich finde, dass sie absolut würdig sind, Bayerns Krone zu tragen!
DR.SCHROT: ... und der gewöhnlichste bayerische Bauer denkt genauso darüber!
F.J.STEINLEIN: *(räuspert sich gerührt)* Wenn sie so darüber denken, meine Herren, bin ich natürlich gerne bereit, die schwere Last eines Königs auf mich zu nehmen. – Aber wie schon gesagt, zuerst werden wir noch Bonn einnehmen! Das ist nur noch eine Frage von Tagen ...
DR.SCHROT: *(strahlend)* Und dann wird Bayerns Glorie strahlender denn je von zerklüfteten Felsen aus bis zu den Nordseewellen alles in den Schatten stellen! *(Licht aus)*

7. Bild

Konferenzzimmer in Bonn. Bundeskanzler Helmut Schminke und Außenminister Rudolf Genslein sitzen zerknirscht am Tisch. Der Bayerische Defiliermarsch dringt durchs Fenster.

RUDOLF GENSLEIN: Nun haben wir die Bescherung.
HELMUT SCHMINKE: Das konnte doch kein Mensch ahnen.
RUDOLF GENSLEIN: Ich hatte sie gewarnt!
HELMUT SCHMINKE: Diese bayerischen Verräter in der Bundeswehr liefen sofort mit wehenden Fahnen zum Feind über. – Starfighter drehten an Bayerns Grenze um und Panzer mit bayerischer Besatzung richteten ihre Geschütze auf ihre preußischen Kameraden. – Ja sogar die Marine gehorchte nicht mehr und die bayerischen Matrosen griffen offen Hamburg an!
RUDOLF GENSLEIN: Ich warnte sie davor, die Bayern zu unterschätzen. – In wenigen Minuten wird der bayerische König, Franz Josef I., ihre bedingungslose Kapitulation fordern. Und das Volk, inklusive der preußischen Touristen, steht wie ein Mann hinter ihm.
HELMUT SCHMINKE: Was soll ich tun? – Soll ich mich vielleicht erschießen?
RUDOLF GENSLEIN: Das gerade nicht. – Obwohl es das beste wäre. – Aber mit dem Bundeskanzler ist es vorbei!
HELMUT SCHMINKE: Aber dann, mein lieber Freund, auch mit ihrem Außenministerposten!
RUDOLF GENSLEIN: Da bin ich mir nicht so sicher.
HELMUT SCHMINKE: Was soll das heißen?
RUDOLF GENSLEIN: Das heißt, dass König Franz Josef I. auch tüchtige Minister braucht ...
HELMUT SCHMINKE: So ist das also. – Sie fallen mir in den Rücken!
RUDOLF GENSLEIN: Ein Mann von meiner politischen Erfahrung ist unerlässlich auf dem diplomatischen Parkett.
(Minister Dr.Schrot, Minister von Windungen und Franz Josef I. mit der bayerischen Krone auf dem Haupt erscheinen.)
RUDOLF GENSLEIN: *(verbeugt sich tief)* Wir begrüßen ihre Majestät, König Franz Josef I. von Bayern!
F.J.STEINLEIN: *(gönnerhaft)* Na na na, stehn sie nur wieder auf, mein lieber Genslein. Wir sind doch keine Barbaren.
RUDOLF GENSLEIN: Sehr wohl Majestät!
F.J.STEINLEIN: Und jetzt zu ihnen, lieber Schminke. Ihr Bundeskanzler-Dasein ist natürlich von heute an zu Ende, das ist ihnen doch klar? Bayern ist nun wieder eine Monarchie und wird es in Zukunft auch bleiben. Nach außenhin werde ich unser Land von jetzt an vertreten.

(zu Rudolf Genslein) Sie werden Außenminister bleiben an meiner Seite als Bundeskanzler.

HELMUT SCHMINKE: Das heißt also, dass sie König von Bayern und zugleich Bundeskanzler sind?

F.J.STEINLEIN: Finden sie daran etwas Außergewöhnliches, lieber Schminke?

HELMUT SCHMINKE: Na ja, mich verwundert eigentlich nichts mehr, was euch Bayern betrifft ...

F.J.STEINLEIN: Aber lieber Schminke, von heute an gibt es keine Deutschen mehr, sondern nur noch Bayern! Es ist bedauerlich, das noch erwähnen zu müssen. Wenn sie sich in meine Pläne einfügen, Schminke, wird auch für sie ein netter Posten abfallen. Ich habe vor, die europäische Kleinstaaterei abzuschaffen und ein bayerisches Europa zu errichten.

(Vom Fenster her hört man das Volk rufen: „Hallo Majestät!")

DR.SCHROT: Das Volk ruft nach ihnen, Majestät! – Sie müssen sich dem Volk zeigen!

F.J.STEINLEIN: Gleich gleich, lieber Minister Schrot. – *(zu Helmut Schminke)* Also, wenn sie auf meiner Seite sind, steht einer Zusammenarbeit nichts mehr im Wege.

HELMUT SCHMINKE: Ich steh auf ihrer Seite, *(verbeugt sich)* Majestät.

F.J.STEINLEIN: Na also. *(zu von Windungen)* Und schreiben sie den lieben Schminke auf die Liste, damit er geadelt wird. *(tritt zum Fenster)* Schreiben sie gleich den lieben Genslein auch dazu, der hats verdient! *(öffnet das Fenster und brausender Tumult empfängt ihn)*

(Licht aus)

8. Bild

Im Jenseits. Sissi, Max und Dr.Schnippelhorst sitzen auf einer Wolke. Sissi serviert Tee.

SISSI: *(zu Dr.Schnippelhorst)* Trinkst' auch ein Tasserl Tee mit, lieber Schnippelhorst? Obgleich du eigentlich keinen verdienst. *(droht ihm lächelnd mit dem Finger)* Du hast schließlich das ganze Debakel auf der Erde in die Wege geleitet.

DR.SCHNIPPELHORST: *(mit entschuldigender Gebärde)* Geh geh, liebe Sissi, daran bist du auch nicht ganz unschuldig. *(zu Max)* Und vor allen Dingen du, Max! – Hast' nicht du zu mir gesagt, dass du die Einschusslöcher auch gesehen hast?

MAX: Freilich, schieb mir alles in die Schuhe. – Hast' schon recht. – In der königlichen Gruft war es schließlich dunkel ...

SISSI: Jetzt streitet nicht. Es ist ohnehin nicht mehr zu ändern. – Tss, ich hätt mir das nicht einmal träumen lassen, dass dieser Steinlein so weit gehen würde.

MAX: *(stolz)* So groß war Bayern noch nie! – Nicht einmal zu Tassilos Zeiten. Jetzt wenn er die Franzosen und die Spanier noch in die Pfanne haut, dann ist Bayern zum vierten Weltreich avanciert! *(schlägt sich auf die Schenkel)* Stellt euch das bloß vor, dann muss China, Russland und die USA mit Bayern rechnen! – Das hätten wir uns damals auch nicht gedacht, als wir 1886 vor Ludwigl's Grab standen, was Sissi?

SISSI: Nein, das auf keinen Fall. – Aber da sieht man wieder ganz deutlich: wenn man einem karrieresüchtigen Menschen einen glaubwürdigen Anlass in die Hand legt, was der daraus machen kann. – Dieser Steinlein hat die ganze Weltordnung auf den Kopf gestellt.

MAX: Und jetzt ist er König von Bayern und zugleich Kanzler des Reiches. Dabei fließt nicht ein Tropfen aristokratisches Blut in seinen Adern!

DR.SCHNIPPELHORST: Das war noch nie ausschlaggebend für den Erfolg eines Menschen gewesen ...

MAX: Du hast natürlich allen Grund dazu, diesem Emporkömmling die Stange zu halten. Du warst es ja schließlich auch, der ihm den Startschuss zu seinem politischen Amoklauf gegeben hat. – Oder glaubst du vielleicht, lieber Schnippel, dass wir so blöd sind und nicht wissen, dass du auf der Erde warst und den Ausschlag dazu geliefert hast, die Leiche König Ludwigs zu exhumieren? – Dabei erzählten wir dir als Freunde von der Erschießung seiner Majestät und verließen uns darauf, dass du den Schnabel halten würdest. *(lacht)* Aber typisch preußisch: sofort musste er die Geschichte weiter verbreiten ...

SISSI: Und dabei haben wir uns getäuscht, der Maxl und ich. Das, was wir für drei Einschusslöcher hielten, waren drei aufgestickte rote Rosen am Hemd seiner Majestät.

MAX: Na ja, aber das erfuhren wir erst später, als wir mit seiner Majestät hier wieder zusammentrafen. *(lacht)* Der König ist tatsächlich im Starnberger See ertrunken!

SISSI: Da siehst du, lieber Schnippel, was du mit deiner vorlauten preußischen Goschen angerichtet hast. Und das ist nicht mehr rückgängig zu machen. – Bayern ist durch dein Eingreifen zu einer Atommacht geworden!

MAX: *(lacht)* Interessieren tät mich schon, wie du eine alte preußische Kugel in den Sarkophag geschmuggelt hast?

DR.SCHNIPPELHORST: *(bescheiden)* Geh, Maxl, das war doch kein Kunststück. Du weißt doch selbst, zu was wir fähig sind ...

MAX: Freilich. – Darüber redet man nicht. Du hast schon recht ...

SISSI: *(lacht)* Mein Gott, wenn ich dran denk, dass ich bis zu meinem Tod den lieben Franzl für einen kleinen Mordbuben hielt, dann könnte ich mich heute noch totlachen. – Aber man mag es mir glauben oder nicht, das hat meinen lieben Franzl direkt ein bissl aufgewertet im Bett. *(bitter)* Dafür war die Enttäuschung später umso bitterer für mich.

DR.SCHNIPPELHORST: Auch unser verehrter Bismarck ist reingewaschen.

MAX: *(lacht)* Nur der liebe Gudden gilt allgemein als Depp auf der Welt. – Dieser Dingsbums, dieser von Windungen hat ihn doch widerlegt und erklärt, dass der Ludwig alles andere nur nicht schizophren war. – Mit dieser Erklärung hat er sich zur Weltkoryphäe aufgeschwungen. Ein eigenartiger Schlag, diese Menschen ...

SISSI: ... zu denen auch wir einmal gehörten!

MAX: Das ist schon so lange her, dass es schon fast gar nimmer wahr ist! *(König Ludwig II. in Hausjoppe erscheint. Er hat sich bei Richard Wagner eingehakt. Beide sind in ein Gespräch vertieft.)* Schau, da kommt der Ludwigl!

SISSI: Hallo, Majestät! – Trinkst' einen Tee mit, Ludwig?

LUDWIG: *(aus tiefen Gedanken erwachend)* Einen Tee, Sissi? – Hast' nichts anderes da? *(begeisternd)* Stellt euch vor, meine Lieben, der Richard hat beschlossen einen, noch unbekannten jungen Komponisten auf der Erde zu inspirieren! Er ist Holländer, das heißt, er war Holländer. – Jetzt ist er ja ein Bayer. – Was sagt ihr dazu? – Ich finde diese Idee großartig!

MAX: Oh Himmel hilf! Schon wieder ein Geist, der in die Geschicke der Menschen eingreifen will! – Ihr habt doch gesehn, was daraus werden kann!

RICHARD: Mei Gutster, in der Politik magst du ja Recht haben. – Aber in der Kunst schaut die Sache doch ein bissele anders aus! – Du siehst ja, was sie heute alles als Kunst bezeichnen. Da wird es allmählich Zeit, dass wir Geister uns ein bissele einschalten. – Beethoven ist übrigens der gleichen Ansicht.

SISSI: Was sagst du dazu, Ludwig?

LUDWIG: Ich bitte dich, Sissi, der Richard weiß schon was er will. – Nicht Richard?

RICHARD: Natürlich! Das hab ich schon immer gewusst. – Und Lessing will sich die Intendanten einmal vorknöpfen. So geht es schließlich nicht mehr weiter!

LUDWIG: *(zu Dr.Schnippelhorst)* Übrigens, lieber Schnippel, hast du die Sache mit „meiner Erschießung" auf der Erde wieder in Ordnung gebracht?

DR.SCHNIPPELHORST: *(schaut sich hilfesuchend um)* Das ist leider nicht mehr möglich, Majestät. Die Dinge sind schon so weit fort geschritten ...

LUDWIG: Geh, Schnippel, du kannst doch diesen Steinlein noch mal besuchen und ihm klipp und klar sagen, dass ich im Starnberger See ersoffen bin. Das lässt sich doch machen. – Der gute Gudden liegt mir dauernd in den Ohren, weil ihm dieser von Windungen sein Image restlos zerstört hat. – Also, Schnippel, tu was!

SISSI: *(besänftigend)* Das geht leider nicht mehr, Ludwig. Du bist ermordet worden und dabei muss es bleiben! Bedenk bitte, dass durch deine angebliche hinterfotzige Erschießung Bayern nunmehr bis zum Ärmelkanal reicht!

LUDWIG: Aber dieser Kerl, dieser Steinlein, also nein, ich kann ihn mir einfach nicht als König von Bayern vorstellen. Bitte seid mir nicht bös, aber da drehen sich ja alle Könige von Bayern im Grabe um! – Herzog Heinrich der Löwe fletscht alle Tage die Zähne!

SISSI: Lass ihn fletschen! – Wichtig ist, dass Bayern zu einer Weltmacht wurde! – Dieser Steinlein zählt doch überhaupt nicht!

LUDWIG: Na von mir aus. Mir soll es recht sein. – Aber jetzt kommt, ich lad auch alle ein. – Ich geb zum Ruhme Bayerns und zur Ehre seiner Vorfahren ein kleines Essen. Tassilo hat zugesagt und Goethe wird auch dabei sein – und noch ein paar nette Leut. – Also kommt mit ...

(Die ganze Gesellschaft schwebt auf einer Wolke davon und das Licht erlischt.)

ORIGINALE

Komödie in einem Akt
von Werner Schlierf

Personen:

Wolfgang Weiß	- Kunstmaler, der über Nacht zum hochdotierten „Macher“ wird
Christiane Weiß	- seine Frau, ein barocker Bohéme-Typ
Edi Teiglein	- Bäckermeister mit künstlerischen Ambitionen
Sandra Black	- Kunst-Journalistin
Günter Heiligenmund	- Vorsitzender der Maler-Gilde

Dekoration:

Haidhauser Maleratelier, das heißt: eine schwachmöblierte, unordentliche, doch saubere Künstlerbude. An den Wänden einige starke Nägel, an denen Rahmen der verschiedensten Größen hängen. (Seitenwände links und rechts)
In Ermangelung von Kästen hängen zugleich Gebrauchsgegenstände an den Nägeln unter den Bilderrahmen. So sehen wir zum Beispiel an einem Nagel hängen: einen farbverschmierten Malerkittel, darüber einen Fuchsschwanz (Säge), eine Gespenster- oder Teufelspapplarve vom letzten Fasching, und einen alten Hut. An einem anderen Nagel hängen schlampige Poster mit einer nackten Schönheit, ein Kapsel-Colt und eine Peitsche. Wieder an einem anderen Nagel hängen zwei schmutzige Gummistiefel, eine goldene Styropor-Weihnachtsglocke, ein alter Trachtenjanker und ein fast völlig kahler Fichtenzweig. Zwei Nägel sind noch frei, das heißt, dass nur Bilderrahmen dran hängen. Die dem Publikum zugekehrte Bühnenseite ist mit einem Vorhang verhängt, hinter dem sich ein sichtbares, großes Fenster befindet. Vor dem Vorhang eine Malerstaffelei und ein Regal voller Farbbüchsen. Links und rechts der Bühne zwei Ein- bzw. Ausgänge. Irgendwo steht ein Radio. In der Bühnenmitte ein alter Tisch und drei Stühle.
Es ist Abend.

Der Vorhang öffnet sich und Christiane Weiß fegt mit einem Besen den Raum. Sie weint und schluchzt und verhält zwischendurch immer wieder, um sich die Nase zu putzen.
Im Nebenraum rechts hört man wütende Schläge, Poltern, und das Geräusch, wenn Papier zerrissen wird. Daneben von Flüchen begleitete, wüste Beschimpfungen, die nur teilweise verstanden werden. Jedesmal, wenn ein besonders starker Schlag erfolgt, zuckt Christiane Weiß erschreckt zusammen. Im Nebenraum ist ihr Mann, der Kunstmaler Wolfgang Weiß, damit beschäftigt, seine Bilder zu zerschlagen und seine Graphiken zu zerreißen. Als es besonders laut wird, verhält Christiane Weiß in ihrer Tätigkeit und schaltet das Radio ein. Beethovens „Fünfte" ertönt. Nach einer Weile wird die Türe rechts aufgerissen, und Wolfgang Weiß schreit in höchster Erregung und mit verschmiertem Gesicht und zerrauften Haaren ins Zimmer:

WOLFGANG WEIß: Schoit den Schmarrn aus, bevor i d'Wohnung o´zünd! An´ Beethoven sei Musik is aa a oidmodischer Kaas wia meine Buider!

CHRSTIANE WEIß: *(mit schluchzender Stimme)* Aber Woifi, i konn doch nix dafür, dass da Herr Heiligenmund deine Buider wieder für de Ausstellung im Haus der Kunst abgelehnt hat.

WOLFGANG WEIß: Dees sagt ja koaner! – Aber da Heiligenmund is für mi ein Qualitäts-Rindviech!

CHRISTIANE WEIß: ... aber er is doch dei Freind -

WOLFGANG WEIß: *(in Rage)* ... deszweng konn er aa a Rindviech sei! – Meine drei bärigen Buider hat er abglehnt, weil i´s de Impressionisten „nachempfunden" hätt! – Der hat doch von da Kunst a Ahnung, wia a Kuah vom Zither-spuin!

CHRISTIANE WEIß: *(leise, fast flehend)* Na mal hoit amoi modern, Woifi, dees konnst doch du ganz bestimmt.

WOLFGANG WEIß: Modern! Modern! – Was hoaßt denn dees scho? – Soi i vielleicht a paar Baatzl auf d'Leinwand hispritzn und mit oide Gummistiefel drüberlaatschn?! Is dees vielleicht modern? – Aber i sag da, daß´s in da Kunst nix Moderns gibt! Weil d'Kunst nämlich vom Können kimmt! *(schickt sich an , wieder im Nebenraum zu verschwinden)* Und jetzt hau i alle meine Buider zamm, weil dees Perlen vor die Säu gschütt waar, wenn i´s ausstelln taat!

CHRISTIANE WEIß: Bittschön tuas net, Woifi! – Deine schöna Buider und Zeichnungen...

WOLFGANG WEIß: Was soi i denn sonst damit toa? – Net amoi in da eigena Wohnung konn i meine Buider aufhänga, weilsd du so einen gschlamperten Haushalt hast, dass´s da Sau graust! – *(deutet zu den Wänden)* Überoi hängts Graaffe rum!

CHRISTIANE WEIß: Konn i was dafür, wenn ma koan Knopf Geld für Möbel haben? Für de paar Mark wo i beim Edi im Ladn verdien, kaafst da du wieder Farbn und a Leinwand. – Net amoi an´ neia Sattl leids für mei Radl, und dabei is da oide scho durchgsessn bis zu de Federn...

WOLFGANG WEIß: Dees kummt bloß vo deim Gwicht! – Im Übrigen is da Edi für mi aa a Rindviech! – Und dees is dei Freind...

CHRISTIANE WEIß: Für die san alle Rindviecher. – Aber beim Edi verdean i wenigstens a paar Mark...

WOLFGANG WEIß: Trotzdem is er a Rindviech... *(verschwindet im Nebenraum)*

CHRISTIANE WEIß: *(schreit ihm nach)* Und i brauch an´ neia Sattl fürs Radl, weil i mit da S-Bahn vui länger in d'Arbat brauch! *(fegt den Boden weiter; im Nebenraum Fluchen und Gepolter)*

<u>Künstlersong-Song.</u> *(Christiane Weiß stützt sich auf ihren Besen)*

Warum derf heit
d´Kunst net schee sei?
Warum is´ dann net modern?
Wia da Beuys
muaßt´ auf da Höh sei,
wuist´ net zu de Kloana ghörn.
Hol an´ Müll
vom Schuttberg druntn
trag an´ Huat aa bei da Nacht!
– Na zoag alle
deine Wundn;
weil sowas an´ Künstler macht!

Bloß dees oane sag i dir:
(is´ aa bloß a großer Mist!)
- mach drei Fahrer aufs Papier,
weilst´ na scho a Künstler bist!
Weilst´ na scho a Künstler bist!

Bist´ a Schreiber,
mach an´ Fuim draus.
Mit vui Bluat, vui Schmarrn und Weh.
Und leih da
von alle ´s Geld aus,
konn a neamd den Kaas versteh.
Wichtig is,
dass d´Kritikaster
di ois echtn Künstler lobn;
na kassier Preise und Zaster,
weil heit hat se oiß verschobn!

Bloß dees oane sag i dir:
(sags net weida, laß dees bleibn!)
- schreib drei Kreizl aufs Papier,
konnst´ dein Nama net gscheid schreibn!
konnst´ dein Nama net gscheid schreibn!

Hast´ bei einer Stubnmusi,
irgendwann moi Notn glernt.
Hast´ beim Fernsehn
gar a Gspusi,
und kennst deren Mann entfernt,
nacha plagiier
an´ Grothe,
und misch d´Notn wieder nei!
denn na ziahgst´
de höchste Quote
bei da Hit-Parade glei!

Bloß dees oane sag i dir:
(sags net weida, laß dees bleibn!)
- oiß wasd machst is a Geschmier,
du werst doch a Arschloch bleibn!
du werst doch a Arschloch bleibn!

(Christiane Weiß beginnt wieder zu fegen, da klingelt es. Sie lehnt den Besen an die Wand und öffnet. Edi Teiglein tritt ein, mit einer großen, äußerst abstrakten Brezel in der Hand)

CHRISTIANE WEIß: Grüaß die, Edi...

EDI TEIGLEIN: Servus, Christl. *(In diesem Moment poltert es ganz gehörig im Nebenraum)* Spinnt er scho wieder?

CHRISTIANE WEIß: Jetzt habns zum fünften Mal seine Buider abglehnt für d´Ausstellung.

EDI TEIGLEIN: I habs eahm scho tausendmoi gsagt, dass er modern maln soll!

CHRISTIANE WEIß: I aa, aber auf uns hört er hoit net.

EDI TEIGLEIN: Zerscht muaß er sich amoi a Image schaffa. An´ Woifi Weiß kennt koa Sau. An´ andern Nama braucht er, und na muaß er mit irgendwas Aufsehn erregn. – Vielleicht d´Frauenkirch rot o´streicha... Oder s´Museum o´zündn! – Na, dees is net guat; da wird er bloß eigsperrt. – Irgendwas hoit. – Vielleicht an´Wendelstoa mit Goldpapier eiwickeln, oder so ähnlich...

CHRISTIANE WEIß: Geh, Edi, der is doch vui z´groß. – Sovui Goldpapier gibts ja gar net...

EDI TEIGLEIN: Es muaß ja net da Wendelstoa sei. – Es gibt ja schließlich no mehra Berg. Jedenfalls muaß´ was Spektakulärs sei. – Da H.G. Schult hat damois in New York an´ Fliaga abstürzn lassn! Dees hat Aufsehn erregt! Und na hat er de Trümmer verkaaft. – Grad aus da Hand habnses eahm grissn! – So muaß ma heit Kunst macha!

CHRISTIANE WEIß: Was isn dees, wost´ da in da Hand hoitst?

EDI TEIGLEIN: Dees is a neie Kreation von ara Brezn. – De oide Form is doch ehrlich nimmer zum Dafressn! – Da muaß was Neis her. – Alle Bäcker haben de gleichn Brezn. Was moanst´ wia meine Brezn geh werdn! – I hab ma scho an´ Werbeslogan ausdenkt:
De oide Brezn is passé,
denn psychologisch ißt man gern,
de neie Form meiner Bre-ze - *(Betonung!)*
denn aa da Magn verdaut modern!
Na, was sagst' dazua?

CHRISTIANE WEIß: *(skeptisch)* Und du moanst, dass se dees im Absatz bemerkbar macht?

EDI TEIGLEIN: Und wia! – Heitzutag woin d´Leit oiwei wieder was Neis haben. Mit da oidn Brezn lockst´ doch koan Hund mehr unterm Ofa vüra. – Da, i schenk ´das...

CHRISTIANE WEIß: Was soi i denn damit macha?

EDI TEIGLEIN: Na du bist guat, essn natürlich!

CHRISTIANE WEIß: *(Nimmt die Breze, und in diesem Moment stürmt Wolfgang Weiß mit einer Graphik in der Hand ins Zimmer. Christiane weiß nicht wohin mit der Brezel, und so hängt sie diese kurzentschlossen an einen leeren Nagel vor einen Bilderrahmen)* Woifi, da Edi is grad kemma...

WOLFGANG WEIß: Moanst´ i bin blind? – *(hält Edi die Graphik unter die Nase)* Und sowas wird von dene gehirnamputierten Glätzn abglehnt! – Aber i pfeif eahna was! *(er zerreisst das Blatt. Edi kann es nicht verhindern, doch nun entwindet er beide Hälften dem Wütenden. Dabei schneidet er mit dem Papier Wolfgang Weiß in die Handfläche)* Ja spinnst denn du komplett! – *(lutscht an seiner Hand)* Jetzt hast´ mi gschnitten aa no! – *(zu Christiane)* Wo isn a Pflaster?

EDI TEIGLEIN: Dees woit i fei net...

CHRISTIANE WEIß: Wart, Woifilein, i hol da glei a Pflaster. *(Sie legt sich flach auf den Boden und zieht unter dem Regal ein vergammeltes Sanitätskästchen hervor. Sie wühlt darin umher, zieht ein Stethoskop bervor, findet aber kein Pflaster. Sie drückt das Stethoskop Edi Teiglein in die Hand, der es gedankenlos zu seiner Brezel an den Nagel hängt)* I hab koa Pflaster net, Woifi...

WOLFGANG WEIß: I sags ja, eine Schlamperei im Haus! – A Stethoskop is da, aber koa Pflaster! – Na bind´ ma an´ Verband rüber...

(Christiane Weiß holt ein dickes Verbandspäckchen hervor, und verbindet die Hand ihres Mannes. Edi Teiglein assistiert ihr dabei. Den Rest des aufgewickelten Verbandes schlingt sie einige Male um den Nagel, an dem die Brezel und das Stethoskop hängen)

CHRISTIANE WEIß: Sodala, Woifilein, jetzt werds glei s´bluatn aufhörn. Hernach konnst' ja an´ Verband wieder runtertoa...

EDI TEIGLEIN: *(klebt das Bild, das einen Akt darstellt, mit einem Tesa wieder zusammen.)* Dees kimmt davo, weilst´ oiwei so scharfe Akte malst!

WOLFGANG WEIß: Warum pappst´ denn dees Blaattl wieder zamm? – I schmeiß´ ja doch weg!

EDI TEIGLEIN: Dees nimm i mit ois Muster. – Vielleicht mach i amoi an´ Weihnachtsstolln in Aktform. – Für einsame Männer auf Weihnachten...

WOLFGANG WEIß: *(verbissen)* Da taat i an deiner Stell liaber an´ Günter Heiligenmund ois Muster hernehma, und an´ Weihnachtsmann macha!

CHRISTIANE WEIß: *(lacht)* Haha, dees waar a Gaudi...

WOLFGANG WEIß: Da brauchst´ gar net grinsn, dees is mei Ernst!

EDI TEIGLEIN: I hab zerscht grad zur Christl gsagt, dass da du an´ andern Nama zualegn und ein verzinktes Image aufbaun muaßt. Sunst werst as du nia schaffa.

WOLFGANG WEIß: Und wennts eich alle aufn Kopf stellts: i schaffs!

EDI TEIGLEIN: Mit da normalen Masche, nia!

CHRISTIANE WEIß: *(schüchtern)* Da Edi hat scho recht, Woifi...

WOLFGANG WEIß: Dees verstehst doch du net! – Du kriagst dein neia Sattl, und na is a Ruah! – (zu Edi) Den konnst ihr eingli du kaafa, schließlich arbats bei dir.

CHRISTIANE WEIß: An´ Fliaga muaßt´ abstürzn lassn! – Oder an´ Wendlstoa mit Goldpapier einwickeln...

WOLFGANG WEIß: Hats di jetzt komplett!

EDI TEIGLEIN: D´Christl hat scho recht. – Da Peter Handke is ois Dramatiker bloß durchbrocha, wia er sei „Publikumsbeschimpfung“ gschriebn und de Leit im Parkett lauter Nama gebn hat. Dees war originell, verstehst´? – Und da Beuys hat a oide Krankenbahre an unser Museum für 280 000.- Mark verkaaft. Dafür hat er sich a paar neue Hüat kaaft, und de tuat er jetzt nimmer runter. – So baut ma se a Image auf, und net anders!

WOLFGANG WEIß: Dees is doch oiß a Kaas. – Schaug an´ Picasso o, oder an´ Chagell, an´ Dali... dees san Maler! – De kennas!

EDI TEIGLEIN: Geh hör ma doch mit dene auf! – De maln doch aa alle abstrakt!

WOLFGANG WEIß: Später habns eahnan eigna Stil gfundn. – Aber zuvor habns bewiesn, dass´ aa zeichnen kenna! – Dees san für mi Maler!

EDI TEIGLEIN: Zeichnen konnst doch du aa. Dees hast´ ja scho bewiesn. – Oiso...?

WOLFGANG WEIß: Was „oiso“?

EDI TEIGLEIN: ... oiso malst jetzt modern!

CHRISTIANE WEIß: *(leise; sinnend)* Vielleicht treib i doch sovui Goldpapier auf, dassd an´ Wendelstoa eiwickeln konnst? – Oder wenigstens oan Zackn von da Kampenwand...?

WOLFGANG WEIß: *(schlägt sich vor die Stirn)* I sags ja, de fangt ´s Spinna o... *(zu Edi Teiglein)* Soll i vielleicht wia da Dali maln?

EDI TEIGLEIN: Natürlich net wia da Dali! – Du sollst wia da „Henry Mousson“ maln!

WOLFGANG WEIß: Henry Mousson? – Den kenn i net. – Wer isn dees?

EDI TEIGLEIN: *(trocken)* Dees bist du.

WOLFGANG WEIß: *(perplex)* I?

EDI TEIGLEIN: Natürlich du!

CHRISTIANE WEIß: Da muaßt di täuschn, Edi, da Woifi hat no nia anders ghoaßn.

EDI TEIGLEIN: *(verdreht die Augen)* Oiso eine Phantsie habts ihr beinand, dass´ ma schlecht wird. – Dees is doch an´ Woifi sei neua Künstlernama! – Jetzt braucht er bloß no a neis Image...

WOLFGANG WEIß: *(zweifelnd)* Henry Mousson? – Oiso schlecht klingt der Nama net. *(überlegt, dann fest)* Naa, dees mach i net. Mei Vadda draaht se im Grab um, wenn i an´ andern Nama hernimm.

EDI TEIGLEIN: Im Grab konn ma se net umdraahn, da is´ nämlich z´eng. – Im Übrigen waar dees deim Vadda wurscht. – Der war Bäckermoaster wia i, und i glaab, dass eahm dees liaber waar, wenn sei guater Nama net mit am´ erfolglosen Künstler in Zusammenhang bracht werad. – Er hat guate Kundn ghabt...

WOLFGANG WEIß: *(bitter)* Wenn mei Vadda aa Maler gwen waar, taat i mi heit leichter...

EDI TEIGLEIN: *(trocken)* Oder Tapezierer...

WOLFGANG WEIß: Du woaßt genau, wia i dees moan! – An´ Heiligenmund sei Vadda war Maler. – Und er is heit da Vorsitzende von da Vereinigung der Bildenden Künstler. (schägt sich vor die Brust) Aber a Talent hab i, und er net, der Malerwaschl!

EDI TEIGLEIN: Dees woaß i ja, dass du wirklich a Talent hast. – Aber a Talent alloa nützt nix. – Du muaßt entweder Beziehungen haben, zu ara Partei geh, oder kriminell werdn! – Aber nachdem dass du koans von dene drei konnst und hast, muaßt´ da a neis Image schaffa.

CHRISTIANE WEIß: *(schüchtern)* Da Edi hat scho recht, du muaßt an´ Wendelstoa mit am´ Goldpapier eiwickeln...

WOLFGANG WEIß: Jetzt lass ma amoi mei Ruah mit dem blöden Goldpapier. – I war no nia aufm Wendelstoa drobn, und woaß gar net wia groß dass der is!

EDI TEIGLEIN: *(väterlich)* Schau Woifi, früher hat a Künstler aa an´ Mäzen braucht. – Und heit braucht er a Image! – Schau mi o, wenn i heit von meina Backstubn in´ Ladn außi geh, na hab i a Jeans o und und a Lacoste-Hemad. In meine Schaufenster findest du eckige Semmeln, a kanadisch´ Balkenbrot, an´ Herzform-Gsundheitskuacha und mei neueste Kreation is mei Alpha-Centauri-Brezn. So muaß ma heit arbatn! —I bin aa koa Bäcker mehr, sondern a „Doag-Designer"! Capito?

CHRISTIANE WEIß: I wett, dass deine Alpha-Centauri-Brezn weggehnga wia de warma Semmeln! – Glei morgn wer i´s o´bietn im Ladn!

WOLFGANG WEIß: Vielleicht habts recht. – Aber i konn hoit net raus aus meiner Haut. I muaß a so maln, wia i moan dass´ richtig is. Mei Leben is d´Malerei, und mei Talent weih i da Kunst!

Maler-Song: (Wolfgang Weiß)

I bin koa Spitzweg,
trotzdem mal i Buida.
Und manche sagn,
i hätt sogar Talent.
Mir is dees wurscht,
i bin a Voglwuida;
drum hat mi aa bis heit
no koana kennt.
Akademien, de kenn i
bloß von außn.
Und koa Professor
konn mir was neis lehrn.
Bei Ausstellungen
häng i oiwei draußn –
nebn da Gadrob,
da konn i neamad störn.

CHRISTIANE UND EDI: *(agressive Tonart)*
Heit muaßt´ scho a „Macher“ sei,
sonst hauns di in d´Pfanna nei.
D´Welt is nimmer so wias war,
mit de Schöngeister is´ gar!
Schmeiß de Werte über Bord:
„Macher“ hoaßt heit ´s Lösungswort!
WOLFGANG WEIß: I hab a Achtung
vor de oidn Moasta.
Doch möcht i anders,
ois wia sie, heit moin.
I kenn de Menschheit,
sie wird oiwei foaster –
dees is ja klar,
sie hat a Geld zum Zoihn.
Meine Kollegen
sehng in mir an´ Pfuscher.
Alloa „Kollege“
bringts scho aufn Baam.
Doch ihre „Werke“
san für mi bloß Huscher –
und boid vergessn,
wia a schlechter Traam.
CHRISTIANE UND EDI: Heit muaßt´ scho a „Macher“ sei,
sonst hauns di in d´Pfanna nei.
D´Welt is nimmer so wias war,
mit de Schöngeister is´ gar!
Schmeiß de Werte über Bord:
„Macher“ hoaßt heit ´s Lösungswort!
WOLFGANG WEIß: In mir steckt Kraft!
– A Baam konn aa moi blau sei!
I scher ma gar nix drum,
was d´Lehrer sagn.
Bevor i da drauf hör,
da stürzt a Haus ei –
wer mi versteh wui,
muaß mi aa vertragn!
Es kummt der Tag,
wo sa se um mi reißn.
Wo meine Buidl
übroi hänga werdn.
Nacha, Kollegen, könnts
eich ´s Hemad zreißn –
denn nacha seids es ihr,
de wo mi störn!
CHRISTIANE UND EDI: Trotzdem muaßt´ zum „Macher“ werdn.
Alle „Macher“ macha gern!
Wia dees Wort alloa scho sagt,
hat se nia a „Macher“ plagt!

Aus dem Abfall uns´rer Welt,
bastelst was, weil dees bringt Geld!

WOLFGANG WEIß: *(reißt sich wütend den Verband von seiner Hand herunter und hängt ihn gedankenlos zu dem anderen Verbandsrest auf den Nagel)* Jedenfois vernicht´ i heit meine Buider, bevor i no an´ Mord begeh!

CHRISTIANE WEIß: *(schüchtern)* Wickelt hoit an´ Wendelstoa...

WOLFGANG WEIß: *(schlägt wütend auf die Tischplatte)* Hoit jetzt endlich die Mäu mit dem blöden Wendelstoa! – I konns nimmer hörn... Dees is ja scho direkt niederträchtig!

EDI TEIGLEIN: *(trocken)* Liaber hochschwanger, ois wia niederträchtig...

WOLFGANG WEIß: Du mit deim Schmarrn! (es klingelt)

CHRISTIANE WEIß: Jetzt kemma scho d'Nachbarn, weilst du oiwei so plärrn muaßt! (geht, um zu öffnen) Was geht denn mi der blöde Wendelstoa o! (öffnet) Grüaß Gott, Fräulein...

SANDRA BLACK: *(off)* Sind Sie Frau Weiß?

CHRISTIANE WEIß: *(mürrisch)* Ja, warum? – Was woins denn? – Mir san net auf an´ Bsuach eigricht...

SANDRA BLACK: *(off)* Ich komme von der „Welt" und möchte einen Artikel über Ihren Mann schreiben...

CHRISTIANE WEIß: *(freundlich)* So so, über meinen Mann „Henry Mousson" möchten S´ einen Artikel schreiben...

SANDRA BLACK: *(off)* Mousson*?? (Wolfgang und Edi schauen sich verständnislos an)*

CHRISTIANE WEIß: *(sehr freundlich)* Aber kommens doch rein, Fräunlein...?

SANDRA BLACK: *(tritt ins Zimmer)* Black. – Sandra Black. – Das Gegenteil von White...

EDI TEIGLEIN: *(grinsend)* Liaba blond und eng, wia Black and White!

CHRISTIANE WEIß: Henry, stell dir vor, ein Fräulein ist da von der „Welt"...

SANDRA BLACK: *(schaut sich im Zimmer um)* Sind Sie Wolfgang Weiß?

WOLFGANG WEIß: Genau, der bin i.

SANDRA BLACK: Wieso dann „Henry Mousson"?

EDI TEIGLEIN: Dees war vorübergehend sei Künstlernama. *(gibt ihr die Hand)* Erfreut, Teiglein. – Edi Teiglein, Brot-Designer...

SANDRA BLACK: *(schaut sich die geklebte Graphik auf dem Tisch näher an)* Wohl eines Ihrer frühen Werke, Herr Weiß?

WOLFGANG WEIß: *(einsilbig)* Was hoaßt da „frühe Werke"? – Dees is a...

EDI TEIGLEIN: *(rasch)* ... a Talentprobe vom Herrn Weiß. – Heit malt er ja ganz anders. Vui moderner, wenns mi verstehnga was i moan, Fräulein.

SANDRA BLACK: Gewiss versteh ich Sie, mein lieber Herr Brötchen...

EDI TEIGLEIN: Teiglein.

SANDRA BLACK: Entschuldigen Sie, Herr Teiglein. *(zu Wolfgang Weiß)* Sie sind also der große Meister. *(schaut sich an den Wänden um)* Allerhand, was Sie schon geschaffen haben! *(nimmt ihren* Fotoapparat zur Hand) Sie erlauben doch, dass ich einige Foto's schieße? *(knipst wie besessen die Utensilien an der Wand)*

WOLFGANG WEIß: *(ist das sehr peinlich; zu Christiane)* Weilst´ oiwei so an´ Verhau hast dahoam!

SANDRA BLACK: *(des Lobes voll; deutet auf den Nagel, an dem die abstrakte Brezel und der blutige Verband hängen)* Dieses Werk finde ich äußerst gekonnt! Diese extemporäre Aussage, in Verbindung mit der Kommunikation des Leides. – Sagen Sie nichts, verehrter Meister! – Ich will den Titel selbst finden! *(jubelnd)* Ja, das ist es! Gewiß heißt dieses Werk: „Der Hunger der Welt"! – *(deutet auf das „Fichtenzweig-Stilleben")* – Und hier, wie Sie sich mit der Umweltvernichtung auseinandersetzen! Nein, das übertrifft aber bei weitem meine Erwartungen! *(schnuppert)* Ich rieche förmlich den sauren Regen und die Schwefeldioxyddämpfe.

WOLFGANG WEIß: *(schnuppert ebenfalls)* I riach nix.

SANDRA BLACK: Sind Sie nur nicht so bescheiden, verehrter Meister!

WOLFGANG WEIß: *(wird die Sache immer peinlicher; um einen anderen Gesprächsstoff zu finden, zu Christiane)* Mach hoit an´ Kaffä für ´s Fräulein Black.

CHRISTIANE WEIß: Kaffä is koana mehr im Haus. – I kaannt höchstens an´ Pfefferminztee macha...

SANDRA BLACK: Blutreinigungstee haben Sie nicht zufällig, liebe Frau Weiß? Die Natur übt im Frühling immer einen eigenartigen Reizzustand auf meinen Körper aus.

EDI TEIGLEIN: Ja, da haben S´ recht. Dees is bei mir dees Gleiche. – Da bin i oiwei so ungeheuer kreativ! – Da taat i am liabstn lauter Akte baacha...

SANDRA BLACK: Sie als Künstler müssen das ja noch viel intensiver fühlen.

EDI TEIGLEIN: Kaum zum sagn...

SANDRA BLACK: *(wendet sich dem Nagel zu, an dem ein Poster mit einer amerikanischen Rakete usw. hängt)* Und dieses Werk! *(ergriffen)* Besser kann keine Aussage gegen den Krieg sein! Man spürt förmlich die animalische Rohheit im psychisch gestressten Seelenwinkel, der das Trauma der Angstagression ins Kalkül zieht, und somit höchste Aussagekraft im pervertierten mystischen Bereich findet. – Mit einem Wort: einfach Elefantös!

WOLFGANG WEIß: Oiso i woaß net, Fräulein, ob mir net ananand vorbeiredn? – *(schickt sich an, ins Nebenzimmer zu gehen)* Wenn S´ scho an´ Artikel über mi und mei Werk schreiben woin, na muaß i Eahna scho a paar Buider zoagn.

EDI TEIGLEIN: *(der die Situation klar erkannt hat, hält ihn zurück)* Dees muaß doch net sei, Woifi! – Deine besten Werke hänga doch scho an da Wand! *(deutet auf die Utensilien)*

WOLFGANG WEIß: Oiso, jetzt glaab i, hats eich alle...

CHRISTIANE WEIß: Soll i dees Graaffe von da Wand toa, Woifi? (macht Anstalten)

EDI TEIGLEIN: *(fällt ihr in die Arme)* Um Gotts Wuin, vergreif di net an der wahren Kunst!

CHRISTIANE WEIß: *(verständnislos)* I woaß scho, de Gummistiefel hätt i scho längst putzn solln...

SANDRA BLACK: *(schießt ein Bild davon)* Nur das nicht, liebe Frau! – An den Profilsohlen hängen gewiß noch Reste von Cadmium und Quecksilber! Sie würden das Werk um seine subtile Aussage schmälern. – Ist es nicht so, verehrter Meister?

EDI TEIGLEIN: Genauso is´! – Dees „Elefantöse“ muaß unbedingt erhalten bleibn!

SANDRA BLACK: *(macht Notizen)* Ich werde Sie groß in der „Welt“ herausbringen. Ich finde, dass Ihr glänzendes Werk das verdient hat. Wo hat Ihre letzte Ausstellung stattgefunden?

WOLFGANG WEIß: Mei letzte Ausstellung?

SANDRA BLACK: Gewiss doch... *(Wolfgang Weiß schaut hilfesuchend auf Edi)*

EDI TEIGLEIN: Sei letzte Ausstellung war in meinen Räumen. Alle Tag warn guat hundert Leit da! – Ein voller Erfolg! – Bsonders dees *(deutet auf den Nagel, an dem die Larve, der Malerkittel und der Fuchsschwanz hängen)* hat ungeheure Aufmerksamkeit erregt. Dees Werk hat am´ Meister sei Image erst richtig aufbaut. – Schaugn S´ Eahna bloß amoi de Komposition o´! Sowas macht am´ Weiß koaner nach! – Dees is einmalig auf da Welt, und dees schreibn S´ in d´ „Welt“...

WOLFGANG WEIß: *(wird zusehens wütender; er fuchtelt mit seiner geklebten Graphik vor der Nase von Fräulein Black herum)* Dees, dees müaßenS´ Eahna genau o´schaugn! – Da stecka drei Wocha Arbat drin!

SANDRA BLACK: *(wirft einen flüchtigen Blick auf die Graphik)* Als Vorstudie ja durchaus brauchbar. *(schaut verzückt an die Wände)* Doch diese Werke sind einmalig! Unsterblich, möchte ich sogar behaupten. Das ist die tiefempfundenste Empfindung!

EDI TEIGLEIN: *(mit schiefen Kopf die Wände fixierend)* Einfach elefantös, dees muaß i aa sagn. Für sei „Seelenintermezzo“ habns eahm 300 000.- Mark botn! *(deutet auf den Nagel mit Larve und Fuchsschwanz)*

SANDRA BLACK: Nun, verehrter Meister, heute können Sie noch so billig verkaufen. – Aber lassen Sie mich erst meinen Artikel veröffentlichen! – Jede Galerie wird Ihnen das Haus einrennen! Unter einer halben Million werden Sie keines Ihrer Werke in Zukunft veräußern müssen!

WOLFGANG WEIß: *(erfasst allmählich die Situation; er betrachtet nun ausführlich die Wände)* Sie moana oiso...

EDI TEIGLEIN: Du hörst as doch, was s´ Fräulein Black sagt! – Und ´s Fräulein Black kennt se aus, gellns Fräulein Black?

CHRISTIANE WEIß: *(mit schmalen Augen; wird hellhörig)* Sie moana oiso, Fräulein Black, dass dees dort Werke von meim´ Mo san?

EDI TEIGLEIN: *(die Situation rettend)* Du bist staad, Christl! – Du brauchst dafür bei mir meine Kreationen nimmer verkaafa...

WOLFGANG WEIß: *(nun voll die Situation beherrschend)* ...und an´ neia Sattl für dei Radl kriagst' aa! – Oiso, kusch! *(zu Sandra Black)* Und Sie glaabn, dass mi a Galerist o´nimmt?

SANDRA BLACK: *(enthusiastisch)* Einer? – Alle werden sich um Sie reissen!

WOLFGANG WEIß: Und unter einer halben Million soll i nix mehr verkaafa?

SANDRA BLACK: Gewiss wird man noch höher gehen, wenn erst mal die Museen angebissen haben. – Und dafür werde ich sorgen, verehrter Meister! *(es klingelt)*

EDI TEIGLEIN: Da erste Käufer kummt scho!

WOLFGANG WEIß: *(zu seiner Frau)* So mach hoit auf!

(Christiane öffnet – Günter Heiligenmund stürzt ins Zimmer. Er hängt seinen Hut achtlos auf einen Nagel und ein Schrei erklingt aus allen drei Mündern. Günter Heiligenmund schrickt zusammen)

GÜNTER HEILIGENMUND: Grüaß eich Gott, was is denn bei eich los? *(er reicht Wolfgang Weiß eine Plastiktüte, in der sich einige Holzstäbe und Keile befinden, eine belegte Salamisemmel und drei alte Pinsel)* Da, de Tütn hast´ bei mir vergessen. Vielleicht hast´ Appetit auf dei Salamisemmel?

EDI TEIGLEIN: *(sehr abfällig)* So ein Banause! – Fressert glatt a Kunstwerk zamm! (er fördert die Stäbe zutage und drapiert sie mit der Semmel und den Pinseln auf den Tisch)

GÜNTER HEILIGENMUND: *(grinst)* A Kunstwerk? – Sauber sag i! – Moanst´ dass deine eckign Semmeln aa a Kunstwerk san?

WOLFGANG WEIß: Möchst' was von mir?

GÜNTER HEILIGENMUND: I? – Naa! – I wollt da bloß de Tütn zruckbringa. – Und, dassd´ ma hoit net bös bist, weil i deine Arbeiten wieder net ausstelln konn. – Aber du woaßt ja selber, wia dees is: i konn net so wia i möcht.

CHRISTIANE WEIß: *(nimmt mit spitzen Fingern Heiligenmunds Hut vom Nagel)* Da, dein Huat!

GÜNTER HEILIGENMUND: *(beleidigend)* Na geh i hoit wieder...

WOLFGANG WEIß: So wars net gmoant. D´Christl tuat bloß dein Huat von meine Werke runter.

GÜNTER HEILIGENMUND: *(betrachtet nun zum ersten Mal die Wände)* Hast du de Collagen alle gmacht?

CHRISTIANE WEIß: Freili, wer denn sunst!

GÜNTER HEILIGENMUND: Gar net übel. – Warum hast denn mir de no nia zoagt?

EDI TEIGLEIN: Da Woifi mag hoit net o´gebn...

GÜNTER HEILIGENMUND: Da waar vielleicht bei da Ausstellung was z' macha gwen...

WOLFGANG WEIß: Entschuldige, derf i dir ´s Fräulein Black vorstelln. De schreibt für „D´Welt"...

GÜNTER HEILIGENMUND: *(strafft sich bei Nennung dieser Zeitung und lächelt Fräulein Black an)* Sehr erfreut. – Ein glänzendes Blatt.

WOLFGANG WEIß: *(beiläufig)* ...und sie verfaßt an´ Riesen-Artikel über mi und meine Werke.

GÜNTER HEILIGENMUND: *(überrascht und neidig)* Über di? – Ja wia dees?

SANDRA BLACK: *(war unterdessen mit einigen Notizen beschäftigt)* Aber verehrter Herr...

WOLFGANG WEIß: ...Herr Heiligenmund, Vorstand der Vereinigung der Bildenden Künstler.

SANDRA BLACK: ... Herr Heiligenmund, Sie als Vorstand der Bildenden Künstler müßten doch als Erster erkannt haben, welch begnadetes Talent sich unter Ihren Mitgliedern befindet! Wolfgang Weiß ist der Künstler unseres Jahrhunderts!

GÜNTER HEILIGENMUND: *(läßt sich auf einen Stuhl fallen)* Jetzt hauts mi aber um!

EDI TEIGLEIN: *(spöttisch)* Da muaßt´ scho wieder aufsteh, mei liaber Günter, weil im Sitzn konn di ´s Fräulein Black net richtig niedermacha!

GÜNTER HEILIGENMUND: *(erhebt sich artig)* Entschuldigung. *(zu Wolfgang)* Aber du hast zu mir no nia was pfiffa, dass du so einmalige Werke gschaffa hast...

EDI TEIGLEIN: *(der in der Zwischenzeit aus den „Tüten-Utensilien" ein Stilleben auf den Tisch gezaubert hat)* Schaun S´ amoi her, Fräulein Black, so hat se unser Künstler dees ungefähr vorgstellt. – I moan, i bin ja bloß sei Assistent, und dees letzte Arrangement trifft da Meister natürlich oiwei selber. *(zu Wolfgang)* Dees is doch dees Werk, dees wost du ursprünglich in d´Ausstellung gebn wolltst, oder?

WOLFGANG WEIß: Genau. „Der Hunger des Künstlers" hoaßts.

SANDRA BLACK: *(knipst es sofort)* Einfach gigantisch! – Mit so wenigen Mitteln eine derart suggestive Aussagekraft!

EDI TEIGLEIN: Du muaßt hoit bloß no de Salamisemmel firnissen, damit s´ haltbar bleibt!

SANDRA BLACK: Eine eckige Semmel! – Sowas ist einfach einmalig!- *(zu Edi)* Wohl aus Ihrer Werkstatt, nicht?

EDI TEIGLEIN: *(bescheiden)* Wia gsagt, i bin an´ Woifi sei Assistent...

GÜNTER HEILIGENMUND: I glaab, dass i di total verkennt hab, Wolfgang.

SANDRA BLACK: Machen sie sich nichts draus. Das lehrt schon die Kunstgeschichte. – Schließlich heißt es nicht umsonst: das verkannte Genie!

GÜNTER HEILIGENMUND: *(deutet auf die Wände)* Und dees san lauter Originale?

CHRISTIANE WEIß: *(staubt mit einem Federwisch vorsichtig über die „Kunstwerke")* Freilich, was moanst denn du?

GÜNTER HEILIGENMUND: Na taat i di hoit ganz herzlichst bitten, dassd ma dei Werk „Der Hunger des Künstlers" für unser Ausstellung im Haus der Kunst überlaßt. Magst´ Woifi?

SANDRA BLACK: Ist das auch eine gute Ausstellung? – Sonst würde ich es mir überlegen, verehrter Meister!

GÜNTER HEILIGENMUND: Ja mei, so groß wia in New York is´ natürlich net. Aber für uns tuat ses scho...

WOLFGANG WEIß: *(zu Sandra Black)* Soll i, oder soll i net?

EDI TEIGLEIN: *(trocken)* Dees is jetzt die Frage...

GÜNTER HEILIGENMUND: *(flehend)* Bittschön sag net naa, Woifi!

SANDRA BLACK: Sie können es ja versuchen. Vielleicht ist es als Start zu Ihrer Weltkarriere gar nicht so übel...

GÜNTER HEILIGENMUND: *(küsst ihr die Hände)* Dankschön, liebes, verehrtes Fräulein Black! – Sie macha mi zum glücklichsten Mann auf der Welt!

WOLFGANG WEIß: *(beginnt die Utensilien auf dem Tisch wieder in die Plastiktüte zu räumen)* Oiso du hast as gsehng, wia is angeordnet haben wui. – Und unter 200 000.- Mark geht gar nix *(schaut grinsend auf Edi)* Capito?

GÜNTER HEILIGENMUND: Geht oiß klar, Woifi. *(erschrocken)* Hoit! Haus doch net so gschlampert in de Tütn nei! Hernach geht was kaputt! – Dees waar ja nimmer zum Ersetzn! – Christl, geh bring ma an´ Karton, bittschön!

(Christiane Weiß bringt ihm den gewünschten Karton, und Günter Heiligenmund verstaut vorsichtig – wie rohe Eier – das „Kunstwerk" in der Schachtel)

SANDRA BLACK: *(schließt ihren Notizblock)* Wann findet die Eröffnung der Ausstellung statt?

GÜNTER HEILIGENMUND: Kumma Sie vielleicht?

SANDRA BLACK: Nachdem nun der verehrte Meister ausstellt, auf jeden Fall.

GÜNTER HEILIGENMUND: *(küsst erneut ihre Hände)* Sie macha mi zum...

EDI TEIGLEIN: ...glücklichsten Mo der Welt! – Dees hast´ scho amoi gsagt.

SANDRA BLACK: *(verabschiedet sich)* In der Wochenendausgabe wird Ihr Artikel auf vier Kulturseiten erscheinen. (reicht nun Wolfgang Weiß die Hand) Auf Wiedersehn, verehrter Meister!

CHRISTIANE WEIß: *(geleitet Sandra Black zur Türe)* Mei, bin i froh, dass mei armer Woifi net den ganzn Wendelstoa mit Goldpapier eiwickeln muaß!

(Licht sofort aus)

Gartenfest

Komödie in einem Akt

von Werner Schlierf

Ort der Handlung: Ein Heimgarten

Dekoration: Im Hintergrund Prospekt einer Heimgartenkolonie. Einige Sträucher davor. Links ein Gartentisch mit Partykerze und vier Gartenstühlen. Hier sitzen die Ehepaare Kniewadl und Kräuterl. Der Tisch ist ordentlich gedeckt. Rechts davon derselbe Gartentisch und zwei Stühle, allerdings ohne Tischdecke. An diesem Tisch sitzen die „Watter" und dreschen Karten.
Zwischen den beiden Tischen, etwas im Hintergrund, aber gut sichtbar fürs Publikum, ein Bierfaß, das in regelmäßiger Reihenfolge von den Gartenfestbesuchern heimgesucht wird.
Eine Reihe Lampions ist quer über die Bühne und über die Köpfe gespannt. Über den Lampions in kitschig-idyllischer Schrift: „Heimgartenverein e. V. Paradiesgarten".

Es ist Nacht und ein großer Orangen-Mond hängt am Himmel.

Zeit der Handlung: Gegenwart. Ein heißer Abend im Hochsommer

Personen:

Max Josef Kniewadl, der sich als Arzt ausgibt, aber Arzneimittelvertreter ist. Ein kleiner Hochstapler, der des Lateinischen nur mangelhaft mächtig ist und es gerade aus diesem menschlichen Grund häufig anwendet.

Monika Kniewadl, seine Frau. Ein barocker, hübscher Typ, die eine „Kirchenchor-Karriere" hinter sich hat und noch immer gerne Liedlein trällert, so oft sich eine Gelegenheit dazu bietet.

Heini Kräuterl, Beamter und Heimgartenbesitzer, der alljährlich sein Gartenfest abzieht. Er leidet bisweilen darunter, kein Akademiker zu sein.

Friedl Kräuterl, seine Frau, die stolz auf die Freunde ihres Mannes ist, sofern sie einen „Hauch von Akademiker" vermuten lassen.

Oberamtmann, ein langer Mensch, dessen einzige Beschäftigung das „Watten" zu sein scheint. Mit seinen Redensarten schockiert er gerne seine Zeitgenossen. Dabei ist er Oberamtmann und Heini Kräuterls Vorgesetzter.

Ein „Walter", irgendein Gartennachbar von Heini Kräuterl. Er improvisiert nur mit geläufigen Kartenspielerausdrücken.

Bevor sich der Vorhang öffnet, hört man ein altes Grammophon, auf dem Rosita Seranos „Roter Mohn" winselt. Eine erboste Männerstimme schreit dazwischen „Jetzt sticht der mit sein'm „Bluats-Soacher" mein' Schlagzehner"!

Der Vorhang öffnet sich.

Monika Kniewadl versucht, sogar mit guter Stimme, Rosita Serano zu übersingen und Heini Kräuterl schenkt sich ein frisches Bier vom Faß ein. Friedl Kräuterl starrt romantisch den Mond an und Dr. Kniewadl raucht eine Zigarette. Die zwei Watter mischen ein neues Spiel. Ihre gelegentlichen Wortfetzen sind improvisiert und können von Aufführung zu Aufführung verschieden sein. Wenn sie „flüssigen Nachschub" brauchen, gehen sie zum Faß.

HEINI KRÄUTERL: *(kommt mit seinem Bier zurück)*: Des is hoit no a scheens, oids Liadl. Da kenna S' heitzutags eipacka, sowas kummt nimmer nach. *(zu Kniewadl)*: Habn Sie no a Bier, Herr Dokter?

DR. KNIEWADL: Herzlichen Dank, Kräuterl *(schaut in den Krug)*: A Schlückerl hab ich noch drin. Wenn meine Frau singt, dann vergeß ich alles um mich rum *(küßt sie auf die Wange)*. Die versteht es, zu improvisieren. Versus ex tempero fundere ... Sie hat unserer Liebe wegen ihre große Karriere geopfert.

OBERAMTMANN: *(winkt Heini Kräuterl an seinen Tisch)*: Geh, Kräuterl, kimm amoi schnell rüber!

HEINI KRÄUTERL: *(geht zu ihm hinüber)*: Was is 'n?

OBERAMTMANN: *(beiläufig mit leiser Stimme)*: I mog bloß wattn, des woaßt! Oiso laß mein' Nama aus 'm Spui. Des braucht neamd wissen, daß i Dei Chef bin ...

HEINI KRÄUTERL: Is recht, Schorsch ... *(geht zurück zu den anderen)*.

FRIEDL KRÄUTERL: *(schwärmt)*: Wia romantisch. Genau wia im Fuim, gell Heinerle?

HEINI KRÄUTERL: *(verlegen und ärgerlich zugleich)*: Geh, sog doch net oiwei Heinerle zu mir. Des klingt ja furchtbar. I bin doch koa Bua mehr!

MONIKA KNIEWADL: Aber Herr Kräuterl, so lasssens doch ihre Frau. Sie meints doch gut.

FRIEDL KRÄUTERL: *(triumphierend)*: Siehgst as, d' Frau Doktor Kniewadl sagt des aa. Bloß Du bist oiwei so unromantisch.

HEINI KRÄUTERL: *(mürrisch)*: Möcht wissn, was des mit Romantik zum toa hat.

FRIEDL KRÄUTERL: Des verstehst Du hoit net *(atmet tief ein)*. De guate Luft ... da Mond am Himme ... *(zu Dr. Kniewadl)*: Is des net romantisch, Herr Dokter?

DR. KNIEWADL: Gewiß, gewiß. Sehr sogar ...

FRIEDL KRÄUTERL: *(zu Heini Kräuterl)*: Und Du spürst des net. *(schwärmerisch)*: Unser Heimgartn, de Idylle, oiß wachst und wachst. *(streng zu Heini Kräuterl)*: An d' Stachelbeer muaßt amoi wieder an Kunstdünger hitoa! Des is allerhöchste Zeit, sunst tragns nimmer gscheit.

HEINI KRÄUTERL: Hab i scho hido! *(zu Dr. Kniewadl*: Wissens, Herr Dokter, unser Gartn is hoit unser Stolz. Wia i no net guat verdient hab, habn ma unsern Urlaub oiwei da verbracht. Und an die scheena Stundn denkt hoit mei Frau oiwei zruck.

DR. KNIEWADL: (von oben herab): Das ist verständlich, mein lieber Kräuterl. Man muß sich halt immer nach der Decke strecken. *(schaut in die Runde)*: Es ist ja ein ganz niedliches Fleckchen, Euer Heimgarten. Ein bißchen eng zwar, aber immerhin ...

OBERAMTMANN: *(haut dröhnend eine Karte auf den Tisch)*: Gstocha mi 'm Belle! Jetzt scheißt da Dei Maxe in d' Hand *(lacht lauthals)*!

FRIEDL KRÄUTERL: *(zischt zu Heini Kräuterl)*: So ein unmöglicher Mensch! Ordinärer geht's nimmer!

HEINI KRÄUTERL: *(zu Dr. Kniewadl)*: Entschuldigens scho, Herr Dokter, aber i bin eahm verpflicht! Er moants aa net so. I habn eiladn müassn. Und beim Kartnspuin da rutscht oan'm hoit amoi a Ausdruck raus. Verstehnas scho, net?

DR. KNIEWADL: Von gewöhnlichen Menschen kann man eben keine Bildung verlangen.

MONIKA KNIEWADL: Aber Max, bring doch den lieben Herrn Kräuterl net in Verlegenheit.

FRIEDL KRÄUTERL: *(bissig)*: Oiso i kenn den Menschn bloß vom Sehng. Und des glangt ma scho. *(verständnislos zu Heini Kräuterl)*: Daß Du überhaupt koa Menschenkenntnis hast, Heinerle?

HEINI KRÄUTERL: Jetzt wennst no oamoi „Heinerle" zu mir sagst, na gschieht a Unglück!

MONIKA KNIEWADL: Also ich find das nett.

HEINI KRÄUTERL: Fuchtbar nett *(trinkt)*! Geh, singa S' doch wieder, Frau Kniewadl. Sie habn so a scheene Stimm.

MONIKA KNIEWADL: Geh, Herr Kräuterl.

FRIEDL KRÄUTERL: Ja, Frau Kniewadl, sovui schee scho. I kannt Eahna stundenlang zuahörn. *(schwärmerisch)*: Nia vergiß i des, wia S' am Strand von Jesolo „Tschautschau Bambina" gsunga habn. Und dazua habn ma a Flaschn Chianti trunka. Mei, war des schee. Is 's net wahr, Hei... *(ihr Mann schaut sie strafend an)* ...ni?

HEINI KRÄUTERL: Da hats scho recht, mei Weibi. De Nacht vergiß i nia.

DR. KNIEWADL: In oblivionem adduci. Diese Nacht lassen wir nicht in Vergessenheit geraten. *(lacht)*: Herrgott, Kräuterl, warn Sie besoffen! Grad umeinandgfallen sind S'!

HEINI KRÄUTERL: *(unbehaglich)*: Des war da Wein und sunst nix anders.

DR. KNIEWADL: *(lachend)*: Das stimmt natürlich. In vino veritas.

HEINI KRÄUTERL: *(dem Gespräch eine andere Wendung gebend)*: Aber Eahna Mittl hat ma guat gholfa, Herr Dokter. I waar vom Lokus boid nimmer runterkumma. Woaßt as no, Friedl? Bis ma da Dokter des Mittl gebn hat. Des hat sofort gwirkt.

FRIEDL KRÄUTERL: Es is oiwei guat, wenn ma a'n Dokter zum Freind hat. Heitzutags braucht ma sowas, damit ma „in" is.

DR. KNIEWADL: Sehr richtig, liebe Frau Kräuterl. Wenn man heutzutage bestehen will, braucht man einen guten Arzt, einen Rechtsanwalt, einen Steuerberater, einen Automechaniker und einen guten Beamten, der einem den lästigen Papierkram abnimmt.

HEINI KRÄUTERL: *(nimmt den Tonarm vom Grammophon, das neben ihm auf einem Hocker steht)*. Später singa S' nomoi, gellns Frau Kniewadl! Heit is so a scheena Abend, wia damals in Jesolo. Aber jetzt gebts ma Euere Krüag, 's Bier is no ganz frisch *(nimmt die Krüge und begibt sich zum Fass. Die beiden Kartenbrüder tun es ihm nach)*.

DR. KNIEWADL: Meine Frau hätte bei ihrer Ausbildung ganz gewiß einmal in der Mailänder Scala gesungen.

MONIKA KNIEWADL: *(singt)*: „In der Nacht ist der Mensch nicht gern alleine".

FRIEDL KRÄUTERL: *(überzeugt)*: Leicht! Vielleicht sogar im Fernsehn! Da Peter Alexander stellt oiwei Sänger und Sängerinnen vor. *(aufgeregt)*: Oder im „Blauen Bock". Ja gwiß sogar, mit dera Stimm! I sogs oiwei wieder: Liaba Gold in der Kehle wie Suiba im Blick *(lacht allein über ihren Witz)*!

HEINI KRÄUTERL: *(kommt mit dem Bier zurück)*: Ganz frisch! Schmeckts Eahna, Herr Dokter? Des is a Löwenbräu!

DR. KNIEWADL: Ausgezeichnet, lieber Kräuterl. Ausgezeichnet.

HEINI KRÄUTERL: Oiso nacha, Prost beinand.

Alle trinken.

DR. KNIEWADL: *(gönnerhaft)*: Jetzt kennen wir uns doch schon ein Jahr. Ich glaub, da wirds Zeit, daß wir Bruderschaft trinken.

FRIEDL KRÄUTERL: *(vor Aufregung stotternd)*: Ja ... aber ... Sie, Sie san doch a Akademiker ....

DR. KNIEWADL: *(lächelnd)*: Aber liebe Frau Kräuterl, trotzdem bin ich ein Mensch geblieben. Also, was ist nun?

HEINI KRÄUTERL: *(räuspert sich)*: Moanas des im Ernst, Herr Dokter?

DR. KNIEWADL: *(lacht)*: Natürlich, lieber Kräuterl. *(zu seiner Frau)*: Was sagst Du dazu, Butzi?

KARTENSPIELER: *(haut auf die Tischplatte und lacht dröhnend. Zu Heini Kräuterl)*: Stell Dir vor, Kräuterl, jetzt hat der an Belle gschleckt und an Soacha no dazua und i nimm eahm ohne Kritische viere ab *(lacht)*. So spuit ma an Watt in der Bar zum Blauen Affn!

FRIEDL KRÄUTERL: *(windet sich vor Scham)*: Oiso naa, sowas Gewöhnliches!

DR. KNIEWADL: *(von oben herab)*: Das ist aber ein seltsamer Kauz, dieser lange Lulatsch!

FRIEDL KRÄUTERL: A ganz a ordinöser Kerl is des!

HEINI KRÄUTERL: *(verlegen)*: Sei net so laut! Mir is des selber peinlich, aber i hab 'n eiladn müassn. Es tuat ma leid, Herr Dokter.

DR. KNIEWADL: *(winkt ab)*: Schon gut, lieber Kräuterl. Von gewöhnlichen Leuten kann man halt nichts anderes erwarten.

FRIEDL KRÄUTERL: *(leise)*: Jetzt werd der Herr Dokter mit Dir nimmer „per Du" werdn wolln.

MONIKA KNIEWADL: *(nimmt entschlossen ihren Krug zur Hand. Zu Friedl Kräuterl)*: Was die Männner nur immer für ein Wesens draus machen. Da sind wir Frauen ganz anders, was Friedl? Prost, ich bin d' Monika!

DR. KNIEWADL: Na also. Prost, Heini, ich bin der Max!

HEINI KRÄUTERL: *(läßt den Namen förmlich auf der Zunge zergehen, mit dem leichten Anflug einer Verbeugung)*: Prost, M a x !

Alle trinken, da steht plötzlich der Oberamtmann auf, schnappt sich einen Krug und geht an den Nebentisch zu Heini Kräuterl.

OBERAMTMANN: Prost Kräuterl! Dei Bier is gsüffig. *(leicht lallend)*: Sollst lebn, Du oider Schlawiner *(trinkt, Kräuterl ist das sehr peinlich)*! I revanchier mi mit an'm Schubkarrn voi Schafmist für Dei Einladung *(wankt an den Kartentisch zurück und ein neues Spiel beginnt)*!

DR. KNIEWADL: Ebrius, vino gravis. Er ist betrunken.

FRIEDL KRÄUTERL: So a Wuidsau, so a bsuffane!

HEINI KRÄUTERL: *(starrt seine Frau an)*: Friedl!!

FRIEDL KRÄUTERL: Is ja wahr aa *(nimmt einen tiefen Schluck aus ihrem Krug)*. Mit Deine Gartnspezln, mit Deine ungebildetn! Da wennst Di net druckst! Was denkt si denn da der Dokter Kniewadl?

HEINI KRÄUTERL: Wissens was, Herr Dokter *(entschuldigend)*: Woaßt was, Max, jetzt hol i a Zwetschgenwasser zur Feier des Tages. Des is a Selberbrennter aus 'm Schwarzwald. Mei Kollege bringt ma ab und zua oan ins Amt mit. Der is vui billiger und vui besser. Soll I Dir amoi a Flaschl bsorgn, Max?

DR. KNIEWADL: Meine Frau und ich trinken bloß Wein. Was, Butzi?

MONIKA KNIEWADL: Trocknen Frankenwein, Heini.

HEINI KRÄUTERL: *(enttäuscht)*: Na mogst oiso koan Schnaps, Max?

DR. KNIEWADL: Freilich, heut schon. Heut mach ich eine Ausnahme. Dir zuliebe.

HEINI KRÄUTERL: Des gfreit mi *(erhebt sich)*. Bin glei wieder da *(ab hinter den Strauch)*.

DR. KNIEWADL: *(zieht seine Brieftasche hervor und entnimmt ihr ein Bild. Zu Friedl Kräuterl)*: Schau her, Friedl, das ist unser Bungalow *(deutet auf eine Stelle des Bildes)*: Dort ist der Kamin, natürlich mit Grilleinsatz. Und das sind Sollnhofer Platten. Haben mich eine schöne Stange Geld gekostet.

FRIEDL KRÄUTERL: Mei, is der Bungalow schee. Und so geräumig!

MONIKA KNIEWADL: *(lächelt)*: Sei froh, daß Du keinen Bungalos hast, Friedl. Zweihundertfünfzig Quadratmeter Wohnfläche! Und keine Zugehfrau! Das macht Dich mit der Zeit hin!

HEINI KRÄUTERL: *(kommt mit einer Flasche zurück)*. Sodala. Jetzt bin i neugierig, wia Euch der Schnaps schmeckt. *(gießt ein)*: Guate fünfavierzg Prozent! Prost!

Alle trinken, der Oberamtmann schaut zu Kräuterl, doch dieser wendet ihm den Rücken zu. Da dreht sich der Kartenbruder wieder zu seinem Mitspieler um, haut eine Karte auf den Tisch und sagt: Trumpf oder kritisch".

FRIEDL KRÄUTERL: *(mürrisch)*: De hättn dahoam aa Kartenspuin kenna. Aber Du muaßt as ja eiladn! Mit solche Leit muaß ma si ja schaama.

HEINI KRÄUTERL: Des verstehst Du net. Wenn i s' net zu mein'm Gartnfest eilad, na is der Teifi los. Du woaßt genau, wia de san.

DR. KNIEWADL: *(schiebt Heini Kräuterl das Bild zu)*: Schau, Heini, das ist unser Bungalow. Mit offenem Kamin und pipapo.

FRIEDL KRÄUTERL: *(spitz)*: Sowas leid'ts natürlich uns net bei Dein'm Einkommen.

HEINI KRÄUTERL: Geht Dir was ab? *(zu Dr. Kniewadl)*: Jetzt habn ma uns grad an Mercedes kaaft. Guat beinand, vierzgtausend Kilometer, aus erster Hand.

DR. KNIEWADL:Ich hab mir auch einen Mercedes bestellt. Vier Jahre Lieferzeit! Die gehn kein Risiko mehr ein. Die baun erst die Wägen, wenn die Bestellungen eingegangen sind. Stell Dir vor: Vier Jahre Lieferzeit!

HEINI KRÄUTERL: Hast Dir an Diesel bstellt?

DR. KNIEWADL: *(lachend)*: I wo! Benziner natürlich. SE ... Ich bin doch kein Spießer! Was fährst Du für einen?

HEINI KRÄUTERL: *(leise)*: An Diesel.

Eisiges Schweigen.

FRIEDL KRÄUTERL: Jetzt trink ma no an Schnaps *(schenkt ein)*! Prost, Ihr lieben Freunde! Ex! *(jeder schüttet sich den Schnaps hinunter. Dr. Kniewadl läßt seine Brieftasche auf dem Tisch liegen)*. Kumm, Monika, sing uns a Liadl vor!

DR. KNIEWADL: *(räuspert sich)*: Aber zuvor muß ich noch einen Witz erzählen, sonst vergeß ich ihn wieder.

HEINI KRÄUTERL: *(atmet auf)*. Zerscht trink ma no an Schnaps *(schenkt ein)*! Prost! Ex!

Alle trinken aus.

DR. KNIEWADL: Paß auf, Heini: Da sitzt ein Beamter am Schreibtisch und ist gerade im Begriff, eine Fliege zu erschlagen. Doch bevor er sie erschlagen kann, fängt die Fliege zu sprechen an

FRIEDL KRÄUTERL: *(lacht)*: Den kenn i scho!

DR. KNIEWADL: *(enttäuscht)*: Schade. Kennst Du den Witz auch schon, Heini?

HEINI KRÄUTERL: *(höflich)*: Naa, i kenn an no net.

FRIEDL KRÄUTERL: Geh, Heinerle, freili kennst Du den Witz scho.

HEINI KRÄUTERL: *(wütend)*: Jetzt laß an Max den Witz erzähln. Du brauchst ja net zuahorcha. I kenn an no net. Basta!

DR. KNIEWANDL: *(räuspert sich)*: Also, kurz bevor er die Fliege erschlagen kann, fängt sie zu sprechen an. *(ahmt die Fliege nach)*: Bitte, bitte, lieber Mensch, erschlag mich nicht, dafür erfüll ich Dir drei Wünsche. Ihr könnt Euch natürlich vorstellen, wie der Beamte entgeistert geschaut hat. Schließlich ist eine Fliege, die sprechen kann, nicht alltäglich. Also, er schlägt sie nicht tot und wünscht sich als ersten Wunsch eine paradiesische Insel in der Südsee. Es macht schwupp - und er liegt am Strand unter Palmen. Die Fliege sitzt auf seinem Knie. „Wie ist Dein zweiter Wunsch", fragt sie ihn. Er überlegt und sagt: „Ein hübsches Mädchen wär mir jetzt recht."

FRIEDL KRÄUTERL: *(lacht auf)*: Genau!

DR. KNIEWADL: *(schaut sie strafend an)*. Also, es macht wieder schwupp - und ein hübsches Mädchen liegt neben ihm am Strand. Nun treiben es die zwei natürlich miteinander.

MONIKA KNIEWADL: *(mit dem Zeigefinger drohend)*: Max, Max!

DR. KNIEWADL: *(grinst)*: Aber Butzi, wir sind doch alle schon erwachsen. Also, sie treiben es miteinander. *(Schelmisch)* Die Fliege schaut natürlich zu und denkt sich ihren Teil. Als sie ihr Spiel beendet haben, fragt ihn die Fliege nach seinem dritten Wunsch. Was glaubt Ihr, was er geantwortet hat?

FRIEDL KRÄUTERL: *(will eben den Mund aufmachen)*.

DR. KNIEWADL: *(unterbricht sie wütend)*: Er hat zu der Fliege gesagt: „Ich möcht nie mehr im Leben arbeiten müssen". Da macht es wieder - schwupp - und der Beamte sitzt wieder an seinem Schreibtisch in seinem Büro *(er lacht dröhnend über seinen Witz)*.

Eisiges Schweigen.

Am Kartentisch sagt ein Kartenbruder wütend: „Du blöder Hund muaßt scho an Trumpf zuagebn!"

HEINI KRÄUTERL: *(räuspert sich)*: Mögts no an Schnaps *(wartet keine Antwort ab und* schenkt ein)? Prost *(trinkt ex)*!

FRIEDL KRÄUTERL: I hab gwußt, daß Du den Witz scho kennt hast. Drum hast aa net glacht. *(trinkt ebenfalls ex. Der Alkohol tut allmählich bei allen seine Wirkung)*. Kumm, Heinerle, tua a neie Plattn nei, d' Monika möcht singa!

HEINI KRÄUTERL: Kruzifix, wia oft soi i Dir no sogn, daß D' net oiwei Heinerle zu mir sogn sollst! I konn den blädn Nama nimmer hörn!

FRIEDL KRÄUTERL: Jetzt sei doch net so granti! I konn doch nix dafür, daß der Beamte wieder im Büro ghockt ist! *(bissig)*: Da merkt ma hoit an Unterschied zwischn an'm Akademiker und Dir!

HEINI KRÄUTERL: *(gekränkt)*: I hab koa Geld ghabt zum Studiern. Meine Leit warn Handwerker gwesn.

FRIEDL KRÄUTERL: Tss! Und was für oa! Schubkarrnradl hat Dei Vater gricht!

HEINI KRÄUTERL: Damois hats ebn no mehra Schubkarrn gebn wia heit. Konn i was dafür?

DR. KNIEWADL: Studiert hat Dein Mann gwiß, liebe Friedl, sonst wäre er kein Beamter geworden. Und in Ordnung ist er auch, Dein Heini. *(von oben herab)*: Es kann halt nicht nur Akademiker geben.

FRIEDL KRÄUTERL: Leider. Wia ma vor a paar Jahr mit ner Reisegsellschaft in Griechenland warn, hat da „Onassis" a Party gebn. Aber mir warn natürlich net eigladn *(spöttisch)*. Und da geht er auf wia a Dampfnudl, wenn i „Heinerle" zu eahm sog. Statt daß er si frein taat.

HEINI KRÄUTERL: Is ja wahr. I sog ja aa net „Friederle" zu Dir. Des klingt doch kindisch.

MONIKA KNIEWADL: *(zu Heini Kräuterl)*: Hast Du die Platte „Es muß was wunderbares sein ...", Heini?

HEINI KRÄUTERL: *(mürrisch)*: I woaß 's net ...

FRIEDL KRÄUTERL: *(spitz)*: I taat hoit nachschaun.

DR. KNIEWADL: Hast Du was Eßbares auch, Heini? In meinem Kopf dreht sich alles.

HEINI KRÄUTERL: Der Leberkas is no net fertig.

MONIKA KNIEWADL: Hast Du die Platte?

HEINI KRÄUTERL: *(lustlos im Stapel kramend)*: I schaug ja scho.

FRIEDL KRÄUTERL: Jetzt mach hoit, d' Monika möcht singa!

HEINI KRÄUTERL: Glei *(hat die Platte endlich gefunden und zieht sein Grammophon auf)*!

FRIEDL KRÄUTERL: *(schenkt sich einen Schnaps ein)*: Tua a neie Nadl nei, sunst gehnga d' Plattn kaputt. De san no von meiner Schwester.

HEINI KRÄUTERL: Und Du sauf net so vui *(legt den Tonarm auf)*!

Monika singt und am Kartentisch Zwischenrufe wie: „Jetzt scheißt da Dei Soacha in d' Händ' nei! Monika schaut ärgerlich zum Nachbartisch und ihr Mann schenkt sich einen Schnaps ein.

DR. KNIEWADL: *(schon lallend)*: Magst tanzen, Friedl? Saltare, choream dare....

Beide erheben sich schwankend und tanzen. Monika singt hingebungsvoll. Heini Kräuterl schenkt sich in rascher Reihenfolge zwei Schnäpse ein und schüttet sie in sich hinunter.

KARTENBRUDER: *(schreit zu Heini Kräuterl herüber)*: Geh weiter, Heini, sog dem Deppn, daß i beim Wattn drei schreib, wenn er net ganga is! Dir glaubt er des, weilst Du a Beamter bist *(grinst diabolisch)*.

HEINI KRÄUTERL: *(wütend)*: Geh laß ma doch mei Ruah! Siehgst denn Du net, daß i beschäftigt bin! Hast denn Du koane Augn im Kopf! Außerdem singt d'Frau Dokter so schee ...

KARTENBRUDER: Dagegn hab i ja nix; mir san ja a so staad. *(zu seinem Partner)*: Auf jeden Foi schreibst Du mir drei! Des bitt i mir aus, sunst konnst alloa weidaspuin, Du Waschl!

Monika Kniewadl singt, mit bösem Blick zum Kartentisch hinüber. Dr. Kniewadl tanzt mit Friedl Kräuterl hingebungsvoll, was Heini Kräuterl mißbilligend registriert. Er geht zum Fass und schenkt sich ein Bier ein. Der lange Kartenbruder latscht hinter ihm drein und macht es ihm nach.

DR. KNIEWADL: *(laut zu Heini Kräuterl)*: Deine Frau tanzt ausgezeichnet, Heini! Ehrlich, es ist eine Freude, mit der Friedl zu tanzen. Ein richtiges Gaudium ...

HEINI KRÄUTERL: *(setzt sich wieder an seinen Platz)*: Na freits mi, Max. *(trinkt einen tiefen Schluck aus seinem Krug)* I tanz net gern ...

OBERAMTMANN: *(wütend zu seinem Mitpieler)*: D' Herzsau hab i gspuit! Bist denn Du blind! Na gib a Farb zua! Du derfst aa nomoi in d'Wattschui geh, Du Hirsch!

Das Lied ist zu Ende. Dr. Kniewadl und Friedl Kräuterl kommen an den Tisch zurück. Beide sind vom Tanz erhitzt.

DR. KNIEWADL: Jetzt trinken wir einen kleinen Schluck, was Friedl? *(trinken)* Ist dein Leberkäs noch nicht fertig, Heini?

HEINI KRÄUTERL: Glei werd er's habn. A bißl no, wega da Rindn, damits schee knusprig werd ...

DR. KNIEWADL: *(unvermittelt)*: Warst Du eigentlich während Deiner Studentenzeit in einer schlagenden Verbindung, Heini?

HEINI KRÄUTERL: In was für a Verbindung?

DR. KNIEWADL: Na, in einer schlagenden halt ... Bei uns Medizinern hat es nichts anderes gegeben. Du hast doch studiert, nicht?

FRIEDL KRÄUTERL: *(zynisch)*: Freili, fünf Silvester auf da Unität ...

HEINI KRÄUTERL: *(es ist ihm sichtlich peinlich)*: I bin ja koa Mediziner *(erhebt sich eilfertig)*. Jetzt kaant da Leberkaas fertig sei ... I schaug amoi nach ... *(hinter den Büschen ab)*.

MONIKA KNIEWADL: Du bringst den armen Heini aber schwer in Verlegenheit, Max.

FRIEDL KRÄUTERL: Naa naa, mach da deswegn koane Gedankn. Da Heini muß bloß nach'm Leberkaas schaugn, damit er net zsammbrat'. Schee hast gsunga, Monika und da Max is so a guater Tänzer. *(schwärmerisch)* Mei, wenn i an Jesolo zruckdenk ... da Strand, da Mond - und da Chianti! Einfach traumhaft. Genau so a scheena Abend wia heit in unserm Paradies-Garten.

DR. KNIEWADL: Vielleicht fahren wir wieder hinunter? Natürlich zusammen. Sofern es Eure Einkommensverhältnisse zulassen.

FRIEDL KRÄUTERL: *(lacht)*: Da brauchst koa Angst habn, Max. Da Heini hat sei fest's Einkommen. No ja, große Sprüng kenn' ma natürlich net macha. Aber zehntausend Markl habn ma scho am Konto.

DR. KNIEWADL: *(wechselt mit seiner Frau einen vielsagenden Blick)*: Na ja, für einen Urlaub reichts ja wohl. Ihr müßt halt ein bißl sparen. Servare, reservare.

KARTENBRUDER: *(triumphierend)*: G'stocha mi'm Maxe! und Spui aus! Des macht summa summarum an glattn Fuchzger *(mischt)*!

FRIEDL KRÄUTERL: Des muaß scho für a paar Urlaub langa! Du hast a guate Praxis. Kranke gibts oiwei. Du brauchst 's Geld net oschaugn. Bei uns is des was anders. Mir habn alle Monat das gleiche.

DR. KNIEWADL: Aber dafür sicher, liebe Friedl. Tutus ab, gewissermaßen perculi expers.

HEINI KRÄUTERL: *(kommt mit vier Papiertellern mit Leberkäs zurück)*: Sodala, der Leberkäs is da! Schee is er wordn! I habn Euch glei auf a Teller to, damits net lang umanandschneidn müaßts. Es is no gnua drin.

OBERAMTMANN: Hast für uns aa an Leberkas, Kräuterl?

HEINI KRÄUTERL: Gehts eini und schneid'ts Euch selber oan runter. A bissl oaner is no drin *(die zwei Kartenspieler wie der Blitz ab)*. An Guatn wünsch i Euch.

FRIEDL KRÄUTERL: Mei, den Leberkas hast wieder guat gmacht, Heinerle. Wia alle Jahr. *(zu Monika Kniewadl)*: Da is er Spezialist, der Heini!

DR. KNIEWADL: *(unterm Essen, lachend)*: Weißt', wie man zu einem Leberkäs noch sagt, Friedl?

FRIEDL KRÄUTERL: Naa, wie denn?

DR. KNIEWADL: Beamtenripperl *(lacht schallend)*! Ein trefflicher Name, was?

HEINI KRÄUTERL: *(verschluckt sich und muß husten)*: Mei Vater hat aa an Nama für an Kinihaasn ghabt. A Karnickel, woaßt scho? Des war für eahm a „Bahnwärtergans".

DR. KNIEWADL: *(nüchtern)*: Wieso „Bahnwärtergans"?

HEINI KRÄUTERL: *(lachend)*: Weils hoit de Bahnwärter hinter eahnerm Stationshäusl in an'm Stall ghaltn habn. Drum.

DR. KNIEWADL: *(nüchtern)*: Ach so, deshalb. Na ja, die kleinen Leut haben halt für alles einen drolligen Namen. *(zu seiner Frau)*: Monika, hast Du eigentlich auf der Bank Geld abgehoben?

MONIKA KNIEWADL: *(zutiefst erschrocken)*: Mein Gott, Schnucki, das hab ich glatt vergessen!

DR. KNIEWADL: Ist ja nicht so wichtig, Butzi. *(zu Heini Kräuterl)*: Also Dein Leberkäs ist wirklich fabelhaft.

FRIEDL KRÄUTERL: Hättst a Geld braucht, Max? Da Heini hat oiwei a paar tausend Mark dahoam. Für dringende Fälle, woaßt!

DR. KNIEWADL: *(abwehrend)*: Auf gar keinen Fall, liebe Friedl *(nimmt die Schnapsflasche)*! Darf ich mich bedienen?

HEINI KRÄUTERL: *(erfreut)*: Freili, Max! Schmeckt der Dir, was?

DR. KNIEWADL: Hervorragend! Komm, ich schenk Euch allen ein!

Die beiden Kartenspieler kommen je mit einen kleinen Stück Leberkäs auf den Papiertellern zurück.

KARTENSPIELER: Vui Leberkas hast ja grad net gmacht. An Hunger derf ma bei Dir koan haben *(setzen sich und essen schweigend)*.

HEINI KRÄUTERL: Geh red koan Schmarrn und iß! Für Euch werds grad no glanga.

MONIKA KNIEWADL: Wenn wir gegessen haben, lieber Heini, dann möcht ich mit Dir tanzen. Das darfst Du mir aber nicht abschlagen!

HEINI KRÄUTERL: Aber i bin a schlechter Tänzer, Monika. I steig Dir auf d' Füaß nauf. Werst as sehng.

DR. KNIEWADL: Nichts da, Heini! Du tanzt natürlich mit meiner Frau. Und ich mit Deiner lieben Friedl. Prost allerseits *(alle trinken)*! Und wenn Du ihr tatsächlich auf die Füße treten solltest, dann verschreib ich ihr ein probates Mittel.

FRIEDL KRÄUTERL: Du hast es guat, ois Dokter.

Die Kartenspieler haben ihre Brotzeit beendet und spielen weiter

HEINI KRÄUTERL: Mögts an oidn Foxtrott hörn?

MONIKA KNIEWADL: *(schwärmerisch)*: Foxtrott tanz ich für mein Leben gern!

HEINI KRÄUTERL: *(reicht ihr eine Plastiktüte)*: Schmeißts Euere Papierteller in die Tütn, sunst kemma d' Ameisn wieder vom Nachbarn uma *(alle gehorchen)*! *(zum Kartentisch)*: Ihr aa *(reicht ihnen die Plastiktüte)*! So, und jetzt spui i Euch a scheene oide Plattn vor *(zieht sein Grammophon auf und legt eine Platte auf)*.

DR. KNIEWADL: Also, liebe Friedl, darf ich bitten!

HEINI KRÄUTERL: Monika, bitte! Probier' ma 's hoit *(alle vier tanzen, Monika singt dazu)*.

Der Oberamtmann bringt die Plastiktüte mit den Papiertellern zurück und streift versehentlich Dr. Kniewadls Brieftasche vom Tisch. Der Ausweis fällt heraus. Er bückt sich, hebt ihn auf und liest. Die Tänzer sind so sehr miteinander beschäftigt, daß sie den Vorfall nicht bemerken.

OBERAMTMANN: *(leise)*: Max Josef Kniewadl *(grinst)*: Beruf: Arzneimittelvertreter *(legt die Brieftasche wieder auf den Tisch zurück und setzt sich wieder an seinen Platz. Es gibt ein neues Spiel)*.

HEINI KRÄUTERL: Geh weida, Monika, setz ma uns wieder hi, i dertritt Di sunst komplett *(beide setzen sich und Heini Kräuterl schenkt einen Schnaps ein)*. Trink ma liaber, da konn nix passiern. Prost Monika!

MONIKA KNIEWADL: Prost, Heini *(beide trinken)*! Es ist mir sehr peinlich, was ich Dir sagen will, Heini.

HEINI KRÄUTERL: Geh weida, red doch! I bin doch Dei Freind" Was is 'n los?

MONIKA KNIEWADL: Du hast ja gehört, daß ich versäumt hab, auf die Bank zu gehn. Max ist ja ein feiner Mensch und macht keine Szene. Aber er wollte noch eine dringende Sache in München erledigen. Und nun das!

HEINI KRÄUTERL: Kann i Dir aushelfn? I moan, i hab net so vui Geld dahoam, aber mit an'm ...

MONIKA KNIEWADL: *(rasch)*: Mit einem Tausender wär Max schon geholfen. Damit er wenigstens eine Kleinigkeit erledigen kann. Das dringendste, weißt Du ...

HEINI KRÄUTERL: *(legt den Arm um ihre Schulter)*: Des is scho gmacht, Monika. I denk oiwei no an unsern Urlaub in Jesolo, wia ma Freind wordn san. Und jetzt san ma ja sowas ähnlichs wia Brüada! Schließlich habn ma Brüaderschaft trunka mitnand. Oiso, wia gsogt, des mit dem Tausender geht in Ordnung.

MONIKA KNIEWADL: *(gibt ihm einen Kuß auf die Wange)*: Du bist lieb, Heinerle. O Gott, den Namen hörst Du ja nicht gerne!

HEINI KRÄUTERL: Von Dir scho.

Die beiden anderen Tänzer kommen zurück.

DR. KNIEWADL: Ich freu mich, daß Ihr Euch so gut versteht.

FRIEDL KRÄUTERL: Der Max hat ma grad von einer schwierigen Gehirnoperation erzählt, Heini. *(schwärmerisch)*: Des is ein scheener Beruf, wenn ma andere Menschn helfa konn. *(zögernd)*: Du, Heini? I hab a Frag an Di. Konnst Du vielleicht an'm Max mit an'm Tausender aushelfa?

HEINI KRÄUTERL: *(winkt ab)*: Hab i grad mit der Monika besprocha. *(zu Dr. Kniewadl)*: Mach i natürlich herzlich gern. Wenn ma dahoam san, gib i Dir des Geld, Max.

FRIEDL KRÄUTERL: *(drängend)*: Hols hoit glei, sunst vergißt as wieder. In da Kaffäkanna is a Tausender. Kumm, geh und bringst ma mei Strickwestn mit.
DR. KNIEWADL: So pressiert das doch nicht.
FRIEDL KRÄUTERL: Geh nur zua. Du bist ja in a paar Minutn wieder da.
HEINI KRÄUTERL: *(erhebt sich)*: I bin glei wieder da *(ab)*.
OBERAMTMANN: *(zu Dr. Kniewadl)*: I muaß da an Witz erzähln, Dokter!
FRIEDL KRÄUTERL: Geh lassen S' uns unser Ruah. *(ärgerlich)*: Spuits liaba weida!
OBERAMTMANN: *(lässt sich nicht davon abbringen)*. Da kummt a Mo zum Dokter und sogt zu eahm: „Herr Dokter", sagt er, „Herr Dokter, i hab drei Tierkrankheiten und de macha ma schwaar zum schaffa." Da schaugt 'n da Dokter von oben bis untn o und sogt: „Wia macha se denn de drei Tierkrankheiten bemerkbar?
FRIEDL KRÄUTERL: Geh lassen S' uns mit Ihre ordinären Witz unser Ruah. Der Herr Dokter Kniewadl interessiert se doch net für Ihre Tierkrankheiten!
OBERAMTMANN: *(grinst)*: Und wia se da Dokter dafür interessiert! Oder net, Herr Dokter?
DR. KNIEWADL: *(unsicher lachend)*: Aber so laß ihn doch seinen Witz erzählen, liebe Friedl.
OBERAMTMANN: Siehgst as! Oiso, da Dokter fragt 'n, wia se de drei Tierkrankheiten bemerkbar macha. Da sogt der Patient: „I hab oiwei Hunger wia a Wolf, bin müad wia a Bär und wenn i in der Früah vom Bett aufsteh, na hupf i oiwei raus wia a Känguruh." Da hat se der Dokter am Kopf kratzt und gsogt, dass er sich ausziahgn soll und auf d' Couch legn. Wia da Patient so daliegt, schaut 'n da Dokter von unt bis obn o und sogt zu eahm: „Mein lieber Mann, Sie haben noch eine vierte Tierkrankheit!" Da Patient richt' se auf und fragt ängstlich: „Was, no a vierte Tierkrankheit? Um Gottswuin, Herr Dokter, is des was gfährlichs?" „Naa," sogt der Dokter, „Sie san bloß dreckert wia a Sau!" *(lacht unbändig. Als aber niemand mitlacht, dreht er sich zu seinem Mitspieler um, nimmt die Karten zur Hand und sagt: „Sau sticht!")*
FRIEDL KRÄUTERL: *(angewidert)*: I sogs oiwei wieder, daß ma so gewöhnliche Leit net eiladn sollt. I woaß net, der Heini hat um koa Fünferl a Menschnkenntnis. Is 's net a so?
DR. KNIEWADL: Aber Friedl, die haben eben schon zu viel intus. Und da wird ein gewöhnlicher Mensch noch gewöhnlicher.
FRIEDL KRÄUTERL: I bin froh, daß Du ein Verständnis hast, Max.
HEINI KRÄUTERL: *(kommt zurück und reicht seiner Frau ihre Strickweste)*: Hat net lang dauert, was?
DR. KNIEWADL: Du bist gsaust wie der Blitz, lieber Heini!
HEINI KRÄUTERL: Jetzt konn i an Schnaps braucha. Trinkts oan mit?
MONIKA KNIEWADL: Immer, lieber Heini! Nur munter drauf los!
HEINI KRÄUTERL: Jeggerl, bevor i 's vergiß: Da is da Tausender *(reicht ihn Monika, die ihn entgegennimmt und sofort an ihren Mann weitergibt)*.
DR. KNIEWADL: Ich stell Dir sofort eine Quittung aus, lieber Heini.
HEINI KRÄUTERL: *(wehrt ab)*: Geh, Max, sovui Vertraun wer i doch no habn derfa!
DR. KNIEWADL: Deine liebe Friedl hat mir soeben gesagt, daß Du zu vertrauensselig bist.
FRIEDL KRÄUTERL: Aber des is doch bei Dir ganz was anders, Max. Du bist doch a Dokter!
DR. KNIEWADL: Gut, gut. Jedenfalls dank ich Dir schön dafür. So Kinder, und jetzt werden wir noch ein paar Schnäpslein vernaschen, nicht *(schenkt ein)*? Prost, meine Lieben, auf unsere Freundschaft und auf Dein gelungenes Gartenfest! Und natürlich auf Deinen Mercedes! Du hast schon Recht, lieber Heini, bei den heutigen Bezinpreisen ist ein Diesel das einzig richtige Fahrzeug. Da sparst Du Dir einige hundert Mark im Jahr. Also Prost *(alle trinken)*!
FRIEDL KRÄUTERL: *(zu ihrem Mann)* Der Hansdampf da drübn hat an'm Max grad so einen ordinären und blädn Witz über Tierkrankheiten erzählt. I sog Dir, Heini, den lad'st nimmer ei. Der ist vui zu gewöhnlich für uns.

HEINI KRÄUTERL: *(wütend)*: Jetzt hör endlich amoi mit Deiner ewign Nörglerei auf! Schee langsam gehts ma aufn Wecker! I hab Dirs scho a paar Moi gsogt, daß i eahm eiladn müassn hab. Er hat mi zu sein'm Gartnfest in da Kolonie „Edelweiß" aa eigladn. Und da warn lauter guate Leit da.

FRIEDL KRÄUTERL: *(lacht spöttisch auf)*: Ha, guate Leit! Daß i net lach! Da brauch i bloß eahm oschaugn, na woaß i, was für Leit da dort warn. Lauter Angeber und Bierdimpfen *(schaut Heini Kräuterl von oben bis unten an)*. Wiast Du nur zu an'm solchen Menschn geh mogst! Des versteh i net. Da taat i mi scho schee schama.

HEINI KRÄUTERL: Du verstehst vui net.

MONIKA KNIEWADL: Streitet Euch doch nicht wegen einem solchen Kerl. Der ist es doch gar nicht wert.

FRIEDL KRÄUTERL: I schaam mi z' Tod vor Euch.

DR. KNIEWADL: Aber liebe Friedl, wieso denn? Ihr seid doch liebe Leute.

FRIEDL KRÄUTERL: Trotzdem hat so ein Mensch bei uns nix verloren. *(entschuldigend)*: Aber i kenn hoit net alle Spezl von mein'm Mo. *(zu Heini)*: L e i d e r !

DR. KNIEWADL: *(lacht)*: Dafür kennst Du uns ja gut, meine liebe Friedl!

FRIEDL KRÄUTERL: *(glücklich)*: Gottseidank. Ihr seids ebn gebildete Menschn. Net so a gscherter Lalle wia der da drübn! Von dem trenna Euch Weltn!

Der Kartenbruder schaut mißbilligend zu ihr.

HEINI KRÄUTERL: *(verliert die Beherrschung)*: Jetzt hoit endlich Dei Klappn, zefix nomoi nei! Muaßt Du ewig Dein' Senf dazuagebn, wennst hint und vorn nix verstehst. Der is jetzt amoi da und damit basta!

FRIEDL KRÄUTERL: *(weinerlich)*: Bist Du ein gscheerts Mannsbuid! Du paßt haargenau zu dem da drübn! Dabei moan i 's bloß guat mit Dir, daß Du Di mit soiche Leit net abgebn soist.

MONIKA KNIEWADL: *(einrenkend)*: Komm, Heini, leg eine Platte von Italien auf. Ich sing Euch noch ein Lied. Heut ist so eine romantische Nacht. Viel zu schade, um zu streiten.

HEINI KRÄUTERL: *(macht sich am Grammophon zu schaffen)*: Na tanz ma nomoi, Monika *(es ertönt „Leise rauscht es am Missouri")*, damit i auf andere Gedanken kumm.

DR. KNIEWADL: *(leise)*: Komm, liebe Friedl, tanzen wir auch.

Alle vier tanzen und Monika singt den Text mit. Am Nebentisch wird munter weitergespielt. Der Oberamtmann dazwischen: „Da nützt Di Dei ganza Bluff nix, wenn i „d' Maschin' hab! Der Maxe sticht alle!" Bei dem Wort „Maxe" schaut Dr. Kniewadl zum Kartentisch.

DR. KNIEWADL: *(verhält plötzlich und klatscht den Tanz ab)*: Du verzeihst, lieber Heini, aber einmal muß ich doch wenigstens mit meiner Frau tanzen. Bei diesem Lied haben wir uns kennengelernt.

HEINI KRÄUTERL: Klar, Max. Des versteh i. *(Dr. Kniewadl tanzt mit seiner Frau und Heini Kräuterl mit seiner Friedl. Nach einer Weile)*: Geh weider, Friedl, sitz mauns hin. Mir tean d' Füaß weh.

FRIEDL KRÄUTERL: *(beleidigt)*: Mit da Monika wennst tanzt, na tean da d' Füaß net weh.

HEINI KRÄUTERL: *(mürrisch)*: Geh red koan Schmarrn. Kumm, geh weider *(lässt sie einfach stehen und setzt sich. Seine Frau folgt ihm widerwillig. Am Kartentisch sagt der Spieler: „Wer gibt'n?")*.

OBERAMTMANN: *(reicht ihm die Karten und grinst)*: Oiwei der wo frogt. Misch dawei, i muaß an'm Kräuterl schnell was sogn *(erhebt sich und schlendert zu Kräuterls Tisch hinüber)*.

FRIEDL KRÄUTERL: *(erschrocken)*: Jetzt kimmt der langhaxerte Kerl an unsern Tisch!

OBERAMTMANN: *(zu Heini Kräuterl)*: Du, Heini, wia lang kennst 'n Du den scho *(deutet mit einer Kopfbewegung zu Dr. Kniewadl)*?
FRIEDL KRÄUTERL: Den Herrn Dokter meinen S' halt!
OBERAMTMANN: *(ignoriert sie gänzlich)*.
HEINI KRÄUTERL: An Max? Vorigs Jahr im Urlaub habn ma uns kennaglernt. In Jesolo drunt. *(stolz)*: Des is a Arzt!
OBERAMTMANN: *(trocken)*: Arzneimittelvertreter moanst hoit!
HEINI KRÄUTERL: *(verständnislos)*: Arzneimittelvertreter? Wia moanst jetzt des?
OBERAMTMANN: Wia i 's gsogt hab. Zerscht hab i aus Versehn sei Briaftaschn nuntergschmissn und da is sei Ausweis rausgfoin. Da hab i 's glesn. I wollt Dirs bloß sogn. I trau dem Kerl net recht *(geht an seinen Tisch zurück)*. Nix für unguat.
HEINI KRÄUTERL: *(blickt mißtrauisch zu Dr. Kniewadl hin, lächelt aber sofort säuerlich, als dieser herschaut. Leise zu seiner Frau)*: Des gibts doch gar net. Er hat ma doch a Mittl gebn gegen Durchfall und des hat sofort gwirkt *(Dr. Kniewadl lacht zu ihm herüber und Heini Kräuterl erwidert das Lachen etwas verkrampft)*.
FRIEDL KRÄUTERL: *(leise)*: Da siehgt ma amoi wieder, was Du für a Menschnkenntnis hast. I glaub dem langa Kerl koa Wort. Der lüagt doch wia druckt. Wenn oaner scho watt'!
HEINI KRÄUTERL: *(sinnend)*: Da Schorsch hat se no nia täuscht. Und i gib eahm an Tausender, dem Safterlhandler!
FRIEDL KRÄUTERL: Schorsch hoaßt er aa no! So ein gewöhnlicher Nama!
HEINI KRÄUTERL: Weil „Max" vielleicht besser klingt! So ein Schlawiner!
FRIEDL KRÄUTERL: *(zischt)*: Bist net glei staad, bevors da Max hört! *(lächelt zuckersüß zum Tanzpaar hinüber, das sich leise unterhält)*.
HEINI KRÄUTERL: Und sowas leih i tausend Mark! Ja, bin i ein Rindviech! I möcht wettn, dass s' jetzt über mi redn, was i für ein Depp bin.
FRIEDL KRÄUTERL: Was Du wieder oiß siehgst! I siehg bloß, daß da Max a feiner Maxe is. Ein Kavalier.
HEINI KRÄUTERL: Und was für a feiner Maxe! Arzneimittelvertreter! A'n scheena Gruaß vom Teifi! De tausend Mark konn i in' Kamin schreibn. So eine Bagage, so eine foische!
FRIEDL KRÄUTERL: Oiso i versteh Di wirlich net. Da kummt so ein verlotterter Kerl daher und verleumdet den Dokter Kniewadl, der wo ein feiner Mann is. Und Du laßt des zua! Sauber, sog i bloß!
HEINI KRÄUTERL: *(zornig)*: Geh, hoit Dei Babbn! Des kummt bloß von Deiner damischn Akademiker-Manie! Du machst mi selber no ganz deppert damit!
FRIEDL KRÄUTERL: *(winkt lächelnd dem Tanzpaar)*: So nette Leit! Endlich amoi Freind, wo ma se net schama muaß damit. Und Du jammerst zwengs an'm Tausender. Den gibt Dir da Max doppelt wieder zruck.
HEINI KRÄUTERL: Mein Gott, bist Du bläd! Des is doch a Hochstapler wias nimmer höher geht! Und i Depp muaß auf so oan reifoin!
FRIEDL KRÄUTERL: *(resolut)*: Des wern ma glei habn. I frag an Max und dann hörst as selber, dass er koa Hochstapler is!
HEINI KRÄUTERL: *(zischt)*: Sei staad, da Tanz is aus! Hoit bloß Du Dei Mäu, sunst is' aus mit meine tausend Mark!
DR. KNIEWADL: *(kommt mit seiner Frau lachend zum Tisch zurück)*: Das hat wieder alte Erinnerungen wachgerüttelt, was Butzi? In memoriam reducere! Damals beim Medizinerball ...
HEINI KRÄUTERL: *(spöttisch)*: Beim Medzinerball?

DR. KNIEWADL: *(schlägt ihm jovial auf die Schulter):* Davon kannst Du dir gar keine Vorstellung machen. Wenn Du willst, kannst Du einmal zu meinen ehemaligen Kommilitonen mitgehen, Heini *(setzt sich)*. Hab ich jetzt einen Durst *(trinkt)*! Übrigens hätte ich ein Grundstück für Dich. Sehr preiswert ... Hanglage ... erstklassige Aussicht nach Straubing ...

HEINI KRÄUTERL: Mit Aussicht nach Straubing? Aha! Aber i brauch koa Grundstück!

FRIEDL KRÄUTERL: *(triumphierend)*: Siehgst as, Heini, a Grundstück hat da Max für uns!

HEINI KRÄUTERL: *(spöttisch)*: Freili, in Straubing! Hoaßt des net Kaisheim?

DR. KNIEWADL: Kaisheim? Wie meinst Du das, Heini?

HEINI KRÄUTERL: Is des baureif?

DR. KNIEWADL: Natürlich! Die erste Hypothek kann ich Dir über meine Hausbank besorgen.

HEINI KRÄUTERL: Is de aa in Kaisheim? Entschuidige, Straubing woit i natürlich sagn.

DR. KNIEWADL: *(ziemlich kühl)* Du drückst Dich aber ziemlich eigenartig aus, mein Lieber.

HEINI KRÄUTERL: Des woit i net. Aber weilst Du grad was von Deiner Hausbank gsogt hast, gib ma doch liaba a Quittung über den Tausender.

DR. KNIEWADL: Von welchem Tausender sprichst Du denn?

HEINI KRÄUTERL: *(triumphierend zu seiner Frau)*: Hörst 'n geh? „Von welchem Tausender sprichst Du denn?" Da Schorsch hat scho recht.

FRIEDL KRÄUTERL: *(legt ihre Hand freundschaftlich auf den Arm von Dr. Kniewadl).* Hör net auf 'n Heini. Der red't heit lauter Schmarrn daher.

DR. KNIEWADL: *(ernst)*: Ist etwas vorgefallen, worüber ich nicht Bescheid weiß, liebe Friedl?

FRIEDL KRÄUTERL: Nix is. *(deutet zum Kartentisch hinüber)*: Der lange Kerl hat grad an Kaas verzapft, daß 's nimmer höher geht.

HEINI KRÄUTERL: *(böse)*: Hoit endlich Dei Goschn, bevor i windig wer!

DR. KNIEWADL: *(tadelnd)*: Aber Heini!

FRIEDL KRÄUTERL: *(zänkisch)*: Da Max hat scho recht: Du bist a kloaner Spießer!

KARTENBRUDER: *(laut)*: Ja, Du Depp! Jetzt hast scho wieder koan Trumpf zuagebn! Hast denn Du koane Augn im Kopf?

MONIKA KNIEWADL: *(kühl zu Heini Kräuterl)*: Du willst eine Quittung, nicht?

HEINI KRÄUTERL: Is des z' vui verlangt?

MONIKA KNIEWADL: *(spitz)*: Wenn Du Max nicht auch so vertraust ...

HEINI KRÄUTERL: Was hoaßt vertraun? Tausend Mark san tausend Mark.

MONIKA KNIEWADL: Du hast Angst, daß Dir Max die tausend Mark nicht mehr zurückgibt? *(von oben herab)*: Diese lächerliche Summe.

FRIEDL KRÄUTERL: *(zu Heini Kräuterl)*: Des hast jetzt davon! Weilst oiwei so bläd daherredn muaßt! Jetzt hast d' Monika verärgert.

DR. KNIEWADL: *(gekränkt)*: Ja wenn das so ist ...

HEINI KRÄUTERL: *(lauernd)*: Du hast doch a eigne Praxis, oder net?

MONIKA KNIEWADL: Was soll denn diese blöde Fragerei?

DR. KNIEWADL: *(entnimmt seiner Brieftasche ein Stück Papier)*: Ich stell Dir natürlich sofort eine Quittung aus.

HEINI KRÄUTERL: Und a Gehirnoperation hast aa scho gmacht?

DR. KNIEWADL: Jetzt wirst Du aber penetrant, lieber Freund!

FRIEDL KRÄUTERL: So hat des da Heinerle doch net gmoant. Los, entschuidig Di sofort beim Max, oder i schmeiß den langa Deppn naus!

OBERAMTMANN: *(schaut zum Tisch).*
HEINI KRÄUTERL: *(schreit seine Frau an)*: Ja kruzifix, sog net oiwei Heinerle zu mir, sunst hau i an Grammola zsamm!
FRIEDL KRÄUTERL: *(weinerlich)*: Geh nur wieder auf mi los. Hast scho Recht. I derf oiß ausbadn. Hättst nix gsogt von dera Scheißquittung!
DR. KNIEWADL: *(den Gekränkten spielend)*: Was recht ist, muß Recht bleiben. Recte merito!
MONIKA KNIEWADL: *(kurz)*: Stell den Leuten eine Quittung aus, Max. Die tausend Mark nützen ohnehin nicht viel. Damit kannst Du fast nichts erledigen.
FRIEDL KRÄUTERL: *(schneuzt sich und schluchzt dazu)*: Des scheene Gartenfest ... da Mond am Himme ... wia damois am Strand von Jesolo ...hu hu huuu ... geh, sing no moi, Monika!
MONIKA KNIEWADL: *(eisig)*: Dazu hab ich keine Lust mehr. Das kannst Du mir wahrhaftig nicht verdenken. Wir Künstler sind von Natur aus sensibel. *(zu Max, laut und hart)*: Los, stell endlich diese verdammte Quittung aus!
FRIEDL KRÄUTERL: *(heult)*: Wo 's doch heit so romantisch is ... hu ... hu ... huuu ....
DR. KNIEWADL: *(reicht Heini Kräuterl die Quittung)*: So, da hast Du Deine Quittung!
HEINI KRÄUTERL: *(ignoriert das Papier)*: Was hast denn in Dein'm Kofer drin, der im Gartnhäusl steht? Vielleicht A r z n e i m i t t e l ?
DR. KNIEWADL: *(heftig)*: Nun reichts mir aber! Du stellst ja ein Verhör mit mir an! *(zu Monika Kniewadl)*: Immer das gleiche Lied: Man sollte sich mit kleinen Leuten einfach nicht abgeben.
HEINI KRÄUTERL: *(zynisch)*: Weil i a'n Diesel fahr, bin i a Spießer, gell? Aber i kenn oan, der fahrt koan Diesel und is a Betrüger!
MONIKA KNIEWADL: *(ordinär)*: Ja bist denn Du von alle guatn Geister verlassen! Du spinnst doch vom Boa weg, Du kloaner Aktenfuchser!
HEINI KRÄUTERL: Dir gib i glei an Aktenfuchser, Du Schlamperl!
Oberamtmann legt die Karten aus der Hand und dreht sich voll zum Tisch der andern um.
MONIKA KNIEWADL: *(schenkt sich einen Schnaps ein und kippt ihn hinunter).* So eine armselige Bagage, so eine armselige! Und da sogt der Knilch zu mir Schlamperl!
HEINI KRÄUTERL: *(nimmt die Flasche an sich)*: An „Spießerschnaps" brauchst fei koan trinka! I möcht jetzt mein' Tausender wieder und zwar sofort!
FRIEDL KRÄUTERL: *(weint laut).* Der schöne Mond ... de schöne Nacht ... was is denn bloß auf oimoi los? Hu .. hu ... huuuu. Monika, sog, was los is!
MONIKA KNIEWADL: Da muaßt scho Dein' depperten Mo fragn *(winkt ab)*! Aber Du bist ja no vui depperter!
HEINI KRÄUTERL: *(schreit)*: Jetzt reißt ma mei Geduld! Ruckts den Tausender raus und nacha schleichts Euch, es Jesolo-Gschwerl!
MONIKA KNIEWADL: *(erhebt sich abrupt)*: Kumm, Max, mir gehnga!
HEINI KRÄUTERL: Aber zerscht mein Diridari zruckgebn! Wennts Ihr aa sogts, daß i a Spießer bin, aber bläd bin i net. Oiso, raus damit, Du Tablettn-Würschterl, Du traurigs!
MONIKA KNIEWADL: *(mit hoch erhobenem Kopf)*: Kumm, Max, mit soiche Leit red i nimmer!
HEINI KRÄUTERL: *(vertritt ihr den Weg)*: Hoit! Zerscht mog i mei Geld wieder!
DR. KNIEWADL: *(zerreißt die Quittung, spöttisch)*: Hast Du eine Quittung? Mir ist nichts bekannt *(schiebt ihn beiseite)*!
HEINI KRÄUTERL: *(schreit)*: Ja Du Schlawiner! D' Polizei muaß her!
FRIEDL KRÄUTERL: *(heulend)*: Was is denn bloß auf oamoi los? Der schöne Mond ...
DR. KNIEWADL: Komm, Monika, gehen wir. Dieses Pack wird unausstehlich.
OBERAMTMANN: *(springt auf, nimmt seinen Hackelstecken und versperrt ihnen den Weg)*: Da werd bliebn!!
DR. KNIEWADL: Was wollen denn Sie, Sie Blödian!

OBERAMTMANN: *(stößt ihn mit dem Bauch zurück)*: Raus mi 'm Kräuterl sein'm Tausender oder i ruaf d' Polizei! Es gibt nämlich aa im Lateinischn a Grammatik, aber die beherrscht hoit a unstudierter Arzneimittelvertreter net! I glaub, daß des d' Polizei scho interessierert! Hochstapelei hoaßt ma sowas!

DR. KNIEWADL: Sie geht das gar nichts an. Wer sind Sie denn überhaupt?

OBERAMTMANN: Es geht Eahna zwar nix o, aber i bin Oberamtmann und an'm Kräuterl sei Vorgesetzter. Und sei Freind dazua!

FRIEDL KRÄUTERL: *(wischt sich die Tränen ab; fast strahlend)*: A A k a d e m i k e r !

OBERAMTMANN: Und jetzt raus mi'm Diridari!

DR. KNIEWADL: *(gibt kleinlaut das Geld zurück an Heini Kräuterl)*. Bitte sehr *(lächelt süßsauer)*. Es war nur Spaß ...

OBERAMTMANN: Aber mir Beamten verstehnga koan Spaß *(erhebt seinen Stock wie ein Schwert)*! Und jetzt naus aus 'm Paradiesgartn!

Monika Kniewadl und ihr Mann mit gesenkten Köpfen ab.

OBERAMTMANN: *(schreit ihnen nach)*: Und merkts Euch oans: Da Betrug, da Bluff und d' Buidung fanga zwar mit dem gleichn Buachstabn o, aber es liegn Weltn dazwischn!

Rascher Vorhang

Off Limits

Komödie in einem Akt
von Werner Schlierf

Dekoration: Zerbombte Giesinger Altbauwohnung, notdürftig mit Ami-Pappkartons, Glasersatz für die Fenster und einem sogenannten Kanonenöferl ausgestattet, dessen Ofenrohr durch ein Pappfenster ins Freie reicht.

Zeit der Handlung: 1945 im August. Es herrscht eine Prügelhitze über der Stadt.

Personen:

Max Binder	ein Giesinger Möchtegern-Schacherer
Ilse Binder	seine Tochter
Veronika Schachterl	Nachbarin
Biwi Schleich	wohlgenährter Schwarzhändler
Jimmy Miller	„kampferprobter“ US-Sergeant, der sich zum Schluss als Giesinger Schlawiner namens Schorschi Blei entpuppt.

Inhaltsangabe: München im August 1945. In einer zerbombten Giesinger Altbauwohnung versucht ein Möchtegern-Schacherer sich und seine Tochter über Wasser zu halten.
Werner Schlierfs Einakter-Komödie als Hommage an eine (längst vergessene?) Zeit, in der Schwarzhändler, GI-Soldaten, Amiflitscherl und Glenn-Miller-Sound das Leben prägten.

Der Vorhang ist noch geschlossen. Der Pianist spielt „Moonlight-Serenade" oder „In the mood" von Glenn Miller als Stimulans für das Publikum. Jimmy Miller in GI-Uniform tritt vor den Vorhang und die Glenn-Miller-Melodie geht in die Melodie des GI-Songs über.

GI-Song:

Wir sind amerikanische Befreier
und Harry Truman unser Präsident.
Wir hauten Eure Nazi's auf die Eier
das Sternenbanner ist das Sakrament.

Wir kämpften Hand in Hand mit Bolschewiken,
im Krieg ist jedes Mittel „streng" erlaubt.
Ein Demokrat kennt keine Domestiken,
doch Ihr kriecht nun am Bauche daß es staubt.

Wir werden Euch nun endlich Freiheit bringen
so wie das Sternenbanner Freiheit kennt.
Der Marsch ist tot, im Swing könnt Ihr nun singen
damit Ihr niemals mehr ins Unglück rennt.

Was brachte Euch Kultur? - Sie ist zerschlagen.
Werft fort den Eigenbau, raucht Chesterfield!
Wir bringen Euch die Labsal für den Magen
und Honey-Moon steht über unserm Schild.

Die deutschen Fräuleins werden wir beglücken
mit Corned beef und Whisky der „Pi-Ex".
Nun könnt Ihr die „Gefrierfleisch-Orden" zücken
als Souvenir - wir zahlen bar in Sex.

Bald wird das Wirtschaftswunder für Euch kommen.
Wir fügen Euch als neues Sternchen ein.
Das gilt nur für die Braven und die Frommen:
Der 's nicht kapiert, der bleibt ein Nazi-Schwein.

Nun auf zur Holzaktion! - Die Straßen sauber!
Ruinen wirken immer depressiv!
Legt Hand an, dann verschwindet dieser Zauber
- Die USA vertilgt den Nazi-Mief!

Wir werden Euch zu Demokraten machen.
Die Oder-Neiße-Linie ist verspielt.
Nun könnt Ihr „Krauts" endlich mal wieder lachen
weil niemand mit Kanonen auf Euch zielt!

Nun aber auf! - Rührt Eure müden Knochen!
Wir lassen Deutschland doch nicht untergehn!
Wir halten alles was wir Euch versprochen
ein neuer Wind wird über Deutschland wehn!

Jimmy Miller geht ab.

Der Vorhang öffnet sich.

Veronika Schachterl, die Nachbarin der Binders, die ihren Schnabel nie im Zaum halten kann und über alle Neuigkeiten des Viertels stets auf dem laufenden ist, sitzt auf einem Stuhl und manikürt sich die Fingernägel mit Ilse's Ami-Utensilien, die sie von Jimmy geschenkt bekam.
Ilse dreht am Radio herum und sucht den AFN. Endlich hat sie gefunden was sie suchte und Glenn Miller oder Benny Goodman ertönt im schönsten Swing.

ILSE: Des is a Musik, Frau Schachterl, was? Jetzt is endlich a Ruah mit dem damischen Marsch! Der Glenn Miller is a Faß!
SCHACHTERL: A Negermusi is des, nix anders.
ILSE: Mei, Frau Schachterl, Sie lebn ja hinterm Mond, wenn Sie sagn, daß des a Negermusi is. Jetzt kommt a neue Zeit, da wett i glei ...
SCHACHTERL: Du mit Deiner neuen Zeit. An Kriag habn ma verlorn, des is Dei neue Zeit. Und die ganze Stadt is hin. Lauter Ruinen und nix zum Beissen. Die oanzigen, die fett werdn, san d' Ratzn in der Kiesgruabn.
ILSE: Der Jimmy hat mir erzählt, daß d' Ami in Harlaching die ganzen Villen beschlagnahmt habn.
SCHACHTERL: Die habn s' aa net zsammghaut mit eahnere Bombn. Die habn scho gwußt, warum s' die stehn lassn.
ILSE: Einen Schmarrn redn Sie da vielleicht daher! Die Villen habn doch den Nazi-Bonzen gehört. *(trotzig)*: Und der Jimmy hat gsagt, daß die jetzt ausgspuit habn und drum wohna jetzt d' Ami drin. Des is oiß.
SCHACHTERL: *(ironisch)*: Dei Jimmy muaß ja a hochs Viech bei die Ami sei. Weil er so genau Bescheid woaß. Gspannt bin i, ob i Dein' Jimmy amoi zum sehng kriag.
ILSE: Der Jimmy mag die Deutschen net bsonders gern. Er hat zu mir amoi gsagt, daß die Krauts bloß da drauf warten, bis s' wieder a Gwehr in d' Hand nehma derfa.
SCHACHTERL: Was is 'n Dei Jimmy bei die Ami? A Captain?
ILSE: *(zögernd)*: Naa, Sergeant is er und d' Küch untersteht eahm, hat er gsagt.
SCHACHTERL: Na muaß er ja an Schleich Biwi aa guat kenna. Der arbat doch bei die Ami in der Küch.
ILSE: Sagn S' amoi Frau Schachterl, moana denn Sie, daß d' Ami bloß oa Küch habn? Einen Kaas redn Sie zsamm ...
SCHACHTERL: Jedenfalls mag Dei Vater d' Ami net bsonders. Erst kürzlich hat er zu mir gsagt, daß eahm a Ami-Flitschn net ins Haus kommt.
ILSE: Der Papa is doch a altmodischer Mensch. Der braucht sein' Garten, sein' Rauch und sei Ruah. Schwarzhandeln konn doch der gar net, wenn er aa oiwei so tuat.
SCHACHTERL: I moan oiwei, wenn Di der amoi mit Dein'm Jimmy derwischt, na staubt 's. *(betrachtet ihre Fingernägel)*. Aber an scheena Nagellack habn s' d' Ami, des muaß ma eahna lassn. Oiso i an Deiner Stell taat mi net mit 'm Jimmy von Dein'm Vater derwischn lassn.
ILSE: I paß scho auf. Und Sie braucha ja net oiß an'm Papa brüahwarm erzähln.
SCHACHTERL: Konnst' ma net amoi a'n Nagellack schenka, Ilse? Du hast ja gnua ...
ILSE: Den brauch i selber.
SCHACHTERL: Geh, dei Jimmy bringt Dir doch wieder oan ...
ILSE: Oiso wia Sie des oiwei betona! Des is aber net mei Jimmy! Der Jimmy is bloß a netter Kerl. Und er mog mi ...
SCHACHTERL: *(spöttisch)*: Na oiso, wenn er Di mog ...
ILSE: Der Jimmy mog mi anders. Net a so wia Sie moana, Frau Schachterl.

SCHACHTERL: Geh Ilse, der Jimmy is doch aa bloß a Mo ...
ILSE: Der Jimmy kannt mei Vater sei ...
SCHACHTERL: Er is 's aber net ...
ILSE: Oiso an Papa wenn S' was sogn, na leih i Eahna mein Nagellack nimmer!
SCHACHTERL: I sog scho nix. Du muaßt ja selber wissn, was Du toa derfst. Wo is 'n Dei Vater überhaupt?
ILSE: Sein' Entnazifizierungsbogn bringt er ins Rathaus zur Militärregierung.
SCHACHTERL: Was 's eahm nur so pressiert damit?
ILSE: Der Papa kriagt an Job in der Alabama-Kasern. Aber da muaß er zuvor beweisen, daß er koa Nazi war.
SCHACHTERL: Aha *(betrachtet wieder sorgfältig ihre Fingernägel)*. Oiso i möcht koan Ami net.
ILSE: Des sagn S' aa bloß, weils verheirat' san. Alle möchtn heut an Ami, weils na was Guats zum Essen hättn und Nylonstrümpf und Zigarettn und an Whisky. Und an Nagellack!
SCHACHTERL: *(stellt den Nagellack abrupt auf den Tisch)*: I brauch koan Ami-Nagellack!
ILSE: *(spöttisch)*: Weil S' jetzt fertig san mit 'm Maniküren.
SCHACHTERL: *(eingeschnappt)*: Reut er Di vielleicht?
ILSE: Naa, gwiß net. Mei Jimmy bringt ma ja wieder oan, wenn des Flaschl leer is.
SCHACHTERL: *(erhebt sich. Spitz)*: I muaß jetzt geh, mei Mo wart' auf 's Essen.
ILSE: *(grinsend)*: Da werds ja doch bloß wieder des gleiche gebn: Kalte Küch: Türen und Fenster auf!
SCHACHTERL: Jetzt werst aber ganz schee gschnappig, mei liabs Mäderl. Da werd Dei Vater aber gar koa Freud habn.
Es klingelt.
SCHACHTERL: Des werd er scho sei. Soll i aufmacha, Ilse?
ILSE: I hab gmoant, Sie müassn hoam?
SCHACHTERL: *(während sie öffnet)*: So pressierts aa wieder net, daß i net amoi mehr Zeit hab zum Grüaßgottsagn! Ah, der Herr Schleich!
SCHLEICH: Schleich *(noch von draußen)*: Oiwei wenn i Eahna siehg, na gehnga ma fünf Mark ab, Frau Schachterl! Und Kralln hat s' beinand wia a Raubvogl! *(tritt in die Küche)*: Grüaß Di Ilse, is der Papa da?
SCHACHTERL: *(wichtig)*: Naa, der Herr Binder is im Rathaus *(setzt sich wieder)*.
ILSE: Grüaß Di, Biwi! Der Papa kommt erst abends hoam. Er is in der Militärregierung.
SCHLEICH: *(erschrickt)*: Habn s' 'n gschnappt?
ILSE: *(lacht)*: Ah wo, sein' Entnazifizierungsbogn gibt er ab.
SCHLEICH: *(wischt sich den Angstschweiß von der Stirne)*: Na gottseidank.
SCHACHTERL: Jetzt ist dem Herrn Schleich aber hoaß wordn, was? Ja mei, der Schwarzhandel mit die Ami is halt verbotn ...
SCHLEICH: *(hat sich wieder in der Gewalt)*: Sie braucha gar net lacha, Frau Schachterl. Wenn s' nämlich an Binder oder mi schnappn, na hängt Eahner Mo aa ganz schee in der Tintn.
ILSE: *(spöttisch)*: Schachert der oid Schachterl oiso aa mit? Da schau her. Und bei mir tean S' oiwei recht scheinheilig, von wegen Ami-Flitscherl und so weiter. Aber selber scho aa an Erdnußbutter fressn mögn ...
SCHACHTERL: A was, des is doch oiß bloß a Schmarrn vom Herrn Schleich.
SCHLEICH: *(wütend zu Ilse)*: Ja muaß denn die Quadratratschn oiwei bei Euch umananderhocka? I hab was z' redn mit Dir *(schaut auf Frau Schachterl)*. Aber unter vier Augn!
ILSE: D' Frau Schachterl geht jetzt glei, Biwi. Sie hat bloß an Essig zruckbracht und ihre Fingerl a bissl ogstricha. Gell, Frau Schachterl?

SCHACHTERL: *(steht auf)*: Ganz richtig. I möcht doch net störn. An scheena Gruaß an' Papa. Pfüad Gott Herr Schleich!

Biwi Schleich gibt ihr keine Antwort, Frau Schachterl geht ab.

SCHLEICH: Menschenskind Ilse, der Jimmy kommt glei und Du woaßt doch, daß der koane Nachbarn dabei habn will. Und d' Schachterl hat er sowieso gfressn.

ILSE: Aber der Papa is doch net da ...

SCHLEICH: Des macht nix. Der Jimmy bringt Ware mit und die soll Dei Vater verstecka *(schaut durchs Fenster)*. Hoffentlich hängt der oide Schachterl-Besn sein' Kragn net wieder zum Fenster naus. Da werd der Jimmy oiwei stocksauer.

ILSE: Du Biwi, d' Schachterl glaub i ahnt was, daß Du a'n Jimmy kennst.

SCHLEICH: Des is doch mir wurscht, was der Trampel ahnt! Du brauchst es ihrer ja net auf d' Nasn bindn.

ILSE: *(belustigt)*: Sie glaubt aa, daß i mit 'm Jimmy schiab!

SCHLEICH: Der Jimmy mag Di gern ...

ILSE: Freilich, des woaß i scho. Aber doch net „so", oder?

SCHLEICH: I woaß net, was Du unter „so" verstehst?

ILSE: Du woaßt es scho. Tua net a so ...

Es klingelt.

SCHLEICH: Des is der Jimmy *(öffnet)*!

JIMMY: *(noch nicht zu sehen. Mit typisch amerikanischem Akzent)*: Hallo, Biwi! Is Ilse bei you?

SCHLEICH: Freilich. Geh nur einer ...

JIMMY: *(tritt auf)*: Hallo Ilse! Honey, good luck. *(langsam)*: Wie geht es Dir? *(zu Schleich)*: Is my German o.k., Biwi?

SCHLEICH: Und wia! Gar net zum sagn! Komm, gib mir die Packl *(nimmt ihm einige Kartons und Büchsen ab)*. Sitz Di hi, Jimmy.

JIMMY: *(umarmt Ilse und küsst sie auf die Wange)*: My Darling, how are you? Ist Papa nix daheim? No?

ILSE: Grüaß Di Jimmy. Naa, der Papa is noch net da. I bin froh, Du woaßt ja, daß er d' Amerikaner net bsonders mag.

JIMMY: Aber Amizigaretten und Amikaffee mag Papa schon, shure?

ILSE: Du woaßt ja, wia der Papa is ...

JIMMY: Gehst Du und Biwi mit in GI-Club? Please Darling ...

ILSE: Der Papa laßt mi doch auf d' Nacht net fortgeh. Ab neune derf ja sowieso koa Deutscher auf d' Straß naus. D' Ausgangssperre habts Ihr ja erfunden.

JIMMY: Oh sorry, ich habe vergessen. Wenn Ausgangssperre fertig, aber Du kommst mit? O.k., Schatz?

ILSE: Nacher scho. Wenn mi der Papa laßt.

SCHLEICH: *(packt die Kartons aus)*: Zigaretten, Kaffee, Trockenmilch und Eipulver. Genau. Bloß an Preßschinken muaßt 's nächste Mal no mitbringa. Vier Büchsn auf jeden Fall. Dafür konn i Dir den Einkaräter bsorgn. O.k.?

JIMMY: O.k., Biwi. Wo hast Du das Armband für diese Dinge? Du beschießt mich doch nicht, you know?

SCHLEICH: *(verdreht die Augen)*: Des hoaßt doch net beschießen, sondern bescheissen! Du bist vielleicht so a Cowboy! Und i bscheiß Di wirklich net. Des woaßt Du ganz genau.

JIMMY: All right, Biwi. Wo hast Du Armband?

SCHLEICH: *(reicht ihm ein Armband und eine Lupe)*: Da, bittschön schau Dir 's genau o. Lauter Rubine und in der Mittn a Trumm Saphir. Des Armbandl is des leicht wert. Da bleibt net vui für mi übrig.

JIMMY: *(grinsend)*: Du bist o.k., Fellow. Du bist so a smart boy ... *(steckt das Armband weg und greift in seine Hosentasche. Zu Ilse)*: Hier, Darling. For you.
ILSE: *(wickelt das kleine Päckchen auf und fördert einen Lippenstift zutage. Fliegt erfreut auf Jimmy's Hals zu)*: A Lippenstift! Jimmy, Du bist der Größte! *(probiert ihn gleich aus)*. Is der kußecht?
JIMMY: What you mine? *(zu Schleich)*: What is „kußecht", Biwi?
SCHLEICH: *(grinsend)*: Na, wenn ma damit schmusen konn ...
JIMMY: Schmusen?? *(blickt hilflos von einem zum anderen)*. What is it?
ILSE: *(hängt sich an Jimmy)*: Küssen! Verstehst Du, JIMMY: Küssen *(küßt ihn flüchtig auf den Mund)*!
JIMMY: *(strahlend)*: Oh, thats fine! That's wonderful! More, Darling, please more!
ILSE: *(wehrt ihn ab)*: Naa naa, des langt für 's erste!
SCHLEICH: Wann kommt Dei Papa, Ilse?
ILSE: Am Spätnachmittag hat er gsagt, weil er sein' Garten no giaßn möcht.
SCHLEICH: Is er auf d' Nacht dahoam?
ILSE: Freilich. Um neune is doch Ausgehverbot. *(zu Jimmy)*: Off limits, gell Jimmy?
JIMMY: Yes, Honey ...
SCHLEICH: Na komm i abends mit 'm Jimmy nochmoi vorbei.
ILSE: Aber der Papa? Da werd er sauer sei ...
SCHLEICH: Wenn i dabei bin, net. Der Jimmy bringt eahm a Stanga Chesterfield mit.
ILSE: Und wenn s' Di derwischn?
SCHLEICH: Mi derwischn s' net. Im übrigen bin i ja mit an'm Ami unterwegs. Da hab i an Freifahrtschein.
ILSE: Mir konn 's recht sei.
SCHLEICH: Brauchst koa Angst habn, Ilse. I paß scho auf. I bin lang gnua im Gschäft. Mit 'm Schwarzschlachtn hab i unterm Kriag ogfangt und mit 'm Schwarzhandeln mach i nach 'm Kriag weiter. Wenn s' mi im Kriag derwischt hättn, na hätt i heut koan Kopf mehr. Der Hitler hat net lang rumgfackelt. *(grinsend)*: Aber schau mi o: Mei Köpferl sitzt oiwei no ganz sche stramm auf meine Schultern.
ILSE: Trotzdem hab i Angst, wenn der Papa oiwei des ganze Zeigl verstecka muaß. Irgendwann amoi gehts schiaf ...
SCHLEICH: Nix geht schiaf. Glaub ma 's, Madl. *(zu Jimmy, der den Kanonenofen genau betrachtet)*: Was sagst Du, Jimmy-Boy?
JIMMY: O.k., o.k ... This is a nice - wie sagt man - Ofen? Kann Papa verstecken Chesterfield, you know? Niemand glaubt, daß in Ofen Zigaretten *(grinst)*.
SCHLEICH: *(unvermittelt)*: Woaßt, was i von Dir brauchert, Cowboy?
JIMMY: Jimmy nix weiß ...
SCHLEICH: A gschnappige Ami-Uniform! So was, wiast Du tragst.
JIMMY: Bist Du tipsi, Biwi?! Kann ich Dir nicht besorgen. Wozu auch?
SCHLEICH: Wenn i a Ami-Uniform hätt, na taat i mi mit 'm Handeln vui leichter. Wennst heut a Ami bist, na bist wer!
JIMMY: Wenn ich Dir Uniform besorge, dann scheißt Armee mich hinaus!
SCHLEICH: *(lachend)*: Sch<u>m</u>eißt, hoaßt des. Sch<u>m</u>eißt, verstehst?
JIMMY: Schmeißt?
SCHLEICH: Genau. Schmeißt. Scheißt hoaßt nämlich shit, capito?
JIMMY: Deutsche Sprache schwere Sprache.
ILSE: Is 's in New York schee, Jimmy? Da san doch lauter hohe Häuser, oder?
JIMMY: Oh ja, Darling. Viel höher wie Woman-Church!
ILSE: Woman-Church?
SCHLEICH: D' Frauenkirch moant er!

JIMMY: Yes, Frauenkirche. It's a nice church. Only for God ...

SCHLEICH: Net bloß für 'n liebn Gott! I bin amoi bei an'm Bombenangriff in' Turm einegrumpelt, weils pressiert hat. Und an' Turm haut 's net so leicht zsamm, hat 's ghoaßn. Und da hab i grad no Platz ghabt. An Haufa Leut warn drin.

ILSE: Aber ins Kirchenschiff habts a Bombn einigschmissn!

JIMMY: Sorry, Honey. Aber ich habe nix Bombe geschmissen. Ich war bei Panzer. Du kennst Panzer? *(beschreibt mit den Händen)*: Langes Rohr ... *(räuspert sich)*: Aber jetzt ich muß gehn ...

SCHLEICH: Überleg Dir des nochmoi mit 'ner Ami-Uniform. I zoih Dir 's guat!

JIMMY: Geht nicht, Biwi. I can not beleidigen ganz US-Armee ...

SCHLEICH: *(aufbrausend)*: So dick bin i aa net. Du bist aa ganz schee gfuit!

JIMMY: Nix wegen dick! Du bist deutsch Mann, Biwi. Roosevelt ist Jude und mag deutsch Mann nicht. Du weißt warum. Alles Nazi ...

SCHLEICH: Ihr Scheiß-Ami laßt 's es Euch sauber raushänga, daß ma a'n Kriag verlorn habn. I brauch bloß an d' Kiesgruabn denka, wots Euer Sach mit die Trecks abikippts. Überall laßts no a bröckl Fressalien drin, damit ma merka, wiats uns alle überlegen seids.

ILSE: Des derfst aber aa net sagn. D' Ami san net zwider. Schau an Jimmy o!

SCHLEICH: Is scho recht *(schlägt Jimmy auf die Schulter)*. Du bist scho o.k., oider Texas-Boy ... Oiso auf d' Nacht holst mi mit 'm Jeep in der Möhlstraß ab. Geht des klar, Cowboy?

JIMMY: All right, Biwi. I come in Möhlstreet um nine o' clock.

ILSE: Bringts an'm Papa a'n Whisky mit, damit er z'friedn is, gell?

JIMMY: ... und Dir Chewing Gum Peppermint, Honey. O.k.?

ILSE: *(küsst ihn auf die Wange)*: O.k., Jimmy. So long ...

JIMMY: So long, Darling. *(ängstlich)*: Ist Frau Schachterl in Wohnung?

ILSE: *(lachend)*: Oiso was Du oiwei mit dera blöden Schachterl hast! Du kennst das doch gar net, bloß ihran Mo. I versteh Di wirklich net. D' Frau Schachterl möcht Di oiwei so gern kennalerna ...

JIMMY: *(ernst)*: Bitte nicht, Ilse! Ich mag diese Person nicht sehen! Du schwörst mir?

ILSE: *(lässig)*: O.k., o.k., i schwör Dir 's ...

SCHLEICH: Jetzt geh weiter, schleich ma uns. I muaß no zum Kowalski und den Einkaräter bsorgn. *(zu Ilse)*: Sag Dein'm Vater, daß er des Zeigl guat verraama soll. I hol 's bei Gelegenheit scho ab. Pfüad Di, Ilse!

ILSE: Wart a bissl, Biwi, i begleit an Jimmy naus, damit 'n d' Schachterl net siehgt.

SCHLEICH: Schickts Euch aber!

ILSE: Komm, Jimmy *(beide ab)*!

SCHLEICH: <u>Handel-Song</u>

I handelt mit oim.
Mit Fahrradschläuch, Ami-Sach,
Blechbüchsn, rund und flach,
Kaugummi, Schokolad,
Eipulver - schmeckts aa fad,
Bündelholz, Koihn;
i handelt mit oim.
Weil 's Handeln macht gsund
- mir san da scho Hund!

I handelt mit oim.
Mit Peanuts und Baby Ruth,
Ziagln vom Bombnschutt,

Corned beef, Masterpiece,
Ripperl und Kaiwebries,
ausgstopfte Schwoim;
i handelt mit oim.
Umsonst werd nix gebn
- wer möcht heut net lebn!

Drum handelt i mit oim.
Mit Schmiersoafa, oidm Gschirr,
Budweiser-Dosenbier,
Whisky und Lucky Strike.
Fürn Billy und fürn Mike
vermittelt i Schnoin;
i handelt mit oim.
Weil guat solls ma geh
- lang gnua wars net schee!

Wer merkt ma des o?
Später leb i in Saus und Braus,
mit Grundstück, an'm großen Haus,
Auterl und Geld grad gnua.
Brauch koa Abitur dazua,
ois schwerreicher Mo.
Wer merkt ma des o?
Wenn d' Schmiersoafa schmiert
- bist schnell akzeptiert!

Biwi Schleich geht ab.

ILSE: *(kommt zurück, stellt die Schachteln und Büchsen in eine Ecke und deckt sie mit einer Decke zu)*: Am liabsten taat i a Büchsn Erdnußbutter aufmacha ... *(unterdrückt dieses Verlangen jedoch wieder und dreht am Radio herum. Anschließend stellt sie einen Spiegel auf den Tisch, zündet sich eine Zigarette an und beginnt sich zu schminken)*. Des is halt a Lippenstift! Da werd d' Schachterl glei wieder da sei! Aber die hängt ma ihra Goschn net hin! *(verstaut den Lippenstift sorgfältig, steigt in Pumps und verläßt die Wohnung, nachdem sie das Radio abgestellt hat.)*

Max Binder kommt nach einer Weile. Da es inzwischen Abend ist, dreht er das Licht an. Dann stellt er das Radio an und hört Nachrichten. Da erlischt das Licht: Stromsperre! Er zündet eine Kerze an und setzt sich an den Tisch. Umständlich schneidet er mit der Schere von Amizigarettenkippen die Brandstelle ab und wirft sie anschließend in eine Erdnußbutterbüchse.

ILSE: *(kommt zurück)*: Grüaß Di, Papa ...

BINDER: *(mürrisch)*: Du brauchst ja net dahoam sei um neune, wenn d' Ausgangssperre is ...

ILSE: *(geht nicht darauf ein)*: Is scho wieder Stromsperre, Papa?

BINDER: Des siehgst ja. Oder moanst, daß i Weihnachten feiert ...

ILSE: I frag ja bloß. Saugrantig bist' heut wieder ...

BINDER: Waar a Wunder. Mittn unter die Nachrichten schaltn die Hirschen a'n Strom ab. Scheiß Militärregierung!

ILSE: *(legt ein Päckchen Zigaretten auf den Tisch)*: Da, die ghörn Dir, Papa ...

BINDER: *(schaut auf das Päckchen, dann auf Ilse)*: Chesterfield? Wo hast denn die aufgabelt? *(lauernd)*: Warst vielleicht wieder bei dem Ami, dem Jimmy?

ILSE: Schmarrn! Da Biwi hat ma s' gschenkt ...

BINDER: Gschenkt?? Für nix und wieder nix? A Packl Chesterfield, die am schwarzen Markt fünfhundert Markl kosten? Des glaubst doch selber net.

ILSE: Wenn i Dirs doch sag, Papa *(macht sich am Schrank zu schaffen)*. Hunger hab i koan kloaner. Is no was da?

BINDER: *(hart)*: Mit dem Jimmy wennst Di einlaßt, na schmeiß i Di aus der Woh nung naus! I mag koan Amischlampn bei mir dahoam habn! Des merkst Dir!

ILSE: Was Du bloß oiwei hast. So ein Kaas. Was geht denn mi der Jimmy o! Du machst doch Gschäfta mit eahm und net i. Is no was zum Essen da?

BINDER: *(mürrisch)*: In der Speis is no a Stückl Vierfruchtkuacha drin. Hast übrigens d' Lebensmittelkartn abgholt?

ILSE: *(während sie sucht)*: Auf 'm Küchenkasten liegn s' doch. Hast Du koane Augen im Kopf?

BINDER: Tua net frech werdn, sonst ziahg i Dir a paar über!

ILSE: *(leise)*: Tuat ma leid, Papa ...

BINDER: *(reißt die Zigarettenschachtel auf und steckt sich daraus eine Zigarette an. Er macht ein paar genußvolle Züge)*: D' Zigaretten machen s' ja ganz guat, d' Ami. Des konn ma net anders sagn.

ILSE: Net bloß d' Zigaretten. Die habn lauter guate Sachen.

BINDER: *(lauernd)*: Sagt des der Jimmy?

ILSE: Herrschaftseitn, i woaß gar net was Du mit dem Ami immer für a Gschiß hast! Der interessiert mi doch koa Bröckl!

BINDER: Des werd aa guat sei. I mag koa Amiflitschn als Tochter!

ILSE: D' Muschi schiabt aa mit an'm Neger. Aber dera ihra Vater sagt koa Wort net. Bloß i derf net. Dabei kannts uns so guat geh, wenn i derfert.

BINDER: *(streng)*: Koa Wort wui i mehr hörn davo! Basta!

ILSE: *(leise)*: Und mit 'm Biwi derf i aa net geh. Dir is koaner recht. Aber i bin koa kloans Deandl mehr ...

BINDER: Du bist achtzehn Jahr oid und der Biwi is a oider Strizi. Der land't no amoi im Gfängnis, des sag Dir i. Der Erwin is a netter Kerl. Der studiert auf d' Juristerei hi. Des is a Pfunds-Beruf! An Rechtsanwalt braucht ma oiwei.

ILSE: Der Erwin is für mi a Depp. Und a Krüppel dazua ...

BINDER: Der konn nix dafür, daß s' eahm zum Schluß no an Haxn zsammgschossn habn. Und wenn er a lange Hosn tragt, na merkt ma fast nix.

ILSE: *(spuckt plötzlich angewidert ein Stück Kuchen aus)*: Pfui Teifi, da is was Bitters im Kuacha! *(betrachtet das ausgespuckte Stück genau unter der Kerze)*. Des is ja a Käfer!

BINDER: *(schaut kurz hin. Ungerührt)*: Des is a Ruß. Die laufa in der Backstubn umanand. Da brauchst Di net so ostelln.

ILSE: So eine Schweinerei!! Unser Bäcker is koa kloane Sau!

BINDER: Schaben gibts in alle Backstubn. Net bloß bei unserm Bäcker.

ILSE: *(schüttelt sich)*: Mir graust net schierle!

BINDER: Hättst net draufbissn, na hättst as net gmerkt. Du werst scho mehra Dreck gfressn habn. Wega dem Käfer ...

ILSE: *(schiebt sich einen Kaugummi zwischen die Zähne)*: Jetzt brauch i an andern Gschmack, sonst muaß i speibn ...

BINDER: Hast den Kugummi aa vom Biwi?

ILSE: Freili. Von wem denn sonst?

BINDER: Wo hat denn der Kerl des Zeigl bloß oiß her?

ILSE: Der Biwi macht halt aa Gschäfta mit die Ami, net bloß Du ...

BINDER: I konn den Jimmy net dapacka. Des is a ganz verschlagner Typ.

ILSE: Es gibt ja schließlich no mehra Ami. Des muaß ja net der Jimmy sei, oder? Aber Du krattelst ja liaber an ganzen Tag in der Kiasgruabn rum wega an'm Kübel Kaffeesatz. Saubere Gschäfta san da des scho. Und alle andern, die 's Schachern verstehnga, werdn kugelrund dabei.

BINDER: Der Biwi kauft ma mein' Kaffä ab ...

ILSE: ...und mischt 'n mit an'm Pulver-Kaffä von die Ami zsamm, damit er wieder an Gschmack kriagt.

Das Licht flammt plötzlich auf.

BINDER: Endlich! Die scheiß Stromsperre macht mi no hi *(Ilse schaltet sofort das Radio ein und Glenn Miller ertönt: In the moon)*. Muaßt Du die Negermusi hörn?

ILSE: Des is koa Negermusi, des is a Jazz.

BINDER: Mir wurscht was des is. A Krampf is 's auf jedn Fall ...

ILSE: Geh halt ins Bett, Papa.

BINDER: Ins Bett geh i wenn i mag!

ILSE: I hab ja bloß gmoant ...

BINDER: Damitst nochmoi auf d' Straß geh konnst, oder?

ILSE: Einen Schmarrn redst Du daher ...

BINDER: Meine Socka kanntst aa amoi flicka. Seitdem d' Muatter tot is, tuast Du gar nix mehr im Haushalt.

ILSE: Freili, so muaßt daherredn. Wenn i nix taat, na waarst scho längst im Dreck derstickt.

Im Radio ertönt „You belong to me".

ILSE: Ui, des is a scheena Schlager. Sei jetzt amoi stad, Papa *(dreht lauter)*.

BINDER: Net so laut! Spinnst denn Du! Da wachn ja d' Leut im ganzen Block auf *(erhebt sich)*! I giaß jetzt no gschwind an Garten.

ILSE: Jessas, daß i net vergiß: Der Biwi und der Jimmy warn heut da ...

BINDER: *(brüllt)*: In meiner Wohnung?

ILSE: Schrei doch net a so, da wachn ja alle Leut auf.

BINDER: In meiner Wohnung konn i plärrn so vui i will!

ILSE: Sie habn Dir was mitbracht.

BINDER: Wo?

ILSE: *(deutet in die Ecke)*: Da dort liegts. Der Biwi hat gsagt, daß er 's bei Gelegenheit abholt. Aber des werd er Dir selber sagn.

BINDER: *(mißtrauisch)*: Wieso selber?

ILSE: *(unschuldig)*: Weil er heut abend no vorbeikommt. Mit 'm Jimmy.

BINDER: Ja spinnt denn der!

ILSE: *(mit dem Finger vorm Mund)*: Psst Papa! Net so laut! D' Frau Schachterl hat ihrn Kopf gwiß wieder zum Fenster nausghängt! Die braucht scheinbar koan Schlaf ...

BINDER: Warum zarrt mir denn der Biwi den bluats Ami ins Haus! I hab koa Lust, daß unsere Nachbarn sagn, daß der Binder mit die Feinde Gschäfterl macht.

ILSE: Meingott Papa, bist Du rückständig. Des san doch nimmer unsere Feinde. Jetzt helfen s' doch zu uns. Moana kannt ma scho ...

BINDER: Nix kannt ma moana! I mag einfach koane Ami in meiner Wohnung habn! Basta!

ILSE: Na versteh i aber net, daß Du bei die Ami in der Alabama-Kasern 's Arbeitn ofangst, wennst scho koane Ami magst. Und eahnere Zigaretten rauchst schließlich aa.

BINDER: *(mürrisch)*: Was verstehst denn Du davo *(nimmt die Fressalien vom Boden auf und betrachtet sie)*. Lauter Ami-Zeigl. Wenn s' mi derwischn damit, na sperrn s' mi ei. Und der Biwi konn lacha ...

ILSE: Der Biwi werd sich bald a Häusl kaufa. Der is net so blöd wia Du.

BINDER: Halt Di a bissl zruck, gell! Dei Papa is net blöd, sondern ...

ILSE: *(unterbricht ihn)*:.. a bissl feig. Schad is des, Papa. Wirklich schad. Du traust Dir bloß a'n Handel macha, wenn koa Risiko damit verbunden is. Aber ohne Risiko geigt sich halt nix auf derer Welt! Und der Biwi Schleich woaß des. I taat ma scho traun, wenn i derfert. Aber Du laßt mi ja net!

BINDER: Schama solltst Di mit Dein'm Daherredn.

ILSE: Du werst oiwei no mit 'm Radl fahrn, bei dem der Mantel scho x-mal unterglegt is, da fahrt der Biwi scho längst a Mordstrumm Auto! Werst es scho sehng.

BINDER: Des is mir wurscht.

ILSE: *(laut weinend)*: Aber mir net! I möcht endlich amoi aus dem Grattlerstall rauskomma! An Vierfruchtkuacha fressn müassn, wo Russen drin san! Pfu Teifi!

BINDER: Jetzt machst Dei Lehr fertig als Friseuse, dann gehts Dir scho besser.

ILSE: Vor an'm Monat hab i 's Lerna ogfangt und da redst Du vom Fertigmacha! Zwanzig Markl kriag i im Monat. Des glangt grad zum Trambahnfahrn.

BINDER: Sei froh, daß a Trambahn fahrt.

ILSE: Oa Linie. Und bei dera hupft in der Kurvn oiwei 's Stangerl raus.

BINDER: Du bist mit nix z'friedn. Wia i in Rußland war...

ILSE: Papa, hör jetzt bloß vom Kriag auf! Des konn i ehrlich nimmer hörn. Der ewige Schmarrn „wia i im Kriag war ..."!

BINDER: Is ja wahr aa. An Kopf habn ma hinhaltn derfa und heut scheißt sich koa Mensch was um uns.

ILSE: Du bist ja beim Stab gwesn, hat ma d' Mama gsagt. Da werds net so schlimm gwesn sei. A Front hast doch Du nia gsehng. Wia bei uns d' Luftmine eini is, wo d' Mama tot gwesn is, da hätt i Di sehng mögn.

BINDER: I will jetzt von dem scheiß Kriag nix mehr hörn! Kruzifix, i konn doch nix dafür, daß d' Mama tot is!

ILSE: *(umarmt ihn. Weich)*: Des sagt doch koaner. Jetzt reg Di net auf, Papa.

Es klingelt.

ILSE: Des werd der Biwi und der Jimmy sei!

BINDER: *(aufgeregt)*: I bin net dahoam!

ILSE: *(geht zur Türe)*: Geh, des glaubt Dir doch koaner. Bei der Ausgangssperre *(öffnet)*!

BIWI: *(von draußen)*: Hoffentlich is Dei Vater noch net im Bett. Es is a bissl später wordn. *(tritt ein. Zu Binder)*: Ah, da is er ja. Servus Maxe!

BINDER: *(wortkarg)*: Grüaß Di nacha. So spät no ...

JIMMY: *(tritt ein, den Arm um Ilse's Schulter gelegt)*: Darling, how do you do *(küßt sie. Unterm Arm trägt er eine braune Tüte)*?

BINDER: *(streitsüchtig)*: Ja wia habn ma 's denn! Wia red't denn der mit Dir?

ILSE: Laß 'n doch, Papa! *(stellt vor)*: Des is der Jimmy, *(deutet auf Binder:)* und des is mei ...

JIMMY: *(grinst übers ganze Gesicht und streckt Binder seine Pranke hin)*:...Dein Opa, Honey?

BINDER: *(gibt ihm zögernd seine Hand)*: Dir gib i glei an Opa! Der Ilse ihr Papa bin i!

JiMMY: *(zerknirscht)*: Oh, so sorry. I denken, das is Dein Grand-Dad, Honey ...

SCHLEICH: Is scho guat, Jimmy. Komm, hock Di hin. *(zu Binder)*: Der Jimmy hat Dir a Flaschn Whisky mitbracht. Komm, gibs eahm, Cowboy ...

ILSE: Siehgst Papa, was der Jimmy für a feiner Kerl is. D' Ami san halt Leut!

JIMMY: *(reicht Binder die Flasche, die dieser andächtig in die Hand nimmt)*: Für Dich, Papa.

BINDER: Was sagt denn der zu mir Papa, wenn er genau so alt is wia i?

SCHLEICH: Des sagn d' Ami oiwei. Red net so vui und schenk ei!

BINDER: *(andächtig)*: Des is also a echter Whisky? Mi leckst *(streckt Jimmy die Hand hin)*. Wennst jetzt scho amoi da bist, na sagst halt Max zu mir.
JIMMY: Ist echter Bourbon, Max! Aus Kentucky, you know?
BINDER: *(fährt sich genießerisch mit der Zunge über die Lippen)*: Geh weiter, Ilse, was is denn! Hol Glasl! Auf 'm Nachtkastl müassn oa steh.
SCHLEICH: Jetzt hast des Glump oiwei no da umanandaflacka *(deutet auf die Ami-Utensilien)*! Da brauchst Di fei net wundern, wenn uns wer hops geh laßt. I waar halt an Deiner Stell so frei und taat des Zeigl verstecka! Oder möchst, daß Dei Nachbarin, der Schachterl-Teifi, oiß liegn siehgt, wenn s' ihren Kohlrabi zur Tür reistecka sollt?
JIMMY: *(sofort ängstlich)*: Frau Schachterl kommt??
SCHLEICH: Schmarrn! Beruhig Di nur wieder. I moan ja grad, wenn s' komma sollert.
JIMMY: Bitte Max, laß Frau Schachterl nicht into your house! Please, Max!
BINDER: Ja sagts amoi, warum fürcht si denn der Jimmy vor dera Quadratratschn? Die is doch so ungfährlich wia a Blindschleicherl.
ILSE: Der Jimmy mag halt koane Fremdn, Papa.
JIMMY: *(eifrig)*: Right so, Darling! Amerikaner nix strangers, only friends! Biwi, Max and Ilse sind gut friends. Frau Schachterl nix friend.
SCHLEICH: *(nachdem Ilse Whisky eingeschenkt hat)*: Also, Prost beinander! Des is a guats Gsöff, Binder, des sag Dir i!
Alle drei trinken.
BINDER: *(lässt den Whisky genüsslich auf der Zunge zergehen)*: Vareck, des is a Schnapserl! Da san d' Ami guat, im Whiskymacha.
ILSE: I hab Dirs glei gsagt, daß d' Ami guate Sachn habn. Derf i amoi probiern, Papa?
BINDER: *(streng)*: Nix da! An Whisky trinkst Du koan! Waar ja no des scheena, wenn d' Rotzbibbn scho Schnaps sauferten!
ILSE: Jetzt sei doch net a so, Papa. Moana kannt ma scho, daß i no a kloans Deandl bin *(nimmt Jimmy's Glas und trinkt daraus)*.
JIMMY: Prost, Darling!
BINDER: Du bist ja a ganz a netter Kerl, Jimmy. Aber Darling brauchst zu der Ilse net dauernd sagn. Des is doch no a jungs Madl ...
JIMMY: I love Ilse, Max. Shure. I love she ...
BINDER: Von mir aus, aber Darling brauchst net sagn. Des is a Wort, des wo i net verputzn konn.
SCHLEICH: Du bist ein oider Hirsch, Maxe! Wenn der Jimmy net waar, na kannt ma eipacka mit 'm Gschäfterl macha. Amiverbindungen braucht ma heutzutag! Amiverbindungen, verstehst? Sonst scheibt si nix auf der Achs! *(mehr zu sich)*: Und i braucher a Ami-Uniform. Na kannt i ogreifa ...
BINDER: Zu was braucherst jetzt Du a Ami-Uniform? Des interessierert mi.
SCHLEICH: A MP-Uniform waar des Allerbeste! Was moanst, wia i abstaubert am Schwarzmarkt, wenn i a MP-Uniform hätt! Alle Tag taat i wo anders Razzia macha und den ganzen Krempel beschlagnehmen. Und Angst hättn s' alle vor mir, des schwör i Dir!
BINDER: Also woaßt, des is ja scho kriminell, was Du da sagst!
SCHLEICH: Kriminell is heutzutag oiß, Binder! Wenn i in der Früah d' Augn aufmach und a bissl über 's Lebn nachdenk, na is des scho kriminell. Anders gehts gar net, wennst zu was kumma willst. Und i sag Dir noch was: Aa Du <u>denkst</u> zumindest kriminell! Bloß in die Tat umsetzn, des traust Dir halt net!
ILSE: Hörst was der Biwi sagt, Papa. Des gleiche hab i heut aa scho zu Dir gsagt. Heut muaß ma a Risiko eigeh, wenn ma zu was komma will!
SCHLEICH: *(lacht)*: Genau, Ilse. Du wisserst genau wia 's gang! Die Zeit war no nia so günstig wia heutzutag. Wer 's heut net zu was bringt, des is a Depp.

BINDER: *(trocken)*: Dank Dir schee für den Deppen.
JIMMY: Schenk ein, Dar... *(besinnt sich nach einem Blick auf Binder)* Ilse, please.
Ilse beeilt sich, der Aufforderung nachzukommen.
JIMMY: *(erhebt sein Glas)*: Prost, friends! Only ex!
Alle drei schütten sich ihre Gläser in die Gurgel.
JIMMY: It's a fine Brandy ...
BINDER: No a Glasl und i bin bsuffa! Unsere deutschen Mägen vertragn nimmer vui.
JIMMY: Biwi, please gib Max das Corned beef!
SCHLEICH: Von dene Büchsn konn i koane aufmacha, die brauch i für mein' Kunden.
ILSE: *(spöttisch, nachdem sie einen kräftigen Schluck aus Jimmy 's Glas genommen hat)*: Iß halt den Rest Vierfruchtkuacha, Papa. Woaßt scho, den mit die Russen!
JIMMY: Russen nix gut! Lieber Bourbon aus Kentucky *(schenkt die Gläser randvoll)*. Max muß mitkommen nach New York, you know, Max? Prost!
BINDER: Wohnst Du in New York?
ILSE: *(eifrig)*: Natürlich, wo moanst denn Du?
BINDER: Na ja, er kannt ja aa wo anders wohnen, oder?
ILSE: Geh, der Jimmy wohnt in an'm Wolkenkratzer ganz oben! Gell, Jimmy?
JIMMY: *(beschwipst wie die anderen)*: Shure, in a big house!
ILSE: ...und einen riesen Buick fahrt der Jimmy. Gell, Jimmy?
JIMMY: Shure, a big car!
ILSE: *(schwärmend)*: Und a Gschäft hat er in New York, da wo er Tausende von Dollars verdient. Gell, Jimmy?
JIMMY: Oh ja, Darling *(schaut auf Binder, doch der ignoriert nun dieses Wort)*!
BINDER: Na bist ja a reicher Mo, Jimmy!
SCHLEICH: Jetzt kennts Euch nur wieder. Wichtig is, daß der Jimmy mit uns Gschäfterl macht! Des alloa zählt.
Jimmy ist dabei, erneut einzuschenken, als es klingelt. Vor Schreck wäre ihm beinahe die Flasche aus der Hand gefallen.
SCHLEICH: Wer is 'n des no so spät? *(zu Binder)*: Schnell, raam des Zeigl weg!
BINDER: I woaß net, wer des sei kannt. *(beeilt sich, die Ami-Utensilien wegzuschaffen. Zu Ilse)*: Schau amoi nach, wer drauß is, aber laß neamd in d' Wohnung rei!
ILSE: *(gehorcht)*: Wer is 'n da?
Keine Antwort. Es klingelt nur noch stürmischer.
ILSE: *(schaut nur mit dem Kopf herein)*: Da meld't sich neamd ...
BINDER: *(kommt zurück)*: Sodala, jetzt habn ma die Bescherung! Jetzt is a Razzia und i hab des Scheiß-Zeigl da! *(böse)*: Euch konn 's ja wurscht sei. Mi sperrn s' ei dafür!
Es klingelt lange und Binder zuckt zusammen.
BINDER: *(zu Ilse)*: Mach auf, jetzt is 's scho wurscht aa! Na geh i halt ins Zuchthaus!
ILSE: *(verschwindet wieder und öffnet die Türe. Jimmy sitzt mit dem Rücken zur Küchentüre)*: Ja Frau Schachterl, was wolln denn Sie no so spät bei uns?
SCHACHTERL: *(steht schon im Raum, mit einem vollen Schnapsglas in der Hand. Sie ist nicht mehr ganz nüchtern)*: Guat Nacht beinand!
SCHLEICH: Ja gibts denn sowas aa! Der Schachterl-Teifi braucht echt koan Schlaf!
Jimmy wird immer kleiner. Er versucht, sein Gesicht immer von der Stelle abzudrehen, an der Frau Schachterl sich gerade befindet.
SCHLEICH: Sie san da vielleicht eine Gwandlaus!
BINDER: Was willst denn Du no so spät bei mir, Veronika?
SCHACHTERL: I hab ma denkt, weil heut so eine schöne warme Nacht is, schau i amoi zu mein'm Nachbarn umi. Und Stimmen hab i aa ghört, und da wollt i amoi der Ilse ihren

Ami-Freund sehng, der wo so pfundige Nagellack mitbringt *(hebt ihr Glas)*. Prost Binder, sollst lebn, oide Fischhaut!

ILSE: *(wütend)*: Oiso Frau Schachterl, i find daß Sie ganz schee unverschämt san, wenn Sie so spät no fremde Leut belästigen!

SCHACHTERL: Bin i unverschämt, Binder, sag?

BINDER: *(versöhnlich. Er ist glücklich, daß es keine Razzia ist)*: Na ja, Du hättst ja z'erst fragn könna, oder?

SCHACHTERL: *(verbeugt sich leicht)*: Bitteschön! Darf die Nachbarin, Frau Veronika Schachterl, mit den hohen Herrschaften ein Glaserl Schnaps trinken?

ILSE: Kommt gar net in Frage! Mir gehnga jetzt ins Bett. Gell, Papa?

SCHACHTERL: *(spöttisch)*: Geht der Herr Amerikaner aa mit ins Bett?

ILSE: Da drauf muaßt Du was sagn, Jimmy! Auf die Unverschämtheit!

Jimmy läßt den Kopf auf die Tischplatte sinken und vergräbt das Gesicht in seinen Händen.

SCHACHTERL: *(grinsend)*: Den hats derwischt, den Herrn Jimmy. Der hat koan kloana Rausch!

SCHLEICH: Der hat koan Rausch! Der hat genau so vui trunka wia mir. Und san mir vielleicht bsuffa? Am besten is 's, wenn s' jetzt wieder gehnga!

SCHACHTERL: *(beleidigt)*: Na geh i halt wieder.

Jimmy atmet auf.

SCHACHTERL: Ja, der Herr Amerikaner rührt sich ja no *(geht dicht zu ihm hin und klopft ihm freundschaftlich auf die Schulter, worauf Jimmy zusammenzuckt)*! Na na, i friß Eahna scho net *(will sich gerade abwenden, da rutscht Jimmy der Arm von der Tischplatte und er muß, um nicht zu fallen, sein Gesicht anheben. In Frau Schachterls Gesicht geht eine unheimliche Verwandlung vor sich. Sie wischt sich über die Augen, zwinkert einige Male, stellt achtlos ihr Glas auf den Tisch und läßt sich auf einen Stuhl fallen. Wie aus weiter Ferne kommt ihre Stimme)*. Ja Schorschi, was tuast denn Du in Giesing?

Eisige Stille tritt ein.

SCHLEICH: *(ist der erste, der sich fängt)*: Schorschi *(räuspert sich einigeMale)*?? Schorschi?? Jetzt woaß i nimmer, bin i a Weiberl oder a Manderl?

BINDER: *(ängstlich):* Was is denn mit Dir, Veronika? Is Dir schlecht? Du schaust ja aus wia d' Wand!

ILSE: *(total verdaddert)*: Was is denn los? Was habts denn auf oamoi alle? Frau Schachterl, warum sagn Sie zum Jimmy „Schorschi"? San Sie total plemplem?

SCHACHTERL: *(schwach)*: Ja mi hauts um! Daß Di Du nochmoi unter meine Augen traust! Mein' Mo wenn i jetzt rüberhol, na derschlagt er Di *(lacht hysterisch)*! Der Blei Schorschi in einer Ami-Uniform! Wen hast denn da wieder bschissn, Du Schlawiner?!

JIMMY:SCHORSCHI: *(schwach)*: Hol ja Dein' Mo net rüber, Vroni! I bitt Di gar schee!

Schleich, Binder und Ilse fallen auf ihre Stühle zurück.

SCHLEICH: *(fängt hysterisch zu lachen an)*: Schorschi Blei! Mi leckst am Arsch! Schorschi Blei! Naa, so einen Saubärn hab i no nia kennaglernt! *(äfft ihn nach)*: Nix GI-Uniform! Geht nix für deutsche Mann! Alle deutsche Mann Nazi, sagt Roosevelt! Ja Du Bärentreiber, Du vareckter *(packt ihn am Schlawittchen)*! Glei hau i Dir a paar solchene Fotzn aber, daß D' d' Sterndl von die Ami eahnern Sternenbanner siehgst! What is „kußecht" Biwi *(zieht mit der Hand aus)*?

JIMMY/SCHORSCHI: Gib a Ruah, Biwi! I hab net anders könna!

SCHLEICH: Hast a'n Ami kalt gmacht, Du Gangster, Du trauriger, was?

JIMMY/SCHORSCHI: Naa, gwiß net. Die Uniform hab i an'm Sergeant abkauft. Ehrlich Biwi. Schlag mi net!

SCHLEICH: *(süffisant)*: Honey, Darling, mei Buick steht in New York! Ja schamst Di denn gar net, a jungs Madl a so zum bscheissn?

JIMMY/SCHORSCHI: I hab net anders könna, Biwi, glaub ma 's. Bloß als Ami kommst heutzutag überall nei!

Für Ilse ist eine Welt zusammengebrochen. Sie schluchzt leise in ihr Taschentuch.

BINDER: *(resolut)*: Jetzt möcht i aber scho gern wissn, was des ganze Kasperltheater bedeut'. Los, Veronika, mach Dei Mäu auf!

SCHACHTERL: I geh liaber ...

SCHLEICH: *(donnert)*: Nix da, dabliebn werd! Eahna hab i 's schließlich zum verdanka, daß der Schwindler entlarvt wordn is!

JIMMY/SCHORSCHI: *(zu Biwi)*: I schenk Dir mei Uniform, Biwi. Du wolltst doch oane ...

SCHLEICH: Naa, Burschi, so leicht kommst ma Du net davo! Du werst schee brav no a Zeit a'n Ami spuin, des schwör i Dir! Und brav des bsorgn, was der Biwi Schleich braucht. Und jetzt raus mit dem Armband!

JIMMY/SCHORSCHI: Aber dafür hab i Dir doch des Zeigl oiß bsorgt ...

SCHLEICH: *(ironisch)*: Was für a Zeigl? Da is ma nix bekannt.

JIMMY/SCHORSCHI: Möchst mi Du jetzt auf oamoi bscheissn?

SCHLEICH: Nix bescheissen! Beschießen hoaßt des, capito?!

ILSE: *(plötzlich heulend)*: Und i derf nia nach New York! Huhuhu! I muaß in dem Grattler-Viertel dableibn! - I nimm ma 's Leben! Huhuhu!

SCHLEICH: Laß Dir nur Zeit, Ilse. Jetzt geht 's Gschäfterlmacha erst los! Du kommst aa no nach New York, des verpricht Dir der Schleich Biwi! *(zu Frau Schachterl)*: Woher kenna Sie denn den Schlawiner, Frau Schachterl?

SCHACHTERL: In Rosenheim, wo i dahoam bin, war er unterm Kriag und hat Gebetbüacher und Rosenkränz verkauft. Und mein' Mo und mi hat er bschissn mit seiner Erfindung gega Brandbombn. *(zu Jimmy)*: An Willy wenn i rüberhol, na schlagt er Dir 's Kreuz ab!

JIMMY/SCHORSCHI: *(kleinlaut)*: Tuas net, Vroni, Bittschön! I bsorg Dir an Kaffä und Zigaretten und an Erdnußbutter und wos D' magst ...

SCHLEICH: *(schenkt allen Whisky ein)*: Des hört si vernünftig o! Jetzt brauch i koa Ami-Uniform mehr, weil i a Uniform mit an'm Ami hab! Und Du werst ab heut schee spurn, Burle, sonst hockst in Stadelheim bis zum jüngsten Tag! *(zu Ilse)*: Wisch Dir Deine Tränen ab, Ilse. Ab heut fangt der Schleich Biwi a neues Gschäft o: „Schleich und Blei GmbH." Und der Binder werd Gschäftsführer! Und Eahner, Frau Schachterl, soll aa nix abgeh. Vorausgesetzt, daß s' Eahnern Schnabel haltn und an'm Mo nix sagn.

JIMMY/SCHORSCHI: Dank Dir schee, Biwi.

SCHLEICH: Nix zum danka. Ab heut werd im großen Stil kassiert! *(zynisch)*: Vom Sergeanten Jimmy Miller, alias Schorschi Blei, you know? Ois Ami is ma heut gfragt, des hat der Bazi dort bewiesen. Prost, only for Americans *(alle trinken)*!

<u>Ami-Song:</u>

BINDER:

Ois Ami da bist heut
der gfragteste Mo.
Da konnst Dir erlaubn
oiß wos D' wuist.

SCHACHTERL:

Ois Ami da hast heut
des meiste davo,
aa wennst bloß
a'n Ami-Boy spuist!

ALLE:

O.k., und Darling und Love-Honey-moon
denn Uniformen macha Leut!

Der Bluff der regiert
und alle werdn gschmiert,
des gilt halt für ewige Zeit.

SCHLEICH:

Ois Ami da hol i mir
oiß was i brauch.
Koa Sau fragt Di
da nach an'm Paß!

ILSE:

Ois Ami da tritt Dir
koa Mensch auf 'n Schlauch.
Ois Ami da bist
halt a „Faß".

ALLE:

O.k., und Darling und Love-Honey-moon,
denn Uniformen macha Leut!
Der Bluff der regiert
und alle werdn gschmiert
und des gilt für ewige Zeit.

JIMMY/SCHORSCHI:

Ois Ami da gehnga
von selber d' Türen auf.
A jeder möcht Di gern
zum Freund.

SCHLEICH:

Ois Amerikaner da
haun mir oan drauf,
solang uns no
d' Ami-Sun scheint.

ALLE:

O.k., und Darling, und Love-Honey-moon,
denn Uniformen macha Leut!
Der Bluff der regiert
und alle werdn gschmiert
und des gilt für ewige Zeit!

Licht allmählich dunkel.

Vorhang

Nichts zu lachen

Satire in einem Akt
von Werner Schlierf

Dekoration:	Repräsentatives Büro
Zeit der Handlung:	Gegenwart
Ort der Handlung:	Büro von Herrn Dr. Grimm
Personen:	Dr. Norbert Grimm, von der Abteilung „Bildung und Kultur“. Neu übernommener Unterhaltungschef.
	Carmen Zwickl, Sekretärin, die über einen gelungenen Witz noch herzhaft lachen kann.
	Sebastian Irgl, freier Mitarbeiter
	Kai-Uwe Wendling, einzuarbeitender Redakteur
Inhaltsangabe:	Gelungene Satire auf Sozialkritik und Problembewusstsein um jeden Preis und „progressive“ Programm-Macher, die sich zwanghaft dem Zeitgeist anbiedern.

Herr Dr. Grimm sitzt hinter seinem wuchtigen Schreibtisch. Daneben seine Sekretärin, Carmen Zwickl, die damit beschäftigt ist, ihre Augenbrauen mit einer Pinzette auszuzupfen. Diese Tätigkeit nimmt sie voll und ganz in Anspruch.
Kai-Uwe Wendling sitzt vor dem Schreibtisch und lauscht seinem Chef, der mitten in seiner Ausführung zur „angehobenen Unterhaltung" ist.

DR. GRIMM: ...ich sage Ihnen, mein Lieber, dass meine Vorstellungen über die sogenannte Unterhaltung den herkömmlichen Rahmen sprengen werden. Diese banalen Einlullungsunterhaltungen werden von der Bildfläche verschwinden, so wahr ich Grimm heiße!

WENDLING: *(schüchtern)*: Das Publikum will aber hin und wieder lachen. Die Zeit ist ohnehin ernst genug ...

DR. GRIMM: (triumphierend): Eben, mein lieber Wendling! Sie sagen es deutlich. Unsere Zeit war noch nie so ernst wie sie heute ist.

C. ZWICKL: *(lacht)*

DR. GRIMM: Was gibt es da zu lachen, Zwickl?

C. ZWICKL: Entschuldigen S' Herr Dokter, aber des hat grad so lustig klunga, des mit der ernsten Zeit ...

DR. GRIMM: Wie? *(winkt ab.)* Unterlassen Sie Ihr albernes Gekicher! Die Tatsache besteht jedenfalls zu Recht, dass man in einer ernsten Zeit *(schaut kurz auf Carmen Zwickl und fährt dann fort)*, also dass man in einer Zeit, die noch nie so ernst war wie heute, diesen Ernst nicht durch Banalitäten verniedlichen darf *(schaut streng auf Wendling)*. Ich hoffe, wir haben uns verstanden, Wendling?

WENDLING: *(rasch)*: Natürlich Herr Dr. Grimm. Ganz Ihrer Meinung. Der Unterhaltungscharakter muss unserer Zeit angepasst werden. Wenn man nichts zu lachen hat, dann soll man auch nicht lachen!

DR. GRIMM: So ist es, lieber Wendling. Genau so und nicht anders.

C. ZWICKL: *(unter einer Grimasse des Haarauszupfens)*: Der Herr Irgl wart' scho seit einer Stund im Vorzimmer. Er hat sei Exposè für die neue Unterhaltungssendung dabei. Soll i 'n reinholn?

DR. GRIMM: Gleich, gleich, Zwickl. *(zu Wendling)*: Kennen Sie diesen Sebastian Irgl eigentlich, lieber Wendling?

WENDLING: Ein paar Mal hab ich ihn kurz gesehen. Er ist seit über zehn Jahren freier Mitarbeiter. Ihr Vorgänger, Herbert Kirchhoff, war ihm sehr zugetan.

DR. GRIMM: Und wie schreibt er?

WENDLING: *(von oben herab)*: Wie sie alle schreiben, wenn sie einmal fest im Sattel sitzen ...

DR. GRIMM: Also kein Engagement?

WENDLING: Schon ... aber ...

DR. GRIMM: Was aber? Machen Sie 's nicht so spannend, Wendling!

WENDLING: Nun, sein Stil ist nicht schlecht. Man kann Irgl schon eine gewisse Belesenheit nachsagen, aber er verwendet gerne Witze in seinen Sendungen.

DR. GRIMM: Abgedroschenes womöglich, was?

WENDLING: Das nicht gerade. Aber man muss einfach lachen, ob man will oder nicht. Ihr Vorgänger fand seine Sendungen immer prächtig ...

DR. GRIMM: Da steckt dann wohl nicht der nötige Ernst dahinter, was?

C. ZWICKL: *(lacht hellauf)*: Da fallt ma der Witz mit dem Beamten wieder ein: Den hat der Irgl aber guat hinbracht ... Von wegen Sitzfleisch und Kündigungsrecht. Erinnern S' Eahna, Herr Wendling?

DR. GRIMM: *(mürrisch)*: Hören Sie zu kichern auf, Zwickl! Und holen Sie diesen Irgl herein! Aber dalli, meine Zeit ist knapp!

C. ZWICKL: *(erhebt sich gemächlich, geht zur Türe und ruft laut)*: Herr Irgl bitte! Der Herr Doktor lässt bitten!

IRGL: *(mit einer Manuskriptmappe, tritt ein)*: Danke. *(zu Wendling)*: Guten Tag Wendling *(streckt Dr. Grimm die Hand entgegen, die dieser geflissentlich übersieht)*! Grüß Sie Gott Herr Doktor Grimm *(schaut sich suchend um)*.

DR. GRIMM: Zwickl, einen Stuhl für den Herrn Irgl. Nun ... Aber setzen Sie sich erst mal. Seit zehn Jahren arbeiten Sie also schon in unserem Haus, nicht?

IRGL: Genau, Herr Dr. Grimm. Herr Kirchhoff war mit meinen Sendungen immer sehr zufrieden.

DR. GRIMM: Wir werden sehen, lieber Irgl. Haben Sie das Exposè dabei?

IRGL: Natürlich, Herr Doktor Grimm.

DR. GRIMM: Na, dann her damit!

IRGL: *(reicht es über den Schreibtisch)*: Bitte sehr, Herr Doktor Grimm.

DR. GRIMM: *(liest den Titel)*: „Aus der Schule geplaudert“. Aha, hört sich ja ganz nett an. Der Titel dieser Sendung ist wohl noch von meinem Vorgänger, was?

IRGL: Herr Kirchhoff fand ihn gut ...

WENDLING: *(eisig)*: Stammen tut er aber von Ihnen, Irgl ...

IRGL: Nun ja, wenn Sie so wollen ...

DR. GrIMM: *(liest. Todernst)*: Den Witz finde ich nicht besonders gelungen *(liest weiter)*: Nein nein, und diese Szene! Aber Irgl! Da lachen ja die Hühner! Sie haben den Ernst dieser Sendung noch nicht erfasst, lieber Irgl!

IRGL: *(schüchtern)*: Soll es keine Unterhaltungssendung werden?

DR. GRIMM: Natürlich wird es eine Unterhaltungssendung! Aber keine Sendung, über die sich das Publikum totlachen soll! Ich vermisse den Ernst der Sachlage dabei völlig. Sie haben noch nicht kapiert, worum es geht, lieber Irgl! Hier zum Beispiel: „Der Schüler Maxl muß aufs Klo.“ Soweit ganz gut. Aber dann: Maxl: „Herr Lehrer, ich muss aufs Klo! Mir pressiert es.“ Darauf der Lehrer: „Du wartest bis zum Schulschluss. Wir fahren im Unterricht weiter.“ Maxl: „Aber mir presssiert es sehr!“ Lehrer: „Du wartest bis zum Schluss!“

C. ZWICKL: *(verhält das Lachen)*.

DR. GRIMM: Und nun kommt wohl die Pointe, was? *(liest mit todernstem Gesicht)*: Als der Unterricht beendet ist, sagt der Lehrer: „Nun kannst Du aufs Klo, Maxl.“ Maxl: „Jetzt muss ich nicht mehr. Ich bin herinnen schon hinausgegangen.“

C. ZWICKL: *(schüttet sich aus vor Lachen)*.

WENDLING: *(lächelt)*

IRGL: *(schmunzelt)*

DR. GRIMM: Darüber können Sie lachen?

C. ZWICKL: Aber des is doch guat, Herr Doktor!

DR. GRIMM: Eine eigenartige Auffassung von Humor haben Sie, mein Liebe.

IRGL: *(vorsichtig)*: Wenn Ihnen die kleine lustige Szene nicht gefällt, dann streichen wir sie eben.

DR. GRIMM: *(mit dem Blick eines Messias)*: Es geht nicht um diese Unwichtigkeit. Sie liegen auf der ganzen Linie falsch, lieber Irgl! Ich vermisse in Ihrem Skript die kritische Unterhaltung gänzlich! Aufklärung, Entlarvung der Systemzwänge, Sprachbarrieren, Leistungsdruck, Schulstress, Frustration und so fort. Diese Dinge führen zur Bildungskatastrophe. Das heißt, die haben wir ja schon! Hervorgerufen durch Geister wie Sie einer sind, Irgl!

IRGL: *(zuckt nervös mit der Schulter)*: Aber ... aber ... Herr Doktor Grimm, Sie wollen doch eine Unterhaltungssendung. Wie kann ich da ...

DR. GRIMM: Papperlapapp! Lassen Sie doch den Zuhörer kritisch daran Anteil haben, was die verschiedenen Schichtenspezifitäten der Angehörigen der Mittelschicht, sprich Lehrer bzw.

Unterrichtender und der Unterschicht, sprich des Schülers oder besser des Lernenden mit sich bringen. Anhand eines solchen Dialoges können Sie den pädagogisch interessierten Zuhörer an der Problematik eines Kommunikationsprozesses in einer einseitig hierarchisch orientierten Gesellschaft teilhaben lassen und evtl. Motivationen zu einer gesellschaftlichen Veränderung anregen. Ich hoffe, Sie verstehen was ich damit sagen will? Schließlich heißt unsere Sendung "Aus der Schule geplaudert", zum Donnerwetter.

IRGL: *(schaut zu Wendling, dann hilfesuchend zu Carmen Zwickl)*: Das ist natürlich ein ganz neuer Gesichtspunkt, den Sie da anregen, Herr Doktor Grimm. Bis heute war Herr Kirchhoff mit meiner Unterhaltungssendung, die gewiss nicht auf die Belange und Problematik des schulischen Bereiches einging, äußerst zufrieden gewesen.

DR. GRIMM: *(donnert)*: Das ist Vergangenheit, mein Lieber! Das können Sie getrost zu den Akten legen! Heute will der Zuhörer mit der Problematik der Schule konfrontiert sein! Nur so ist es ihm noch möglich, sich gut zu unterhalten.

WENDLING: *(von oben herab)*: Kirchhoff, mit allem Respekt gesagt, hatte doch nicht mehr den nötigen Durchblick, lieber Irgl. Nicht umsonst bot man ihm 50-jährig die Pensionierung an!

C. ZWICKL: *(lacht)*: I find des guat. Gesellschaftliche Zwänge und Ernst der Zeit. Da konn der Herr Irgl doch was Lustigs draus macha!

DR. GRIMM: Schweigen Sie, Zwickl *(blättert die Manuskriptseiten zurück)*! Hier, diese Szene, die könnten Sie ausbauen, lieber Irgl, wenn Sie den Humor daraus entfernen. Ich könnte mir das so vorstellen: Dieser Dings, dieser Schüler, den Sie „Maxl" benennen, erleidet schwerste Frustrationen, indem er sich bereits früh in den vorzeitigen Ausleseprozess eines gegliederten Schulwesens eingespannt weiß. Das ist Unterhaltung, mein Lieber. Und man hält gleichzeitig der herrschenden Gesellschaftsschicht den Spiegel vor.

IRGL: Und Sie glauben, dass sich der Zuhörer bei einer derartigen Sendung unterhalten kann, Herr Doktor Grimm?

DR. GRIMM: Was heißt da glauben? Er wird gezwungen, sich dabei zu unterhalten. Sind Sie nun Schriftsteller oder nicht? Sie können natürlich bei dieser Gelegenheit noch ein kleines Plädoyer für eine integrierte Gesamtschule einbauen. Das kann doch - zum Kuckuck - nicht so schwer sein!

IRGL: *(schwach)*: Vielleicht in einer kleinen kritischen Szene wäre das möglich. Wenn darauf irgend etwas Witziges folgt ...

DR. GRIMM: *(schreit)*: Aber damit verwässern Sie ja das Ganze wieder, mein Bester! Stehen Sie doch zu Ihrem Manuskript, zum Teufel!

IRGL: *(zuckt stark und ist sehr nervös)*: Das heißt, dass Sie mein Exposè nicht gut finden?

DR. GRIMM: Was heißt nicht gut finden? In dieser Form ist es mir unmöglich, Ihr Traktak durch den Äther zu jagen.

IRGL: *(stark zuckend und leicht stotternd)*: Es ist ja nur Exposè, Herr Doktor Grimm ...

DR. GRIMM: ...das Sie schließlich honoriert bekamen *(schließt die Mappe und reicht sie Irgl zurück)*! Vergessen Sie es, lieber Irgl und machen Sie sich auf die Socken, um einen neuen Entwurf zu konzipieren. Aber mit ein bisschen mehr Engagement, wenn ich bitten darf. Sie wissen ja: Autoren gibt es wie Sand am Meer.

WENDLING: *(leise)*: Vielleicht könnte i c h Ihnen ...

DR. GRIMM: *(lacht dröhnend)*: Hören Sie es, lieber Irgl? Der gute Wendling wartet bereits darauf, ein Manuskript abzuliefern *(erhebt sich und klopft Irgl jovial auf die Schulter)*. Aber soweit lassen wir es erst gar nicht kommen, was lieber Irgl? Schließlich leben Sie von Ihrer Schreibe und der gute Wendling hat ja sein festes Redakteurgehalt. Also, reißen Sie sich zusammen Irgl und zeigen Sie die Zähne! Adieu *(wendet sich ab, dreht sich zu Carmen Zwickl)*! Und Sie, Zwickl, schicken die unaufgefordert eingereichten Manuskripte mit dem üblichen Formschreiben zurück. Lauter Nonsens, ohne die geringste kritische Haltung. Man sollte diesen Autoren das Handwerk legen!

Licht aus.

Licht an.

Es ist drei Wochen später.
Dr. Grimm, Wendling, Carmen Zwickl und Irgl haben die gleiche Position eingenommen wie vorhin. Dr. Grimm liest gerade das neue Exposè von Irgl. Schweigen. Irgl ist sehr nervös, Carmen Zwickl ist dieses Mal mit ihren Fingernägeln beschäftigt.

DR. GRIMM: *(legt das Manuskript mit kummervollem Blick beiseite. Er seufzt tief und Irgl sinkt noch tiefer in sich zusammen)*: Mein lieber Irgl, ich gebe ja zu, dass Sie sich redlich bemüht haben. Aber Sie müssen mir doch bei allen Teufeln recht geben, dass die noch immer vorhandene Pointe die Aufmerksamkeit des Zuhörers von den tieferen politisch-gesellschaftlichen Zusammenhängen ablenkt. Daran ändern auch Ihre hölzernen pseudowissenschaftlichen Zwischenbemerkungen nichts *(reicht das Manuskript an Wendling)*. Hier, Wendling, lesen Sie selber. Diese Passage bitte sehr!

WENDLING: *(liest die Stelle und bricht in dröhnendes Lachen aus)*: Aber ... aber ... das ist ja zu komisch. Nein, ich lach mich tot!

DR. GRIMM: *(ernst)*: Sehen Sie, lieber Irgl, und das wollen wir doch vermeiden *(seufzt tief)*. Es ist mir ein Rätsel, wieso die heutigen Autoren einfach den Draht zur Zeit nicht finden. Bis auf wenige Ausnahmen, die es gottseidank vereinzelt gibt. *(hart zu Irgl)*: Aber Sie gehören nicht dazu, mein Lieber! Dieses Ihr Manuskript mag vor zehn Jahren up to date gewesen sein, doch heute wirkt es einfach antiquiert. Ich sagte Ihnen wiederholt, dass in der heutigen Zeit der weltweiten Angst ums Dasein eine Unterhaltungssendung darauf zugeschnitten sein muss. Ja ist denn das so schwer zu verstehen, lieber Irgl?!

IRGL: *(leise)*: Gerade deshalb dachte ich, dass man den Zuhörern ein wenig mehr Hoffnung bieten soll. Und ein wenig Witz, damit sie wieder lachen können. Man kann doch nicht alles verteufeln, Herr Doktor Grimm!

DR. GRIMM: Sie verstehen mich nicht. Aber das ist Ihr Problem. Ich entwerfe Ihnen nun in groben Zügen ein Unterhaltungsprogramm, das den Zuhörer packen wird. Wenn Sie das in die Realität umsetzen können, soll es mir recht sein, lieber Irgl. Wenn nicht, dann lassen Sie sich Ihr Exposè an der Kasse honorieren und ich werde mich um einen anderen Autor bemühen.

WENDLING: *(wichtigtuerisch)*: Wie Sand am Meer warten die darauf. So begreifen Sie doch endlich, lieber Irgl! Wir wollen doch nur Ihr Bestes.

DR. GRIMM: Schon gut, Wendling, schon gut *(stellt sich in Pose)*: Also lauschen Sie, mein lieber Irgl. Ich wiederhole mich nicht gerne. Nennen wir den Helden Ihrer Geschichte also weiterhin „Maxl". Dieses Wort wird ja nicht gerade geschützt sein, so hoffe ich. Nun, der lernende Maxl wird durch widrige bildungspolitische Umstände in eine Outsider-Rolle gedrängt. Natürlich ganz realistisch und wenn Sie so wollen, mit ein wenig „Irgl-Humor" durchtränkt. Aber nur eine Prise, Irgl! Nicht, dass Sie mir wieder alles versalzen. Das heißt in Ihrem Falle verwässern. Na ja, ist ja egal. Also: Der lernende Maxl begeht nun die verrücktesten Handlungen und muss sich in psychotherapeutische Behandlung begeben - oder besser: Einer psychotherapeutischen Behandlung „unterziehen". Die Formulierung, lieber Irgl, können Sie natürlich selbst wählen. Nur bitte ich mir aus, dass die beiden Begriffe „psychotherapeutisch" und „Behandlung" darin verwendet werden. Da kommt mir ein guter Gedanke: Der lernende Maxl vergewaltigt nun die jugendliche

Großmutter des Hausmeisters, die ihrerseits ein Kind von ihm bekommt und aus Scham darüber zur Transvestitin wird *(lacht ungeheuer, während Carmen Zwickl, Wendling und Irgl verständnislos schauen)*. Stellen Sie sich das vor, Irgl *(lacht, dass ihm die Tränen kommen)*! Er vergewaltigt die Großmutter des Hausmeisters! Ist das vielleicht nicht sozialkritisch? Und vor allen Dingen trifft es den Nagel genau auf den Kopf! Natürlich geht die Transvestitin, die einmal sogar eine Großmutter war und später noch Mutter wurde, ins Wasser. Hier, mein lieber Irgl, können Sie meinetwegen Witz in die Geschichte bringen. Vielleicht dass sie nicht schwimmen kann oder dass sie ein Strudel in die Tiefe zieht *(lacht)*! Himmelherrgott, ein wenig Phantasie müssen Sie schon haben, mein Lieber! Nun, der lernende Maxl ist daraufhin natürlich äußerst frustriert, zumal er sich in die Großmutter des Hausmeisters unsterblich verliebt hatte. Erschwerend können Sie noch anfügen, dass er natürlich nicht in der Lage ist, für sein Kind aufzukommen. Also packen wir nochmals eine gehörige Portion Sozialkritik hinein und der lernende Maxl wendet sich der Drogenszene zu, da er bei seinen Eltern auf ungerechtfertigtes Unverständnis trifft. Die Drogenszenerie entnehmen wir dem Archiv, da brauchen Sie sich also nicht bemühen, lieber Irgl. Alles scheint gut zu werden, da tritt die Peripetie ein. Das Schicksal wendet sich. Der lernende Maxl, dessen Geliebte, also die Großmutter des Hausmeisters *(schüttelt sich vor Lachen)*, die Transvestitin geworden, ins Wasser gegangen, vom Strudel nach unten gezogen worden ist, findet nun keinen Sinn mehr in seinem jungen Leben und erhängt sich mit der Krawatte seines Vaters am Toilettentisch seiner Mutter.

Carmen Zwickl heult drauf los, Irgl schlägt ununterbrochen mit der Faust in seine Hand und ist nahe daran, den Kopf zu verlieren, Wendling schluchzt und lacht gleich darauf blödsinnig vor sich hin, Dr. Grimm biegt sich vor Lachen.

DR. GRIMM: Sehen Sie, mein lieber Irgl *(lacht furchtbar)*, sehen Sie, so wird gute Unterhaltung gemacht *(hält sich den Bauch vor Lachen)*! So, mein lieber Irgl, legt man die Finger auf die Wunden der Zeit! Man muss dem Konsumenten zeigen, dass es bei guter Unterhaltung nichts zu lachen gibt *(lacht ununterbrochen)*. Wenn Sie es nun noch immer nicht schaffen, dass Sie in einer Unterhaltungssendung klar aufzeigen, dass es nichts zu lachen gibt, dann sind Sie für mich ein lächerlicher Autor!

Dr. Grimm lacht, Carmen Zwickl heult, Irgl ist am Durchdrehen, Wendling weint und lacht blöd dazwischen.

Vorhang

Bühnenrechte: MundArt-Verlag, 85617 Aßling

Wandlung

Stück in einem Akt
Von Werner Schlierf

Ort der Handlung:	Wohnküche von Muschi und Klaus
Zeit der Handlung:	1. und 2. Akt zwanzig Jahre nach dem 3. Akt 3. Akt: Gegenwart. Die jungvermählten Muschi und Klaus haben gerade ihre gemeinsame Wohnung bezogen. Die umgekehrte Spielfolge mag zunächst verwirrend erscheinen, doch im Verlauf des Spiels klärt sich alles von alleine.
Dekoration:	Wohnküche. Es genügen aber auch ein Tisch und zwei Stühle.
Personen:	Muschi Klaus
Inhaltsangabe:	Muschi und Klaus sind jung verheiratet und schweben im siebten Himmel. Ein Leben wie im Märchen – so glauben sie – liegt vor ihren. Doch wie sieht es zwanzig Jahre später aus? Was ist aus ihren Erwartungen geworden? Haben sich ihre Hoffnungen erfüllt?

1. Szene

Klaus sitzt am Tisch und schlürft seine Suppe. Er unterhält sich mit seiner Frau, die im Hintergrund unsichtbar bleibt und allerlei Geräusche erzeugt, die zur Hausarbeit gehören. Sie hantiert also mit Tiegel und Besteck, betätigt den Staubsauger und derlei Dinge mehr.

KLAUS: Zu wenig Essig is in der Suppn. A Rollgerstnsuppn ohne Essig schmeckt nach Arsch und Friedrich.

MUSCHI: Du brauchst ja bloß a'n Essig neidoa. Wega jeder Kleinigkeit machts du ein Geschiss…

KLAUS: Seit zwanzig Jahr woaßt, dass i vui Essig in der Rollgerstensuppe mag und oiwei wieder is zwenig drin ... Wia wennst ma's mit Fleiß taatst!

MUSCHI: i hab was anders a no z'toa. Seitdem daß's Deandl aus'm Haus is, muaß schließlich i die ganze Arbeit alloa macha.

KLAUS: I frag mi bloß, warum die heiratn hat müaßn. Des hätt doch no a Bröckl Zeit ghabt.

MUSCHI: Die war hoit genau so damisch wia i damals. Gheirat is schnell und na hast so a Mannsbuid a Leben lang am Gnack.

KLAUS: Da konn i bloß lacha. Ha, ha,. Umkehrt waar's besser! A jungs Madl heiratst und an Dracha muaßt haben! A Weib durchschaugt ma erst nach zehn Jahr und na is ´s z'spät.

MUSCHI: Du muaßt Di beklagn! Freilich, weil's Dir so schlecht geht. Der Herr is natürlich unzufrieden. Und i raam eahm tagein tagaus sein` Dreck weg. Da frag i mi scho manchmoi, was i von dem Leben eigentlich hab.

KLAUS: (*(hustet und spuckt ins Taschentuch):* Schee hast des gsagt. I bin direkt stolz auf Di – *(schiebt den Teller zur Seite und vertieft sich in die Zeitung).* Is no a Bier dahoam?

MUSCHI: *(mürrisch):* Muaßt halt schaugn …

KLAUS: Oiß muaß ma selber toa *((geht raus, kommt gleich darauf mit einem Dosenbier zurück):* A Dosenbier! Des i des letzte!

MUSCHI: Des war im Sonderangebot. Sei froh, dass i Dir überhaupt oans hoamto hab. Mit dem bissl Haushaltsgeld, des wo i von Dir kriag, konn i koane großn Sprüng macha. Hättst den Posten damois ognomma, na stand' ma heut anders da.

KLAUS: Du woaßt genau, daß des net möglich war. Da haben z'vui Arschkriacher scho drauf gwart. Und zu einer Partei geh i net. Da san die Linken grad so schlecht ois wia die Rechten.Da drah i d'Hand net um. Die Linken wolln mi'm Nixtoi stoareich werdn und die Rechten hoitn bei jedem Dreck eahnern Herrgott hi. Seitdem i woaß, dass d'Kirch bei die Spuibanken beteiligt is, siehgt mi koa Pfarrer nimmer.

MUSCHI: Du mit Dein'm politischen Kaas. D'Politik is scho oiwei a Ausred für d'Versager gwesen. Wenn oaner zu nix kommt, weil er z'bläd is dazua, na red't er sie naus, daß er koaner Partei oghörn wollt.

KLAUS: Na bin i halt a Versager. Was scheiß ma i drum …

MUSCHI: Des wenn ma oiß wissert, wenn ma heirat', na taat ma si des schwaar überlegn!

KLAUS: Da muaß i Dir recht gebn. – Hast übrigens d'Raten fürn Fernseher scho zahlt?

MUSCHI: Wia ma nur so dumm fragen konn.

KLAUS: *(blättert in der Zeitung):* A Batzn Geld wird ausgebn für a Todesanzeig. Ois wia wenn des no was nützert.

MUSCHI: *(spöttisch):* Da kannst bei mir amoi sparn.

KLAUS: Bei mir moanst halt. Du bringst mi doch vor Dir ins Grab!

MUSCHI: A gscheerts Mannsbuid bist Du, wia's nimmer höher geht.

KLAUS: Is doch wahr aa. *(schlägt sich vor die Stirn):*Wia i no grad so dumm sei hab könna und auf Di reifoin hab müassn! D'Dürnhammer Marianne hat so auf mi gspunna! Aber naa, Di hab i nehma müassn! Dabei hat der Marianne ihrer Vater a Mordstrumm Metzgerei ghabt.

MUSCHI: Na hättst alle Tag Bluatwürscht kriagt.

KLAUS: Aber gnua Essig hätt ma d'Marianne auf jeden Fall in D'Rollgerstnsuppn neito!

MUSCHI: *(bissig):* Ja hättst as nur grad gheirat! I hätt nix danach gfragt! So oan wia Di hätt i alle Tag haben könna. Wia verblendet ma ois jungs Madl is, wenn oan'm oaner scheene Augn macht. Mir Weiber san doch a bläds Volk! D'Marianne hat an Bene gheirat, der mi oiwei wolln hätt. Heut hat der Bene a Pflasterei und geht bei der Stadt ein und aus. Und Du sitzt ois kloaner Hanswurscht seit fuchzehn Jahr am Fließband.

KLAUS: Da wo i mir d'Finger für Di krumm schuft, damitst alle Jahr a'n neuen Mantel kaufa konnst. *(seufzt):* Und i trag den mein' scho fünf Jahr und koa Sau macht ma's Fuader nauf!

MUSCHI: Mit Dir hab i mir was scheens eighandelt. Mei Leben hast Du gründlich verpatzt. Du kennst doch bloß no Deine Schafkopfbrüader und Dein'Sport. Und den aa bloß im Fernsehn! Für a Theater hast ja Du nix übrig ...

KLAUS: Weilst Du scho was vom Theater verstehst! Da lach i ja! Du und ins Theater geh! Ins Kaspertheater vielleicht!

MUSCHI: Du bist a ganz a gscheerter Ramme *(wirft irgendetwas in die Ecke)*! Jetzt konnst mi gernhabn! Jetzt sitz i mi hi und lies a Illustrierte. Von mir aus wascht wer wui ...

KLAUS: Und i geh in d'Wirtschaft. Dei Gebelfer glangt ma für heut *(ab).*

(Vorhang, oder Licht aus)

2. Szene

MUSCHI: *(sitzt am Tisch und strickt. Hin und wieder blättert sie in einer Illustrierten. Im Hintergrund hört man Klaus hämmern):* Muaßt Du oiwei so an Lärm macha!

KLAUS: Hättst die Waschaufhäng net weggrissn, na brauchert i net nageln! Aber Dir konn ma ja koa Arbat schaffa! Wost Du hilangst, geht oiß kaputt.

MUSCHI: Weilst Du net in der Lage bist, dass D'irgendwas gscheit machst. Du bist und bleibst a Schlamper. Da waar der Bene scho a anderer Mo.

KLAUS: Ha hättst'n nur grad gheirat, Dein' Bene! *(schlägt sich mit dem Hammer auf den Finger):* Kruzifix, jetzt hab i mir an Hammer auf'n Dauma naufghaut!

MUSCHI: *(lacht):* Weilst so deppert bist! Net amoi a'n Nagel konnst Du in d'Wand neischlagn! I taat mi schaama ois Mannsbuid ...

KLAUS: Glei schmeiß i oiß hinter! Na konnst Dein' Dreck selber macha.

MUSCHI: <u>I</u> brauch die Waschaufhäng net! <u>Dei</u> Glump muaß i oiwei hihänga. Für mi glangst's Bad aa.

KLAUS: Du hättst ma ruhig hoitn könna.

MUSCHI: Bin i bläd und mach Dei Arbat aa no? Hast Du mir scho amoi ghoifa? Eahm schaugts o! Übrigens is d'Fernsehratn wieder fällig und koa Mark Geld im Haus. Aber zum Schafkopfa glangts oiwei!

KLAUS: I brauch den Scheiß-Fernseher net.

MUSCHI: Aber haben hast'n müassn! Und jetzt kommt der Winter und i hab oa Paar Pelzstiefel. Und da hängt d'Sohln scho runter.

KLAUS: Des kommt bloß von Dein'm gschlamperten Gang.

MUSCHI: *(spöttisch):* Komisch, dass D' Di na oiwei aufregst, wenn ma a Mannsbuid nachschaugt, mit mein'm gschlamperten Gang. Scheinbar hab i doch no an ganz an steilen Fuaß.

KLAUS: Der wo Dir nachschaugt, der leid't doch an Geschmacksverirrung!
MUSCHI: Der Bene hat meine Füaß scho narrisch schee gfunden. *(abfällig):* Wenn i dagegn der Marianne ihre Krautstampfer hernimm ...
KLAUS: D'Marianne is a ganz a andere Frau wia Du. Die hat doch Stil.
MUSCHI: Drum hat s'Di aa wahrscheinlich net gnomma.
KLAUS: *(mit einem Nagel zwischen den Zähnen):* Die is ma nachgrennt! Die hat net schierle gwoant, wia i Di gheirat hab.
MUSCHI: Und na hat's an Bene gheirat, vor lauter Gram! I kannt mi totlache über Dei Einfalt.
KLAUS: Des waar a Frau für mi gwesn! Mein Gott, mit dera hätt i Staat macha könna! Aber mit Dir konn ma ja nirgends higeh, weilst Du a streitsüchtiger Besen bist. Meine ganzen Spezln hast aus der Wohnung nausgeekelt, mit Deiner ordinären Goschn.
MUSCHI: Freilich, i bin natürlich an allem schuid. An Begräbnisverein derf i von mein'm Haushaltsgeld zoihn und er gibt o wia a Steigen voller Affen!
KLAUS: Mein Gott und mit so was muaß ma a ganz' Leben lang auskomma! Statt dass ma sich einfach scheiden lassert ...
MUSCHI: Wer taat Dir denn Dein' Dreck zsammraama? Der liebe Gott, was?
KLAUS: Des waar a Kleinigkeit für mi, wenn i vor Dir mei Ruah hätt. Geh, heb ma schnell d'Loater, dass i net runterfoi!
MUSCHI: I hab koa Zeit. Stell Dir hoit an Hocker hi, wennst scho so damisch bist. I möchte jetzt a paar Minuten mei Ruah haben! Zu an'm jeden Scheißdreck brauchst Du a Huif. Schaama taat i mi.
KLAUS: Wenn i mir d'Knochen brich, na bist Du alloa schuid!
MUSCHI: Für Dei Blädheit mi verantwortlich macha, des konnst natürlich bloß Du. Der Bene wenn da waar, der hätt die Waschaufhäng scho längst higmacht. Der braucherl für so a Kleinigkeit net an halberten Tag wia Du.
KLAUS: Und d'Marianne taat ma garantiert d'Loater hoitn! Die hat nämlich da a Herz, wost Du a'n Hoizklotz hast *(klettert auf die Leiter und keucht dabei).* So a baufälligs Glump ...
MUSCHI: Gstell Di net a so.
KLAUS: Redn werd i ja wohl no derfa ...
MUSCHI: *(spöttisch):* Wennst runterfoist, ruaf i an Notarzt o.
KLAUS: *(klettert von der Leiter):* Woaßt was, jetzt konnst ma mit Deiner damischen Waschaufhäng an Buckl runterrutschn. Moanst, daß i Dei Depp bin?
MUSCHI: Des hab i komma sehng. Du druckst Di vor jeder Arbat. Wenn bei Dir net oiß wie am Schnürl klappt, na schmeißt oiß hintere. Aber mir is's wurscht. Na häng i hoit Deine oidn Unterhosen drunt im Hof auf d'Wäschaufhäng. Schaama muaßt Di Du. Der Bene tragert koane so oidbachern Unterhosen wia Du, bloß weil'n die Modernen zwicka. Der Bene schaugt auf sich.
KLAUS: Wahrscheinlich is `s d'Marianne wert. Die wird sich aa net so geh lassn wia Du. Die schlafa no mitnand, da wett i! Weil d'Marianne a Frau is und net so a Ziefern wia Du.
MUSCHI: Und weil der Bene a Mo is und net so a Hamperer wia Du!
KLAUS: *(pfeffert den Hammer in die Ecke):* Woaßt was, jetzt geh i zum Schafkopfa, daß D'as woaßt!
MUSCHI: Und i geh ins Bett und traam vom Bene.
KLAUS: Von mir aus traamst vom Teifi.
MUSCHI: *(erhebt sich und legt ihr Strickzeug beiseite):* Der waar ma aa no liaber wia Du.

(Vorhang, oder Licht aus)

3. Szene

Rückblende: Es ist zwanzig Jahre früher. Klaus und Muschi sitzen als jungvermähltes Paar am Tisch. Sie haben soeben die Wohnung bezogen.

KLAUS: *(liebevoll):* Is Dir koit Mausi? Wart, i bring Dir a Decka.
MUSCHI: Mir is net koit, Klausi. Du bist ja bei mir *(kuschelt sich an ihn):* Wia d'Marianne gschaugt hat in der Kirch! Direkt Batzlaugn hat s'kriagt vor lauter Neid.
KLAUS: Die bläde Kuah hat si wunder was eibuid't. Dabei hab i s'no nia net ausstehn könna *(lächelt Muschi glücklich an).* Jetzt san ma endlich verheirat. Was, Herzi? Und a scheene Wohnung haben ma no dazua. Der Bene wird si hoit nimmer blicka lassn jetzt ...
MUSCHI: *(lacht)*: Der dumme Teifi. Woaßt wia ma der vorkommt? Wia a kloaner Bua, dem wo ma seine Schusser gstohln hat.
KLAUS: Er hat scho narrisch auf Di gspunna.
MUSCHI: Dabei war mir der Heini scho oiwei verhasst. I hab sein' Gruch net derpacka könna. Den oidbachern Gruch ...
KLAUS: Werst schaugn, wenn i die neue Stellung hab, na verdean i vui mehrer und in a paar Jahr baun ma uns a Häusl *(küsst sie).* Bloß für uns zwoa, Und unsere Kinder.
MUSCHI: *(umarmt und küsst ihn):* Mei, hab i Di gern! I werd Dir oiwei a guate Frau sei, Klausi!
KLAUS: Und i Dir a guater Mo. I werd Di a Leben lang auf Händen tragn *(Küsst sie auf den Hals).*
MUSCHI: Klausi! Mach ma ja koan Lutschfleckn!
KLAUS: Wenn i Di hoit sovui gern hab!
MUSCHI: Glaubst, i konn meine Eltern net versteh, daß sich die nix mehr zum sagn haben. Verstehst Du des, Klausi?
KLAUS: Des san oide Leut, Mausilein.
MUSCHI: Moanst, daß's bei uns aa amoi so weit komma wird?
KLAUS: Nia! Mir haben uns doch gern! Wenn sie zwoa Leut so wia mir gern haben, na gibt's oiwei was zum redn. – Mir gehnga ins Theater und fahrn im Urlaub nach Italien ... Mir macha uns a scheens Leben.
MUSCHI: *(ernst):* Hoffentlich lernst nia a andere kenna. I überleberts net.
KLAUS: *(küsst sie):* Nia im Leben! I mag bloß Di.
MUSCHI: *(legt ihren Kopf an den Kopf von Klaus und schaut lächelnd in die Ferne):* Mei, werden mir a scheens Leben haben ...
KLAUS: *(wie Muschi):* Unser Leben wird wia a Märchen werdn ...

(langsamer Vorhang, oder Licht langsam aus)

Abserviert

Komödie in einem Akt
von Werner Schlierf

Ort der Handlung: Charly's „Living-room“

Zeit der Handlung: Gegenwart

Dekoration: Mit geschmackvoller Eleganz eingerichteter Wohnraum

Personen:	Charly	vermögender Hausbesitzer
	Joe	Charly's Freund, der bei ihm zu Besuch weilt
	Hasi	Charly's hübsche Frau
	Sylvia	Charly's Dienstmädchen. Eine Berlinerin, hübsch und kess

Inhaltsangabe: Der Schmarotzer Joe nistet sich alljährlich bei seinem Freund Charly ein, um es sich auf dessen Kosten gut gehen zu lassen. Doch damit nicht genug: Er macht sich auch an Charlys Frau Hasi heran.
Hat Charly ihn wirklich noch nicht durchschaut? Und wenn doch, wird er sich zu rächen wissen?

Charly und Joe sitzen am Frühstückstisch. Charly hat sein Frühstück bereits beendet und Joe köpft soeben ein Ei. Charly raucht eine Zigarette.

JOE: Oiso Deine Eier san einfach Klasse, Charly. Du hast as vom Land, oder?
CHARLY: Klar. Jeden Tag frisch.
JOE: Ohne Giftstoffe und so …
CHARLY: Moanst, i will mi vergiften? Ganz abgesehn davon, dass die Eier vom Supoermarkt nach abgstandne Füaß schmecka.
JOE: Du konnst Dir des leisten. I beneid Di drum.
CHARLY: Des freut mich Joe!
JOE:. Wenn i Dein'Bungalow so oschaug, glei neben an'm Starnberger See, den Haufa Grund dazua, Dein' Mercedes und Dein' Porsche … wia a Herrensitz kommt ma des vor. Himmeherrgott, wenn mir des oiß ghörn taat! *(unschuldig):* Wia lang bin i eigentlich scho bei Dir?
CHARLY: *(trocken):* Drei Wocha und zwoa Tag. Des hoaßt, mit'm heitigen Tag san's drei. *(ruft):* Sylvia! *(korrigiert sich):* Fräulein Sylvia, abservieren, bittschön!
SYLVIA: *(tritt ein):* Charly … *(bemerkt, dass Joe im Zimmer ist)* … H e r r Charly hat gerufen?
CHARLY: Räumen S'bittschön das Geschirr ab, Fraulein Sylvia.
SYLVIA: Natürlich, Herr Charly. Trinken Sie jetzt Ihren Cognac?
CHARLY: Naa, heut net. Räumen S' alles ab. Bis auf des von mein'm Freund.
SYLVIA: Sehr wohl. *(stellt das Frühstücksgeschirr zusammen und geht damit ab):*
JOE: *(bewundernd):* Sogar a Dienstmadl hast Du natürlich. Und a Preußin aa no!
CHARLY: Sie is von Berlin. Heutzutag muaß ma auf Fremdarbeiter ausweichen. Die unsern wolln doch nix mehr toa.
JOE: Wenn i bedenk, dass Du amoi mit'm Dreiradler Christbaam verkauft hast … Und heut bist a Millionär. Und die schönste Frau hast aa no gheirat.
CHARLY: Schee is s'scho. Aber ghabt hat s' nix, d'Hasi. I hab s' von einer Discothek rauszogn.
JOE: Von einer Discothek .. rauszogen??
CHARLY: Des hat mir nix ausgmacht. I bin voll auf sie abgfahrn.
JOE: Des is die „Lübä". Wia ma's oiwei in schnulzige Filme siehgt. Der Prinz und das Aschenputtel. I beneid Di drum.
CHARLY: Ja, mei Hasi, des is scho des beste Stück, des wo i hab. Mei Wei is treu und sie mag mi. Woaßt, so richtig „lüben".
JOE: *(seufzt):* Ja ja, Dei Hasi mag Di wirklich.
CHARLY: *(lauernd):* Hast Du koa Freundin?
JOE: Was hoaßt Freundin. So oane wia Dei Hasi gibt's doch koa zwoats Moi. Da is des oiß a Kroppzeug, des wo i rumziag. Ehrlich Charly …
CHARLY:¨Suach Dir hoit a netts Madl und heirat!
JOE: A solche wia Dei Hasi taat I am Schlag heiratn.
CHARLY: *(spöttisch):* Bloß a bisserl a Pulver müaßt s' schon in d'Ehe mitbringa, oder? I denk an Dei Einkommen …
JOE: I bin a verkannter Künstler. Daß i wia der van Gogh mal, hat no koaner gmerkt.
CHARLY: Siehgst, des is Dei Pech.
JOE: Was is mei Pech?
CHARLY˙Dass Du wia der van Gogh malst.
JOE: Des begreif I net ganz …
CHARL: *(winkt ab):* Is ja wurscht. – Magst an Schinken?
JOE: *(greift zu):* Du mäst' mi ganz schee hera …

CHARLY: Du sollst wenigstens oamoi an vollen Bauch haben. Wann fahrst denn wieder?
JOE: Möchst mi los haben?
CHARLY: Bleibst no oa Woch?
JOE: Mir pressiert nix. Dei Hasi hat doch nix dagegen, oder?
CHARLY: I wüsst net was. I mag net reiten und Du bist a guater Reiter ... Wo is'n mei Hasi?
JOE: *(während er kaut):* So vui i woaß, bei die Koppeln draußn.
CHARLY: Hast Du a'n „Prinz" scho g'ritten?
JOE: Freilich. A buidsaubers Ross.
CHARLY: Hat mi a scheene Stanga Geld kost. Aber für mei Hasi reut mi nix. Sie hat sich den Wallach eibuid't.
JOE: Was man net oiß aus „Lübä" tuat!
CHARLY: *(lauernd):* Is des mei Hasi vielleicht net wert?
JOE: *(rasch)*: Natürlich is s' des wert (streicht sich ein neues Brot)!
CHARLY: Mei Hasi kriagt oiß von mir, was sie sich wünscht.
JOE: *(neidisch):* Du konnst Dir's leisten. Da is a Gschenk scho fast koa Opfer nimmer.
CHARLY: *(seufzt schwärmend):* Mei Hasi geht mir über oiß. Woaßt Joe, für mei Hasi taat i oiß, bloß damit s' glücklich is.
JOE: Du bist a guater Ehemann. Des hätt i frühers gar net glaubt von Dir, wiast no Christbam verkauft hast. *(grinst):* Du warst a scheener Windhund, der a'n jeden Rock grissn hat. Di hat 's Geld positiv verändert.
CHARLY¨*(schwärmend):* Des macht oiß a guate Frau aus. Woaßt, d' Liebe spuit sich net bloß im Bett ab!
JOE: *(seufzt):* Wem sagst Du des ...
CHARLY: ¨Man muaß für a Frau oiß opfern könna.
JOE: *(nüchtern):* Wenn ma was opfern konn.
CHARLY: (*ernst):* Sonst sollt ma liaber d'Finger von einer Frau weglassen.
JOE: *(verhält im Kauen):* Wia moanst jetzt des, Charly?
CHARLY: Gestern Abend seids spät von Euerm Reitausflug zruckkomma.
JOE: *(verschluckt sich und hustet):* Mei Gaul hat g'lahmt. Wir haben zruckgeh müassn. Hast Dir Sorgen gmacht um Dei Hasi?
CHARLY: *(zweideutig):* Naa, eigentlich net. I hab ja gwusst, daß Du dabei bist. Wenn mei Freund mit meiner Hasi ausreit', na woaß i, dass s' in beste Händ is *(erhebt sich).* Brauchst no was?
JOE: Naa, i hab oiß. Muaßt wegfahrn?
CHARLY: I muaß nach Starnberg nei zu mein'm Makler wegen an'm Grundstück.
JOE: Kaufst scho wieder was?
CHARLY: Für mei Hasi zum Geburtstag. I fahr mit `m Mercedes, dann könnts Ihr wennts mögts, mit `m Porsche a kloane Spritztour macha ...
JOE: Wann kommst denn wieder zruck?
CHARLY¨*(unterm Abgehen):* I bin bald wieder da. Aber laßts Euch nur net störn.
JOE: *(lacht gekünstelt):* Vielleicht verführ i Dei Hasi in der Zwischenzeit?
CHARLY: Du vergisst, dass mei Hasi mi gern hat. Oiso, pfüad Di *(ab)*!
JOE: (*ruft ihm nach*): Servus Charly (*schenkt sich Kaffee nach und zündet sich eine Zigarette an*)!
HASI: (*erscheint kurz darauf im Reitdress. Sie fliegt Joe an den Hals*): I hab an Charly fortfahrn sehn *(küsst Joe leidenschaftlich).* Gestern hast mi restlos überzeugt, dass Du mich liebst, lieber Joe!
JOE: Mensch, Hasi! Sei vorsichtig! Net, dass uns dei Küchenbolzen zuaschaut!
HASI: Die hat Ausgang. Kein Mensch im Haus, bloß wir zwoa *(küsst ihn erneut).*

JOE: Moanst, daß der Charly noch nix gspannt hat?

HASI: *(lacht):* Der doch net! Der denkt doch an so was gar net.

JOE: Hoffentlich hast recht.

HASI: Hast Du etwa Angst vorm Charly? Gestern hast Du selber gsagt, daß D'eahm oiß sagn willst und daß D'mi heiratn wirst. Liebst mich etwa nimmer?

JOE: *(umarmt sie rasch und küsst sie):* Du Dummerle, freilich lieb ich Dich. *(zögert):* Bloß der Charly … oiso i möcht sagn, dass der Charly vorläufig noch nix wissen braucht davon. Woaßt, wir haben ja noch Zeit. Sagn könn ma's eahm oiwei no *(drückt seine Zigarette aus).*Was ghört denn eigentlilch oiß Dir?

HASI: Wia moanst jetzt des?

JOE: *(zögernd):* Naja, Du woaßt doch, dass i ois Kunstmaler net vui verdien …

HASI: *(nüchtern):* Oiso jetzt begreif i Di fei nimmer, Joe. Du hast doch gestern zu mir gsagt, daß Du mi auf jeden Fall heiratn wirst. Ob mir der Charly was gibt oder net. Du hast gsagt, daß i die schönste Frau waar, die wo Du jemals kennaglernt hast und daß Du mi vom Fleck weg heiratn wirst, wenn mi der Charly freigibt. Oder hast Du des vielleicht net gsagt?

JOE: *(windet sich):* Freilich hab i des gsagt. Und i steh aa dazua. Aber der Charly hat Di hoit so vui gern …

HASI: Hat Dir des der Charly gsagt?

JOE: Natürlich, wer denn sonst?

HASI: Der moant, Geld is oiß. Von Liebe hat doch der koa Ahnung. Du müasserst'n doch kenna, von früher.

JOE: Oiso, jetzt kenn i mi nimmer aus! Der Charly tuat oiß für Di.

HASI: Natürlich! I hätt ma's ja denken könna. Der Hund lüagt wia druckt *(hängt sich an Joe)*! Joe, der Charly langt mi scho seit zwoa Jahr nimmer o! Dem bin i zu gewöhnlich, nicht feinfühlig gnua, wia er sagt. Vielleicht hat er aa scho a andere. Vielleicht a Klosterschwester. Der Blindgänger, der traurige! Wo moanst, wo der sei Geld her hat? Vom Spekuliern, andere übern Tisch ziagn. Ja, im Gschäft is er auf Draht. Des is aber aa scho oiß.

JOE: *(macht sich von ihr frei):* Du hast früher in einer Discothek g'arbat und so weiter, bis Di der Charly da rausgholt hat, oder?

HASI: Ja. Und so weiter. Was waar mir scho anders übrigbliebn *(weint und hängt sich wieder an ihn)*? I hab koan Beruf glernt und von irgendwas muaß ma ja schließlich leben. Mei Aussehn war mei Kapital.

JOE: *(schaut sich um):* Na ja, Du hast es aa guat oglegt, Dei Kapital.

HASI: Joe, Du bist der erste Mo, den wo i mag! Vom Herzen her, verstehst mi?

JOE: *(ernüchtert):* Aber … aber Du bist a … a…

HASI: A Schnoin, wuist doch sagn, oder? Oane, die ihr'n Körper einsetzt, damit s' zu was kommt?

JOE:; Des hab i doch net gwusst …

HASI: Ja, ändert denn des was zwischen uns? Gestern hast es doch no net gewusst und hast mir oiwei wieder gsagt, wia gern dass Du mi hast. – Joe, wenn i's Dir net gsagt hätt, taatst es heut noch net wissen! I hab Dirs doch bloß gsagt, weil Du der erste Mo in mein'm Leben bist, den i von Herzen gern hab! Weil Du anders bist …

JOE: Und die andern Männer alle? I moan, die wo scho alle bei Dir gschlafa haben?

HASI: Ja is denn des net wurscht, ob ma hundertmoi bei oan Mo gschlafn hat oder bei hundert oamoi? Wichtig is doch bloß, dass ma oan Mo mag! Oiß andere is doch unwichtig. I frag Di ja aa net, bei wiavui Frauen daß Du scho gschlafa hast. I mag Di einfach und taat mei Leben für Di hergebn.

JOE: *(zögernd):* I mag Di ja aa …

HASI: *(heult):* I muaß vom Charly weg! Diese Langeweile macht mi kaputt! *(klammert sich an Joe):* Joe, i tua oiß für Di! Nimm mi mit, bittschön Joe!

JOE: Und von was solln ma leben? Moanst, i hoit Di aus wia der Charly? I hab net so vui Flins wia der. I bin a armer Künstler.

SYLVIA: (erscheint mit einem Tablett. Hasi lässt blitzartig von Joe ab): Darf ich das Frühstücksgeschirr abräumen?

HASI: *(wischt sich die Tränen ab):* Ich hab gmeint, dass Sie heut Ausgang haben, Fräulein Sylvia?

SYLVIA: Der Herr Charly sagte mir, dass ich mich um seinen Freund kümmern soll. Also blieb ich hier. Darf ich abräumen?

JOE: *(räuspert sich):* Freilich. Gern. Räumen S' nur ab.

HASI: I bin auf der Koppel. *(zu Sylvia):* Sagen S' das meinem Mann, wenn er zrückkommt (*ab*).

JOE: (weiß nicht, wie er sich verhalten soll): Kann ich Ihnen helfen?

SYLVIA: Nein, nein. Besten Dank. Ich komm schon zurecht *(räumt ab und verschwindet).*

JOE: *steht unschlüssig im Zimmer. Es ertönt Motorengeräusch.*

CHARLY: *(tritt ein):* I hab ma's anders überlegt. I fahr morgen zum Makler. Mei Hasi hat ja erst in zwoa Wochn Geburtstag. War s' scho da?

JOE: *(räuspert sich):* Ja.- Sie is bei der Koppel draußn ...

CHARLY: *(schaut auf Joe):* Was is denn mit Dir? Is Dir schlecht? Du bist ja ganz grea im Gsicht!

JOE: *(schnell):* Naa, naa, mir geht's guat. I hab bloß a bissl z'vui g'essen.

CHARLY: Geh reit doch mit mein'm Hasi aus. Die frische Luft tuat Dir guat.

Es klopft.

CHARL'Herein.

SYLVIA: *(tritt forsch ein):* Herr Charly, ich muss mit Ihnen unter vier Augen sprechen.

CHARLY: Aber Fräulein Sylvia, mei Freund derf oiß hörn. Wir haben koane Geheimnisse voreinander. Oder Joe?

JOE: *(windet sich):* Naa, gwiß net ...

SYLVIA: Es handelt sich um Ihre Frau.

CHARLY: Um d'Hasi? Wiaso?

SYLVIA: Und um Ihren Freund.

CHARLY: Moana Sie a'n Joe dort?

SYLVIA: Genau. Den meine ich.

CHARLY: Jetzt versteh i nix mehr. Du vielleicht, Joe?

JOE: *(erschrocken):*I?? I wüsst net was ...

CHARLY: *(streng):* Los, Fräulein Sylvia, reden S' scho! Was gibt's?

SYLVIA: Ihr Freund hat ein Verhältnis mit Ihrer Frau.

CHARLY: *(taumelt und greift sich ans Herz):* Mit meiner Frau? Mit der Hasi? Mei Freund, der Joe? (*setzt sich; presst die Hände aufs Herz*) Des gibt's doch net ...

SYLVIA: Sie haben mich beauftragt, mich um Ihren Freund zu kümmern, damit es ihm an nichts fehlen soll. Ich hielt mich an Ihre Anweisungen. Gestern, als Ihre Frau nicht zurück kam, ritt ich die Strecke ab. Ihre Frau lag mit Ihrem Freund im Stroh und beide trieben es miteinander. Und soeben überraschte ich sie erneut zusammen.

CHARLY: *(schwach):* Joe sag, dass des net wahr ist. I kriag a'n Herzanfall!

JOE: *(stottert):* Des, des ist ... oiso so was Infames! Ja spinnt denn der Trampel!

SYLVIA: *(ohne Regung):* Ich habe Beweise. Es nützt Ihnen nichts, wenn Sie Herrn Charly anlügen.

CHARLY: I konn ´s net glaubn! *(reißt sich zusammen):* Ich kündige Ihnen hiermit fristlos! Packen Sie Ihren Koffer und gehen Sie! Sie haben meinen besten Freund und meine Frau beleidigt. Raus mit Ihnen *(greift sich an die Brust und stöhnt)*! Jetzt steh i wieder ohne Haushälterin da. Des is jetzt scho die dritte wo fliagt. *(schaut voll auf Joe):* Du erinnerst Di noch an die Schwarzhaarerte vom vorigen Jahr? Erna hats ghoaßn. *(seufzt):* Die is aa gflogn, weil s' über mei Hasi und über Di was Schlechts gsagt hat. Und vor zwoa Jahr wars des gleiche. *(stöhnt):* Mei Herz tuat ma weh ... I glaub, dass i boid a'n Herzinfarkt kriag.

JOE: *(ernstlich besorgt):* Soll i Dir Deine Herztropfn bringa? Mensch Charly, mach ma ja koan Blödsinn!

CHARLY: *(schwach):* Und i hab s' so vui gern, mei Hasi. *(aus den Augenwinkeln):* Wia lang kommst jetzt Du scho zu mir?

JOE: *(überlegt):* Des is jetzt ´s dritte Jahr ´S erste Moi glei nach Deiner Hochzeit ...

CHARLY: Und des is jetzt die dritte Haushälterin, die i nausschmeißn muaß ...

JOE: Du wuist doch net sagn, dass ... dass des zwengs ...

CHARLY: ... zwengs Deiner is?

JOE: Charly!

CHARLY: *(sanft):* Ja, Joe?

JOE: I bin doch bloß zwengs Dir komma! Schließlich san ma oide Freund!

CHARLY: Und Du hättst mi bestimmt jeds Jahr bsuacht, net?

JOE: Freilich! Jeds Jahr!

CHARLY: Und oiwei acht Wocha, net?

JOE: I waar aa länger bliebn, wennst as woin hättst ...

CHARLY: *(seufzt):* Du bist a guater Freund, Joe. *(sanft):* Und mei Hasi mag Di aa recht gern ... *(laut):* Oder?

JOE: *(verdattert):* Was ... wia moanst jetzt des? Freilich konn mi Dei Hasi aa guat leidn ...

CHARLY: Und Du hast no nia a schönere Frau gsehng wia mei Hasi. *(scharf):* Oder?!

JOE: *(legt beteuernd die Hand aufs Herz):* Wenn Du moanst, Charly, dass i mit Deiner Hasi vielleicht was hab, na brennst Di aber sauber. Du bist schließlich mei Freund.

CHARLY: *(mit schwacher Stimme):* I taat des net überlebn, Joe, ehrlich. I derschiaßert mi glatt. Mei Hasi is mei Auf und Nieder *(schaut Joe voll ins Gesicht):* Versprich ma, Joe, dass Du mei Hasi net orührst *(erhebt sich schwankend und streckt Joe die Hand hin)*! Versprich ma des, liaber Freund ...

JOE: (*reicht ihm zögernd die Hand, mit sichtlich schlechtem Gewissen*): Was Du Dir eibuidst, Charly. So ein Schmarrn (*lacht dünn*): Du bist doch mei bester Freund ... (*schlägt schließlich ein und zieht die Hand rasch wieder zurück*).

CHARLYY: Wennst Du Dei Wort net hoiterst, i kannt für nix garantiern. I bin nämlich unbandig eifersüchtig. Joe! *(scharf)*. I taat Euch glatt derschiaßn!

JOE: *(weicht entsetzt einen Schritt zurück)*: Charly, bist Du übergschnappt?!

CHARLY: *(greift in seine Hosentasche und zieht eine kleine Taschenpistole hervor).* I hab oiwei a Pistoln bei mir ... wega die Einbrecher ... und Du woaßt as ja: I kriagert garantiert mildernde Umstände. Schließlich waar i der betrogene Ehemann!

JOE: *(lacht dünn):* Du bist vielleicht so oaner! Jetzt hättst ma boid Angst gmacht ...

SYLVIA: (*tritt im Mantel und mit Koffer ein*): Hier bitte, Herr Charly, den Hausschlüssel (*legt einen Schlüsselbund auf denTisch*)

CHARLY: Wenn S' Eahna jetzt auf der Stell bei mein'm Freund entschuldigen, dann können S' bleibn. Mei Freund hat mir oiß erklärt.

SYLVIA: Ich werde mich weder bei Ihrem Freund entschuldigen, noch bei Ihnen. Wir sehen uns vor dem Arbeitsgericht wieder! Ich habe schlüssige Beweise für den Seitensprung Ihrer Frau. Ein Polaroidfoto! Adieu *(mit hoch erhobenem Kopf ab)*!

CHARLY: *(schreit ihr noch überflüssigerweise nach):* Raus! Raus aus mein'm Haus! *(greift sich erneut ans Herz):* I muaß jetzt an die frische Luft, sonst kriag i an Herzinfarkt. I muaß zu mein'm Hasi *(verlässt wankend den Raum).*

JOE: *(lässt sich auf einen Stuhl fallen und wischt sich den Schweiß von der Stirn)*

HASI: *(stürzt ins Zimmer und fliegt Joe an den Hals):* Joe! Mein Gott Joe! I glaub, dass der Charly was gmerkt hat! Der suacht mi auf der Koppel. In der Hand hat er sei Pistole! Joe, wir müassn weg, so lang ma noch Zeit haben! I kenn an Charly!

JOE: Wia stellst Dir denn des vor? Hast wenigstens a bissl Geld bei Dir? I hab koa Mark!

HASI: I hab schnell mein' ganzen Schmuck zsammgsuacht, den könn ma verkaufn. Los Joe, schnell, bevor der Charly kommt und uns alle niedermacht! I kenn an Charly, der is imstand dazua. Sei Gsicht is ganz verzerrt!

JOE: Hasi, wart jetzt a bissl. Vielleicht wenn i an'm Charly oiß erklär, na versteht er ´s vielleicht ...

HASI: *(heult):*Gestern hast gsagt, dass Du mi immer lieben wirst. Und heut?!

JOE: Gestern war gestern.

HASI: *(in ihrer Verzweiflung):* I sag dem Charly oiß! I sag eahm, dass Du mi vergewaltigt hast! Na derschiaßt er vielleicht bloß Di.

JOE: Spinnst Du! Du hast mi doch so weit bracht, dass i bei Dir gschlafa hab! A Mann is ja gar net in der Lage, eine Frau zu vergewaltigen, wenn s' net selber mag! Des gang ja anatomisch scho gar net!

HASI: Des is mir wurscht, ob des anatomisch geht oder net! I sag zum Charly, dass Du mi vergewaltigt hast *(macht Anstalten zu gehen)*!

JOE: *(hält sie zurück)* Bist Du komplett plemplem! Komm, na haun ma halt ab! *(scharf und zynisch):* Aber na schaust, dass a Geld in d'Kasse kommt. Oder moanst, dass i blöd bin?

HASI: I tua oiß für Di, wennst mi nur da wegbringst!

JOE: *(eiskalt):* Und Dein' Schmuck hast dabei?

HASI: Hab i, Joe.

JOE: (*packt sie grob am Arm und zerrt sie zur Türe*): Oiso na, na haun ma ab (*beide schnell ab*)!

Man hört Motorengeräusch.

CHARLY: (*kommt nach einer kurzen Weile pfeifend zurück, schaut auf seine Armbanduhr*): Sodala. Guat is ´s ganga. Genau wia i mir `s denkt hab. Mit'm Porsche san s' gfahrn. I hab ´n sogar no auftankt. (*setzt sich zufrieden in seinen Sessel, zündet sich eine Zigarette an und schenkt sich einen Cognac ein*): Jetzt muaß s' boid komma ... (*haut sich auf die Schenkel und lacht dröhnend*): Des hat ja besser klappt wia i glaubt hab! Fast auf d' Minutn ...

SYLVIA: (*kommt herein. Sie trägt ein hübsches Kleid*)

CHARLY: *(springt auf und schließt sie in seine Arme):* Oiß hat klappt, Herzi! Genau so wia ma ´s besprochn habn.

SYLVIA: Charly, Liebling *(küsst ihn)!* Endlich hat es geklappt! Drei lange Jahre warte ich auf diesen Augenblick!

CHARLLY: Sowas nennt man abserviert! Und glei zwoa Fliagn mit oaner Klappn! Den Schmarotzer von Joe und des Schlamperl von Hasi! Jetzt fangt für uns zwoa a neues Leben o!

Beide küssen sich.

Vorhang